2021年第3卷

第67卷

刑法论丛

CRIMINAL LAW REVIEW VOL. 67

■高铭暄/学术顾问

■赵秉志/主 编

■阴建峰/副主编

■袁 彬 苏明月 彭新林 张 磊/专业编辑

中文社会科学引文索引（CSSCI）来源集刊

法律出版社
LAW PRESS CHINA
——北京——

图书在版编目(CIP)数据

刑法论丛. 2021年. 第3卷：总第67卷 / 赵秉志主编. -- 北京：法律出版社，2022
ISBN 978-7-5197-7005-1

Ⅰ. ①刑… Ⅱ. ①赵… Ⅲ. ①刑法-文集 Ⅳ. ①D914.04-53

中国版本图书馆CIP数据核字(2022)第151314号

刑法论丛(2021年第3卷·总第67卷)
XINGFA LUNCONG (2021 NIAN DI-3 JUAN · ZONG DI-67 JUAN)

赵秉志 主编

责任编辑 屈 瑶
装帧设计 李 瞻

出版发行 法律出版社
编辑统筹 学术·对外出版分社
责任校对 王晓萍 王语童
责任印制 陶 松
经　　销 新华书店

开本 A5
印张 13.625　**字数** 387千
版本 2022年8月第1版
印次 2022年8月第1次印刷
印刷 永清县金鑫印刷有限公司

地址：北京市丰台区莲花池西里7号(100073)
网址：www.lawpress.com.cn
投稿邮箱：info@lawpress.com.cn
举报盗版邮箱：jbwq@lawpress.com.cn

销售电话：010-83938349
客服电话：010-83938350
咨询电话：010-63939796

书号：ISBN 978-7-5197-7005-1　**定价**：79.00元

凡购买本社图书，如有印装错误，我社负责退换。电话：010-83938349

目录

CONTENTS

〔不作为犯专栏〕

不作为犯中支配理论的法教义学展开

——兼与徐万龙博士商榷

李志恒*

目　次

一、问题提出

我国学界在讨论不真正不作为犯的处罚时,一般认为只有当行为人的不作为可以与相应的作为等价时,才有必要以作为犯的条款来处罚该不真正不作为犯。① 可是,什么情况下能够认定不作为与作为等价并不容易判断。对此,通过提炼作为与值得处罚的不作为的共同特

* 清华大学法学院刑法学博士研究生。

① 参见张明楷:《刑法学》(第5版),法律出版社2016年版,第161页。

征,来试图为作为与不作为的等价提供标准的各种支配理论逐渐成为学界的有力观点。排他支配设定说①和结果原因支配说②是支配理论在我国学界的两种代表性学说。虽然两种支配理论在具体主张上有所差异,但都是基于"支配"这样的立场来构建不真正不作为犯理论的出发点。

可是,学界中也有学者对于不作为犯中的支配理论持否定态度。例如,车浩教授在较早时候就提出,作为犯中的支配是实际的支配,不作为犯中的支配仅仅是支配可能性,两者并不能相提并论。而且,从支配中也不能导出行为人具有义务的结论。③ 针对支配理论展开系统性批判并产生较大影响的莫过于徐万龙博士发表于《现代法学》2019年第3期的《不作为犯中支配理论的法教义学批判》一文。徐文从多个层面对支配理论进行了分析检讨,既有对前人理论的系统总结,又有基于自身立场得出的新颖观点,笔者读后颇受启发。如果这些针对支配理论的批判都成立的话,那我们确实不得不承认,从支配的角度来探寻不真正不作为犯处罚的合理性并不是一个恰当的方向。要想为不作为与作为的等价提供依据,可能就需要转换视角,重新从其他的立场出发来寻求突破。

然而,或许是思考路径不同,对于徐文中就支配理论提出的诸多批评,笔者不能认同。例如,徐万龙博士认为,在作为犯中,行为人对因果流程投入了真实的能量,是实际地操纵着因果流程。而在不作为犯中,不作为人毕竟什么也没做,对因果流程只是一种"假设性的支配"。④可以看出,这一观点与车浩教授的看法基本一致。可是,如果按照这样的逻辑,那么也完全能够认为作为犯对危险流程的支配也并非"实际

---

① 参见黎宏:《排他性支配设定:不真正不作为犯的困境与出路》,载《中外法学》2014年第6期。

② 参见姚诗:《不真正不作为犯的边界》,载《法学研究》2018年第4期。

③ 参见车浩:《保证人地位的实质根据》,载公益信托东吴法学基金会主编:《不作为犯的现况与难题》,台北,元照出版有限公司2015年版,第225~240页。

④ 参见徐万龙:《不作为犯中支配理论的法教义学批判》,载《现代法学》2019年第3期。

的"或者"事实的"。因为,危险自产生之后,就脱离了行为人的实际控制,只是说危险流程仍按照行为人设想的方式向前发展而已。[①] 这样来看,无论是在作为犯还是在不作为犯中,对因果流程的支配都仅仅是"假设性的支配"而已。又如,亦为徐万龙博士所认同的"不能从支配中推导出义务"的观点,[②]实际上在笔者看来,在某种程度上也是徐万龙博士从其自身立场出发而对支配理论产生的误解。其实,支配理论并不是认为可以从支配中汇出义务,它只是判断不作为是否符合了与作为共同的特征,如果符合的话,就认为二者等价,可以直接按照作为犯的条款来处罚,而不是仅仅满足了作为义务要件这一点,尚需判断其他要件是否满足。换言之,支配理论中的支配其实最终汇出的是一个完整的犯罪人,其中既可能是作为犯也可能是不真正不作为犯。[③]

由此可见,现在学界对于支配理论所要表达的理念可能还没有完全地接受,或者说可能存在某种程度上的误读。甚至就连支配理论的赞同者对于其中的某些枝节问题也难说不存在偏颇的看法。这一点从同属于支配理论的排他支配设定说和结果原因支配说之间的对立就可以想见。故而,笔者打算在本文中亦就支配理论的相关问题发表浅见,希望能对支配理论的基本逻辑有所澄清。当然,与其说本文是在与徐万龙博士进行商榷,毋宁说本文更多的是从笔者自身视角出发对支配理论的系统性阐释。因此,笔者并不打算把本文关注的重点放在与徐文中某些具体问题的纠缠上,而是侧重于对支配理论展开整体的解读与评析。

以下将是本文所要重点讨论的问题:支配理论究竟是按照怎样的逻辑思考问题的?其是否能为不真正不作为犯的成立提供恰当合理的依据?对于其理论内部不同学说的对立又该如何看待、怎样抉择?可

---

① 参见柏浪涛:《狭义的因果错误与故意归责的实现》,载《法学》2016 年第 3 期。

② 参见徐万龙:《不作为犯中支配理论的法教义学批判》,载《现代法学》2019 年第 3 期。

③ 参见[日]山口厚:《刑法总论》(第 3 版),付立庆译,中国人民大学出版社 2018 年版,第 74 ~ 76 页。

以说,对于这一系列问题的回答,不仅对化解理论上无谓的纷争有着重要的意义,更为关键的是,对匡正误解、凝聚共识,为今后不真正不作为犯理论的研究清除潜在的障碍,也有着巨大的价值。

二、支配理论的方法论基础:事实论的研究路径

众所周知,在不真正不作为犯的研究路径上,存在规范论与事实论的对立。显然,从支配理论试图将规范要素事实化的努力上来看,其属于事实论的范畴。不过,本文并不认为,二者之间的对立是关于正确与错误的对立。实际上,无论是规范论还是事实论的研究方法,更多的只是对不真正不作为犯思考路径的不同,并不能仅从己方立场出发就采取对另一立场完全否定的态度。其实到最后,二者更大的可能是殊途同归,在具体的案件结论上并不会产生多么大的冲突。如果非要在二者中择其一的话,也多是取决于选择者的价值判断。所以,只是从这个意义上来说,笔者认为,相比于规范论,事实论的研究方法在我国的刑法语境下可能更值得被采纳。

(一)规范论的逻辑与反思

1. 规范论的逻辑

规范论的特点在于,注重不真正不作为犯在主体上与作为犯的差异性,在判断不真正不作为犯是否成立时,以行为人的作为义务的有无为中心而展开。这实际上也是在不自觉地将每一个罪的构成要件分为作为的构成要件和不作为的构成要件。[①] 不作为的构成要件与作为的构成要件的最大不同就在于,前者中的主体需要通过法官的价值判断或者说寻找理论依据来专门确定,而后者中的主体则天然就存在。以"卖淫女不救助案"为例。被告人张某某租一平房从事卖淫活动。被

① 参见姚诗:《先前行为问题研究》,清华大学2010年博士学位论文,第57~58页。

害人董某某来到张某某的住处找张某某嫖娼。在张某某的出租房中，董某某与张某某发生性关系而诱发心脏病，张某某不救助董某某，董某某死亡。[①] 在本案中，要不要判处张某某不作为的故意杀人罪，按照规范论的逻辑，首先要看其对于被害人有没有救助义务。如果没有救助义务的话，则直接否定张某某不作为故意杀人罪的成立。如果认定其有救助义务的话，则首先满足了不作为故意杀人罪的构成要件中的主体要件，然后再依次检验其他构成要件要素，比如因果关系、行为人的作为可能性以及结果回避可能性等。所以，在规范论的研究路径中，最重要的就是判断在什么情况下可以认定行为人对于被害人具有作为义务。

对于作为义务有无的判断，规范论中发展出了多种学说。传统上有所影响的学说如依赖说、期待说。前者主张，在不真正不作为犯的行为人和被害人之间，存在一种特殊的相互关系。这种关系是以被害人对行为人之行动的依赖性为其特征，因而行为人的行动决定会恶化被害人的情况。以父母和未成年子女之间的关系为例。未成年子女需要父母的照护，父母满足这种需要，并非给予其一种特别优待，而是属于未成年子女在其常态生活中本来就应该享有的权利。[②] 后者则主张，行为人在某些情境下被期待应具有实施某种特定作为的社会角色，而他人对于满足此社会角色要求的特定作为也有所期待，并且在规划自己行为的时候会以这样的期待作为基础。这种期待是一种可以从经验上通过社会秩序、文化秩序以及法秩序得到证明的期待。[③] 而晚近以来，车浩教授从规范论的角度就作为义务的来源提出的所谓“新功能说”亦为学界所重视。其主旨为，如果限缩所有的社会功能，那么在维持一个社会不至于解体的最低限度内，就只剩下父母、孩子这一核心家庭结构。因此，父母的保证人地位是基于维系社会最基本的延续功能

---

① 参见海伦市人民法院刑事判决书，(2015)海刑初字第 25 号。

② 参见周漾沂：《重新建构刑法上保证人地位的法理基础》，载《台大法学论丛》2014 年第 1 期。

③ 参见周漾沂：《重新建构刑法上保证人地位的法理基础》，载《台大法学论丛》2014 年第 1 期。

之需要而来,在此基础之上,才衍生出各种保护法益关系以及危险源监督关系。①

2. 规范论的反思

从规范论就作为义务的来源提出的相关学说来看,其在认定作为义务时的最大特点就在于,强调对行为人身份地位的考察,侧重于寻找行为人和被害人之间的人身关系。这种理论方法的优点是,在认定作为义务时具有极大的包容性,如果某一不作为具有处罚必要性的话,就会很容易将其纳入不真正不作为犯的处罚范围中来,而不会遇到较大的理论障碍。不过,这一特点反过来也有可能成为其缺点。

具体而言,究竟什么样的身份关系应该具有作为义务,具有某种身份关系的情况下应该具有何种程度的作为义务,始终很难被说清楚,从而导致依据规范论的学说在认定不真正不作为犯时常常陷于边界模糊的窘境。对于身份的规范评价,会依据国家不同、时代不同而变化。②也许,在一个相对稳定的社会中,每个人都清楚自己的角色定位以及管辖领域,依照规范论的学说来认定作为义务没有问题。但就我国目前的社会状况来说,规范论的应对思路显然处理起真实案件来会更加棘手。这一点,从我国司法实践对于不真正不作为犯的认定中就可以看出来。有时候,只要不作为人和被害人之间存在某种身份关系,我国司法实践就倾向于认定不作为人具有作为义务。其中,最典型的莫过于法院对于"宋某某见死不救案"③以及类似案件的处理。当然,这也不

---

① 参见车浩:《保证人地位的实质根据》,载公益信托东吴法学基金会主编:《不作为犯的现况与难题》,台北,元照出版有限公司 2015 年版,第 259 ~ 287 页。

② 参见[日]前田雅英:《刑法总论讲义》(第 6 版),曾文科译,北京大学出版社 2017 年版,第 84 页。

③ 参见河南省南阳市中级人民法院刑事裁定书[(1995)南刑终字第 002 号]。案情主要为:某日晚,被告人宋某某同其妻李某生气,李某要上吊,宋某某喊来邻居叶某某进行劝解,叶某某走后二人又吵骂厮打,后李某寻找自缢工具时,宋某某意识到李某要自缢却无动于衷,放任不管。直到宋某某听到凳子响声时,才起身过去,但其仍未采取有效措施或呼喊近邻,而是离开现场到一里以外的父母家中去告知自己父母,待其家人赶到时李某已无法挽救。

能完全归咎于规范论的处理思路,但不可否认的是,规范论在认定作为义务时的模糊性与随意性也应负有不小的责任。

(二)事实论的逻辑与优势

1.事实论的逻辑

事实论在认定不真正不作为犯时,并不特别看重不真正不作为犯与作为犯各自构成要件的不同,相反,而是强调不真正不作为犯与作为犯在构成要件上的等价值性或者说同一性,尽量消解不真正不作为犯的特殊性,将其与作为犯进行比较,看两者能否在构成要件的实现层面被等置。[①] 从这个意义上而言,支配理论都符合这样的特征。同样以"卖淫女不救助案"为例。如果要以故意杀人罪来处罚张某某,事实论的考虑是,成立故意杀人罪的关键特征是怎样的,这一特征通用于作为犯和不作为犯中。张某某案件是否符合这样的特征,如果符合,那么就可以认定张某某成立故意杀人罪。所以,像支配理论这种立基于事实论所发展出来的学说,其实并不是像规范论中那样专门讨论作为义务的来源的学说,而是直接关于不真正不作为犯是否成立的学说。换言之,只要满足了这些学说所提出的条件,行为人的不作为就等价于作为,此时就可以有理有据地按照相应的作为犯条款来处罚该不作为。

所以,事实论中的学说以对构成要件结果进行归责的基本过程为标准,来判断不真正不作为犯是否成立。因此,对于批评支配理论将作为可能性及因果关系的内容与保证人地位的根据混为一谈,破坏了构成要件要素之间的独立关系,在不同的要素名义下重复检验同一内容的观点,[②]显然没有注意到,像支配理论这样的立基于事实论的学说,其在判断不作为是否与作为等价时,本来就已经脱离了规范论的那种

① 参见黎宏:《排他性支配设定:不真正不作为犯的困境与出路》,载《中外法学》2014年第6期。

② 参见车浩:《保证人地位的实质根据》,载公益信托东吴法学基金会主编:《不作为犯的现况与难题》,台北,元照出版有限公司2015年版,第234~237页。

分析思路。不真正不作为犯是否成立,完全按照作为犯归责的路径来判断,针对构成要件整体而提出,自然包含各构成要件要素。只是,其有时仍然在作为义务或者保证人地位的名义下介绍己说,确实容易使人产生误解。所以,如前所述,像车浩教授或者徐文那样批评"支配理论仅以支配就汇出义务"的观点,其实是没有看清支配理论的全貌。

2. 事实论的优势

前文在关于规范论的论述中,提到了规范论研究路径的缺点。事实论虽然也不能说就可以完全避免规范论的不足,但相比较而言,由于事实论的学说在认定不真正不作为犯的成立时,都有一个共同的特点,就是均强调行为人和受损法益之间的事实关系,这相比于规范论而言就具有一定的优势。首先,事实要素的认定比规范要素的认定相对而言更加清晰可辨,对于司法实践来说可操作性也会更强一些。其次,事实要素的判断比作为义务的判断,在对法官价值判断的依赖上也会相对更弱。这在当今司法实践不仅应注重法益保护,同时要强调人权保障的观念下显得更有价值。最后,由于我国刑法并不像德国刑法在总则中对不真正不作为犯的处罚作了规定,因此在我国刑法语境下以作为犯条款处罚不真正不作为犯一直面临罪刑法定原则的拷问。而如果采取事实论的路径,尽量从不真正不作为犯与作为犯在构成要件层面的共同特征着手,而不是如规范论一样通过强调作为义务的判断来拉大不真正不作为犯与作为犯之间的类型差距,这样在消解处罚不真正不作为犯与维护罪刑法定之间的矛盾方面,也会起到较好的效果。①

总之,虽然本文更加认同事实论的立场,但并非对规范论立场的彻底否定,也仅仅是从中国刑法的实际情况出发作出的一种选择。所以,从方法论基础这一点来说,徐文对支配理论进行的系统性批判在一开始可能就陷入了非此即彼的误区。

---

① 参见黎宏:《排他性支配设定:不真正不作为犯的困境与出路》,载《中外法学》2014 年第 6 期。

三、支配理论的支配对象之争:因果流程的排他支配是否必要

在明确了支配理论的事实论基础之后,接下来需要澄清的问题就是,多种支配理论中,到底何种理论更符合支配理论的发展方向。这一点,主要集中于排他支配理论与结果原因支配理论之间的分歧。争议焦点主要在二者支配对象上的不同。排他支配理论认为,要想成立不真正不作为犯,行为人不仅要引起发生结果的原因力,而且还必须支配该原因力的发展过程。[①] 结果原因支配理论则认为,不作为必须与作为等价,但这一等价仅要求不作为和作为一样支配了造成结果的原因即可,而不需要达到排他的程度,即不需要支配整个因果流程。[②] 也就是说,两者最大的不同就在于,在具体的支配对象上,是否包括对危险实现为结果的发展过程有所支配。那么,不作为与作为等价,到底是否需要达到这样的支配程度呢? 要想回答这一问题,有必要从等价的源头出发,即回归到作为犯的视角,看作为犯的成立是否需要满足这样的要求,如果也需要的话,当然与其等价的不作为犯中也就需要具备这一要件。

(一)对因果流程的"排他支配"是作为犯成立的应然要求

反对在支配理论中加入对因果流程的支配的观点往往认为,排他性是多余的要求。因为,在过失犯领域通常是承认同时犯的,在过失犯的场合不能肯定个别的行为对于结果的排他支配。另外,即使在故意犯中也存在同时犯,而由于同时犯中不可能肯定对因果经过的排他支配,所以就不能把对因果流程的排他支配当作作为犯的特征。从而,排

① 参见黎宏:《排他性支配设定:不真正不作为犯的困境与出路》,载《中外法学》2014 年第 6 期。

② 参见姚诗:《不真正不作为犯的边界》,载《法学研究》2018 年第 4 期。

他的支配也就不能成为不作为犯的成立条件。① 换言之,作为犯中并不要求对因果经过的排他性支配,在不作为犯中也就不需要。然而,反对者的这一论证有待商榷。

首先,这里一直强调的作为犯中行为人对因果流程的“排他支配”,主要的意思还是说,要想将最终的法益侵害结果归责于该作为犯,需要作为犯本身对危险发展的因果流程存在支配。换言之,最终的法益侵害结果是按照行为人最初的危险设定,自然发展而来的,属于行为人设定的危险的现实化。中间的危险流程发展阶段始终处于行为人自身的控制之下,符合行为人的原本设想。只有这样,才能将法益侵害结果完整的归责于行为人。而如果在危险流程发展阶段,介入了其他因素,导致危险流程发生了重要偏离,即使最终实现了同样的结果,也难以再将结果归责于先前的行为人。而所谓的“排他”,仅仅是对“支配”的一个修饰。就像“非法拘禁”中“非法”对于“拘禁”的修饰一样,在刑法领域,并没有所谓的“合法拘禁”,也没有所谓的“非排他支配”。作为犯中的“排他支配”只是说并没有那种会导致危险流程发生重大偏离的因素介入,从而使行为人成为其控制的面向结果的危险流程的唯一负责人。

其次,即使在同时犯的例子中,作为犯中对于“排他支配”的要求,也依然适用。以甲和乙没有基于意思联络,同时向丙开枪导致丙死亡为例。对此,可以肯定的是,如果存在时间先后关系的话,一方的行为对死亡并没有起到作用,那么就应该否定其和死亡结果的因果关系,只能认定其成立未遂。② 所以,对于甲和乙来说,由于对方的存在,使一方对因果流程缺乏排他支配,难以成立作为的故意杀人罪的既遂。由此来看,在作为犯的同时犯中,要成立犯罪既遂也同样对排他性有要求。反对者还提出,在过失犯的同时犯的场合不能肯定个别的行为对于结果的排他的支配。其实,过失犯和故意犯在归责模式上就是不同的。故意犯的归责需要行为人有目的地支配着因果流程的发展,而过

① 参见[日]山口厚:《刑法总论》(第 3 版),付立庆译,中国人民大学出版社 2018 年版,第 89 页。

② 参见张明楷:《刑法学》(第 5 版),法律出版社 2016 年版,第 187 页。

失犯的归责不需要行为人的目的支配，因为过失犯本身也缺乏目的，只需要结果与过失行为之间的因果性即可。[①] 所以，过失犯中本来就不要求对结果的发生进行有目的的排他支配，也就不能以过失犯的同时犯为例来反对故意犯中对因果流程排他支配的要求。

（二）要求不作为犯对因果流程“排他支配”是与作为犯等价的逻辑使然

显然，为了与作为犯等价当然应该要求不作为犯“排他支配”因果流程。以故意杀人罪为例，在作为的故意杀人罪的既遂过程中，行为人以自己的行为开启危险流程，危险流程向前发展，直至最终死亡结果发生，这可以说是作为者设定的危险的现实化。而不作为的故意杀人罪中，不作为者对危险流程的支配体现为放任因果流程向前发展，而且中途没有其他因素介入这一因果流程。例如，甲在路上捡到一个弃婴，将其带回家中打算作为养子照顾。不过到家后又改变主意，放弃了扶养打算，放任婴儿死亡结果的发生。对于婴儿的死亡来说，完全是处于甲掌控下的危险向前发展所造成的结果，甲就是该因果流程向前发展的实际负责人，从而达到了与作为犯中“排他支配”相呼应的程度，符合故意杀人罪的既遂条件。因此，在不真正不作为犯的认定中要求对因果流程的“排他支配”不仅必要而且可行。

有的反对者提出，若严格要求“排他性”，不真正不作为犯的认定范围就会受到过度限制。排他性支配要求行为人排他地将救助被害人的因果流程掌握在自己手中，才可成立不真正不作为犯。也就是说，能够避免结果的，只有行为人一人。但是，若父亲不救落入水中的儿子，而岸上有几十人围观，其中亦不乏游泳好手的话，父亲对儿子的生命法益就不具备“排他性支配”，但若因此否定父亲成立不作为犯罪则不可接受。[②]

---

① 参见劳东燕：《刑法中的客观不法与主观不法——由故意的体系地位说起》，载《比较法研究》2014 年第 4 期。

② 参见姚诗：《先前行为问题研究》，清华大学 2010 年博士学位论文，第 50 页。

的确,这样的批评意见确实值得排他支配理论的支持者反思。

对此,有日本刑法学者试图进行辩护。例如,有学者提出,周围的人考虑到父亲会救所以没去救这样的情况下,对父亲会去救有现实的信赖,是有可能承认排他性支配的。对于排他性支配而言重要的是,法益保护依存于特定人这种关系。[①] 还有学者提出,在父亲看到自己孩子掉入水池而不救助,在周围另有很多可能施救者之时,因为周边众人无意实施作为之时,这些人与路边之石并无不同,可以肯定父亲具有排他性支配。而且,若周边众人相信父亲会救助孩子,因而不实施法益保全行为的场合,也可以认定父亲具有排他性支配。[②] 然而,有批评意见认为,这样的解释仍然是根据作为父亲施加救助是理所当然的和孩子的生命依存于父亲这两种理由而得出的结论。但是,这两个理由实际上是一个整体,由于施加救助是理所当然的,因此孩子的生命是依存于父亲的。这里一方面存在循环论证的问题,另一方面从对结果的支配这一观点来看的话,孩子的生命并不当然只依存于父亲。[③]

其实,无论是批评意见还是辩护意见对排他支配理论中的"排他支配"都在某种程度上存在理解的片面性。

首先,并非能够避免结果的只有行为人一人时才具有所谓的"排他支配"。例如,父亲主动带领孩子去湖中划船,在划船的过程中,孩子落水而父亲不救的场合,因为父亲带孩子去划船的行为就意味着父亲有意识地开始将针对孩子的危险流程握于自己的手中,这时即使又有船从他们身边划过,而且船上也有游泳健将,但是这时游泳健将的出现并不会使父亲原本对因果流程的排他支配凭空消失,因为对因果流程的排他支配仅仅意味着最终的实害结果是父亲支配下的危险流程的现实化。只要游泳健将没有出手相救,最终孩子死亡的结果仍要归责于父亲自己。

---

① 参见[日]佐伯仁志:《刑法总论的思之道·乐之道》,于佳佳译,中国政法大学出版社 2017 年版,第 79 ~ 80 页。

② 参见[日]松原芳博:《刑法总论重要问题》,王昭武译,中国政法大学出版社 2014 年版,第 74 ~ 75 页。

③ 参见[日]西田典之:《共犯理论的展开》,江溯、李世阳译,中国法制出版社 2017 年版,第 217 页。

其次,如前所述,排他支配因果流程实际上就是自己掌控下的危险流程没有发生重大偏离,没有其他因素的介入。在反对者提出的案例中,其实对案件始终交代得都不清楚,存在过于笼统的问题。因为,如果是父亲自己带领孩子来到水边,主动将针对孩子脆弱法益的危险流程握于手中的场合,而后又不救助时,按照排他支配理论,也会认为父亲成立故意杀人罪。而如果不是父亲将孩子带到水边,是孩子自己掉入水中,父亲恰好路过,这时如果仅凭父子关系就认定父亲故意杀人罪的成立,这种规范论的思路在排他支配理论看来本来也不合适。所以,在反对者提出的案件中,如果父亲不成立故意杀人罪,最主要的原因还不是这里同时有多个可以救助孩子的其他人存在,更重要的还是因为父亲在一开始就对孩子没有支配意愿,主动将针对孩子的危险流程纳入自己的掌控之下。这时他就和周边的游泳健将没什么区别,都对因果流程不具有排他支配,也就都不成立故意杀人罪。

最后,尽管父亲不成立故意杀人罪,但并不意味着必然会轻纵行为人,父亲成立遗弃罪并没有问题。作为法定不作为犯的遗弃罪,虽然其主体要件也存在一定的模糊性,甚至有学者认为,对于遗弃罪的保证人地位的认定也有必要借助于不真正不作为犯的理论。[①] 但遗弃罪毕竟是法定的不作为犯,而根据相关研究,大部分法定不作为犯都是身份犯。[②] 也就是说,对于法定不作为犯的认定来说,对于哪些人应成为负有作为义务的主体,刑法虽然没有清楚界定,但其实是更看重行为人和被害人之间的身份关系的。所以,即使是需要借助于不真正不作为犯的理论来认定犯罪的成立与否,那么鉴于法定不作为犯是真正的不作为犯,而不真正不作为犯在本质上更偏向于作为犯,两种不作为犯之间存在巨大差异,所以在法定不作为犯领域舍弃事实论的视角而从规范论重视行为人和被害人之间的人身关系的角度来考虑作为义务的话,也基本可以满足需要。就此而言,父亲成立遗弃罪问题不大。而且,在最终的量刑上,如果综合考虑各种案件细节的话,在很大概率上,认定

① 参见姚诗:《不真正不作为犯的边界》,载《法学研究》2018 年第 4 期。

② 参见白建军:《论不作为犯的法定性与相似性》,载《中国法学》2012 年第 2 期。

为遗弃罪和不作为的故意杀人罪,最终也不会有多大的偏差。

(三)结果原因支配说并不能使作为与不作为在结果实现的意义上等价

结果原因支配说仅要求不作为和作为一样支配了造成结果的原因。那么这一造成结果的原因是什么呢?结果原因支配说认为是作为人和不作为人所处的法律地位。这一法律地位在作为犯中体现为,行为人通过支配自己的身体来支配整个侵害事件,是对侵害法益的重要条件(造成结果的原因)有支配;这一法律地位在不作为犯中体现为,不作为人通过支配侵害事件的来源或者客体来支配法益侵害的重要条件,即"对脆弱法益的支配"与"对危险源的支配"。[①] 也就是说,在作为犯中,行为人真实地支配着自己的身体,可以自由的决定要不要实施侵害行为。所以,作为犯中结果发生的重要原因就是实行行为,而作为人当然支配着自己的实行行为。不作为犯中结果发生的重要原因,一是脆弱法益自身的脆弱性,二是危险源本身的危险,这两者在事前都处于不作为人的支配之下。不作为人决定着要不要保护脆弱法益或者防止危险输出。

这样来看的话,根据结果原因支配说,确实使作为与不作为在支配结果发生的原因的意义上实现了等价,或者说在构成要件行为的意义上可以相提并论。可是,要想以作为犯的条款来处罚不真正不作为,要想将最终的实害结果归责于行为人,显然仅仅存在实行行为上的等价是不够的,必须要在结果实现的意义上等价才行。从这个角度来看,结果原因支配说在事实论的路径上贯彻得并不彻底。甚至有批评意见认为,由于什么场合下才能说是支配"结果原因"的标准并不明确,最终结果原因支配说就难免不被认为又回到了社会期待说的观点,即采取所谓的法益保护义务与危险源监督义务这种义务二分论。[②]

---

① 参见姚诗:《先前行为问题研究》,清华大学2010年博士学位论文,第71页。

② 参见[日]西田典之:《日本刑法总论》,王昭武、刘明祥译,法律出版社2013年版,第106页。

因此,要想对不真正不作为适用作为犯的条款,不作为人对于因果流程的支配就是必需的。所以,在这一点上,排他支配理论相较于结果原因支配理论,更加符合基于事实论的整个支配理论的发展方向。

四、排他支配理论的内部纷争:积极的危险接受说之倡导

众所周知,属于排他支配理论的有力学说中,不仅有我国学者提出的排他支配设定说,日本刑法理论中的事实承担说、领域支配说、危险创出说等也都可以说是处于排他支配理论的大框架之下的。所以,选择何种排他支配理论来为作为与不作为的等价提供依据,是接下来需要探讨的问题。

(一)不同排他支配理论的争点聚焦

从排他支配理论的发展脉络和具体观点来看,最开始从排他支配角度考虑不真正不作为犯问题的是日本学者堀内捷三,其提出了事实承担说。由于事实承担说存在不足,领域支配说和危险创出说得以相继产生。我国学者黎宏教授在总结批评这些学说的基础上,又提出了排他支配设定说。以下依次来看。

首先,事实承担说认为,行为人和某种受保护的法益之间,存在具体的依存关系时,行为人的不作为才可以被认为是作为。这种依存关系的判断必须考虑如下因素:第一,开始实施维持、继续法益的行为,如开始给婴儿喂食,开始救助交通肇事的受害人;第二,行为人反复地、继续地实施这种事实上的承担行为;第三,行为人在避免结果发生方面具有排他性,即其将因果关系的发展过程控制在自己手中。① 事实承担说的优点在于,在将形式法义务实质化,把法益的依存性限定于具体事实方面,确保了判断的明确性。不过,事实承担说经常受到的批评是其

---

① 参见[日]堀内捷三:《不作为犯论》,青林书院新社1978年版,第253页以下。

对于主观意图的限制。比如,拿不救助交通事故被害人的事例来看,根据事实承担说,要成立不真正不作为犯,只限于基于救助的意图而将被害人收容到车中的场合,出于遗弃意图将被害人收容到车中的,则被排除在外。但是,这样的区别处理并不能为人所接受。①

其次,领域支配说主要由西田典之教授所倡导,其认为,作为与不作为之间存在结构性差异。作为是指向结果的因果设定,不作为则属于对因果进程的放任。所以,要想以作为犯的条款处罚不作为,就要求不作为具有与作为的构成要件的等价值性。而等价性的表现有二:一是行为人基于自己的意思而排他性地支配了直至结果的因果流程;二是非基于自己意思获得排他性支配的场合,仅限于存在父子关系、建筑物的管理人员、安保人员等社会持续性保护管理关系时才成立不真正不作为犯。② 根据领域支配说,就第一种表现形式而言,实际上如果将事实承担说中的主观意图要求进行淡化,那么其就与事实承担说没有多大区别,可以说继承了事实承担说的想法,或者说是进一步深化了事实承担说。③ 在排他支配理论内部,领域支配说受到的批评主要还是其在第二种表现形式中对于规范因素的考量。批评意见认为,肯定这种社会关系上的、制度上的义务,某种程度上,会使不真正不作为犯的成立范围归于不明确。④

再次,危险创出说由佐伯仁志教授提出,其不但不赞同领域支配说在排他支配理论中对于规范因素的引入,而且对于领域支配说提出的第一种等价类型也表示反对。其认为,领域支配说提出的第一种等价类型实际上可以再具体分为两个要件,即"有意识的接受"对于法益的保护和"排他性支配"结果的发生。其中,为了承认作为和不作为的等

① 参见[日]山口厚:《刑法总论》(第3版),付立庆译,中国人民大学出版社2018年版,第88页。

② 参见[日]西田典之:《日本刑法总论》,王昭武、刘明祥译,法律出版社2013年版,第106页。

③ 参见黎宏:《日本刑法精义》(第2版),法律出版社2008年版,第95~96页。

④ 参见[日]松原芳博:《刑法总论重要问题》,王昭武译,中国政法大学出版社2014年版,第74~75页。

价,从因果支配的观点出发,“排他性支配”的要件值得肯定,但从“除非积极侵害他人利益,否则不处罚”这一自由主义观点出发,另一个要件应由“危险的创设”来代替。“危险的创设”其实就是由先行行为创造出法益侵害危险,但如果所有实施先行行为的人都要成立不真正不作为犯,处罚范围又过于宽泛,所以由“排他性支配”来限定处罚范围。[①] 对于危险创出说的最大质疑还是在于,危险创设的行为人或者说先行行为人不救助的行为能够使其当然地成立不真正不作为犯吗?换言之,先行行为的实施能否产生救助义务?正如领域支配说所批判的,先行行为人在什么也没做的情况下不可能成立不真正不作为犯。其一,先行行为人并未通过自己的意思“设定”排他性支配,不符合“基于自己的意思获得排他性支配”这一类型。其二,先行行为制造了危险后,在某些情况下虽然可以认为存在领域性的支配,如在鲜有人出没的地方交通肇事撞伤路人,但行为人不属于领域支配说所要求的具备规范要素之主体,因此,应否定先前行为保证人地位。[②]

最后,黎宏教授提出的排他支配设定说认为,只有在行为人主动设定了对法益的排他性支配时,才可以消除不作为和作为之间的结构性差异,进而将该不履行作为义务的行为视为作为,按照作为犯的条款处罚。这种排他支配的设定,既可以通过行为人中途介入面向结果的因果进程的方式,也可以通过行为人制造并支配面向结果的潜在危险的方式。在采用中途介入的方式时,不要求行为人主观上具有防止结果发生的目的,只要行为人主动介入已经存在的面向结果的因果进程并达到让他人难以染指的程度即可;在采用先行行为的方式时,行为人仅仅是实施了导致法益面临危险的先行行为还不够,还必须维持该侵害法益危险最终变为现实侵害结果。[③] 从排他支配设定说的具体表述来

① 参见[日]佐伯仁志:《刑法总论的思之道·乐之道》,于佳佳译,中国政法大学出版社 2017 年版,第 75 ~ 80 页。

② 参见[日]西田典之:《不作为的共犯》,王昭武译,载《江海学刊》2006 年第 3 期;姚诗:《先前行为保证人地位的理论根据》,载《清华法学》2014 年第 5 期。

③ 参见黎宏:《排他性支配设定:不真正不作为犯的困境与出路》,载《中外法学》2014 年第 6 期。

看,其也将作为与不作为的等价类型分为两种,前一种基本上可以认为与淡化了主观意图的事实承担说和领域支配说的第一种类型相一致,后一种则可以认为与危险创出说没有本质区别。那么,问题由此而来,由前面的分析可知,这两种等价类型在先行行为人能否成立不真正不作为犯这一点上其实是相矛盾的。二者只能选一,而不可能同时都成立。所以,排他支配设定说尽管将前述学说进行了综合处理,但这种处理无视了体系上的冲突,也需要修正。

综上所述,在排他支配理论的框架下,由于事实承担说在主观意图上的执拗而不应被采纳,领域支配说的第二种类型由于带有规范论的色彩也与事实论的基本立场不符,排他支配设定说虽然是对前述学说的理论发展,但在体系一贯性上似乎也有疑问。那么,最终问题的焦点便集中于领域支配说的第一种类型与危险创出说的对立上了。而如果要对领域支配说的第一种类型单独进行命名,以此来区别于其他几种学说的话,笔者更愿意将这种观点称为“积极的危险接受说”。即行为人只要基于自己的意思,积极主动地接受了对于法益的保护,而且排他性地支配着针对法益的危险流程,使其最终转化为实害结果。那么无论其动机如何,此时的行为人都已成立不真正不作为犯。

所以,接下来需要探讨的问题就是积极的危险接受说与危险创出说,二者到底谁才更适合为作为与不作为的等价提供依据?

(二)为作为与不作为等价提供依据:积极的危险接受说抑或危险创出说

1. 积极的危险接受说中“有意识地接受”可以恰当弥补不作为的原因力

实际上,所谓寻找作为与不作为等价的依据归根结底就是在不作为案件中寻找能弥补不作为原因力的要素。在行为方式主要表现为作为的案件中,作为具有原因力,本身就是制造危险的行为。但在行为方式主要表现为不作为的案件中,不作为天然地不具有原因力,对于不作为来说危险早已存在,所以如果仅仅考虑案件中的不作为是不可能找到类似于作为中的原因力的,因此就要在案件中寻找某种要素,这种要素能够使作为与不作为在原因力这一点上相协调。换言之,这种要素可以最大限度地弥补不作为的原因力,以达到可以和作为匹配的效果。从这个意义上来说,“有意识地接受”行为更加适合用来弥补不作为案件中原因力的不足。

因为,在作为中,行为人排他支配因果流程的前提是行为人自己开启了这一危险流程,也就是行为人实施行为创设了针对法益的危险。而在不作为中,由于针对法益的危险原本就已经存在,所以如果从最初生成针对法益的危险这一点上来看,难以从不作为中找到与作为等价的地方。这时,为了弥补不作为在原因力上的这一差距,就不得不在不作为之外寻找一个要素来补齐不作为的这一短板。“有意识的接受”这一附加要件就发挥了这一功能。“有意识的接受”实际上意味着行为人主动将针对法益的危险纳入自己的支配领域。这一点,恰好与作为犯中的行为人在自己支配领域中制造针对法益的危险的行为,在最终效果上形成呼应。

具体而言,根据一般的法理,当一个针对法益的危险在自己的支配领域内,行为人对其既有支配事实又有支配意志的时候,行为人就应负有防止其转化为法益实害结果的义务。否则的话,社会将完全陷入混乱,这是刑法不可能允许的。而如果不履行这一义务,就具有刑事可罚性。这一针对法益的危险,在作为犯中体现为行为人自己制造并自动落入自身支配领域之内,在不作为犯中体现为行为人将自身支配领域之外的危险主动纳入自己支配领域并放任其向前发展。这里需要强调的一点是,不作为犯在自己支配领域内制造危险的行为,也就是基于自己意思将领域外危险纳入领域内的行为,并不是与作为犯中使危险在现实世界中从无到有的意义上等价,这也不可能等价,而是说与作为犯中的行为人使危险在“自己支配领域”中从无到有地产生的意义上等价。所以,当不作为者对于脆弱法益的排他支配是基于自己“有意识的接受”而获得时,就可以说不作为与作为在构成要件上实现了等价值。

2. 危险创出说以“先行行为”来弥补不作为的原因力并不妥当

理论上,对于先行行为是否产生作为义务存在较大的争议。不仅有学者将先行行为认定为作为义务的重要来源之一,[①]甚至有观点认为,先行行为应是作为义务的唯一来源。[②] 从主张先行行为产生作为义务的观点来看,其理由主要在于,处罚作为犯是因为行为制造并实现风险,处罚不作为犯是因为其先前的行为使法益陷入风险,因此,其必须采取作为措施以避免法益危险。这样一来,对作为犯的处罚着眼于其危险行为本身,对不作为犯的处罚则应着眼于危险前行为本身。[③] 然而,这样的处理思路其实已经不是在处罚不作为,而是在处罚先行行为本身了。

首先,由于不作为本身没有原因力难以与作为等价,所以为了弥补原因力,根据积极的危险接受说的观点,将行为人把针对法益的危险纳入自己支配领域的行为作为弥补不作为缺少的原因力。如前所述,这在逻辑上是说得通的。而且,行为人把针对法益的危险纳入自己支配领域的行为本身并不值得处罚,用这样的行为来弥补不作为的原因力,最终处罚的还是后续的不作为。

其次,如果以不作为之前的制造危险的先行行为来弥补不作为的原因力,那就很难再说处罚的仍然是不作为本身了。这就有演变为以处罚不作为的名义来处罚制造危险的先行行为的风险。但这在法理上不应被接受。因为,制造危险的先行行为与后续的不作为其实是两个没有联系的互相独立的行为。先行行为的主观方面并不能照应到后续的不作为,后续的不作为完全是行为人又基于一个新生的故意而实施的。虽然最终结果来自同一行为人前后两个不同行为的共同作用,但这跟两个行为人分别实施前后两个行为没有什么本质区别。所以说,

---

① 参见张明楷:《不作为犯中的先前行为》,载《法学研究》2011 年第 6 期;王莹:《论犯罪行为人的先行行为保证人地位》,载《法学家》2013 年第 2 期。

② 参见[日]日高义博:《不作为犯的理论》,王树平译,中国人民公安大学出版社 1992 年版,第 111 页;何荣功:《不真正不作为犯的构造与等价值的判断》,载《法学评论》2010 年第 1 期。

③ 参见周光权:《刑法总论》(第 3 版),中国人民大学出版社 2016 年版,第 114 页。

先行行为只是一个制造风险的行为,从先行行为人着手实施行为到行为实施完毕,行为人只是控制着风险,但先行行为一旦结束,风险向何处发展就不在先行行为人的控制范围之内了。换言之,先行行为人只是制造了风险,开启了一个因果流程,但是接下来风险是变为实害结果还是自行消失已经与先行行为人没有关系。在先行行为结束之后,行为人已经与其他的第三人没有什么区别。① 要不要处罚后续的不作为,需根据不作为本身的特征来判断。

从这个意义上来说,那么危险创出说以“危险创出(先行行为)+排他性支配”来试图为作为与不作为的等价提供依据,显然就有失偏颇。按照其观点,不作为要与作为等价,行为人首先采用先行行为的方式,实施了导致法益面临危险的行为,然后又维持该侵害法益的危险最终变为现实侵害结果。可是,这里的问题有二:其一,行为人要怎么维持法益侵害危险转化为法益实害结果呢?究其根本,还是说要先将法益侵害流程掌握在自己手中,才能称得上是维持。而这种维持显然也是基于行为人“有意识地接受”了对法益的保护,否则怎么能说将针对法益的危险流程掌握在自己手中呢?这样的话,危险创出说中的关键环节仍是中途主动又接受了对法益的保护并支配面向结果的因果进程。因此,为实现不作为与作为的等价再要求先行行为的实施就完全没有必要了。其二,由于先行行为并不能产生救助义务,后续维持法益侵害危险转化为法益实害结果的行为才是认定不真正不作为犯成立的关键。所以,危险创出说将前后并不相关的两个行为一体性地加以考虑,这也很容易造成理论本身的逻辑混乱。总之,在为不作为与作为等价提供依据这一点上,危险创出说并不是排他支配理论中的理想选择。当然,排他支配设定说的第二种类型也存在同样的问题。

① 参见[德]许迺曼:《德国不作为犯法理的现况》,陈志辉译,载许玉秀、陈志辉合编:《不移不惑献身法与正义——许迺曼教授刑事法论文选辑(贺许迺曼教授六秩寿辰)》,台北,新学林出版股份有限公司2006年版,第640页;许玉秀:《当代刑法思潮》,中国民主法制出版社2005年版,第690页。

综上来看,积极的危险接受说其实是更加值得被采纳的用来为作为与不作为的等价提供依据的理论,应该说,这是面对排他支配理论内部纷争时的应然选择。

五、积极的危险接受说之实践展开

基于积极的危险接受说的立场,再来看涉及不真正不作为犯的实践问题,相应的结论也就是自然而然的了。以下,笔者主要以我国司法实践中相对较有争议的案件类型为例,结合本文所倡导的积极的危险接受说展开分析。

(一)先行行为人不救助的刑事责任

首先,即使肯定先行行为人不救助的刑事责任,也只是价值选择的结果。因为,如前所述,从处罚不作为犯的理论出发,不可能承认先行行为能够自动生成救助义务的观点。目前,有学者明确提出应从刑事政策的角度赋予先行行为人以作为义务。但这仅仅是该学者基于自己的价值立场做出的选择。正如该学者所说,要求先前行为人承担作为义务,并非因其处在事先控制支配法益的地位,而是为了保护法益而在刑事政策上作出的以牺牲先前行为人的自由为代价的决定,是对被害人的法益与行为人的自由这两种利益进行的权衡取舍。① 这样来看的话,既然是基于价值选择而赋予先行行为人以作为义务的话,就没有在法教义学上继续讨论的必要了。这跟在立法上对一般人设置见危不救罪是立法者的选择是一个道理。每个人对价值的选择不一定一样,得出的结论自然就会有差别。不过,正因为赋予先行行为人以作为义务仅仅是价值选择,先行行为人的作为义务是凭空而来,所以,理论上尽管赋予其作为义务,但往往也从不同角度对其作为

① 参见姚诗:《先前行为保证人地位的理论根据》,载《清华法学》2014年第5期。

义务的范围予以限定。[①] 这进一步说明，赋予先行行为人以作为义务只是权宜之策。

其次，不从刑事政策的角度肯定先行行为人成立不真正不作为犯未必不能被接受。一方面从理论上很难赋予先行行为人以作为义务，另一方面又要从刑事政策角度凭空给其设定作为义务，主要还是考虑到有些情况不把先行行为人作为不真正不作为犯处罚，从法感情上感觉很难接受。但是，如果我们将视野放得更开阔一些，不仅关注不作为本身，而是对全案进行系统考察的话，以其他方式来处理这些案件也未尝不可。

例如，所谓在共犯的场合，如果不赋予先行行为人以作为义务就会造成处罚漏洞的观点，也很难站得住脚。理论上经常举到的情况是，甲以杀人故意朝乙开枪，乙身体要害部位中枪倒地后，甲又欲将乙送往医院抢救（假设乙可因此得救），此时第三人丙劝说甲放弃救助行为，甲听从劝告未采取救助措施，乙最终死亡。此时，如果否定甲的保证人地位，甲不构成不作为的故意杀人，仅成立作为的故意杀人。那么根据共犯从属性理论，丙对不作为故意杀人的教唆行为因缺少正犯行为无法受到惩罚。[②] 不过，对于丙的行为来说，如果在甲仅仅有救乙的想法但还没有付诸实施时，此时丙劝甲放弃的，甲的行为本身有多大的处罚必要性就值得怀疑。如果甲已经开始救助乙，此时甲予以阻止的，就完全有可能将丙的行为解释为作为的故意杀人罪的空间。因为，可以认为，作为就是使现实中平稳的法益状态恶化，而不作为则是不阻止正处在危险状态中的法益状态进一步恶化。[③] 在甲已经对乙实施救助，乙的法益趋向于平稳时，丙的阻止行为显然可以认为是使法益恶化的行为。

又如，有些情况下行为人负有的仅仅是道义上的作为义务。例如，在紧急避险的场合，甲为躲避他人的追杀，将乙撞伤的，或者丙为躲避

---

① 参见姚诗：《先前行为保证人地位的理论根据》，载《清华法学》2014 年第 5 期；周光权：《刑法总论》（第 3 版），中国人民大学出版社 2016 年版，第 113～120 页。

② 参见张明楷：《不作为犯中的先前行为》，载《法学研究》2011 年第 6 期。

③ 参见黎宏：《刑法学总论》（第 2 版），法律出版社 2016 年版，第 80 页。

大货车,驾车冲到人行道上,导致路人丁受伤的,有的学者认为,虽然避险人的行为阻却违法,但其与第三人之间毕竟是“正”对“正”的关系,相对于无辜的乙、丁来说,被害人遭受了甲、丙“有意的”侵害,其救助需求是由甲、丙所引起,且乙、丁不属于应当对风险自我答责的人,紧急避险人由此对遭受侵害的第三人仍应承担作为义务。① 然而,既然法律已经认定甲、丙的行为是合法的,又因为此合法行为要受到刑法的制裁,这在逻辑上相互矛盾。其实,对于乙、丁受到的伤害来说,很大概率上可以归责于引起甲、丙被迫实施紧急避险的人。而对于甲、丙不救助乙、丁的行为,给予道义上的谴责或者民事上的赔偿恐怕更为妥当。

(二)空间管理者不救助的刑事责任

并不是只要针对被害人的法益危险发生在行为人的管理空间内,行为人对此就有救助义务。因为,学界有观点认为,如果卖淫女在嫖客的住宅与嫖客发生关系,发现嫖客心肌梗塞而离去的,不成立不作为犯。但是,如果嫖客与卖淫女在卖淫女的住宅发生关系,嫖客心肌梗塞的,卖淫女具有救助义务。② 这种观点的依据在于发生危险的场所是否是自己的管理空间。可是,这种主张值得商榷。

虽然卖淫女对自己的住宅具有支配事实与支配意思,住宅属于自己的支配领域,但这时卖淫女至多就是存在避免自己的住宅成为危险源的义务。这与对于嫖客的保护关系并不相同。例如,在行为人独居的房子中,突然起了一团火,行为人有灭火义务,因为这在行为人的支配领域之内,但是如果突然闯进来一个垂死的乞丐,行为人虽然对其有支配事实,但在没有主动接管乞丐,对其缺少支配意思的情况下,行为人并没有建立起其和乞丐之间的法益保护关系,乞丐就不在行为人的支配领域之内。同样的道理,卖淫女对嫖客即使有支配事实,显然也没有支配意思,也就是并没有有意识地主动将其纳入自己的支

① 参见周光权:《刑法总论》(第3版),中国人民大学出版社2016年版,第120页。

② 参见张明楷:《刑法学》(第5版),法律出版社2016年版,第159页。

配领域。所以,嫖客面临的危险跟在谁的住宅内发生没有关系,关键看卖淫女是否有意识地接受了对于嫖客的保护。从这角度来看前文中提到的“卖淫女不救助案”的话,虽然张某某排他支配了由法益危险转化为实害结果的因果流程,但这是在非基于自己意思的情况下发生的。针对董某法益产生的危险并没有被张某某主动纳入自己的支配领域之内,张某某的不作为并不能成立不真正不作为犯。至于要不要以张某某与董某发生性关系从而诱发董某的心脏病为由来处罚张某某过失致人死亡的责任则是另一个问题。对此,本文的初步看法是,一方面很难认为张某某对此具有过失,另一方面这基本可视为被害人自陷风险的行为,所以即使以过失致人死亡来处罚张某某也不妥当。

在这个意义上来说,在著名的“温州冷漠的哥案”中,如果不是司机在行为人强奸的过程中,开车绕路为行为人实施强奸提供了便利,从而属于作为的帮助犯,而是在行为人强奸时就地停车什么也不做的话,由于被害人被强奸的危险并不是司机支配的出租车本身造成的,而且司机拉乘客的行为也不能说是有意识地接受了对于受害人人身法益的保护,所以此时的司机就不能成立不作为的强奸罪。

(三)特殊职业者不救助的刑事责任

一般对于消防员不履行救火义务的行为,并没有特别强烈的呼声要追究消防员不作为的放火罪。然而,对于警察见死不救、见危不助的行为,社会上经常有声音认为应当追究警察故意杀人罪的刑事责任。[①] 理论上对于警察见歹徒杀人而不救是构成玩忽职守罪或者滥用职权罪还是不作为的故意杀人罪,也莫衷一是。有学者认为,警察见死不救,在对被害人存在排他性支配的情况下,成立故意杀人罪,否则则是玩忽

---

① 参见林萧:《警察见死不救应以故意杀人罪论处》,载天涯社区,http://bbs.tianya.cn/post-free-3597373-1.shtml,最后访问日期:2013 年 8 月 23 日。

职守。[①] 有学者认为,警察面对正在发生的不法侵害故意不予阻止,致使被害人死亡的,由于警察对实施犯罪者并无支配,因此没有阻止犯罪者的保证人义务;警察虽然有保护公民生命、财产的职责,但该被害人当时并不在警察的高度支配之下,故警察也不具有保护被害人法益的保证人地位,警察仅成立滥用职权罪。[②]

其实,警察的身份赋予警察的仅仅是警察法上的义务,要不要成立刑法上的救助义务,警察和普通人没有什么区别。这适用于所有的特殊职业者,如医生等。面对正在发生的危险,如果警察没有主动地将其纳入自己的保护范围,那么警察不救助的行为就难以成立故意杀人罪。如果符合滥用职权罪的成立条件的话,则可以按照滥用职权罪处理。例如,在"蚌埠警察见死不救案"中,女孩被歹徒勒住脖子、用刀捅杀时,两位民警就在面前,却不敢挺身而出上前制止。直到歹徒自残倒地后,两位民警才上前将其控制。[③] 尽管这里的民警属于不作为的情况,但是这种不作为并不能与故意杀人的不作为相提并论。如果警察见死不救的情况都成立故意杀人罪的话,在刑事政策上也是不可接受的。这将导致警察这种职业绝对就成为高危行业,最终警察制度是否会受到冲击都未可知。所以,以渎职犯罪来处理不作为的警察,在实质合理性上、最终的量刑上都是合适的,而且基本也可以达到相应的制裁效果。

---

① 参见周光权:《刑法总论》(第3版),中国人民大学出版社2016年版,第115~116页。

② 参见姚诗:《不真正不作为犯的边界》,载《法学研究》2018年第4期。

③ 参见周然、常国水:《蚌埠两警察目睹少女被杀,近在咫尺不挺身而出》,载中国新闻网,https://www.chinanews.com/sh/2013/08-21/5191126.shtml。原案情为:17岁的超市收银员胡某(女),在超市内被加害人使劲往旁边拖拽,与被害人相隔仅两米、身着警服、手持警棍的两名警察没有出手阻止。5秒钟后,加害人将胡某摁倒在地,不停地用刀疯狂刺向胡某,尽管目击者拽着警察衣服高喊"快去救人",但两名警察却站在原地不动。又过了15秒后,两名警察拿起购物篮和纸盒扔向加害人,又隔几秒,加害人开始自残,两警察乘机上前摁住加害人,并同时向其喷射辣椒水,但加害人再次爬起来,又捅了胡某几刀。后警察趁加害人再次开始自残,上前制服了加害人。但此时,胡某早已死亡。

(四)亲属之间不救助的刑事责任

对于亲属之间的不救助案件是否成立不真正不作为犯不可一概而论。首先,就父母与孩子之间而言,一般来说,孩子在没有独立生活能力的情况下,如果父母一直都承担着抚育孩子的生活义务,也就是主动接受了对于孩子的保护,那么在父母见到孩子遇有危险而不救助的情况下,由于孩子的脆弱法益一直都在父母的支配领域之中,如果针对孩子的危险现实化为结果,父母肯定要承担故意杀人罪的刑事责任。反过来说,即使身为生物学意义上的父母,但孩子的照管在生活中从来就没有由父母承担过,比如孩子一直以来都归养父母抚养,而亲生父母从来就没抚养过,这时即使亲生父母看到孩子遇到危险而不救助,也不应负有刑事责任。

其次,就子女与年迈的父母之间而言,一般来说,即使父母年迈,但其和子女之间仍属于各自独立的关系。子女对父母负有抚养义务,更多的是就民事关系而言。如果父母遇到危险而子女不救助,要承担不作为的故意杀人罪,则需要子女与父母之间有意识地建立起了保护依存关系。例如,丈夫甲与妻子乙结婚后进城打工。丈夫甲的母亲一直在老家重病卧床。后来,甲乙将母亲接到城里一起生活。由于甲乙生活经济压力大,七十多岁的母亲看到这种情况后多次流露出想要自杀的意向。丈夫甲也觉得生活压力大,与妻子乙商量给母亲买毒鼠强让母亲自己喝下。妻子乙坚决反对。一段时间后,母亲在床上喊饿,丈夫甲就在粥里拌上毒鼠强打算给母亲端过去,妻子乙看到后阻止了丈夫甲。后妻子乙出门买菜,回来后又看到丈夫甲把拌有毒鼠强的粥端给母亲。这一次,妻子乙就没有再阻止,母亲死亡。在这一案件中,丈夫的刑事责任当然好判断,关键是妻子应该如何处理。在笔者看来,由于母亲常年卧病在床需要人照顾,而平常也是由甲和乙共同维护母亲的生活,所以无论是甲还是乙,都基于自己的意思将母亲纳入自己的保护领域。这一点,不会因为丈夫甲是母亲的儿子,妻子乙只是母亲的儿媳妇,而有所区别。母亲的脆弱法益处于儿媳妇的支配领域之内,放任脆弱法益产生实害结果的,理应负有故意杀人罪的刑事责任。实际上,这里即使不是丈夫甲的母亲,而是任何一个远房亲戚甚至是普通人,妻子乙都应承担这样的刑事责任。

最后,就配偶之间而言,虽然我国《民法典》第 1059 条规定,夫妻有互相扶养的义务,但是这也仅是就婚姻法而言,难以成为刑法上直接认定配偶刑事责任的依据。其实配偶双方的关系存在各种各样的情况,有的相濡以沫,有的平淡如水,有的形同陌路,如果仅以这层关系的存在就认定双方之间存在刑法上的救助义务,那么确实容易出现不合理的局面。所以,还是应当重点考察双方之间事实上的关系。比如,丈夫常年卧病在床,妻子一直以来都照顾着丈夫,后来感觉生活压力大,就放弃了照顾,导致丈夫死亡的,显然成立故意杀人罪没有问题。不过,如果是在相互独立、各自具有健全人格的场合,配偶之间在对方遇到危险的时候相互不救助,由于很难说平时之间的夫妻共同生活就属于相互的对于脆弱法益的保护关系,所以并不应该将这样的行为按照不真正不作为犯处理。比如夫妻一起走在路上,妻子被车撞伤后,丈夫心想妻子死后可以再娶,所以站在一边不救助的,丈夫不应成立故意杀人罪。当然,如果从遗弃罪这种法定不作为犯的成立更看重身份关系的角度来说,丈夫则有成立遗弃罪的余地。

此外,对于配偶一方自杀,另一方不救助的场合,可以肯定的是,如果自杀是基于理性的抉择,那再赋予对方救助的义务就违反了被害人自我答责的法理。其实,实践中发生的大多数配偶一方自杀的案件,都属于一方吵架后冲动自杀的情况。① 这时,有的学者认为,自杀者都是在非正常的思维状态下作出决定,这种“自我支配”属于有瑕疵的、欠缺稳定性的支配。考虑到夫妻关系是人类生活的核心关系,自杀是对生命这一终极法益的处分,应当认为:互为保护屏障的配偶不仅要在对方丧失自我支配时予以保护,在对方的自我支配有瑕疵时也应予以保

---

① 例如,新疆维吾尔自治区芳草湖垦区人民法院刑事判决书,(2008)芳刑初字第 40 号;重庆市第二中级人民法院刑事裁定书,(2003)渝二中刑抗字第 4 号;浙江省金华市中级人民法院刑事裁定书,(2000)金中刑终字第 90 号。

护,因此在这种情形下另一方负有救助义务。[①] 不过,在本文看来,这种场合下,无论如何,由于行为人在事前都不具有有意识地接受对于自杀者进行保护的关系,所以不能认定行为人成立不作为的故意杀人罪。而且,这些案件中,常常可以找到作为的要素。比如,丈夫诱发和帮助妻子自杀的行为,或者阻止他人救助的行为。[②] 此时,将这些案件作为情节较轻的作为杀人也许更为妥当。

六、结　　语

通常认为,因不作为而追究行为人的刑事责任,要远远大于因作为而追究行为人的刑事责任对自由产生的影响。[③] 所以,处罚作为是刑法中的常态,处罚不作为则是例外,因而对不作为的处罚更需慎重。所以,针对不真正不作为犯的研究,始终想达到的一个目的就是寻求对不真正不作为犯的理想的刑罚限度。这里的难点在于,如何在缺少总则规定的情况下,做到既不放纵对不真正不作为犯的应有处罚,又不至于因道德因素的过度介入而使不真正不作为犯的处罚范围过于宽泛。这是一门在法益保护与人权保障之间寻求平衡的艺术。

支配理论,尤其是其中的排他支配理论,在不真正不作为犯的研究路径上主要采取了事实论。这相比于纯粹的规范论或许更具有理论优势和实践价值。因为,规范论以作为义务的认定为中心,以身份关系的判断为重点,而这样的处理思路在我国目前的刑法语境下很难有效的贯彻。在什么情况下,行为人有作为义务,有什么样的作为义务,这一点经常受制于不同人群的不同看法,导致作为义务的认定具有较大的不确定性。而事实论在这一方面受到的影响会更小,以事实论为研究

---

① 参见姚诗:《不真正不作为犯的边界》,载《法学研究》2018 年第 4 期。

② 参见黎宏:《排他性支配设定:不真正不作为犯的困境与出路》,载《中外法学》2014 年第 6 期。

③ 参见[英]维克托·塔德洛斯:《刑事责任论》,谭淦译,冯军审校,中国人民大学出版社 2009 年版,第 218 页。

方法的具体认定逻辑会更明确。总之,排他支配理论尽管并不完美,但在很大程度上值得我国刑法学界去认真对待。其不仅在学理上有着重要的启示意义,而且在司法中也有着重大的实践价值与广阔的应用空间。

Legal Doctrine Analysis of Domination Theory in Omission

—Discuss with Dr. Xu

Li Zhiheng

[内容摘要] 不真正不作为犯的研究路径中存在规范论与事实论的对立。支配理论立基于事实论,目的在于为作为与不作为的等价提供依据。学界目前对支配理论的批判多是基于研究路径的差异而进行的片面解读。实际上,无论是规范论还是事实论的研究方法更多是对不真正不作为犯思考角度的不同,并非绝对的正误之争。只是从中国刑法自身语境出发,相比于规范论,可能以事实论为基础的支配理论更值得被采纳。在支配理论的支配对象之争上,排他支配理论相较于结果原因支配理论更符合支配理论总体的发展方向。而检讨排他支配理论内部的纷争,脱胎于领域支配说的积极的危险接受说在为作为与不作为的等价提供依据上更加合理。行为人只要基于自己的意思,积极主动地接受了对于法益的保护,而且排他性地支配着针对法益的危险流程,使其最终转化为实害结果,那么无论其动机如何,此时的行为人都可以成立不真正不作为犯。根据积极的危险接受说的立场,实践中先行行为人、空间管理者、特殊职业者、亲属之间等不救助的刑事责任得以妥当说明。

[关键词] 支配理论;事实论;排他支配理论;积极的危险接受说

Abstract: There is a confrontation between norm theory and fact theory in the research path of non-typical omission. Domination theory is based on fact theory, and its purpose is to provide a basis for the equivalence of action and omission. Due to the differences in research path, the current academic criticism of domination theory is mainly one-sided interpretation. In fact, whether it is a normative or factual research path, it is just a difference in thinking angles about non-typical omission, not an absolute dispute between right and wrong. Just from the context of Chinese criminal law itself, compared with norm theory, the domination theory based on fact theory may be more worthy of being adopted. Regarding the dispute over the dominating object of the domination theory, the exclusive domination theory is more in line with the overall development direction of the domination theory than the result-reason domination theory. Within the exclusive domination theory, the positive danger acceptance theory that revises the domain domination theory is more reasonable in providing a basis for the equivalence of action and omission. As long as the perpetrator actively accepts the protection of the legal benefits, and exclusively controls the dangerous process against the legal benefits, the danger is finally converted into a harmful result. Regardless of his motive, the perpetrator can be non-typical omission. According to the positive danger acceptance theory, the criminal responsibility of the predecessors, space managers, special professionals, relatives, etc. who fail to perform their salvation obligations in practice can be properly explained.

Keywords: Domination Theory; Fact Theory; Exclusive Domination Theory; Positive Danger Acceptance Theory

不真正不作为理论在法定犯领域的适用：目标、路径与方法

董　悦*

目　　次

一、引　　言

由于缺乏关于不真正不作为犯的总则性立法，加之受日本刑法理论潜移默化的影响，我国理论界对于不真正不作为理论①的研究呈现以下特点：第一，限制不作为犯的适用，以满足罪刑法定原则的需求、维护自由主义刑法的立场；②第二，“自觉地”将研究范围限制在诸如故意

* 江苏警官学院侦查系讲师。

① 为行文简洁，下文将“不真正不作为理论”简称为“不作为理论”，将“不真正不作为犯”简称为“不作为犯”。

② 参见姚诗：《不真正不作为犯的边界》，载《法学研究》2018 年第 4 期。

杀人(伤害)罪、放火罪、强奸罪等传统的自然犯中,[①]尽管有"快播案"推波助澜,但研究局限于传播淫秽物品牟利罪等个罪本身;第三,倾向于以实质认定取代形式认定,[②]以事实认定代替价值判断,[③]排他支配说、结果原因设定说渐成主流。

然而,观察司法解释和司法裁判可以发现,司法实践较理论预设出现了适用对象和处罚范围的扩张:首先,通过对构成要件的解释,司法者将不作为犯由罪名扩展至要件,由自然犯扩展至法定犯。其次,扩张解释带来了扩张适用,不作为与作为造成的结果等价成为司法认定的实质动因。最后,不作为犯的司法解释与实践为行为人设定了更多义务,而这些义务的合法性与合理性却有待检验。以非法集资犯罪"公开宣传"要件的解释和适用为例:依据最高人民法院、最高人民检察院、公安部《关于办理非法集资刑事案件适用法律若干问题的意见》,公开宣传既可以由作为构成(以各种途径向社会公众传播吸收资金的信息),又可以由不作为构成(明知吸收资金的信息向社会公众扩散而予以放任)。实务部门认为,不管行为人自己还是通过他人宣传,都可以造成集资消息扩散的后果,因此只要行为人对于集资消息扩散具有明知,就可以进行结果归咎。[④] 如此认定的问题在于:没有具体考虑集资人在消息扩散中发挥的作用,实践中行为人的朋友自作主张将集资消息扩散的,也被司法机关认定为行为人的公开宣传。[⑤] 另外,司法解释赋予了民间借贷的借款人积极防止借款消息扩散、主动审查借款来源的义务,该义务没有前置法上的依据,而且对于融资困难的中小企业

① 参见[日]山口厚:《刑法总论》,付立庆译,中国人民大学出版社 2011 年版,第 81 页。

② 参见陈兴良:《作为义务:从形式的义务论到实质的义务论》,载《国家检察官学院学报》2010 年第 3 期。

③ 参见黎宏:《排他支配设定:不真正不作为犯论的困境与出路》,载《中外法学》2014 年第 6 期。

④ 参见《罗国良释疑非法集资:口口相传也应被认定为公开宣传》,载人民网,http://finance.people.com.cn/money/n/2014/0421/c42877-24922559.html。

⑤ 参见江西省上饶市中级人民法院刑事裁定书,(2018)赣 11 刑终 9 号。

来说恐怕不具有期待可能性。这表明,如果不加以限定,不作为理论在法定犯领域的适用与处罚面临扩张风险。

适用对象和处罚范围的扩张使我们以类型化的视角探究:不作为理论在法定犯领域面临的问题与自然犯是否相同?以典型的自然犯为蓝本发展出的不作为理论是否适用于法定犯?类型化的本质是价值判断。[①] 如果法定犯的性质、特征确实对不作为犯的认定有影响,不作为理论也应相应地引入类型化视角。目前不作为理论主要围绕等置理论展开,即通过支配概念实现作为与不作为在事实意义上的等置。但是,一方面,事实等置理论本身存在很大缺陷,"支配"作为等置理论的基础亟须进行从方法到实践的全面反思。规范路径的合理性应当被重新纳入考量。相对于自然犯的自发性,法定犯的建构性与规范的作为义务论在性质上契合。另一方面,事实等置只是评价不作为犯的路径,评价路径"上游"的评价目标和它"下游"的评价方法未被纳入研究范围,导致不作为理论对于法定犯的评价体系不完整。评价目标对于评价路径的选择和评价方法的适用具有指引作用,评价方法直接关系到作为义务的判断。

基于此,本文遵循"目标—路径—方法"的思路,以类型化为原则,探索不作为理论在法定犯领域的适用。储怀植先生曾指出,"在刑法学理论界……有一些没有注意的地方,基本上还是用自然犯的眼光来观察法定犯"。[②] 总体上讲,不作为理论呈现出自然化、事实化的特征,规范化、目的性考量相对不足,这使它在处理法定犯领域的不作为犯罪时往往难以切中肯綮、以"事实判断"之名行"规范判断"之实。将法定犯的特征对于不作为理论的影响一一呈现、对于既有理论的缺陷进行系统反思、厘清不作为理论在法定犯司法实践中可能遇到的问题,是本文的目标和任务所在。

---

① 参见李可:《类型思维及其法学方法论意义——以传统抽象思维作为参照》,载《金陵法律评论》2003年秋季卷。

② 李运平:《储怀植:要正视法定犯时代的到来》,载《检察日报》2007年6月1日,第3版。

二、不作为理论在法定犯领域的评价目标

（一）自然犯与法定犯的类型化诠释

作为犯罪的基本分类，自然犯与法定犯的划分标准与区分实益一直存在争论。以往通说基本以是否违反伦理道德来界分二者，但批评意见认为，道德伦理的内涵并不明确、法定犯也具有伦理性、自然犯与法定犯的互相转化也表明清晰界分无法实现。① 鉴于以上缺点，其他区分标准诸如“基本——派生生活秩序说”“直接——间接侵害基本法益说”纷纷涌现，意图实现二者的清晰界分。② 一般认为，自然犯与法定犯的区别实益在于违法性认识的有无，但有反对者认为，自然犯也可能出现违法性认识错误，法定犯也可能具备违法性认识，因此自然犯与法定犯的划分不具有规范意义。③

上述针对自然犯与法定犯传统分类、标准以及内涵的批评，反映了部分学者对于精确的、抽象的、形式的法律概念的追求。自然犯与法定犯作为犯罪类型，应当从类型的角度来理解与认识，具体来讲：

第一，在类型式思考模式下，自然犯与法定犯的边缘本就模糊不清，存在相互转化的空间。类型通过观察描述事物的整体形象，概念透过一些有限的、彼此分离的特征定义事物。因此，类型具有开放性、概念具有封闭性。要素在不同类型之间相互转化本属常态。不仅如此，类型边缘的模糊性恰恰是向社会生活开放的表现，对于提升类型的适应性、促进其内涵演进不可或缺。任何分类标准都无法使自然犯与法定犯泾渭分明，法定犯与自然犯之间的相互转化不能成为否定类型划

---

① 参见陈金林：《法定犯与行政犯的源流、体系地位与行刑界分》，载《中国刑事法杂志》2018 年第 5 期。

② 参见张明楷：《自然犯与法定犯一体化立法体例下的实质解释》，载《法商研究》2013 年第 4 期。

③ 参见陈金林：《法定犯与行政犯的源流、体系地位与行刑界分》，载《中国刑事法杂志》2018 年第 5 期。

分的理由。

第二,区分标准的内涵不明确需要进一步辨明是定义不明确还是指称不明确,前者不影响区分标准的使用。语言具有模糊性,法律语言同样如此。尽管法律语言以精确性为目标,但其生活面向决定了它不可能像数字一样具有唯一精确的意义。[①] 虽然为伦理道德下定义是困难的,但在具体案件中我们可以容易地判断出行为是否违背伦理道德,这种定义的不明确不影响区分标准的使用。相反,区分标准所指称的内容不明确会影响该标准的科学性。福田平教授认为基本生活秩序是"规制近代市民社会的基本生活构造的秩序",派生生活秩序是"从市民社会出发大体被截断的外围生活秩序"。[②] 如此定义可能存在的问题是:在现代社会,税收犯罪、环境犯罪、交通犯罪等典型法定犯领域的犯罪同样和市民社会基本生活息息相关,基本生活秩序所指称的内容已经从传统的、以个人法益为核心的犯罪扩展开来。

第三,类型是先在的而非建构的事物,这意味着对其进行内涵重塑的努力并无意义。类型理论的集大成者考夫曼教授强调,"类型无法被'定义',只能被'描述'",[③]"成文法是立法者对其所欲规制的类型的描述",[④]说明类型是先在的实体而非建构的产物,自然犯与法定犯的内涵、特征伴随着类型同时产生。有学者试图通过改变类型的原本内涵而追寻其规范意义,如以保护基本法益为目的,以侵犯基本法益的强度为区分标准,将自然犯界定为对于基本法益具有实害或者具体危

---

① 参见[德]阿图尔·考夫曼:《法律哲学》,刘幸义等译,法律出版社2011年版,第136~137页。

② 黄明儒:《行政犯比较研究——以行政犯的立法与性质为视点》,武汉大学2002年博士学位论文,第108页。

③ [德]阿图尔·考夫曼:《类推与"事物本质"——兼论类型理论》,吴从周译,台北,学林文化事业有限公司1999年版,第40页。

④ [德]阿图尔·考夫曼:《类推与"事物本质"——兼论类型理论》,吴从周译,台北,学林文化事业有限公司1999年版,第53页。

险的犯罪；将法定犯定义为对于基本法益具有抽象危险的犯罪。① 这样不仅使自然犯与法定犯这对范畴再无存在实益，而且与立法、司法解释存在龃龉。②

第四，在"问题视角"下，不同类型的区分实益来自类型特征与具体问题的常态关联。类型是先于概念的实在，不同类型之间的区分是因其核心特征不同而自然产生的，如果类型的特征恰好对于某一具体问题的解决所有助益，那么分类对于该问题是有意义的。换言之，作为"实在"的类型本身无所谓意义有无，谈论分类的意义带有典型的问题视角。在犯罪分类与违法性认识的关联性问题上，尽管法定犯的行为人并非一定欠缺违法性认识，但相较于自然犯，法定犯的道德中性特征使违法性认识的检验更加必要，它可以提示司法人员注重主观要素的考察，以避免客观归罪。另外，如下文所述，自然犯与法定犯的分类对于不作为理论的适用也有重要作用。

基于以上理由，本文仍以传统的"道德伦理关联说"作为自然犯与法定犯的区分标准。典型的自然犯是与道德伦理密切相关的犯罪，典型的法定犯是与道德伦理关联不大的、国家出于行政管理需要而设立的犯罪。自然犯与法定犯的边缘是模糊的，存在相互转化的空间。

（二）犯罪分类与不作为理论的关联性

在学说史上，不作为理论经历了由形式义务说到实质义务说的变迁。形式义务说基于费尔巴哈的形式法治国思想，认为作为义务的有

① 参见陈金林：《法定犯与行政犯的源流、体系地位与行刑界分》，载《中国刑事法杂志》2018 年第 5 期。

② 以污染环境罪为例，陈金林教授认为，环境污染造成公众的生命、健康、财产损害，可直接论以危害公共安全罪或者故意毁坏财物罪。参见陈金林：《法定犯与行政犯的源流、体系地位与行刑界分》，载《中国刑事法杂志》2018 年第 5 期。但是，根据最高人民法院、最高人民检察院《关于办理环境污染刑事案件适用法律若干问题的解释》第 1 条的规定，污染环境罪中的"严重污染环境"包括致人中毒、轻伤、重伤等危害健康、生命法益的情形。

无,只能根据法律、契约来判断,后逐渐扩展至先行行为。① 我国坚持形式义务说的学者强调,不作为义务具有"法定性","并不包括道德义务等一般社会意义上的义务"。② 由此可见,形式义务说是受到罪刑法定原则的影响,通过区分法与道德实现刑事处罚的明确化目标。后来形式义务说逐渐受到质疑,原因是无法妥善处理前置法与刑法的关系:前置法或者契约义务为什么能作为刑法义务?反之,前置法或契约义务的缺失是否一定不成立不作为犯罪?上述质疑开启了保证人地位的实质化运动,③学者们开始从规范和事实视角实质性地探究不作为的处罚依据。支持形式义务说的学者也不得不在法律、契约、先行行为等作为义务来源中融入实质性要素,以弥补自身理论的不足。例如,在判断法律明文规定的义务是否为刑法义务时,形式论者指出,一方面,其他法律法规规定的义务上升为刑法义务要经由刑法的认可;另一方面,对于法律没有明文规定的义务,不能仅机械地着眼于法律条文的直接规定,而要根据案件的具体事实,运用法理,分析有关法律规范的内涵加以确定。④ 此种论述已然向实质义务论倾斜,因而被实质论者批评为"自失立场"。⑤ 20 世纪 50 年代以后,形式义务说逐渐被实质义务说所取代,作为义务的"实质化"进程已经不可逆转。

对于德国刑法学中的不作为理论进行历史考察可以发现,形式义务说到实质义务说的转变反映了刑事不法评价目标的变迁。早期刑事不法判断的目标是将法律与道德相分离,通过不法行为的明确化防止罪刑擅断,因而形式义务说受到理论与实务青睐成为通说。及至 20 世纪三四十年代,纳粹掌权使刑法的任务演变成维护健全的国民感情和国家的整体利益,在这样的时代背景和学术背景下,基尔学派反对将刑

① 参见许成磊:《不纯正不作为犯理论》,人民出版社 2009 年版,第 237 ~ 238 页。

② 高铭暄、马克昌主编:《刑法学》,北京大学出版社 2016 年版,第 68 页。

③ 参见许玉秀:《主观与客观之间——主观理论与客观归责》,法律出版社 2008 年版,第 263 ~ 270 页。

④ 参见高铭暄、马克昌主编:《刑法学》,北京大学出版社 2016 年版,第 68 页。

⑤ 参见黎宏:《排他支配设定:不真正不作为犯的困境与出路》,载《中外法学》2014 年第 6 期。

法与道德割裂开来，“法义务被错误地限定于实定法义务。将实定法与国民之风俗规范予以区分，必然导致道德义务与法义务分界错误之结果，既然法义务系规范的、实定的概念，则应用之际，定然产生流于形式以及将民法之概念和思考刑事不当地运用于刑法上等流弊”；[①]“在新国家中，法律义务和道德义务的同一性是再明白不过了”。[②] 由此可见，基尔学派所主张的“刑法独立”或者“刑法自觉”，本意是追求刑法的工具化或者政治化，使之为维护抽象的国民感情和整体利益服务，至于刑事不法独立于前置法的独立判断，只是上述目标指引下得出的附带结论。“二战”后，随着法治国原则的重建，实质法义务说所追求的“民族整体的法确信”也宣告破产，但刑事不法的独立判断却在不作为领域开花结果，成为实质义务说的重要理论来源。今日所谓刑法的独立判断，也基本意指刑事不法相对于前置法不法的独立判断。[③] 可以说，形式义务说和实质义务说的产生与发展带有浓厚的时代印记，与之相伴随的是，刑事不法独立判断的重点由刑法与道德的关系转移至刑法与前置法的关系。

尽管作为义务既要考虑法与道德的区分，又要考虑刑法与前置法的区分，但是，自然犯与法定犯的特征决定了二者对于不作为理论的侧重和需求有所不同。自然犯的伦理道德关联性特征使前置法义务本身也属于道德义务，所以自然犯在不作为领域的任务是实现刑法义务与道德义务的分离。联系学者在论证形式说或者实质说时所举例证，不作为行为人与被害人之间往往有血缘、婚姻关系，属于共同生活团体或者具有信赖与忠诚关系，在前置法义务与道德义务高度重合的前提下，实质义务论不得不附加各种条件，以限缩不真正不作为犯罪的成立范

---

① 许玉秀：《主观与客观之间——主观理论与客观归责》，法律出版社2008年版，第268页。

② 许成磊：《不纯正不作为犯理论》，人民出版社2009年版，第246页。

③ 参见王昭武：《法秩序统一性视野下违法判断的相对性》，载《中外法学》2015年第1期。

围。[1] 相比之下,法定犯的道德义务不如自然犯清晰,行为的违法化是出于行政管理的需求、犯罪化往往以社会需求为最初动力,在法定犯的语境下,行政违法行为入罪需要重点把握前置法与刑法的关系。自然犯与法定犯对于不作为理论的需求不同,类型思维的引入是必要的。

(三)义务正当化:不作为理论在法定犯领域的评价目标

如前所述,不作为理论的选择必须考虑类型特征。自然犯领域的不作为理论的任务是划定刑法义务与道德义务的界限,以限缩不作为犯罪的成立范围。而法定犯领域的不作为理论的评价目标是实现作为义务的正当化,使之兼具形式与实质合法性。之所以如此,是为了防止以法益保护目的"倒推"作为义务的情形出现。在自然犯中,作为义务不会脱逸原有伦理道德的范畴,不作为理论始终在伦理道德的范畴之内划定刑事处罚的范围;而在法定犯中,明确的道德伦理规范并不存在,以预防为目的的、前置化的刑事立法和解释可能使作为义务无限延伸。为了确保国民对于刑法的预测可能性、避免自由保障与法益保护的失衡,应当从规范角度加强对于作为义务正当性的审查。

有反对意见认为,在不作为犯罪中谈论作为义务与法益保护原则不相协调。无论是在作为还是不作为的场合,判定行为是否构成犯罪的唯一标准是法益侵害,作为义务中心论"将不作为是否成立犯罪的概念偷换为了抽象的、要结合法官的价值判断才能加以认定的作为义务的判断,这种做法从保护法益原则的角度来看值得怀疑"[2]。本文不同意这种观点。一方面,仅仅依靠事实的因果关系无法确定保证人地位,论者也承认必须以不作为与作为的"同视可能性"来限定处罚范

---

① 相关案例参见许成磊:《不纯正不作为犯理论》,人民出版社2009年版,第343~346页。

② 黎宏:《排他支配设定:不真正不作为犯论的困境与出路》,载《中外法学》2014年第6期。

围。[①] 与作为义务相同，“同视可能性”同样是抽象的，需要结合价值判断才能认定。另一方面，需要警惕通过法益侵害原则积极、肯定地入罪。在不作为犯罪中，待评价的行为是与法益侵害具有因果关系的不作为，法益保护更容易作为入罪的实质性理由，作为出罪事由的情形反而少见。学者指出，在不作为理论的发源地德国，“无论是理论学说还是司法实务，均有过于扩张适用实质违法理论来划定不纯正不作为犯作为义务来源的倾向”[②]。在我国，随着实质违法理论支持者阵营的不断扩大，如何为作为义务赋予刑法规范上的正当性，是不作为理论必须解决的问题。

三、存在意义的等置理论与“支配”概念证伪

因为不真正不作为适用的是作为犯的刑法条款，所以需要探究使不作为与作为二者等置的条件，以保证罪刑法定原则的实现。目前理论界对于不作为与作为的等置主要从事实和规范两个角度展开。事实路径试图通过设置“支配”“排他性”等条件弥补不作为与作为的结构性差异，实现二者在事实意义上的等置。规范路径则回答前置法义务何以成为刑法义务，通过“社会角色”“规范义务”等一系列规范概念说明处罚不真正不作为犯的原因。不作为与作为的等置到底是存在意义上的还是规范意义上的？支持事实等置的学者宣称，“以支配、排他支配、先行行为等事实判断代替价值判断，是不真正不作为犯成立要件理论发展的大势所趋”[③]。不难发现，“支配”概念是存在论大厦的基石。问题在于，支配概念是否存在适用局限？事实等置能否规避义务判断？本部分试图对于支配概念与事实等置理论与进行反思，以寻求评价不

---

① 参见黎宏：《排他支配设定：不真正不作为犯论的困境与出路》，载《中外法学》2014 年第 6 期。

② 许成磊：《不纯正不作为犯理论》，人民出版社 2009 年版，第 245 页。

③ 黎宏：《排他支配设定：不真正不作为犯论的困境与出路》，载《中外法学》2014 年第 6 期。

作为的应然路径。

(一)既有存在论意义的不作为学说概述

目前,存在意义的不作为理论主要包括支配行为说、排他支配说、排他支配设定说和实际支配说。

支配行为说要求"行为人为了防止结果发生而自愿实施了具有支配力的行为"①,若行为人直接放任不管、没有实施防果行为的,不构成不作为犯。据此,交通肇事司机未救助伤者直接逃逸的,不构成不作为的杀人罪。

排他支配说要求行为人"具体、排他地支配引起法益侵害结果的因果关系的发展方向"②。相较于支配行为说,排他支配说并不要求行为人实施防果行为,只要行为人将因果关系控制在自己手中,就可以认定其构成不作为犯罪;另外,"排他性"要求行为当场不能有其他人存在,若孩子溺水时现场有很多可以救助的人,父亲就不构成不作为的杀人罪。③

排他支配设定说对于排他支配说的补充之处在于,不仅行为人中途介入因果关系可以成立不作为,行为人预先设定因果流程并支配其实现也属于不作为犯罪。因果流程设定与先行行为的区别在于,行为人不仅创设了面向结果的风险,而且要保证风险实现。④ 持排他支配设定说的论者认为:"遗弃婴幼儿、老年人、残疾人等脆弱法益的行为,虽说在形式上属于不履行作为义务的真正不作为,但由于其设定并支配了面向法益侵害的因果历程,促进了被害人生命法益的恶化,属于不

---

① 黎宏:《排他支配设定:不真正不作为犯论的困境与出路》,载《中外法学》2014年第6期。

② 黎宏:《排他支配设定:不真正不作为犯论的困境与出路》,载《中外法学》2014年第6期。

③ 许成磊:《不纯正不作为犯理论》,人民出版社2009年版,第349页。

④ 参见黎宏:《排他支配设定:不真正不作为犯论的困境与出路》,载《中外法学》2014年第6期。

真正不作为，对其应使用作为犯条款，以故意杀人罪论处。”①

实际支配说要求行为人对于造成结果的原因具有支配，不要求“排他”；另外，实际支配说所要求的支配，是一种事前的、实际的支配。② 事前支配要求行为人与被害人在不作为之前已经形成了支配与被支配的双向意向，交通肇事后逃逸的行为人不构成对于被害人的支配，原因在于不作为发生之前行为人与被害人之间并无支配关系存在。实际支配强调行为人对于因果关系现实的、绝对的支配，而不是观念上的、规范的支配。因此，外出的父母对于留在家中的孩子有支配，原因并非前置法上的照护义务，而是父母知道孩子的位置和危险源。③

（二）事实等置与支配概念的五重谬误

1. 路径偏差：因果关系的等置不意味着不法判断的等同

首先应当明确的是，存在论者④的初衷是通过因果关系的支配来弥补不作为在物理形态上的缺失，实现不作为与作为的等同评价。部分规范论者提出的“支配不产生义务”⑤的批评在事实等置的角度有失偏颇。日本学者山口厚教授对于不作为犯的处罚根据所作的说明可以代表存在论学者的立场，他认为，“在不具有这种特别规定（指刑法的特别规定）的场合之所以能够处罚不真正不作为犯，并不是对处罚作为犯的规定予以扩张之后肯定了不真正不作为犯的成立，无论如何，都因为不真正不作为犯该当了相应的处罚规定本身而成为处罚的对

① 黎宏：《排他支配设定：不真正不作为犯论的困境与出路》，载《中外法学》2014年第6期。

② 参见姚诗：《不真正不作为犯的边界》，载《法学研究》2018年第4期。

③ 徐万龙：《不作为犯中支配理论的法教义学批判》，载《现代法学》2019年第3期。

④ 为行文简洁，本文将认为不作为与作为在事实意义上等置的学者称为存在论者，将认为不作为与作为在规范意义上等置的学者称为规范论者。

⑤ 徐万龙：《不作为犯中支配理论的法教义学批判》，载《现代法学》2019年第3期。

象"。[①] 存在论学者希望通过事实等置条件实现作为与不作为在行为不法上的等同,事实上的等置自然会产生评价上的等同。为了实现这一目标,存在论者把不作为犯的成立范围限制得非常狭窄,先实施防果行为后又放弃成为典型的不作为犯,原因在于,这种情形中行为人只依靠不作为就可以"控制"因果关系,和作为行为对于因果关系的控制相同。针对支配理论,有学者批评道,"支配不能产生义务……如果从支配这一描述性概念出发,求取义务这一规范性概念,就犯了从'实然'推导出'应然'的错误"。[②] 如果了解存在论者的目的和他们所采取的方法,我们就会发现上述批评并不准确:按照存在论者的逻辑,符合等置理论的不作为就应该适用作为犯的条款进行处罚,不涉及作为义务的问题。事实上,存在论学者正是认为规范路径太过抽象、可能会扩大处罚范围,才选择从事实方面另辟蹊径,绕过作为义务、通过研究使不作为与作为在因果关系的等置来寻求作为犯适用条款的正当性。

尽管事实等置理论看似逻辑自洽,但是它的失误之处在于错判了构成要件行为的性质:构成要件行为不仅是事实评价,也是规范评价。存在论者认为支配了因果关系的不作为就是作为,但离开了规范判断,事实等置无法被纳入刑事不法的范畴。例如,行为人义务赡养同村孤寡老人若干年,后放弃照料致使老人死亡的,即使行为人对于老人的生命具有事实支配,也并不意味着他是老人的保证人、因为放弃赡养而成立犯罪,否则无异于提醒人们不要"多管闲事"。欠缺了规范上的保证人地位,行为不法的评价是不完整的,规范要素无法从事实要素中推导出来。有论者以"行为人的支配阻断了他人介入的可能性"来论证不作为的社会危害性,[③]但问题在于,上例中行为人之所以能够取得并保持支配地位正是长期无人照料老人的结果,以抽象的、假想的"他人介

① [日]山口厚:《刑法总论》,付立庆译,中国人民大学出版社2011年版,第80页。

② 徐万龙:《不作为犯中支配理论的法教义学批判》,载《现代法学》2019年第3期。

③ 黎宏:《排他支配设定:不真正不作为犯论的困境与出路》,载《中外法学》2014年第6期。

入可能性"肯定行为人刑事责任并不充分。不法判断具有规范属性，客观上的归因无法等同于规范上的归责，不作为犯罪的成立需要以规范的保证人地位加以限缩。

进一步讲，不作为与作为之所以在规范上不等同，是因为当存在论者将"实施防果行为后又放弃"等同于作为时，作为犯罪中隐藏着的规范要求被遮蔽了。作为犯罪违背了禁止规范，义务人是权利人以外的不特定人。但是，在不作为犯罪中，作为义务只由特定人承担。在有些案例中，作为义务为行为人的身份或者职业所遮蔽，支配地位得以成为不作为与作为等置的充分条件。例如，在母亲不给初生的婴儿喂奶、医生不救助病人的案例中，母亲与医生的身份使行为人当然具有作为义务。当行为人不具有上述身份或者职业时，作为义务的重要性就凸显出来了。例如，在路人丢掷绳子给落水者，施救至半途又放弃的情形，路人的中途放弃的不作为与将人推下水的杀人行为恐怕难以相提并论。问题的关键仍旧在于，即使路人已经对于被害人的生命具有支配，也不能证明作为义务存在。事实上的支配并不能代替作为义务。以此反观存在论者对于事实等置的描述："不作为与作为之等价……根本问题是两者因果进程中'创设并推动原因力'与'利用并支配原因力'的相当，也即因果关系的相当推定二者构成要件符合性的相当，进而推定二者违法性程度的等价"，①可以发现这句话在逻辑上存在相当大的跳跃：因果关系的相当推不出构成要件符合性的相当，构成要件相当也推不出违法性程度一致。存在论者似乎一直在事实领域打转，忽略了不法判断的规范属性。

存在论者对于规范属性的忽略遮蔽了刑法的行为规范机能，使裁判结论为偶然事实所决定、违背常识常理常情。例如，排他支配说和排他支配设定说要求行为人对于因果关系的支配达到排他的程度，如果可能有其他人介入事件，就不能追究义务人的责任。在"王某无视父亲自杀见死不救案"中，行为人面对喝农药倒地昏迷的父亲，不顾周围

---

① 郝川、詹惟凯：《不真正不作为犯"作为义务二元论"再提倡——兼论作为义务与等价性之关系》，载《社会科学战线》2018年第12期。

群众的劝阻,不仅坚持不将父亲送医急救,而且还将闻讯赶来救助的堂兄赶跑,最后在民警的数次喝令下,才用人力三轮车将父亲送至医院,但因延误抢救时机,其父亲在送医途中死亡。① 如果按照排他支配说和排他支配设定说,行为人因为警察在场而不对被害人的生命具有排他支配,进而不构成故意杀人罪,这显然违背常理。如果仅有行为人一人在场,他可以构成犯罪,为什么多一个义务人在场可以使其免责?刑法不仅是裁判规范还是行为规范,义务人的责任不能因他人而免除,以排他支配确定归责关系显然抹杀了刑法的行为规范机能,具有"为限缩而限缩"的嫌疑。

2. 方法论错误:类型理论无法作为事实支配的方法论基础

在支配理论的拥趸者中,许迺曼教授对于实际支配理论的方法论基础作了清晰的说明。他反对纯粹的规范论,认为会带来循环论证的问题;但同时又不得不兼顾支配概念必然包括规范的现实,所以他采取了类型学的思维方法,在规范与事实之间开辟了"第三条道路",将支配定性为带有规范性质的存在论概念,"一种介于依照自然主义模式或者目的主义模式纯粹存在论化的行为和在 Jakobs 与其信徒们意义下的纯粹规范主义之间,尝试取得一个平衡,根据经验上可得掌握的实际状况(事物本质),将构成寻法基点的立法者决定加以具体化,并且寻求符合立法价值判断的存在论结构"。② 类型学思维是"透过发展和具体化以案例为基础的类似性规则,逐步将含有复合和层次要素的法律概念去除规范性"。③ 许迺曼教授通过列举母亲让婴儿渴死、狗主人不唤回攻击人的猎犬、医生面对垂危病人袖手旁观等"未造成争论的

① 参见许成磊:《不纯正不作为犯理论》,人民出版社 2009 年版,第 345 页。

② [德]许迺曼:《德国不作为犯法理的现况》,载许玉秀、陈志辉编:《不疑不惑现身法与正义:许迺曼教授刑事法论文选辑》,台北,春风煦日学术基金 2006 年版,第 659 页。

③ [德]许迺曼:《德国不作为犯法理的现况》,载许玉秀、陈志辉编:《不疑不惑现身法与正义:许迺曼教授刑事法论文选辑》,台北,春风煦日学术基金 2006 年版,第 659 ~ 660 页。

明显状况",归纳出刑事责任承担的理由是"对造成结果的原因有支配"。[①] 支配成为介于规范与事实、抽象与具体之间的"混合性"的概念,支配的判断可以代替完全规范意义上的作为义务。"支配在核心上当然即意味着一种实际的、社会上产生作用的意志力,但是这种实际性当然也以法律上的可能性为基础:在一个不知道占有为何物的社会中,当然也就没有对危险物的支配以及从中产生的往来义务。"[②]可以发现,许迺曼教授是将规范性概念作为判断支配关系的背景、前提,重要的仍是对于事实支配关系的考察。

但是,类型思维下的"支配"无法排除其规范性,原因在于类型归属本身就是价值判断的过程。[③] "在描述事实的属类时,类型学的思考总是维持其与指导性价值观点间的联系,因为所有被考量的特征都取向于这个——促成整体类型的——中心价值,唯有如此,它们才'具有价值'"。[④] 判断某种情形是否属于支配,起决定的作用的不是事实判断,而是待决情形与典型的支配情形在多大程度上相类似。离开了价值判断,这个归类过程根本无法进行。规范判断并非如许迺曼教授所讲的那样属于判断的前提,而是判断的核心,它敦促适用者对于判断过程进行论证说理,避免使类型归属成为"只可意会、不可言传"的过程。对于因欠缺规范考量导致的支配结论模糊,许迺曼教授错将其归咎于"语义学的模糊"。"此种模糊领域是在解释被使用的日常生活用语的意义内涵时所形成的……因此,如果想要偏偏强调支配这个概念的不

① [德]许迺曼:《德国不作为犯法理的现况》,载许玉秀、陈志辉编:《不疑不惑现身法与正义:许迺曼教授刑事法论文选辑》,台北,春风煦日学术基金 2006 年版,第 658 页。

② [德]许迺曼:《德国不作为犯法理的现况》,载许玉秀、陈志辉编:《不疑不惑现身法与正义:许迺曼教授刑事法论文选辑》,台北,春风煦日学术基金 2006 年版,第 661 页。

③ 参加[德]卡尔·拉伦茨:《法学方法论》,陈爱娥译,商务印书馆 2003 年版,第 101 页。

④ Leenen, Typus und Rechtsfindung, S. 64. 转引自[德]卡尔·拉伦茨:《法学方法论》,陈爱娥译,商务印书馆 2003 年版,第 101 页。

确定性,就是对语言哲学基础有原则上的误解。"[①]所有概念的不确定性都是由其向着生活事实开放时产生的。[②] 这一点毋庸置疑,但事实支配概念的缺陷在于它过于依赖生活事实本身,甚至指望规范向事实靠拢时就可以自动得出结论,这种观点也是类型理论所不赞成的。价值判断不仅出现在待决情形与典型情形的比较之中,同时也出现在对于事实本身的描述之中。

另外,许迺曼教授过于强调类型化的过程中"规范向事实靠拢"的部分,而忽视了"事实向规范靠拢"的部分。类型化的过程,需要"事实的规范化"和"规范的事实化"两个面向同时进行,不能单向运作。[③] 许迺曼教授这样描述包摄的过程:"包摄的前提是法概念事先充分地去除规范化,也就是把法概念还原成一般口语的概念。用一般口语化的概念来说明具体的事件,而且如果包摄应该成功的话,在一般口语概念中,具体的生活事实必须经由定义次定义最后纳入益加扩大的意义核心内。"[④]在他看来,包摄的过程完全发生于事实领域,但实际并非如此。包摄是概念的"去规范化"过程、同时也是事实的"规范化"过程:构成要件能够为事实的规范化提供方向,并且,能否包摄成功实际上取决于待决事实与典型事实在价值判断上的相似性。用阿图尔·考夫曼教授的话讲,这个过程是"生活事实的建构化过程"。[⑤]

3.对象模糊:"造成结果的重要原因"存在适用局限

在阅读存在论的相关理论时,我们发现学者们认定的支配对象并

---

① [德]许迺曼:《德国不作为犯法理的现况》,载许玉秀、陈志辉编:《不疑不惑现身法与正义:许迺曼教授刑事法论文选辑》,台北,春风煦日学术基金 2006 年版,第 661 ~ 662 页。

② 参见[德]阿图尔·考夫曼:《法律哲学》,刘幸义等译,法律出版社 2011 年版,第 146 页。

③ 参见[德]亚图·考夫曼:《类推与"事物本质"——兼论类型理论》,吴从周译,台北,学林文化事业有限公司 1999 年版,第 35 页。

④ [德]许迺曼:《德国不作为犯法理的现况》,载许玉秀、陈志辉编:《不疑不惑现身法与正义:许迺曼教授刑事法论文选辑》,台北,春风煦日学术基金 2006 年版,第 632 页。

⑤ [德]亚图·考夫曼:《类推与"事物本质"——兼论类型理论》,吴从周译,台北,学林文化事业有限公司 1999 年版,第 37 页。

不一致。行为人支配的是事件的因果流程还是“造成结果的重要原因”?[①] 两者的显著区别在于：当造成结果的重要原因是具体的人的时候，行为人与法益侵害结果之间的关系是间接的，行为人通过对人的支配间接实现对于因果关系的支配。[②] 存在论学者似乎没有关注到这个问题，导致对于支配对象的表述缺乏连贯性和内在一致性。

本文认为，“造成结果的重要原因”不宜作为支配对象，原因是行为人对于直接造成法益侵害的人有无支配实际上难以判断。支配关系要根据案件的具体情况进行具体分析，并且要兼顾规范与事实。笼统地认为父母对孩子具有支配、上级对于下属具有支配并不准确。并且，按照事实等置的要求，这种支配要达到如人支配自己身体一样的程度，这在现实生活当中更难实现。在“唐某某玩忽职守案”中，学者认为，警察对于下属具有高度支配，如果将打人者换成普通民众警察就没有支配，[③]但是即使打人者是普通民众，警察也具有制止违法犯罪、保护公民生命健康安全的职责，怎么能说对于他对于打人者没有支配？论者并没有进行详细的论证，当然地肯定上下级之间的支配关系，进而肯定不作为犯罪成立。事实上，本案中刑事责任的承担真正原因并非支配，而是行为人与打人者系“职业共同体”，在客观上应当将二人的行为作整体评价，主观上行为人的不作为是对于打人者伤害行为的默认，二人构成故意伤害罪的共同犯罪。当正犯是行为人无法支配的同事或者上司时，在不法层面行为人依然具有故意杀人（伤害）的不法。[④] 也

---

① 主张支配对象是因果流程的，如黎宏：《排他支配设定：不真正不作为犯论的困境与出路》，载《中外法学》2014 年第 6 期。主张支配的对象是“造成结果的重要原因”的，如许迺曼：《德国不作为犯法理的现况》，载许玉秀、陈志辉编：《不疑不惑现身法与正义：许迺曼教授刑事法论文选辑》，台北，春风煦日学术基金 2006 年版，第 663 页。混用二者的，如姚诗：《不真正不作为犯的边界》，载《法学研究》2018 年第 4 期。

② 当“侵犯法益的重要条件”是作为危险源的物时，对于物的支配和对于因果关系的支配实际上并无区别，因此放在下文对于因果关系的支配中讨论。

③ 参见姚诗：《不真正不作为犯的边界》，载《法学研究》2018 年第 4 期。

④ 当打人者为行为人的上司时，行为人的罪责可能因为无法期待其阻止上司的行为而有所减轻。

是因为共同犯罪的出现,使本案中是否具有支配不再具有实际意义。

事实上,学界对于"人对人的支配"的认定一直持比较审慎的态度。德国学界在有组织犯罪研究中发展出了"意思自治"原则:如果实施犯罪行为的人是独立的刑事责任行为人,那么教唆者就不可能是间接正犯——原则上承认了独立的刑事责任行为人的意志自由。[①] 后来为了解决组织犯罪中的幕后主谋只能按照教唆犯或者帮助犯处罚的问题,罗克辛对于以行为人的主观状态认定正犯和共犯的主观说进行了改造,建立了从客观方面认定"正犯背后的正犯"的支配理论,即只有同时满足"组织具有严密的层次机构、组织成员易于替换、组织(至少)在法律秩序之外运作"三个条件,[②]才可以说组织的首要分子对于执行命令的下属成员具有支配。后来,德国联邦法院试图将罗克辛的客观支配理论拓展适用至企业犯罪之中,遭到了德国学界的广泛批评,原因是后者缺乏政治或者军事集团的领导人承担主犯责任的必要特征。[③] 上述过程提示我们,以不作为者对于正犯的支配为由将不作为者认定为正犯是很困难的,而帮助犯的成立根本不要求支配关系的存在。也就是说,当"造成结果的重要原因"是人的时候,支配理论实际上并无用武之地,刑事责任的承担,可能更多地还是要依靠共同犯罪的原理来实现。

4. 语义困境:因果关系无法被"支配"

从语义上讲,不作为无法"支配"而只能"利用"因果关系。自从行为人开始不作为,因果关系的发展就完全归于自然,恢复对于因果关系的支配只能依靠作为。在不作为的情形中,存在论者所谓的"支配",实际上是行为人利用因果关系来达到自己的目标。区分"支配"与"利用"的意义在于,在先行行为能否作为义务来源的问题上,支配理论坚

---

① [德]托马斯・魏根特:《"通过组织实行犯罪"研究——一个德国法理论出人意料的拓展》,姜敏译,载《刑事法评论》第 34 卷。

② [德]托马斯・魏根特:《"通过组织实行犯罪"研究——一个德国法理论出人意料的拓展》,姜敏译,载《刑事法评论》第 34 卷。

③ 参见[德]托马斯・魏根特:《"通过组织实行犯罪"研究——一个德国法理论出人意料的拓展》,姜敏译,载《刑事法评论》第 34 卷。

持认为，行为人不仅要通过先行行为创设风险，还要确保风险实现，确保风险实现的过程就是支配因果关系的过程。[①] 但问题是，行为人在风险创设之后都只有不作为，如何依靠不作为来“支配”风险实现？如果行为隐瞒事实、欺骗他人以确保结果发生，就可以以作为来评价，不需论以不作为。

另外，存在论者严格区分“现实支配”与“支配可能性”，导致支配概念与日常语义之间具有很大冲突。为了强调事实属性，上述各种支配理论均指出，支配必须是现实的、实际的支配，行为人有能力、有可能改变因果流程的，还不能算是实际支配。典型的例子是，交通肇事的行为人撞伤他人后逃逸的，不能认为行为人对于被害人的生命具有支配；只有行为人将被害人转移至隐蔽处抛弃的，才具有支配。[②] 这种理解已经超出了“支配”一词的日常用法：行为人面对奄奄一息的伤者，完全有能力、有可能将其送医救治，怎么能说他对于伤者不具有支配呢？另外，存在论者认为，外出的父母因为知道家中孩子的位置和危险源而对其具有支配，但按照常理，父母离开家时即不再对于孩子具有现实的、事实的支配。如果不考虑规范要素（观念支配、照护义务），难以认定此处存在事实上的支配。支配情形的判定与日常语义相脱离，同时又欠缺明确的判断方法和规范内涵，可能使判断结论走向恣意。

5. 适用局限：支配理论不能实现罪间界分

因为事实等置理论将支配作为认定不作为犯的唯一要素，所以它还需承担起区分此罪与彼罪的任务。例如，存在论者认为，负有赡养义务的子女将意识不清的老人带到荒山野岭丢弃的，属于对于因果流程的排他性支配，构成不作为的故意杀人罪而非遗弃罪；母亲选择将孩子生在便池当中属于事先设定因果关系，同样构成不作为的故意杀人罪；医生开始救治病人后又放弃的，是通过中途介入取得支配关系，构成故

① 参见黎宏：《排他支配设定：不真正不作为犯论的困境与出路》，载《中外法学》2014 年第 6 期。

② 参见许成磊：《不纯正不作为犯理论》，人民出版社 2009 年版，第 317 页。

意杀人罪而非医疗事故罪。[①] 从上述例子中可以发现,具有支配意味着行为人可以构成更为严重的不作为犯(通常是故意杀人或者伤害),否则即构成较为轻微的渎职、遗弃等犯罪。但是,以支配概念来界分不同罪名存在以下问题:

一方面,某些行为积极地制造了法所不容许的风险,完全可以以作为来评价。出于罪刑法定和刑法明确性的要求,不作为被认为是作为的补充形态,认定犯罪时应当首先考虑行为是否构成作为。[②] 行为人将老人背上山丢弃、故意将婴儿生产在便池中都属于作为形式的故意杀人,无须再考虑不作为。在行为人事先故意设定面向结果的因果流程的情形,风险创设行为就构成作为犯罪,后续的不作为不需进行单独评价。

另一方面,决定行为人构成何罪,不能只看客观要件,主观要素和法律的具体规定也是应当重点考察的对象。例如,渎职类犯罪属于过失犯,故意杀人(伤害)罪是故意犯,把握放任与过失之间的界限对于正确认定犯罪尤为重要,而支配对于区别二者并无意义。在前述医生放弃救治病人的案例中,应当注意到医疗事故罪是过失犯罪。[③] 设立医疗事故罪的立法目的是处罚医务人员"对于就诊人的生命和身体健康采取漠不关心的态度,不及时救治",最终造成就诊人死亡的行为。[④]《关于公安机关管辖的刑事案件立案追诉标准的规定(一)》规定,"无正当理由拒绝对危急病人实行必要的医疗救治"属于"严重不负责任",造成就诊人死亡的,构成医疗事故罪。根据立法目的和司法解释,除非可以证明医生事先即出于杀人的目的救治病人,否则不能仅凭后续的放弃救治行为直接认定其构成故意杀人罪。

---

① 参见黎宏:《排他支配设定:不真正不作为犯论的困境与出路》,载《中外法学》2014年第6期。

② 参见林钰雄:《新刑法总则》,中国人民大学出版社2019年版,第398页。

③ 参见高铭暄、马克昌主编:《刑法学》,北京大学出版社2016年版,第577页。

④ 全国人大常委会法制工作委员会刑法室:《中华人民共和国刑法条文说明、立法理由及相关规定》,北京大学出版社2009年版,第676页。

(三)小 结

事实等置理论的“命门”在于,它错误地将因果关系的事实判断等同于构成要件的规范判断,认为满足支配理论的不作为本身该当作为犯的处罚,不作为与作为在结构上的差异可以依靠事实性要素来弥补。不作为与作为的等置,并非事实意义上相同,而是规范评价上等同看待,作为义务对于认定不作为犯罪不可或缺。支配是存在理论用以实现事实等置的工具,但它是一个结合了事实与规范判断的概念;支配结论并非靠近事实即可“自动”得出,而是一个“归纳+涵摄”的过程。除却上述原理性的谬误,支配理论在实际应用中还存在其他问题:不作为者对于正犯的“支配”门槛太高,实践中极少情形可以符合。仅依靠不作为难以支配风险实现,“实际支配”与“支配可能性”的区分标准不甚明确。另外,支配概念难以实现罪间界分,行为是否可以优先评价为作为、行为人的主观心态是故意还是过失、司法解释的具体规定都是司法者在认定犯罪时需要重点考虑的要素。

四、规范的社会角色论在法定犯领域的适用困境与可能路径

(一)社会角色:规范不作为论的考察重点

既然事实等置理论并非评价不作为犯的正确路径,本部分我们将视线转移至规范路径,探究规范的不作为理论在法定犯领域的适用。耶塞克和魏根特教授指出,“不作为的应受处罚性是与认定因果关系完全无关的。起决定作用的更多的是规范的观点,即某人通过对期待的行为的不作为,侵害对他的帮助给予信任的利益,且由于缺乏其他的

保安措施而得不到保护”[①]。

为了使不作为与作为在不法内涵上作等同评价,规范论从以下角度说明处罚不作为的原因;同时,它们也可以被看作规范论对于不作为犯成立条件的思考,在事实上起着限制形式义务说的作用:(1)佛格特的较密切之社会秩序(关系)说。他认为,特别的社会连带性是关系人之间互负忠诚义务的基础,只有在此种亲密秩序(关系)之中,才能强烈显现团体生活的脉息。较密切之社会关系包括持久的连带关系和暂时的连带关系。[②] (2)贝尔汶科的社会角色说。贝氏认为,团体是多数彼此相关、互相依赖之人所形成的具有特定意识之单一体。每个人都是团体的一部分、承担一定的社会功能。社会功能的实现需要依靠社会角色,社会角色是成立不真正不作为犯的决定性要素。由于每个人承担特定的社会角色,角色之间就有了“要求性”,即角色的实现需要依赖他人的配合。法律就是确定各个角色应当如何行为的规范。[③] (3)考夫曼的机能二元说。根据保护内容的不同,将保证人地位分为“法益保护型”和“危险源监督管理型”。[④] (4)许玉秀的开放与闭锁关系说。该说认为,刑法的根本目的是保护法益,因此判断某人有无阻止他人犯罪的义务,端视他和作为人之间的关系对于法益是否有意义而定。如果该关系是为保护受害者法益而存在,则为开放关系;如果该关系不是为保护受害法益,则为闭锁关系。[⑤]

除了上述理论之外,近年来受到广泛关注的还有罗克辛和雅各布斯分别基于目的理性的思考方法和彻底的规范论立场对于义务犯的阐

① [德]汉斯·海因里希·耶塞克、托马斯·魏根特:《德国刑法教科书》,徐久生译,中国法制出版社 2001 年版,第 721 页。

② 参见许玉秀:《主观与客观之间——主观理论与客观归责》,法律出版社 2008 年版,第 271 ~ 272 页。

③ 参见许玉秀:《主观与客观之间——主观理论与客观归责》,法律出版社 2008 年版,第 279 ~ 281 页。

④ 参见许成磊:《不纯正不作为犯理论》,人民出版社 2009 年版,第 307 ~ 310 页。

⑤ 参见许玉秀:《当代刑法思潮》,中国民主法制出版社 2005 年版,第 751 ~ 752 页。

述。罗克辛教授认为,正犯是具体行为事件的核心人物,可以分为3种类型:支配犯、义务犯和亲手犯。支配犯是从外部闯入一个他所没有接触过的、刑法不允许接触的生活领域,刑法评价的重点在于犯罪行为本身。[①] 义务犯是违反了构成要件之前的、刑法之外的特别义务的人。对于义务犯来说,重要的是谁负有一种特别义务而非事实性的支配。[②] 由于支配犯中的不作为犯是义务犯,义务犯当中的不作为犯依然是义务犯,所以,所有的不作为犯都是义务犯。[③] 雅各布斯教授认为,在社会交往之中,人对于其他人的期待有两种:一种是具有消极内容的期待,即期待每个人能够管理好自己的事务,不去伤害他人;另一种是具有积极内容的期待,期待制度可以调整各个人格体的组织活动的范围。违反前一种期待的是支配犯,违反后一种期待的是义务犯。雅各布斯不赞同将所有的不作为犯都为义务犯。他认为不作为犯构成支配犯还是义务犯关键要看行为人违背了何种期待。如果违反的是消极意义上的、以不得伤害他人为内容的期待,那么行为人属于支配犯而非义务犯;换言之,只有违反团结义务的犯罪才是义务犯。[④]

尽管规范论的主张各有侧重,但总结其共性,可以发现它们都将行为人承担的社会角色作为考察重点,以规范性的社会期待确定刑法义务。在人类社会中形成的任何一种关系,即使我们试图用语言描述客观事实,其中往往也潜藏着对关系的期待。当我们在争论某一案件中行为人是否构成不作为犯罪的时候,实际上就是在问:社会可以期待他做一个什么样的人;或者说,他有没有积极履行自己的社会角色。虽然这种说法可能比较笼统,但是它在本质上揭示了处罚不作为犯的原因。实践中一些案件的疑难之处,就在于行为人应该扮演何种角色具有不确定性。例如,在“冷漠司机案”中,如果司机没有绕路行为,只是对于发生在乘客间的强奸行为视若无睹,能否成立强奸罪的帮助犯?否定

① 参见何庆仁:《义务犯研究》,中国人民大学出版社2010年版,第15页。

② 参见何庆仁:《义务犯研究》,中国人民大学出版社2010年版,第13页。

③ 参见何庆仁:《义务犯研究》,中国人民大学出版社2010年版,第38~39页。

④ 参见何庆仁:《义务犯研究》,中国人民大学出版社2010年版,第27~29页。

意见认为,"法律不应要求行为人为一个本身(在行为当时来看)没有任何问题的行为承担责任,包括作为的责任",[①]"无论犯罪发生的领域是否有利于第三人的犯罪,领域的支配者,对于领域内第三人的犯罪行为,都不负有阻止义务"。[②] 肯定意见认为,承运人对旅客具有安全保障义务,司机的不作为在客观上为强奸行为的顺利实施提供了帮助,因此应当对其论以强奸罪的帮助犯。[③] 双方争议的焦点在于,行为人是否满足了社会对于"司机"这一角色的期待。

社会角色应当如何确定,关系到规范的不真正不作为犯论在实践中能否应用。关于社会角色的争论主要围绕两个问题展开:第一,社会角色是否源于实定法的规定;第二,前置法规定与社会角色的关系如何。以下即分别展开。

(二)社会角色的先在性与法定犯的建构性之间的矛盾

规范论者认为,社会角色源于既存的社会生活或者先在制度。罗克辛教授指出,义务犯的构成要件要保护的是刑法之外已经被形塑的生活领域的机能力不受损伤,为此,有关者的法律或者社会的角色是决定性的,而不是犯罪行为的外部表现;[④]雅各布斯教授指出,"义务犯的基本特征在于对已经存在着的制度的依赖"。[⑤] 何庆仁博士将"制度"阐释为"抽象的、法哲学意义上的制度,它来源于历史、社会地形成的

① 王莹:《先行行为作为义务之理论谱系规整及其界定》,载《中外法学》2012年第3期。

② 徐海龙:《不作为犯中支配理论的法教义学批判》,载《现代法学》2019年第3期。

③ 参见田宏杰:《深刻反思实质的作为义务理论》,载《检察日报》2019年9月23日,第3版。

④ 参见何庆仁:《义务犯研究》,中国人民大学出版社2010年版,第15页。

⑤ 何庆仁:《义务犯研究》,中国人民大学出版社2010年版,第28页。

群体生活实践的要求”。[①] 在规范论者看来，刑法义务是对于先在秩序或者抽象的制度所产生的义务的确认，设置义务犯的目的是满足先在的制度或者社会生活对于人们在特定情形之下可以积极作为的期待。

规范论者的上述主张意味着：第一，作为义务的判断可以脱离实定法进行；第二，法规范不能参与建构而只能承认社会秩序赋予角色的内容。第一个论断引发了作为义务判断的抽象化和恣意性，第二个论断忽略了前置法规在法定犯中发挥的建构作用。具体来说：

1. 对社会角色的内容不能作脱离于实定法的抽象理解

即使承认社会角色来源于既有的社会秩序，由于社会秩序的内容非常抽象，为了尽可能保证国民对于法律的预测可能性，应当明确社会角色及其产生的作为义务的内容。脱离法规范的抽象理解不仅丧失了客观性，使义务内容完全取决于论者的理解，而且容易在前置法与刑法的关系问题上产生错判，误以为刑法义务可以脱离于前置法划定的范围。以前述“冷漠司机案”为例，认为司机并未违反角色要求的观点背离了前置法对于承运人的要求：《民法典》第819条规定，“承运人应当严格履行安全运输义务，及时告知旅客安全运输应当注意的事项……”第822条规定，“承运人在运输过程中，应当尽力救助患有疾病、分娩、遇险的旅客”。显然，司机的义务不只有将旅客运输到目的地，还应保障乘客免受来自司机本人、同乘人和其他人的侵害。至少从前置法的角度看，司机的行为违背了规范期待。

不法判断是包括作为义务在内的类型判断，实定法设定的义务是抽象的、同一的，行为人是否履行义务应当结合其认知能力和水平应当进行具体化判断，两者并不冲突。正如考夫曼教授所言：“一群生活事实在一个被认为是‘重要的’观点下被认为是‘相同的’。然而，此种为了实现平等原则而在法定构成要件中被等同视之的这些生活事实，实际上绝非真正相同。”[②]据此，当具有特殊认知的行为人不作为时，不能

① 何庆仁：《义务犯研究》，中国人民大学出版社2010年版，第28页。

② [德]亚图·考夫曼：《类推与“事物本质”——兼论类型理论》，吴从周译，台北，学林文化事业有限公司1999年版，第37页。

以其符合角色的“一般期待”为由否认其构成犯罪。比如学界热议的“毒蘑菇案”:一名生物系的学生兼职在餐厅端盘子,他以专业的眼光发现菜品中所含蘑菇有毒但未予理会,致使几名客人被毒死。在这个案件中,雅各布斯教授认为“对于食物是否有毒的特别知识并不属于社会角色,并不是人格体的一部分”,[①]也就是说,鉴别食物是否有毒并不属于服务生的义务。何庆仁教授同样认为,服务生通常只负责把菜端给客人,菜的口味好不好、上菜的快慢以及菜是否有毒,不是他们的负责范围。如果社会的期待变为不得将有毒的饭菜端给客人,服务生在端任何菜时都必须检验饭菜是否有毒,这显然是对于他们的苛责。[②]行为人是专业学者也好,普通人也罢,在此案件中他都要履行传菜员的义务。这一角色内容不应当来自判断者的主观臆想,而应当到前置法中寻找。《餐饮业食品卫生管理办法》第28条规定:“当发现或者被告知所提供的食品确有感官性异常或者可疑变质时,餐厅服务人员应当立即撤换该食品,并告知有关备餐人员……”如果不考虑该规范性文件的等级问题,上述内容说明传菜员本身具有检查菜品是否变质的义务。尽管常识、经验、专业知识有所不同,但保证顾客就餐安全的义务适用于每个餐厅服务人员,如果行为人因为知识不足不能履行这种义务,法律当然不能强人所难;但如果他发现已经发现了菜品有毒,则应当及时撤换菜品。在这里,我们讨论的是“这个人”的角色义务,不能以他人的认识和经验来否定行为人的义务。论者试图以“一般人标准”来说明行为人并未违反角色要求,殊不知餐厅服务人员对于菜品情况的掌握程度并不相同,所谓的“一般人标准”不过出自论者的想象,[③]“传菜者只需要将菜端给客人”是对于社会角色和行为人义务的抽象化、简单化理解。当然,本案涉及的《餐饮业食品卫生管理办法》

① [德]京特·雅各布斯:《规范·人格体·社会——法哲学前思》,冯军译,法律出版社2001年版,第89页。

② 参见何庆仁:《特别认知者的刑法归责》,载《中外法学》2015年第4期。

③ 相同见解可参见黄荣坚:《基础刑法学》,中国人民大学出版社2009年版,第249~250页。

系卫生部颁布的部门规章,因为效力等级太低而不能作为义务来源,但是在内容上,该案提示我们,社会角色衍生出的作为义务应当具有明确的前置法依据,作为义务的实现与否要考虑个案情形。

2. 前置法规范参与了法定犯所涉社会秩序的型构

在法律规范参与调整、建构的生活领域,社会角色并非完全是自发秩序的结晶。哈耶克将社会秩序分为自发秩序与建构秩序,它们分别与内部规则和外部规则相对应。内部规则与外部规则的差异在于:(1)内部规则具有抽象性,外部规则只适用于承担特定组织职能的人。内部规则“可以被认为是一种指向不确定的任何人的‘一劳永逸’的命令,它仍是对所有时空下的特定境况的抽象,并仅指涉那些可能发生在任何地方及任何时候的境况”。[①] 外部规则“预先设定存在一个发布此项命令的人”,[②]它以命令的方式把特定任务、目标或职能赋予该组织中的个人,每个人在确定结构当中的地位是由特定的组织所发布的命令来决定的。因此,可以认为内部规则适用于所有的人,而外部规则只适用于实现组织目标所需要的人。(2)内部规则具有目标独立性,而外部规则形成本身就是为了实现某种目的。内部规则是从较小的目的关联群体向较大的组织扩张的过程中逐渐形成的,在这个扩张的过程中,只服务于特定团体的特殊目的逐渐被摒弃,取而代之的是内部规则本身。对于内部规则的遵循并不能够推进或者旨在实现某个目的,或者说,内部规则的实在性使人们并不为追求某个特殊目的而遵守它。[③]根据外部规则所采取的行动“只服务于发布该命令的人目的”,对这些

---

① ［英］哈耶克:《自由秩序原理》,邓正来译,三联书店1997年版,第185页。转引自邓正来:《社会秩序规则二元观——哈耶克法律理论的研究》,载《北大法律评论》1999年第2卷。

② ［英］哈耶克:《自由秩序原理》,邓正来译,三联书店1997年版,第185页。转引自邓正来:《社会秩序规则二元观——哈耶克法律理论的研究》,载《北大法律评论》1999年第2卷。

③ 参见邓正来:《社会秩序规则二元观——哈耶克法律理论的研究》,载《北大法律评论》1999年第2卷。

外部规则所作的解释,也必须依凭组织命令所规定的具体目的。[①] 上述区别使内部规则与外部规则绝对不能混为一谈。哈耶克再三强调,要防止社会秩序规则一元论视角下外部规则对于内部规则的渗透与取代。[②]

将“内部规则——外部规则”的分类与“自然犯——法定犯”范畴相对照,可以发现,自然犯所对应的刑法规则属于内部规则,而法定犯对应的刑法规则属于外部规则。自然犯是对于先在秩序所决定的社会角色的背离,法定犯对应的社会秩序多由前置法甚至由刑法自身建构而来,在前置法调整之前不存在明确的、稳定的先在秩序。通说认为,刑法的目的是法益保护。[③] 立法者之所以将某种行为规定为犯罪,是因为犯罪行为侵害了重要的、值得保护的利益。但是,在杀人、抢劫、强奸等传统的自然犯罪中,外在的、建构式目的并不重要,它们之所以被规定为犯罪,是立法者对于自发秩序的承认。与自然犯相比,法定犯的目的性更加明确,立法者往往出于遏制某种危害行为的动机将其入罪化;并且,当出现立法者没有预料的情形时,为了保证处罚效果还需要进行各种形式的法律修正。这和自然犯的抽象性和稳定性形成了鲜明的对比。法定犯是立法者用以建构社会秩序的手段。前置法规范对于调整、建构法定犯对应的社会秩序发挥了重要作用,可以作为法定不作为犯的义务来源。

(三)社会角色在法定犯中的规范重塑

如前所述,前置法义务可以为社会角色框定判断范围,刑法义务应当在前置法义务范畴之内产生。法定犯的义务并不具有前置于实定法

---

① 邓正来:《社会秩序规则二元观——哈耶克法律理论的研究》,载《北大法律评论》1999 年第 2 卷。

② 参见邓正来:《社会秩序规则二元观——哈耶克法律理论的研究》,载《北大法律评论》1999 年第 2 卷。

③ 参见[德]克劳斯·罗克辛:《刑法的任务不是法益保护吗?》,樊文译,载《刑事法评论》第 19 卷。

的先在性,它的义务范围可以由前置性法律、行政法规来划定。

一方面,不同于自然犯,法定犯立法具有较强的领域性、专业性;部分领域和行业尚属新兴,需要先运用前置性法律法规加以调整。涉及经济、医事、信息和计算机等专业领域的危害行为,行业协会和行政部门的监管最为直接、有效,刑事立法的直接干预并不经济,而且不一定有效。新兴领域和行业的良性、健康发展离不开外在的引导与约束,在厘清行政权介入的范围与界限的情况下,适当的行政介入会促进行业的健康发展;反之,如果放任自流,监管缺位、迟滞则将会导致恶性竞争、"劣币驱逐良币"。从现实因素来看,行政监管在国家治理中占据强势地位,试图完全摆脱行政监管的"自发秩序"在我国并不现实。行政监管与行业创新之间往往存在辩证循环关系:监管引发创新,创新过度引发危机,危机引发新一轮监管。[①] 监管与创新二者对于新兴领域、行业不可或缺。当然,由于行政部门对于某些事项或者情势的监管也是"摸着石头过河",监管失误具有不可避免性,这些失误也可以为刑法介入的尺度和范围提供有效借鉴。

另一方面,法定犯对于行为的规制具有二次性特征,只有违反前置性行政法规的行为,才有可能被纳入刑法评价。反之,如果前置法并未设置作为义务,刑法不能越俎代庖,直接将该不作为评价为不法。前置法规范是规范对于社会生活进行第一次调整的产物,是立法者对于特定领域应然秩序的整体勾勒。只有在前置法调整的手段和力度对于制止某种危害行为力有未逮时,刑法才可以将其纳入犯罪的范畴。据此,以前置性行政法规来确定法定犯应当承担的社会角色具有必要性和合理性。

① 参见安辉:《金融监管、金融创新与金融危机的动态演化机制研究》,中国人民大学出版社 2016 年版,第 4 页。

五、法定犯作为义务的判断方法

(一)以前置法规定划定作为义务的范围

1."违反国家规定"对前置法范围的限缩

首先,需要明确哪些前置法规范能够成为不作为犯的义务来源。对于某一领域或者某一行为的规制可能涉及整个规范体系,何种层级的规范可以为法定犯设定义务?这一问题对于确定不作为犯的处罚范围至关重要。传统观点认为,"法律明文规定的义务"中的"法律"是指"由国家制定或任何并由国家强制力保证实施的一切行为规范的总和,包括宪法、法律、行政法规、条例、规章等"。[①] 上述义务来源可能与"违反国家规定"相冲突。法定犯具有二次性特征,构成要件行为必然是为前置性法所禁止的行为,即使有些法定犯在罪状中没有"违反国家规定"的表述,司法者也应考察行为是否违反前置法,如果答案否定,则不构成犯罪。因此有学者将"违反国家规定"归为法定犯的不成文构成要件要素。[②] 根据《刑法》第96条,"国家规定"是指"全国人民代表大会及其常务委员会制定的法律和决定,国务院制定的行政法规、规定的行政措施、发布的决定和命令"。"法律规定"和"国家规定"的范围系交叉关系。一方面,前置法规范的制定主体只能是全国人民代表大会及其常务委员会(以下简称全国人大及其常委会)、国务院,否则前置法义务将与"国家规定"的范围冲突,部门规章和条例不能成为法定犯的义务来源。另一方面,全国人民代表大会及其常务委员会发布的决定、国务院规定的行政措施、发布的决定和命令能否为作为前置法的义务来源,应当结合上述规范性文件的内容做具体分析。对于全国人大及其常委会和国务院发布的决定可以分为两类:一类是授权决

① 高铭暄、马克昌主编:《刑法学》,北京大学出版社2016年版,第68页。

② 参见刘艳红、周佑勇:《行政刑法的一般理论》,北京大学出版社2020年版,第162~178页。

定。全国人大及其常委会针对尚未制定法律、行政法规的事项授权国务院先行制定行政法规,但涉及犯罪和刑法、强制措施等条款的情形除外;[①]国务院授权给各部委在各自权限范围内制定部门规章。[②] 另一类是关于某一具体事项的决定,如“快播案”中法院引用的《全国人民代表大会常务委员会关于维护互联网安全的决定》(以下简称《关于维护互联网安全的决定》)和《全国人民代表大会常务委员会关于加强网络信息保护的决定》(以下简称《关于加强网络信息保护的决定》)。由于授权类决定不涉及实体性规范,所以需要关注的是关于某一具体事项的决定的具体内容。如果决定的内容意在提示、指引法律适用,那么它可以成为作为义务的来源;但是如果决定在法规范之外单独创设了权利和义务、规定了法律后果,该决定本身就因为违反《立法法》第8条而无效,[③]无法成为作为义务的来源。国务院规定的行政措施和命令同样如此,只有指引行政法律、法规适用的那一部分规范才能引起法定犯的作为义务。

下面,本文以“快播案”为例,检视法院据以认定作为义务的规范性文件是否符合作为义务的形式要求。一审判决书中,法院为说明快播公司具有网络安全管理义务,共引用了五个规范性文件,它们分别是:(1)公安部发布的《计算机信息网络国际联网安全保护管理办法》;(2)国务院发布的《互联网信息服务管理办法》;(3)全国人大常委会发布的《关于维护互联网安全的决定》;(4)国家广播电影电视总局、信息产业部发布的《互联网视听节目服务管理规定》;(5)全国人大常委会发布的《关于加强网络信息保护的决定》。[④] 在上述规范中,《计算机信息网络国际联网安全保护管理办法》和《互联网视听节目服务管理规定》属于部门规章,不属于“国家规定”的范畴,因而不能成为作为义务

① 参见《中华人民共和国立法法》第9条、第10条、第65条第3款的规定。

② 参见《中华人民共和国立法法》第80条的规定。

③ 根据《中华人民共和国立法法》第8条的规定,涉及犯罪和刑罚、限制人身自由的强制措施和处罚、民事基本制度的法律,只能制定法律。

④ 参见北京市海淀区人民法院刑事判决书,(2015)海刑初字第512号。

的来源。《互联网信息服务管理办法》属于国务院发布的命令,该办法第 15 条规定,“互联网信息服务提供者不得制作、复制、发布、传播含有下列内容的信息……(七)散布淫秽、色情、赌博、暴力、凶杀、恐怖或者教唆犯罪的”;第 20 条规定,“制作、复制、发布、传播本办法第十五条所列内容之一的信息,构成犯罪的,依法追究刑事责任”。上述规范对于刑法规范的适用具有指引作用,可以成为不作为犯罪的义务来源。全国人大常委会发布的《关于维护互联网安全的决定》和《关于加强网络信息保护的决定》也是对于法律适用的指示性规定。《关于维护互联网安全的决定》第 3 条规定,“为了维护社会主义市场经济秩序和社会管理秩序,对有下列行为之一,构成犯罪的,依照刑法有关规定追究刑事责任……(五)在互联网上建立淫秽网站、网页,提供淫秽站点链接服务……”《关于加强网络信息保护的决定》第 5 条规定,“网络服务提供者应当加强对其用户发布的信息的管理,发现法律、法规禁止发布或者传输的信息的,应当立即停止传输该信息,采取消除等处置措施,保存相关记录,并向有关主管部门报告”;第 11 条规定,“违反本决定行为……构成犯罪的,依法追究刑事责任”。可以认定,除却公安部发布的两个部门规章,其他 3 个规范性文件可以作为快播公司网络安全管理义务的形式来源。

2. 司法解释规定的义务也应当有前置法依据

在法定犯中,前置法义务设定的范围应当延伸至司法解释;换言之,解释机关在为行为人设定义务时也应当参照前置性法律、行政法规的规定。基于刑法调整的二次性原则,刑法不能在前置法没有规定的情况下直接设定义务,这是没有疑问的。问题在于这一要求是否应当扩展至司法解释?目前司法解释对于法定犯构成要件的解释非常精细,甚至出现了对于解释的“再解释”。司法机关制定解释的“素材”来自实践当中遇到的典型问题,意在为司法机关正确理解和适用犯罪提供指引。如果司法者在解释构成要件时仅从刑法角度出发、出于打击犯罪的需要设置了欠缺前置法规定的义务,是否会影响司法解释的效力?虽然学界对于该问题关注较少,但是它在实践中已然存在:上述《意见》第 2 条“‘向社会公开宣传’的认定”就是对于《关于审理非法集资刑事案件具体应用法律若干问题的解释》(以下简称《解释》)第1条“公开性”要件的再解释。根据《意见》第2条的规定，如果行为人知道他人擅自将集资消息向社会公众扩散的，应当及时制止。然而，在前置的法律、行政法规中，不仅没有规定这一义务，甚至没有将“公开宣传”行为作为非法吸收公众存款行为的要件。《商业银行法》第11条仅规定，“未经国务院银行业监督管理结构审查批准，任何单位和个人不得从事非法吸收公众存款等商业银行业务”，没有对于何为非法吸收公众存款的进一步解释。1998年国务院颁布的《非法金融机构和非法金融业务活动取缔办法》(以下简称《办法》)第4条第2款规定，“非法吸收公众存款，是指未经中国人民银行批准，向社会不特定对象吸收资金，出具凭证，承诺在一定期限内还本付息的活动”；第9条规定，“对非法金融机构、非法吸收公众存款以及非法集资，中国人民银行一经发现，应当立即调查、核实；经初步认定后，应当及时提请公安机关立案侦查”。将上述《办法》与《解释》第1条规定的“非法性、公开性、利诱性、社会性”4个要件进行对比可以发现，上述定义中未包含“公开宣传”要件。可以认为，在前置法没有规定的情况下，司法解释单独为行为人设置了防止集资消息扩散的义务。

或许有意见认为，司法解释是对于构成要件的解释而非法律自身，前置性义务的要求只需要及于刑法规定，无须扩展至构成要件。本文不认同上述观点，原因在于：从内容上看，有些法条规定得比较简单、抽象，司法解释对于构成要件含义的说明在事实上起着补充立法的作用。在处理新型犯罪时，司法解释对于常见情形的列举有利于法官正确理解和适用规范。从效力上看，司法解释在司法裁判中的效力基本与实定法等同。根据《最高人民法院关于司法解释工作的规定》第5条和第27条的规定，最高人民法院发布的司法解释具有法律效力，人民法院将司法解释作为裁判依据的，应当在司法文书中援引。从公民守法义务的角度看，法无禁止即可为。公民无须在法律和行政法规之外再遵守由司法解释创设的义务。因此，司法解释中规定的义务也必须建立在前置法义务的基础上，以避免解释权的过分扩张威胁到公民自由的实现。既然前置法没有将“明知他人将吸收资金的消息向社会公众扩散而予以放任”界定为公开宣传,司法解释的规制就不具有合理性。即使最终从结果上,吸收集资款并不违背行为人的意志,甚至正中其下怀,但在第三人擅自将集资消息扩散、行为人事后得知但未拒绝的情形,不应当将集资消息扩散的后果归属于行为人。不真正不作为犯的存在,使任何看起来是作为的犯罪同时也可以由不作为构成,其中蕴藏着处罚范围扩张的极大风险。为了防止这种风险变为现实,必须对于形式义务来源严格把关,防止过度入罪。

3. 避免仅因政策考量入罪

“如果仅仅基于刑事政策上的理由而扩张不纯正不作为犯的范围,那么就违反了罪刑法定原则。”①立法者和司法者应当坚持规范意识,避免过度的政策考量导致盲目入罪。前述非法集资司法解释对于“公开宣传”要件的解释,与国家严厉打击非法集资犯罪的刑事政策密不可分。司法者应克服结果主义倾向,不能仅凭不作为对于结果的原因力认定构成不作为犯罪。有学者认为,“只要行为人引起的因果历程能对法益造成侵害或者威胁,而后被义务人加以利用或者支配,那么这种对因果进程的利用与直接创设因果历程应该具有同等的价值,因为两者都对法益有威胁”。② 本文不赞同这种观点,不作为的不法包括行为不法与结果不法,③前者不能为后者所遮蔽。“对于法益的威胁”是结果不法,是否构成犯罪仍需进行行为不法的检验和考量,否则,法益侵害不仅不能实质性地限缩犯罪的成立犯罪,反而容易成为入罪理由。

① [德]许迺曼:《德国不作为犯学理的现况》,陈志辉译,载许玉秀、陈志辉:《不疑不惑献身法与正义:许迺曼教授刑事法论文选辑》,台北,公益信托春风煦日学术基金2006年版,第655页。

② 郝川、詹惟凯:《不真正不作为犯“作为义务二元论”再提倡——兼论作为义务与等价性之关系》,载《社会科学战线》2018年第12期。

③ 参见张明楷:《刑法学》,法律出版社2016年版,第110~111页。

（二）以刑事不法类型筛选作为义务

在刑法义务与前置法义务的关系问题上，刑法义务独立判断说是有力观点。罗克辛教授曾经认为，社会角色及其衍生的规范义务来自前置法规定。他指出，义务犯的正犯只可以是那些违反了构成要件之前的、刑法之外的特别义务的人；特别义务逻辑性地置于刑法之前，并一般是来源于其他的法领域，如公法上的公务员义务、行业法律中的沉默命令和民法中的赡养或者抚养义务等。① 但是，这一观点遭到了学者的反对，他们认为，社会角色与规范期待不能依靠前置法来确定，否则一方面会使前置法义务与刑法义务无法区分，另一方面可能会使实质义务论向着形式义务论倒退。陈志辉博士批评道，"刑法归属和一个纯粹民法上的关系连接起来……从一开始就是有疑问的，刑法对民法的单纯的从属性已经不再令人信服"。② 类似质疑甚至使罗克辛本人对于作为义务的来源也产生了动摇："甚至我自己也犹豫起来，是否如同我原来所认为的那样，所有决定可罚性的特别义务都是刑法之外的。"③如果认为刑法的作为义务独立于前置法义务，二者的划分标准为何？

1. 法益不宜作为前置法义务与刑法义务的划分要素

有学者指出，"刑法是否赋予某人以作为义务，只能从刑法的目的、任务来考量，它不以其他法律的目的、价值为转移"。④ 法益能否为前置法义务与刑法义务划清界限？本文持否定态度。

一方面，法益对于前置法义务的限缩是以前置法法益与刑法法益

---

① 参见 Vgl. Roxin, Taterschaft und Tatherrschaft, 8. Aufl., 2006, S. 352ff。转引自何庆仁：《义务犯研究》，中国人民大学出版社 2010 年版，第 94 页。

② Jyh-Huei Chen, Das Garantensonderdelikt, 2006, S. 108. 转引自何庆仁：《义务犯研究》，中国人民大学出版社 2010 年版，第 97 页。

③ Roxin, Taterschaft und Tatherrschaft, 8. Aufl., 2006, S. 742. 转引自何庆仁：《义务犯研究》，中国人民大学出版社 2010 年版，第 95 页。

④ 许成磊：《不纯正不作为犯理论》，人民出版社 2009 年版，第 264 页。

能够有效区分为前提。持违法性判断(相对)独立性说的学者认为,法益是区分行政法与刑法的保护对象的标准,"刑事犯既包含形式的要素(违法性)又包含实质的要素(法益侵害),而行政犯只包括形式要素(行政及其规范违反)";[①]"行政法强调秩序的维护,而刑法强调法益的保护……二者有质的不同。"[②]但是,从学理上看,法益是行政法与刑法通用的概念。法益论者认为,刑法的目的是辅助性地保护法益,[③]撇开其他法律来谈论法益并不完整。罗克辛教授在论及犯罪行为与秩序违反行为的区别时强调:"关于实体犯罪概念的详细讨论已经表明,犯罪行为和违反秩序的行为是不能根据是否存在或者缺乏法益的损害来加以区分的,因为两者都损害了法益。"[④]从法益的分类看,法益包括集体法益和个人法益。集体法益与个人法益之间存在关联,若集体法益一直向前追溯,总可以追溯至个人法益。单纯以秩序维护为目标的犯罪比较少见。从立法体例来看,不同于德日"立法定性"的做法,在我国,部分刑法罪状与行政法规范表述完全相同,刑事责任与行政责任之间只存在量的差异。在此类犯罪中,依靠法益界分刑事不法与前置法不法更加困难。

另一方面,即使刑法法益和前置法法益能够有效区分,在犯罪构成中,由于作为义务关涉构成要件行为,只有违法性判断的焦点在于行为要素时,刑事不法独立判断说才对作为义务有影响。如果争议要素是行为对象(例如,何为"有毒有害食品"、何为"假药")或者其他要素,则不会涉及作为义务的问题。对于刑法明文规定的行为要素来说,前置法行为与刑法行为的含义一般是等同的(例如,刑法上的"销售"等

---

① 张明楷:《行政刑法辨析》,载《中国社会科学》1995 年第 3 期。

② 郭研:《部门法交叉视域下刑事违法性独立判断之提倡——兼论整体法秩序统一之否定》,载《南京大学学报(哲学·人文科学·社会科学)》2020 年第 5 期。

③ [德]克劳斯·罗克辛:《德国刑法学总论》,王世洲译,法律出版社 2005 年版,第 27 页。

④ [德]克劳斯·罗克辛:《德国刑法学总论》,王世洲译,法律出版社 2005 年版,第 27 页。

同于前置法上的“销售”),但如果行为蕴藏在空白罪状中,法益能否作为区分行政违法与犯罪行为的标准?例如,交通肇事罪的罪状为“违反交通运输管理法规,因而发生重大事故,致人重伤、死亡或者公私财产遭受重大损失的”,行为人违反交规的不作为上升为犯罪行为是否必须经过法益的检验?本文认为,答案是否定的,原因是该罪罪状规定了违规行为与损害结果之间的因果关系,违反交规的不作为本身必须蕴藏着损害公共安全的危险,借由罪状就可以实现行刑界分。是否存在某种犯罪,其实行行为具有法益侵害性而前置法行为不具有法益侵害性,有待理论和实务发现。

2. 正犯与共犯类型下的作为义务判断

本文认为,应当以刑事不法类型作为区分作为犯罪与不作为犯罪的标准。实质检验就是刑事不法类型的检验。正如考夫曼所言,“欲对不作为犯加以处罚,必须在它的不法内涵上与列入考虑的作为犯相当,换言之:二者必须是类似的。因此,此种类推并不抵触‘无法律无刑罚’这个原则,只要不作为行为能够被归类于系争法定构成要件所意涵的不法类型中”。[①] 不作为与作为的等置,是不法类型的相当。不作为即使违反前置法上的作为义务,但如果其未被刑事不法类型所包含,也不构成犯罪。行为人在犯罪当中发挥的作用不同,不法类型对于不作为的要求也不同,应当按照行为人在犯罪当中发挥的作用来判断前置法义务与刑法义务的关系。具体来讲:

如果不作为人实施的是构成要件行为(可能构成正犯),那么不作为产生的不法状态必须与作为犯罪的正犯相等同,违反前置法义务的不作为不一定符合刑事不法类型。以“出租车司机见死不救案”为例,该案的基本案情是:交通肇事者将伤者带上出租车后找借口逃逸,出租车司机发现肇事者逃逸后将伤者弃置车外,伤者因失血过多休克死

---

① [德]阿图尔·考夫曼:《类推与“事物本质”——兼论类型理论》,吴从周译,台北,学林文化事业有限公司1999年版,第45页。

亡。[①] 虽然行为人根据《民法典》第822条负有救助伤者的义务,但其未履行救助义务的行为明显与杀人行为不相等同。另外,在肇事者被评价为交通肇事罪(轻罪)的前提下,将司机的行为评价为故意杀人(重罪)显然失当。因此,司机违反义务不救助伤者的行为无法被纳入刑法评价。此类情形中,违反前置法义务只是构成不作为犯罪的前提,它与刑法义务的区分需要依赖刑事不法的类型判断。

如果行为人实施的是帮助行为(可能构成帮助犯),本文倾向于认为,前置法的义务可以上升为刑法义务。帮助犯的不法只要求行为人在客观上对于犯罪有所贡献,不必达到正犯的程度。违反前置法义务意味着行为人具有了保证人地位,如果同时可以证明不作为人对于犯罪结果具有故意,那么基本上可以认定行为人构成帮助犯。这里主要涉及的问题是,如果行为人违反职务要求,没有积极制止犯罪行为发生,行为人是否构成相关犯罪的帮助犯。例如,警察明知他常去的酒吧有人卖淫却不制止的,是否构成组织卖淫罪的共犯。该案是德国联邦最高法院刑事第四庭审理过的真实案件,许迺曼教授认为行为人不具有保证人地位的原因是:第一,在事实方面,警察并非在工作时间接到报案,而是在私下得知该酒吧存在卖淫行为;警察只有在休闲时偶尔去酒吧喝酒。这意味着警察在案发时是否存在职务上的义务是存疑的。第二,在规范方面,根据德国的警察法和违反秩序罚法,是否干预属于警察自由裁量的范畴。[②] 如果警察在工作时面对犯罪行为不制止,那么他完全可以构成不作为的帮助犯,这一结论也得到了我国学者的支持。[③]

---

① 参见杨兴培、李芬芳:《见死不救旁观者是否构成犯罪及救助义务探析》,载《东方法学》2013年第3期。

② 参见[德]许迺曼:《德国不作为犯学理的现况》,陈志辉译,载许玉秀、陈志辉:《不疑不惑献身法与正义:许迺曼教授刑事法论文选辑》,台北,公益信托春风煦日学术基金2006年版,第646~647页。

③ 参见陈兴良:《快播案一审判决的刑法教义学批判》,载《中外法学》2017年第1期。

（三）等价性并非评价标准而是评价结论

为了限缩形式作为义务，有学者附加了等价性的判断标准，以实现作为与不作为的等置。如田宏杰教授认为，应当在坚持形式作为论的基础上，通过等价性的实质判断来限制不作为犯的成立。“形式的作为义务＋因果关系＋等价性”的判断模式更符合我国“定性＋定量”的犯罪构成模式。其中，形式的作为义务对应着定性要素，等价性对应着定量要素。[①] 本文不同意上述观点，原因在于它混淆了构成要件要素与犯罪构成。构成要件要素只有该当与否，没有程度之分；犯罪构成则需要考虑量的因素。不作为理论要解决的问题是不作为能否和作为等同看待，如果答案肯定，则行为要素该当。等价性并非外在于行为要素，而是为行为本身所包含。例如，判断某种不作为是否该当杀人行为，当然要看它对于法益的威胁程度是否已经与杀人等同。罪量是对于行为社会危害性的整体评价，它意味着即使不作为该当了所有构成要件，但仍然可能因为未达到罪量要求而不构成犯罪，它是外在于构成要件的犯罪构成要素。因此，不能将等价性要素与罪量要素相等同。

另外，将等价性作为罪量要素容易引起评价错误。田宏杰教授用等价性来作为区分正犯与共犯的标准，共犯行为因为和正犯不具有等价性，而只能成立帮助犯。对于“冷漠司机案”，田宏杰教授认为，“作为义务不仅存在有无的问题，也存在强弱的问题，虽然出租车司机对于发生在车后座的强奸行为具有阻止的义务，但是即使司机不阻止相关犯罪行为，其行为也不可能和直接强奸行为具有等价性，因而其拒不救助的行为至多具有共犯不法，而不能达到正犯不法”。[②] 这段论述的错误之处在于：首先，作为义务只有有无，没有强弱。本案中的正犯是作

---

① 参见田宏杰：《深刻反思实质的作为义务理论》，载《检察日报》2019年9月23日，第3版。

② 田宏杰：《深刻反思实质的作为义务理论》，载《检察日报》2019年9月23日，第3版。

为犯,不作为者只有司机一人,何来作为义务的强弱?其次,强奸罪是亲手犯,排除间接正犯的情形,司机当然只有可能构成强奸罪的帮助犯。不作为理论要探讨的问题,是司机的不救助是否构成不作为的帮助,正犯的不法并不在讨论范围。从结论上看,论者判断行为人构成帮助犯的唯一根据是违反了《民法典》中承运人的安全保障义务,这和形式义务说其实毫无区别。

可以看出,将等价性作为罪量要素的初衷是限缩形式作为义务、在前置法义务与刑法之间划定界限,但如前所述,该任务完全可以由不法类型来实现。不作为的判断要结合具体罪名进行,脱离了具体罪名的作为义务判断没有意义。将等价性要件单独作为考察要素,不仅有叠床架屋之嫌,而且有可能导致适用谬误。

The Application of Non-Typical Omission Theory in the Field of Legal Crimes: Target, Path and Method

Dong Yue

[内容摘要] 不真正不作为理论应当引入类型化、规范化的视角。从犯罪分类的角度看,法定犯具有道德中性和目的关联性特征,它决定了不作为理论应当以实现处罚在形式与实质上的正当性为目标。在事实与规范两条评价路径中,事实路径试图通过支配来实现不作为与作为在事实意义上的等置,但因果关系的等置不同于不法评价的等同,规范要素不是支配关系判断的前提而是重心,仅凭不作为无法实现支配。不作为犯罪的成立是规范评价,社会角色是规范路径的考察重点。在法定犯中,社会角色并非抽象的、先在的社会秩序的产物,前置法参与了社会角色的建构。前置法规范为作为义务划定了范围,是否构成不作为犯罪需要经过不法类型的筛选,法益难以界分前置法义务与刑法义务。等价性并非评价标准而是评价结论。

[关键词] 不真正不作为犯;法定犯;支配;社会角色;类型理论

Abstract: The theory of Non-Typical Omission crimes should be remodeled in a typed and normalized way. Legal Crimes are moral neutrality and purposeful, which determines the punishment of omission crime should be reasonable in form and essence. The evaluation of Non-Typical Omission crimes can be classified into factual path and normative path. The factual path tries to achieve the equivalence of inaction and action through domination, but the equivalence of causality is different from the equivalence of illegal evaluation, normative elements are not the premise but the core of domination, and no domination can be achieved by inaction. Social role is the key point of normative path. In the legal crimes, social role is not a product of the abstract, predetermined order but a result partly constructed by the prepositional law which defines the scope of obligation. Whether it constitutes a crime of omission needs to go through the test of illegal types. It is difficult for legal interest to distinguish between prepositional legal obligation and criminal obligation. Equivalence is not an evaluation criterion, but an evaluation conclusion.

Keywords: Non-Typical Omission Crimes; Legal Crimes; Dominate; Social Role; Typology Theory

拒不支付劳动报酬罪的保护法益和实行行为研究*

温登平**

目　　次

一、问题的提出

鉴于实践中大量存在恶意拖欠劳动者特别是农民工工资等现象,2011 年 2 月 25 日,第十一届全国人大常委会第十九次会议通过的《刑法修正案(八)》(自 2011 年 5 月 1 日起施行)第 41 条增设拒不支付劳动报酬罪(《刑法》第 276 条之一),将恶意欠薪行为予以犯

* 本文系国家社科基金后期资助项目《不真正不作为犯问题研究》(批准号:18FFX026)、山东省高等学校人文社科计划一般项目《财产犯罪重要问题研究》(批准号:J17RB025)的阶段性成果。

** 山东交通学院法学院副教授,法学博士;华东政法大学博士后研究人员。

罪化处理。[①] 该罪被界定为行为人以转移财产、逃匿等方法逃避支付劳动者的劳动报酬或者有能力支付而不支付劳动者的劳动报酬,数额较大,经政府有关部门责令支付仍然不支付的行为。该罪的设立,提高了恶意欠薪者的违法成本,有助于改善劳动者在劳资关系中的弱势地位,维护其合法权益。[②]

自该罪设立十多年来,我国经济社会发生了很大变化,最高人民法院等也出台了多个规范性法律文件,为拒不支付劳动报酬罪的理解和适用提供了较为明确的法律依据。[③] 例如,2013 年 1 月 16 日,最高人

---

① 早在《刑法修正案(八)》第 41 条设立拒不支付劳动报酬罪规定之前,就有学者建议增设"恶意欠薪罪"(余业辉:《增设"恶意欠薪罪"的必要性、可行性及立法设想》,载《法治论坛》2009 年第 3 期;周宜俊:《刑法增设新罪的适度性分析——以危险驾驶、恶意欠薪入罪为例》,载《东方法学》2010 年第 5 期)。即便在 2011 年 4 月最高人民法院、最高人民检察院(以下简称"两高")联合发布的《关于执行〈中华人民共和国刑法〉确定罪名的补充规定(五)》将恶意欠薪行为正式确定为"拒不支付劳动报酬罪"之后,仍然有学者称为"恶意欠薪罪"(姜涛:《恶意欠薪罪若干问题探究》,载《法学论坛》2012 年第 1 期)。从欠薪原因看,可以分为经营困难型欠薪、劳动纠纷型欠薪和背信型欠薪,其中,拒不支付劳动报酬罪调整的就是背信型欠薪或者恶意欠薪。

② 在对拖欠工资的追偿上,劳动者主要向劳动监察部门举报、申请劳动仲裁和到法院诉讼维护权益。目前的处理机制属于调、裁、审依次进行,对劳动者来说费时费力。就资方而言,正常支付劳动报酬意味着流动资金减少,提高生产经营成本和风险,而欠薪有较高的经济效益;即便欠薪后输掉官司,还本付息后损失也很小。受这些因素影响,实践中欠薪现象、欠薪后逃逸现象比较突出。刑法增设拒不支付劳动报酬罪后,资方就要重新考虑犯罪成本,与原先的方式形成完整的保障劳动者权益的法律网络。当然,如果一概入罪或者入罪较多,可能导致很多企业倒闭,也会提高失业率,对经济的压力比较大。参见张绍忠:《拒不支付劳动报酬罪适用难及其司法解决》,载《人民司法》2012 年第 15 期。

③ 在该罪设立之前,主要通过下列规范性法律文件保护劳动者的合法权益:国务院 2004 年 11 月 1 日颁布的《劳动保障监察条例》;2007 年 6 月 29 日第十届全国人大常委会第 28 次会议通过的《劳动合同法》(2012 年 12 月 28 日第 2 次修订);2007 年 12 月 29 日第十届全国人大常委会第 31 次会议通过的《劳动争议调解仲裁法》;最高人民法院 2010 年 7 月 12 日发布的《关于审理劳动争议案件适用法律若干问题的解释(三)》;最高人民法院 2009 年 7 月 6 日发布的《关于当前形势下做好劳动争议纠纷案件审判工作的指导意见》等。

民法院发布《关于审理拒不支付劳动报酬刑事案件适用法律若干问题的解释》(以下简称《拒付案件解释》);2014 年 12 月 23 日,"两高"、人力资源和社会保障部、公安部发布《关于加强涉嫌拒不支付劳动报酬犯罪案件查处衔接工作的通知》(以下简称《两高两部通知》)。但是,对于该罪的设立以及司法实践中的效果,仍然褒贬不一。在该罪设立之初,就有学者措辞严厉地批判说:"刑法应当体现公众的意志,并且穷尽其他的措施,而不应成为代替政府管理职能的'社会管理法'、防治严重社会危害行为的'危害防治法',将恶意欠薪行为入罪典型地违背了上述标准。"①直到如今,还有学者认为:"所谓不履行债务的罪名实际上扮演着几乎与所有其他财产罪交叉的角色,其他罪名中能够作为不履行债务的情形也都构成不履行债务犯罪。"②

从当前的司法实践看,作为刑法中唯一的不履行债务型财产罪,拒不支付劳动报酬罪在客观行为和主观故意的认定等方面存在困难。随着司法实践中适用该罪名的判决逐渐增多,很多问题也逐渐暴露出来。第一,虽然实践中欠薪案件总量较大,但受理案件数量不多,入罪数量屈指可数。从行业领域看,拒不支付劳动报酬案件主要发生在建筑工程(包括木工、瓦工、抹灰、粉刷等)、装修装饰工程领域,服装、箱包、鞋、纺织品生产加工领域,各类砖、瓦、石材等材料的加工制造以及餐饮业等。③ 早在 2013 年的一份研究成果表明,虽然欠薪问题(包括恶意欠薪)已经比较普遍,但是刑法和司法解释设置了很多限制性条件,入罪门槛比较高,导致法院的立案量非常低,与欠薪行为总量不成比例。④ 2016

① 刘艳红:《当下中国刑事立法应当如何谦抑——以恶意欠薪行为入罪为例之批判性分析》,载《环球法律评论》2012 年第 2 期。

② 王骏:《拒不支付劳动报酬罪立法正当性之再审视》,载《法治研究》2017 年第 5 期。

③ 参见许晨夕:《拒不支付劳动报酬罪定罪标准的经验分析——主体范围为与客观行为在 500 份判决书中的考察》,载《江西警察学院学报》2017 年第 4 期。

④ 参见舒平锋:《拒不支付劳动报酬罪研究——以 40 例拒不支付劳动报酬案件为分析样本》,载《中国刑事法杂志》2013 年第 2 期。

年的一份研究成果也印证了这一点。[①] 第二，案件启动程序比较单一，行刑衔接机制不健全。从理论上说，可以通过劳动行政部门移送、劳动仲裁部门移送、法院移送和劳动者移送等方式启动处理程序。例如，《劳动争议调解仲裁法》第5条规定，因劳动报酬发生的争议，劳动者“可以向劳动争议仲裁委员会申请仲裁”。《劳动合同法》第30条第2款与《劳动争议调解仲裁法》第16条均规定，用人单位拖欠或者未足额支付劳动报酬的，劳动者可以依法向当地法院申请支付令，法院应当依法发出支付令。但是在实践中，通常是由劳动行政部门向欠薪行为人下达《责令通知书》，要求其限期支付工资，如果遭到拒绝或者拖延，再由劳动行政部门移送公安机关处理。第三，追诉环节非常繁琐，降低了处理欠薪案件的效率。从用人单位“恶意欠薪”开始，到劳动者通过协商、调解、劳动仲裁、诉讼等方式讨薪未果，然后向劳动行政部门和监察部门申请责令支付，劳动行政部门进行调查，下达责令支付的《劳动保障监察责令改正通知书》等，欠薪者接到该命令后未支付（用人单位可能会提起行政复议或者行政诉讼），劳动行政部门再将案件材料移送公安机关，公安机关审查材料，进行侦查；侦查终结后移送检察院审查起诉，之后进行公诉、审判、执行等。[②] 不难看出，这个过程非常冗长。第四，有些地方对于某些企业给予不合理的保护，对于涉及拒不支付劳动报酬的案件，大多采取协商方式解决，[③]甚至“以行代刑”；即便进入刑事司法程序，处罚较轻。

特别是，拒不支付劳动报酬案件主要发生在民办企业、中小企业。

---

① 参见孙建华、唐克勇：《拒不支付劳动报酬犯罪案件查处工作的几点思考》，载《中国劳动》2016年第2期。

② 参见孙建华、唐克勇：《拒不支付劳动报酬犯罪案件查处工作的几点思考》，载《中国劳动》2016年第2期。

③ 实际上，恶意欠薪案件难以通过协商和调解解决。如果是采取仲裁或者民事诉讼方式，劳动者在时间、人力物力、经费（诉讼费和律师费）、举证等方面也有很多难题。为此，有观点认为，对于恶意欠薪的追偿，无论是行政制裁还是劳动诉讼等手段，对那些恶意欠薪者起不到遏止和预防作用。参见党日红：《“恶意欠薪”刑法规制必要性思考》，载《中国劳动关系学院学报》2011年第4期。

这些企业是我国国民经济发展的重要力量,为社会提供了绝大多数的就业岗位。但是,这些企业往往规模小、管理水平较低、抵御风险的能力较弱,在遇到生产经营困难时,难以获得银行信贷支持。加上税费负担较重,还要偿还债务、发放工资等,往往陷入困境甚至破产。反过来,导致更多人失业。从媒体报道看,在这场新冠肺炎疫情面前,有相当数量的中小企业的生产经营遇到了难以克服的困难,有些甚至已经宣告破产。

本文将结合近年来该罪的司法适用情况,围绕其中存在的典型问题进行探讨,期望能够对司法实践有所裨益。

二、拒不支付劳动报酬罪保护的法益

(一)关于拒不支付劳动报酬罪的法益的学说

为避免处罚范围过宽,刑法设定了具有支付能力、责令支付而仍不支付等要件进行限定,只对部分不得不介入的案件以刑法应对。但是,无论产生多大后果,拖欠工资薪酬本质上仍是一种不履行债务的行为。在我国刑法中,除了拒不支付劳动报酬罪,类似的不履行义务的犯罪还有逃避追缴欠税罪(第203条),逃避商检罪(第230条),拒绝提供间谍犯罪、恐怖主义犯罪、极端主义犯罪证据罪(第311条),拒不执行判决、裁定罪(第313条),巨额财产来源不明罪和隐瞒境外存款罪(第395条)和玩忽职守罪(第397条)等。

为什么刑法将拒不支付劳动报酬的行为规定为犯罪呢?这涉及如何界定本罪的法益。法益是刑法保护的权利和利益。就具体犯罪的保护法益而言,是刑法规定该罪名的内在根据(法益的指导立法功能),也是司法实践认定某一犯罪的重要指导(法益的指导司法功能)。[①] 准确界定拒不支付劳动报酬罪的法益,有助于准确理解和认定本罪构成要件。

① 参见张明楷:《法益初论》(修订版),中国政法大学出版社2003年版,第196页以下。

关于本罪的保护法益,存在不同观点。第一种观点认为,本罪的保护法益是国家劳动秩序和劳动者获得劳动报酬的权利。[①] 第二种观点认为,本罪的保护法益是国家对劳动市场的监管秩序。[②] 第三种观点认为,本罪的保护法益是个人的劳动报酬收益权(财产性利益)。[③] 第四种观点认为,刑法之所以规定本罪,"立法目的旨在借助刑罚严厉性,迫使拒不支付劳动报酬的个人和单位积极履行支付义务,惩治和防范严重侵犯劳动者利益,影响社会稳定的恶意欠薪行为"[④]。

王海军博士意识到了拒不支付劳动报酬罪法益的特殊性。他认为,本罪的法益既包括劳动者的财产法益,也包括市场经济秩序。"本罪的核心问题……不仅仅是形式上的欠薪者不支付报酬的行为……政府部门决定实施责令行为,除了认为欠薪者的行为侵犯了劳动者的合法权益之外,一定还认为如果再不出面责令的话,欠薪者的行为会影响政府部门职能的发挥,干扰政府部门工作目的的实现……冲击了市场应有的秩序……这也意味着本罪保护的法益,既有劳动者财产的个人法益,也有市场经济秩序的社会法益。"[⑤]

(二)本文的观点

本文初步坚持下列观点:

1."劳动者的劳动报酬"是一种债权或者财产性利益。刑法惩罚拒不支付劳动报酬行为,首先是为了保护劳动者的劳动报酬请求权。

---

① 参见高铭暄、马克昌主编:《刑法学》(第8版),北京大学出版社、高等教育出版社2017年版,第522页;刘宪权主编:《刑法学》(下)(第4版),上海人民出版社2016年版,第654页。

② 参见赵秉志:《刑法修正案(八)理解与适用》,中国法制出版社2011年版,第341页。

③ 参见曲新久:《刑法学》(第4版),中国政法大学出版社2017年版,第484页。

④ 赵秉志、张伟珂:《拒不支付劳动报酬罪立法研究》,载《南开学报(哲学社会科学版)》2012年第2期。

⑤ 王海军:《拒不支付劳动报酬罪的规范性解读——基于"双重法益"的新立场》,载《法学评论》2013年第5期。

这种权利不是物权,而是一种债权,也是一种财产性利益。因此,尽管立法者在立法时希望通过设立本罪达到维护社会经济秩序或者管理秩序的目的,但既然本罪位于刑法分则第5章"侵犯财产罪"一章,本罪的首要目的就是劳动者应当获得报酬这种财产性利益。[①] 但是,单纯不支付劳动报酬的行为,即使行为人事实上取得了财产性利益,也不构成盗窃罪、侵占罪或者诈骗罪等财产犯罪。

2. 在发生拒不支付劳动报酬行为后,劳动者通常可以采取向劳动监察部门投诉、向劳动争议仲裁部门申请劳动仲裁或者向法院提起民事诉讼等方式维护自己的合法权利。对于雇主个人或者用人单位拒不执行有关劳动仲裁裁决或者法院的判决的,可以拒不执行判决、裁定罪论处。根据《刑法》第276条之一的规定,对于雇主个人或者用人单位"经政府有关部门责令支付仍然不支付"的,构成拒不支付劳动报酬罪。亦即,即便行为人实施前述转移财产、逃匿或者声称拒不支付劳动报酬,但是在政府有关部门责令其支付劳动报酬后即支付劳动报酬的,不构成本罪。虽然经济领域存在大量的欠债不还案件,但政府通常不会出面干预,而是交由市场自行调控。只有拒不支付劳动报酬,并且经政府有关部门责令支付仍不支付的,才构成本罪。显然,在拒不支付劳动报酬罪中,关键在于满足"经政府有关部门责令支付仍不支付"这一要件。通过这个行为,将不支付劳动报酬行为的违法性提升到需要动用刑罚手段进行干预的程度。因此,本罪的法益除了劳动者获得劳动报酬的权利,还包括国家对于劳动秩序或者劳务市场的监管秩序。

3. 如果行为人只是欠薪不还,还不足以纳入刑法视野;如果政府进行干预后仍不支付,就有动用刑罚的必要。为什么政府会介入劳资关系特别是劳动报酬支付这一领域呢?应当说,劳动报酬是一种特殊的债权,关乎劳动者及其家庭的生存权,具有社会法益的属性,特别是,相对于资方而言,劳方处于弱势群体的地位,工会在维护劳动者合法权益方面还存在很多不足。因此,政府在必要的时候可以依法进行干预甚至必须出面干预,否则会危及经济秩序和社会安定。"当某一种针对

---

① 参见黎宏:《刑法学各论》(第2版),法律出版社2016年版,第344页。

财产的犯罪发生时，剥夺他人生存的权利与剥夺他人发展的权利、侵害个人财产法益与危害社会金融秩序的行为不能等而视之。劳动报酬是劳动者与用人单位所订立之劳动合同的重要内容，拒不支付劳动报酬可被视为一种违约行为，而为民法或劳动合同法所调整。但是，劳动报酬与劳动者及其家庭成员的生活状态紧密联系，拒不支付劳动报酬虽属民事行为，却极容易造成劳动者及其家庭环境的恶化，相比于侵害同等数额的其他财产而言，拒不支付劳动报酬的行为更应受到刑法上的否定评价。”①在“经政府有关部门责令支付仍不支付”的场合，意味着政府干预失效，为了稳定社会经济秩序和管理秩序，需要刑法适当介入，以保障劳动者的合法权益。②

4. 在拒不支付劳动报酬罪的场合，行为人存在民事违法、行政违法和刑事违法三重违法：第一重违法是民事违法，拒不支付劳动报酬行为首先是一个违约行为，即违反劳动合同的行为。根据《劳动合同法》等的规定，用人单位负有向劳动者支付劳动报酬的义务，其不支付劳动者的劳动报酬的行为就是对劳动合同的违反。第二重违法是行政违法，在劳动合同关系中，相对于用人单位，劳动者处于弱势地位，所以在民事干预无效果之后，《劳动合同法》第 74、85、95 条规定对拒不支付劳动报酬的行为进行行政干预。③ 第三重违法是刑事违法，立法者将“经政府有关部门责令支付仍不支付”作为拒不支付劳动报酬罪的成立条

---

① 聂立泽、高猛：《论财产性利益的刑法保护》，载《法治社会》2016 年第 3 期。

② 参见王骏：《拒不支付劳动报酬罪立法正当性之再审视》，载《法治研究》2017 年第 5 期。

③ 根据我国《劳动合同法》的规定，对拒不支付劳动报酬的行为从 3 个方面进行行政干预：一是对劳动报酬的支付情况进行监督。县级以上地方政府的劳动行政部门依法对用人单位支付劳动合同约定的劳动报酬的情况进行监督检查（第 74 条）。二是责令支付劳动者的劳动报酬和加付赔偿金。用人单位未按照劳动合同的约定或者国家规定及时足额支付劳动者劳动报酬的，由劳动行政部门责令限期支付劳动报酬，逾期不支付的，责令用人单位按应付金额 50% 以上 100% 以下的标准向劳动者加付赔偿金（第 85 条）。三是对劳动行政部门的制裁。劳动行政部门和其他有关主管部门及其工作人员玩忽职守、不履行法定职责，或者违法行使职权，给劳动者造成损害的，应当承担赔偿责任；对直接负责的主管人员和其他直接责任人员，依法给予行政处分（第 95 条）。

件之一,从程序上看,在对拒不支付劳动报酬的行为启动刑事诉讼程序前,必须先行启动行政程序进行干预;从实体上看,只有行为人"经政府有关部门责令支付仍不支付",才能达到将拒不支付劳动报酬行为作为犯罪处理所需要的违法性。①

三、拒不支付劳动报酬罪的主体和作为义务

(一)拒不支付劳动报酬的行为人

一般认为,本罪的主体是有义务向他人支付劳动报酬的自然人与单位。一般称为"用人单位",主要包括国家机关、事业单位、社会团体以及其他与劳动者建立劳动关系的我国境内的企业、个体经济组织、民办非企业单位等组织等。在司法实践中,由于劳动关系种类繁多,与劳动关系、分包转包等的关系错综复杂,导致在哪些用人单位可以成为本罪主体这一问题上存在很大争议。

1. 劳务派遣单位能否成为本罪主体

关于劳务派遣公司和被派遣劳动者之间的劳动关系的性质,存在不同观点。就这些观点的内容和理由,本文不再赘言。需要注意的是,劳务派遣是双重雇主关系,存在实际用工主体和名义主体,其中,派遣单位是名义主体(用人单位),受派方是实际用工主体(用工单位)。②劳动者的劳动报酬来自用工单位,但形式上由用人单位(派遣单位)支付。从劳动关系的角度看,派遣单位和用工单位是被派遣劳动者的共同雇主,都对被派遣劳动者存在默示担保关系,并对违法用工负有连带责任。

---

① 参见李梁:《拒不支付劳动报酬罪的行政附属性规定研究》,载《政法论坛》2017 年第 5 期。

② 通常将劳务派遣单位称为用人单位,将实际用工单位称为用工单位。《劳动合同法》第 58 条第 1 款规定:"劳务派遣单位是本法所称用人单位,应当履行用人单位对劳动者的义务。劳务派遣单位与被派遣劳动者订立的劳动合同,除应当载明本法第十七条规定的事项外,还应当载明被派遣劳动者的用工单位以及派遣期限、工作岗位等情况。"

根据《劳动合同法》第58条的规定,劳务派遣单位属于特殊的用人单位。劳务派遣单位与被派遣劳动者之间存在劳动关系,是支付劳动报酬的第一责任人,无论用工单位是否如期足额支付款项给派遣单位,派遣单位都有支付劳动报酬的责任。因此,无论用工单位是否依约向用人单位(派遣单位)支付了合同约定的款项,对于用人单位(派遣单位)拒不支付劳动报酬的行为,可以构成本罪。①

当然,根据有关法律法规的规定,用工单位也负有支付劳动报酬的义务。例如,《劳动合同法》第62条规定的用工单位应当履行的义务,其中第3项是"(三)支付加班费、绩效奖金,提供与工作岗位相关的福利待遇"。因此,用工单位在拒不支付用人单位(派遣单位)款项的情形下,也应当就劳动报酬部分承担刑事责任。《拒付案件解释》第8条也肯定了这一点。

2. 劳务外包、转包、分包用工单位能否成为本罪主体

劳务外包用工是指发包人将其特定的工程或生产经营项目发包给承包人,由承包人招用劳动者来完成所承包的项目。在建筑工程等领域,通常存在劳务外包、转包、分包等情形。在这些场合,发包人与承包人之间是劳务关系,承包人与劳动者是劳动关系。因此,原则上只有与从事劳动的劳动者直接产生用工关系的一方才能成为拒不支付劳动报酬罪的主体,不是直接与劳动者直接产生用工关系的一方不能成为该罪的犯罪主体。如果后者故意不履行合同,导致用工方无法支付劳动者劳动报酬的,可以通过民事诉讼途径解决。②

但是,劳动和社会保障部、建设部2004年9月6日发布的《建设领域农民工工资支付管理暂行办法》规定:第一,企业应将工资直接发放给农民工本人,严禁发放给"包工头"或其他不具备用工主体资格的组织和个人(第7条)。第二,业主或工程总承包企业未按合同约定与建

① 参见魏东:《〈刑法修正案(八)〉若干新规的诠释与适用》,载《法治研究》2011年第5期。

② 参见谢天长:《拒不支付劳动报酬罪的法律适用问题探讨》,载《中国刑事法杂志》2011年第11期。

设工程承包企业结清工程款,致使建设工程承包企业拖欠农民工工资的,由业主或工程总承包企业先行垫付农民工被拖欠的工资,先行垫付的工资数额以未结清的工程款为限(第10条)。第三,工程总承包企业不得将工程违反规定发包、分包给不具备用工主体资格的组织或个人,否则应承担清偿拖欠工资连带责任(第12条)。

不过,从司法实践来看,并非只有直接关系人才能成为本罪主体,往往是在哪一环节出了问题,就追究哪一环主体拒不支付劳动报酬的刑事责任。①

3. 不具有合法经营资格的单位能否成为本罪主体

不具备用工主体资格的单位,违法用工且拒不支付劳动者的劳动报酬的,行为人与被害人之间并未建立起劳动关系。《劳动保障监察条例》第33条规定:"对无营业执照或者已被依法吊销营业执照,有劳动用工行为的,由劳动保障行政部门依照本条例实施劳动保障监察,并及时通报工商行政管理部门予以查处取缔。"但是,如果将此种情形排除在拒不支付劳动报酬罪之外,则会形成"合法用工拒不支付劳动报酬可以构成犯罪,非法用工拒不支付劳动报酬反而不构成犯罪"的不合理现象。因此,本罪的单位不以具备合法经营资格为限。对于不具备用工主体资格的违法用工行为,人力资源社会保障部门可以而且应当进行劳动保障监察;对于不具备用工主体资格的单位或者个人,违法用工且拒不支付劳动者的劳动报酬,数额较大,经政府有关部门责令支付仍不支付的,应当依照本罪处理。由于用人单位不具备用工主体资格,应该采取单罚制,只追究单位责任人员的刑事责任。②

在有些行业特别是建筑施工领域,存在工程总承包企业违法发包、分包给不具备用工主体资格的组织或者个人(小包工头)的现象。到底是直接与劳动者发生用工关系的用人单位是本罪主体,还是拖欠劳

① 参见许晨夕:《拒不支付劳动报酬罪定罪标准的经验分析——主体范围为与客观行为在500份判决书中的考察》,载《江西警察学院学报》2017年第4期。

② 参见葛治华、文阳:《关于拒不支付劳动报酬罪的认定》,载《人民司法》2012年第15期。

动报酬者是本罪主体呢？前述劳动和社会保障部、建设部发布的《建设领域农民工工资支付管理暂行办法》第7条规定，企业应当将工资直接发放给农民工本人，严禁发放给"包工头"或者其他不具备用工主体资格的组织和个人。国务院办公厅《关于切实解决企业拖欠农民工工资问题的紧急通知》(国办发明电〔2010〕4号)规定："因工程总承包企业违反规定发包、分包给不具备用工主体资格的组织或个人，由工程总承包企业承担清偿被拖欠的农民工工资责任。"对于总承包企业已将工程款(包括工资在内)支付给包工头，包工头却未支付给农民工，甚至卷款潜逃的，可以依照国办发明电〔2010〕4号的相关规定，要求违反规定发包、分包的工程总承包企业支付劳动报酬。

根据指导案例28号(胡某某拒不支付劳动报酬案)，①不具备用工主体资格的单位或者个人(包工头)，违法用工且拒不支付劳动报酬，数额较大，经政府有关部门责令支付仍不支付的，应当以拒不支付劳动报酬罪追究刑事责任。不具备用工主体资格的单位或者个人(包工头)拒不支付劳动报酬，即使其他单位或者个人在刑事立案前为其垫付了劳动报酬的，也不影响追究该用工单位或者个人(包工头)拒不支付劳动报酬罪的刑事责任。

4. 民办非企业单位能否成为本罪主体

根据国务院发布的《民办非企业单位登记管理暂行条例》(1998年)的规定，民办非企业单位是指企业事业单位、社会团体和其他社会力量以及公民个人利用非国有资产举办的，从事非营利性社会服务活动的社会组织(第2条)。民办非企业单位包括法人、合伙和个人3种类型(第12条)。显然，民办非企业单位可以成为拒不支付劳动报酬罪的主体。

5. 用人单位的实际控制人能否成为本罪主体

从司法实践来看，由于存在虚假注册等现象，不少用人单位的实际控制人并未担任用人单位的法定代表人，而是在幕后控制、操纵企业。

---

① 参见2014年6月26日最高人民法院《关于发布第七批指导性案例的通知》(法〔2014〕161号)指导案例28号。

不仅如此,某些用人单位与其他经营体之间存在承包、分包、挂靠、合作经营等关系,导致责任主体更加复杂化。根据《拒付案件解释》第 8 条的规定,在这种情形下,用人单位的实际控制人拒不支付劳动报酬,构成犯罪的,也应当追究刑事责任。

6. 对于合伙企业涉嫌本罪的,如何限定承担刑事责任的人员范围

按照民事法律法规的规定,合伙人对债务要承担连带责任。但是,在出现拒不支付劳动报酬行为时,追究所有合伙人的刑事责任将过于严厉。如果某些合伙人所占的股权份额较小,或者部分合伙人只承担出资义务,但不参与具体经营管理,或者造成工资无法及时发放是其他合伙人违规经营甚至私自转移公司资产造成的,则不宜追究这些人员的刑事责任。①

(二)拒不支付劳动报酬的被害人

要认定拒不支付劳动报酬罪的被害人,需要进一步明确劳动关系和劳动者的范围。

1. 劳动关系的范围

一般认为,拒不支付劳动报酬罪的行为人与受害人以存在劳动关系为前提。只有劳动者和雇主、用人单位之间建立劳动关系,才有可能将雇主、用人单位的拒不支付劳动报酬行为纳入刑法调整范围。根据《劳动合同法》和相关司法解释,劳动关系是指用人单位与劳动者之间的招聘、使用、管理关系,劳动者服从用人单位管理、按要求完成工作、领取报酬。劳动关系包括劳动合同关系和事实劳动关系。前者是以劳动合同制度为基础建立的劳动关系,这是当今社会劳动关系的主要表现形式;后者主要包括无书面劳动合同、劳动合同期满未修订用工、实

---

① 参见张宏杰、陈俊涛:《拒不支付劳动报酬罪案的认定难点及研判》,载《中国检察官》2014 年第 1 期。

际履行与劳动合同约定不一致等类型。[①] 根据劳动和社会保障部2005年5月25日发布的《关于确立劳动关系有关事项的通知》(劳社部发〔2005〕12号)的规定,即便用人单位没有与劳动者签订劳动合同,只要双方实际履行了特定的权利义务,能够形成事实上的劳动关系,不影响劳动者的认定。

不过,有的观点认为,劳动关系不是劳动报酬的基础。劳动者通过劳务关系获得的报酬也属于劳动报酬。[②] 有的观点认为:"拒不支付劳动报酬罪所保障的是具有从属性的劳动法律关系,而不包括平等主体之间的劳务关系、雇佣关系。"[③]这涉及如何界定劳动关系,要否区分劳动关系与劳务关系、雇佣关系等问题。本文主张广义的劳动关系,认为劳务关系实际上属于劳动关系。对于通过所谓劳务关系获得的劳动报酬,也属于本罪的调整范围。具体理由不再赘言。

2. 劳动者的范围

《劳动合同法》第2条规定,我国境内的企业、个体经济组织、民办非企业单位等组织(以下称用人单位)与劳动者建立劳动关系,订立、履行、变更、解除或者终止劳动合同,适用本法。国家机关、事业单位、社会团体和与其建立劳动关系的劳动者,订立、履行、变更、解除或者终止劳动合同,依照本法执行。劳动者是指上述用人单位所雇佣(录用)并在用人单位管理下从事劳动以获取劳动报酬人员,包括职员和工人、正式工和临时工、固定制工和合同制工、城镇合同制工和农民合同工、正式工和派遣工、全日制工和非全日制工等多种类型。[④] 根据劳动部《关于贯彻执行〈中华人民共和国劳动法〉若干问题的意见》(1995年8月4日)第1条第4项的规定,公务员和比照实行公务员制度的事业组

---

① 参见赵秉志、张伟珂:《拒不支付劳动报酬罪立法研究》,载《南开学报(哲学社会科学版)》2012年第2期。

② 参见蒙娜:《拒不支付劳动报酬罪若干问题研究》,载《中国刑事法杂志》2013年第2期。

③ 徐翠翠、冉鹏:《拒不支付劳动报酬罪的规范性解读——以法律一体化为视野》,载《中国劳动关系学院学报》2015年第3期。

④ 参见王全兴:《劳动法》(第3版),法律出版社2008年版,第78~79页。

织和社会团体的工作人员,以及农村劳动者(乡镇企业职工和进城务工、经商的农民除外)、现役军人等不适用《劳动法》。

四、拒不支付劳动报酬行为

本罪在客观上表现为以转移财产、逃匿等方法逃避支付劳动者的劳动报酬或者有能力支付而不支付劳动者的劳动报酬,数额较大,经政府有关部门责令支付仍然不支付。从刑法规定看,本罪的行为方式分为两类:第一类是以转移财产、逃匿等方法逃避支付劳动者的劳动报酬。这是以作为的方式拒不支付劳动报酬。第二类是有能力支付而不支付劳动者的劳动报酬。这是以不作为的方式拒不支付劳动报酬。总体上看,本罪行为的本质是行为人有支付劳动报酬的义务,能够履行义务拒不履行,核心是"不支付劳动报酬",因此本罪属于不作为犯。

(一)以转移财产、逃匿等方法逃避支付劳动者的劳动报酬

1. 以转移财产、逃匿等方法逃避支付劳动者的劳动报酬的理解

行为人通过实施此种行为,从形式上制造没有支付能力的假象,削弱、降低支付能力,实质上借此逃避支付劳动者的劳动报酬。其中,"转移财产"是指将经营收益转移到别处,使行政机关、司法机关或者被欠薪人无法查找到。"逃匿"是指行为人为逃避支付劳动报酬或者为逃避行政机关或者司法机关的追究而逃离当地或者躲藏起来。"劳动者的劳动报酬"主要包括工资、奖金、津贴、补贴、延长工作时间的工资报酬以及特殊情况下支付的工资等。《劳动法》第 50 条规定:"工资应当以货币形式按月支付给劳动者本人。不得克扣或者无故拖欠劳动者的工资。"根据这一规定,雇主不得克扣或者无故拖欠劳动者的工资等劳动报酬。"拒不支付劳动者的劳动报酬",既可能表现为不支付劳动者的全部报酬,也可能表现为不支付劳动者的部分报酬。

2. 以转移财产、逃匿等方法逃避支付劳动者的劳动报酬的认定

根据《拒付案件解释》第2条的规定，行为人以逃避支付劳动报酬为目的，实施下列行为之一的，应当认定为“以转移财产、逃匿等方法逃避支付劳动者的劳动报酬”：第一，隐匿财产、恶意清偿、虚构债务、虚假破产、虚假倒闭或者以其他方法转移、处分财产；第二，逃跑、藏匿的；第三，隐匿、销毁或者篡改账目、职工名册、工资支付记录、考勤记录等与劳动报酬相关的材料的；第四，以其他方法逃避支付劳动报酬的。在司法实践中，较为常见的是行为人将款项用于购买高档汽车、归还个人债务、个人消费等个人支出，以及携款潜逃等情形。至于采取恶意清偿、虚构债务、虚假倒闭的方式逃避支付劳动报酬，则较为少见。①

根据《两高两部通知》，行为人拖欠劳动者的劳动报酬后，政府人力资源社会保障部门通过书面、电话、短信等能够确认其收悉的方式，通知其在指定的时间内到指定的地点配合解决问题，但其未按照要求配合解决问题或者明确表示拒不支付劳动报酬的，视为“以逃避支付方法逃避支付劳动者的劳动报酬”。但是，行为人有证据证明因为自然灾害、突发重大疾病等非人力所能抗拒的原因造成其无法按照要求配合解决问题的除外。

不过，公司、企业等在生产经营活动中，无论是跨地区投资、原材料采购还是公司并购等，资金流动非常频繁，在认定是否属于“以转移财产、逃匿等方法逃避支付劳动者的劳动报酬”时，存在一定的困难。如果认为公司、企业等存在资金流动，而且无法及时全额支付劳动者的劳动报酬，就一概认定为以转移财产等方法逃避支付劳动者的劳动报酬，可能导致打击面过宽。因此，实践中应当注意从严把握，避免处罚范围过于宽泛。对于涉案个人或者用人单位积极筹措资金支付劳动报酬的，不宜以本罪论处。这也凸显了“只有经政府有关部门责令支付仍然不支付的，才构成本罪”这一规定所起到的合理限制处罚范围的功能。

---

① 参见许晨夕：《拒不支付劳动报酬罪定罪标准的经验分析——主体范围为与客观行为在500份判决书中的考察》，载《江西警察学院学报》2017年第4期。

(二)有能力支付而不支付劳动者的劳动报酬

"有能力支付而不支付",是指确有可供支付劳动者劳动报酬的经济能力而拒不支付。这是拒不支付劳动报酬罪的实行行为的本质。虽然《刑法》第276条之一规定了"以转移财产、逃匿等方法逃避支付劳动者的劳动报酬"和"有能力支付而不支付劳动者的劳动报酬"两类行为,但是二者不是并列关系,[①]第二类行为完全可以涵盖第一类。"即使行为人转移财产或者逃匿,但只要支付了劳动报酬,就不可能构成本罪。反之,只要不支付劳动报酬,即使行为人既不转移财产又不逃匿,也可能构成本罪。"[②]

1. 判断是否构成本罪的关键是行为人有无支付能力

存在争议的是,在"以转移财产、逃匿等方法逃避支付劳动者的劳动报酬"的情形,是否需要以行为人具有支付能力为前提?从文字表述上看,似乎只要行为人具有了转移财产、逃匿等逃避支付的客观行为即可,而无须考察行为人是否具有支付能力。"当行为人在转移财产时,本身就反映了其具有全部或部分支付能力,因此对转移支付的行为不以具备支付能力为犯罪成立条件。"[③]其中一个理由是:"其行为不仅损害了劳动者的合法权益,同时也对行政部门对欠薪事件的掌控与处理形成壁垒,增加了公权力介入的成本。在行为人逃匿的情形下,政府有关部门对欠薪情况难以调查核实,使行政程序无法启动与有效运行,常常引发群体性事件,催生社会不安定因素。"[④]

---

① 有观点认为,二者是并列关系,相互独立,只要具备其中之一就可定罪。参见黄欣晖、祁若冰:《有无支付能力不影响拒不支付劳动报酬罪的构成》,载《人民司法》2014年第10期。

② 张明楷:《刑法学》(下)(第5版),法律出版社2016年版,第1028页。

③ 张宏杰、陈俊涛:《拒不支付劳动报酬罪案的认定难点及研判》,载《中国检察官》2014年第1期。

④ 黄欣晖、祁若冰:《有无支付能力不影响拒不支付劳动报酬罪的构成》,载《人民司法》2014年第10期。

但是,成立不作为犯以行为人有能力履行作为义务为前提。“拒不支付劳动报酬罪以行为人承担支付义务为前提,以其能够履行而不履行支付义务为要件,不作为性是该罪危害行为的唯一形式。”①“有能力支付而不支付”是对拒不支付劳动报酬罪的实行行为的实质性概括;本罪的两种类型的行为,都以行为人有支付能力为前提。“转移财产时,已经表明行为人具有支付能力;行为人没有支付能力而逃匿的,不可能成立本罪。”②在行为人不具备支付能力时,即便其客观上实施逃避支付行为,也不构成拒不支付劳动报酬罪。

作为犯或者不作为犯并非指“在一个犯罪中要么是作为要么是不作为;构成要件完全可能要求行为人以违反禁止性规范的行为方式(作为)实现不履行义务的效果(不作为)”。③ 在不作为犯中,行为人完全可能通过以作为方式实施某些行为,削弱作为能力甚至使作为能力丧失,以逃避法律追究。就拒不支付劳动报酬罪而言,“‘有能力支付而不支付’与‘转移财产、逃匿等方法逃避支付’两者之间并非并列的关系,而是包容与被包容的关系,具备支付能力是该罪成立的前提”。④ “有能力支付而不支付”不仅包括“以转移财产、逃匿等方法逃避支付”,而且包括其他不支付或者少支付劳动报酬的行为。例如,低于当地最低工资标准支付劳动报酬、违法克扣劳动报酬以及其他明确表示不予支付的行为,等等。⑤

但是,司法实践中有时并不要求行为人在以逃跑、藏匿行为逃避支付的情形下具有支付能力。即使行为人因经营不善、上一环节的主体

① 参见赵秉志、张伟珂:《拒不支付劳动报酬罪立法研究》,载《南开学报(哲学社会科学版)》2012 年第 2 期。

② 张明楷:《刑法学》(下)(第 5 版),法律出版社 2016 年版,第 1028 页。

③ 张明楷:《刑法学》(上)(第 5 版),法律出版社 2016 年版,第 149 页。

④ 宋伟卫:《拒不支付劳动报酬行为的司法认定》,载《河北大学学报(哲学社会科学版)》2011 年第 4 期。

⑤ 参见陈志军:《论〈刑法修正案(八)〉中的拒不支付劳动报酬罪》,载《山东警察学院学报》2011 年第 4 期;葛治华、文阳:《关于拒不支付劳动报酬罪的认定》,载《人民司法》2012 年第 15 期。

未履行义务等客观原因而导致其拖欠劳动者的劳动报酬,若该行为人未积极交涉、寻求解决办法而是进行逃匿,则无支付能力不影响对该行为人刑事责任的追究。其中原因可能是:第一,从司法实践看,查清行为人有无逃匿比较容易,但要查清行为人有无转移财产,以及进一步查明行为人有无支付能力的难度则比较大。第二,在刑法观念看,误认为刑法之所以设立拒不支付劳动报酬罪,惩罚的不是行为人在无支付能力之时未能按时足额支付劳动报酬的行为,而是其在此情形下采取积极作为的方法逃避支付劳动报酬的行为。①

2. 有无"支付能力"的判断标准

成立拒不支付劳动报酬罪的前提是行为人有支付能力。对于单纯的不支付劳动者的劳动报酬的情形,需要查清行为人有无支付能力;而判断行为人是否具有支付能力,应当考察雇主个人或者用人单位的真实财产状况。对于确实没有支付能力的,不应当以本罪论处。

第一,从财产范围上看,如果欠薪者为公司、企业,这里的财产是指公司、企业的财产而不是法人代表或股东的个人财产,法人代表和股东以其出资额为限承担有限责任。如果欠薪者为个人,则是指雇主通过经营所获取的财产利益,不包括其基本的家庭财产。如果有证据证明欠薪者的个人家庭财产是其经营所得,仍应列入考察其支付能力的财产范围。②

就行为人的支付能力而言,到底是看雇主个人或者用人单位的全部可支配财产,还是其单项经营的收益,存在争议。以承包建筑工程为例,甲公司在A工程有严重亏损,不足以支付劳动者的劳动报酬,但是在B工程有营利。能否以A工程亏损为由拖欠B工程的劳动报酬呢?应当认为,按照约定支付劳动者报酬是用人单位的义务;普通工人不是投资人或者管理人员,不能对经营风险负责,不能将公

① 参见许晨夕:《拒不支付劳动报酬罪定罪标准的经验分析——主体范围为与客观行为在500份判决书中的考察》,载《江西警察学院学报》2017年第4期。

② 参见王海军:《拒不支付劳动报酬罪的规范性解读——基于"双重法益"的新立场》,载《法学评论》2013年第5期。

司的经营风险转嫁给普通工人;项目亏损会影响用人单位的支付能力,但不能因为项目亏损就免除其支付劳动报酬的义务。因此,应当以用人单位全部资产或者雇主全部可支配财产为限支付劳动者的报酬。

第二,用人单位有无支付能力的具体判断。有观点认为,用人单位只要能够维系正常的生产,都应认定为有能力。[①] 本文认为,在用人单位或者雇主因生产经营困难,难以及时足额发放劳动报酬的场合,要努力实现劳动者的劳动报酬权和企业发展之间的平衡。不能为了使企业足额发放劳动报酬,而无视企业存在的生产经营困难,甚至导致企业有可能因为支付劳动报酬而破产。全国人大法工委在相关条文说明中也强调,要正确区分本条规定的犯罪行为与一般欠薪行为的界限。对于因用人单位在经营中遇到困难、资金周转不开或者经营不善等原因而暂时无法支付劳动者的劳动报酬,主观上不具备故意或者恶意的,不宜将其纳入刑法调整范围。[②]

公司、企业等的支付能力,在证明标准上应为"有证据证明行为人的资产足以支付其所拖欠的劳动报酬",要通过调查行为人的资产负债表、财务会计报告等一系列账册、询问相应的证人等极为复杂的资产核查程序,并运用专业知识来分析、判断行为人的资产、负债状况,为犯罪认定提供依据。因此,对欠薪单位、个人资产状况事实的查证,既是认定行为人有能力支付而不支付劳动报酬的基础,又是决定能否对相关人员以拒不支付劳动报酬罪立案的前提。[③]

不过,无论是《劳动法》、《劳动合同法》还是《劳动保障监察条

---

① 参见饶弦:《拒不支付劳动报酬罪的立法与司法缺陷》,载《贵州民族学院学报》2012 年第 1 期。

② 参见全国人大常委会法制工作委员会刑法室编:《〈中华人民共和国刑法修正案(八)〉条文说明、立法理由及相关规定》,北京大学出版社 2011 年版,第 157 页。

③ 参见章建军:《拒不支付劳动报酬罪初探》,载《中国刑事法杂志》2012 年第 4 期。

例》,都没有赋予劳动监察部门调查、核实企业资产状况的职权。① 同时,实践中大量存在实际经营者和工商登记不一致的情况,在通过银行转账或者其他新兴方式支付劳动者报酬时,用人单位很容易掩盖自己的实际支付能力。② 不难发现,劳动行政机关和劳动监察部门在证明企业支付能力等方面存在很多困难。

3. 判断用人单位有无支付能力的时间点

"有能力支付而不支付劳动者的劳动报酬"中的"支付能力"的认定,应当以用人单位真实的财产状况作为标准;③同时,应该以公安机关的立案时间作为判断的时间点。第一,如果行为人实施了"以转移财产、逃匿"等方法逃避支付劳动者劳动报酬的行为,以第一种实行行为定罪处罚。第二,如果立案时行为人有支付能力而不支付的,以第二种实行行为定罪处罚。第三,如果在立案时行为人没有支付能力的,则需要调查其因为何种原因丧失支付能力。④

关于行为人没有支付能力的原因,大致可以分为下列几种情况:

第一种情况是劳动关系正常存续期间。根据《工资支付暂行规定》(1995年)第7条的规定,工资必须在用人单位与劳动者约定的日期支付。如遇节假日或休息日,则应提前在最近的工作日支付。工资至少每月支付一次,实行周、日、小时工资制的可按周、日、小时支付工资。因此,工资支付必须坚持至少以月为单位的原则支付给劳动者,同时,用人单位应当在约定的日期支付工资。如果在约定的日期没有履

① 《劳动保障监察条例》第15条规定:"劳动保障行政部门实施劳动保障监察,有权采取下列调查、检查措施:……(二)就调查、检查事项询问有关人员;(三)要求用人单位提供与调查、检查事项相关的文件资料,并作出解释和说明,必要时可以发出调查询问书……(五)委托会计师事务所对用人单位工资支付、缴纳社会保险费的情况进行审计;(六)法律、法规规定可以由劳动保障行政部门采取的其他调查、检查措施。"

② 参见孙建华、唐克勇:《拒不支付劳动报酬犯罪案件查处工作的几点思考》,载《中国劳动》2016年第2期。

③ 参见赵秉志、张伟珂:《拒不支付劳动报酬罪立法研究》,载《南开学报(哲学社会科学版)》2012年第2期。

④ 参见黄继坤:《论拒不支付劳动报酬罪的几个重要问题——对〈刑法修正案(八)〉的解读》,载《当代法学》2012年第3期。

行支付义务,那么,对于劳动者而言,就存在不能及时获得劳动报酬的风险,此时需要判断其是否具有支付能力,以进一步确定其是否属于拒不履行义务。当然,也只有在约定义务履行之日,当用人单位未履行义务时,才有必要判断行为人是否有支付能力;否则,即使在约定之日之前,用人单位明确表示不支付该单位时间的劳动报酬,也不能且没有必要提前判断行为人的支付能力,因为劳动者通常没有正当理由要求用人单位提前支付报酬。

此外,通过积极构建劳动报酬保障机制,能够有效避免用人单位因拖欠劳动报酬而陷于刑事法网。例如,2004 年 9 月 6 日劳动和社会保障部、建设部发布的《建设领域农民工工资支付管理暂行办法》第 11 条规定:“企业因被拖欠工程款导致拖欠农民工工资的,企业追回的被拖欠工程款,应优先用于支付拖欠的农民工工资。”第 15 条规定:“企业应按有关规定缴纳工资保障金,存入当地政府指定的专户,用于垫付拖欠的农民工工资。”

第二种情况是在解除或者终止劳动关系的场合。由于《劳动合同法》第 38 条把未及时支付劳动报酬作为劳动者可以解除劳动合同的法定事由,因此,在此情况下,判断支付能力的时间起点应当是约定的劳动报酬结算日。除此之外,将劳动关系解除或者终止的时间作为判断支付能力的起点,也有利于劳动者及时维护自己的合法权益。①

第三种情况是在用人单位破产清算的场合。在用人单位进入破产清算阶段以后,判断单位的劳动报酬支付能力,需要把法律规定的优先清偿的费用排除掉,根据剩余财产判断有无支付能力。② 具体来讲,根据我国《公司法》第 186 条第 2 款和《破产法》第 113 条等的规定,企业破产以后清偿债务时,在受偿顺序上,破产人所欠职工的工资、社会保险费用和法定补偿金排在清算费用之后。判断该情形下用人单位是否

---

① 参见赵秉志、张伟珂:《拒不支付劳动报酬罪立法研究》,载《南开学报(哲学社会科学版)》2012 年第 2 期。

② 参见薛培、叶小舟:《拒不支付劳动报酬罪的规范适用》,载《中国检察官》2015 年第 8 期。

有支付能力,需要先行扣除清算费用。在行为人虚假破产和妨害清算行为情节严重的场合,剩余财产可能不足以清偿所欠职工的工资、社会保险费用和法定补偿金。拒不支付劳动报酬罪可能与虚假破产罪和妨害清算罪构成想象竞合,应当从一重罪处断。

存在争议的是,在行为人"以转移财产、逃匿等方法逃避支付劳动者的劳动报酬"的场合,如何判断有无"支付能力"? 对此,司法解释起草者指出,对于"以转移财产、逃匿等方法逃避支付劳动者的劳动报酬",《刑法》第 276 条之一第 1 款并未将行为人需要有实际支付能力作为构成犯罪的条件。因此,对以逃匿方法逃避支付劳动者的劳动报酬的行为,构成犯罪的,不要求行为人具有支付能力。[①] 有的司法人员主张,对于行政执法部门经过调查,有证据证实行为人确有转移财产、逃匿等逃避支付劳动报酬行为的,可以不再调查其实际支付能力,直接移送公安机关立案。[②] 有的学者认为,对于以逃避支付劳动者的劳动报酬为目的,积极逃避支付劳动者的劳动报酬的情形,足以证明行为人有支付能力,因此不需要进一步证明。[③]

在司法实践中,如果行为人实施上述行为,充分表明行为人具有拒不支付劳动报酬的故意和目的,该行为也具有削弱、降低行为人支付能力的危险。判断行为人有没有支付能力,原则上应当以客观上有无支付能力为准。对于行为人客观上原本具有支付能力,但有意采取削弱、降低支付能力的行为,甚至伪造事实,掩盖具有支付能力的事实,导致劳动者无法及时得到劳动报酬的,即便是劳动行政部门也难以维护劳动者的合法权益。在这种情形下,已经严重侵害了劳动者的合法权益,应当以犯罪论处。

这里还涉及对有无支付能力的证明责任分配问题。一般认为,劳

---

① 参见喻海松:《〈关于审理拒不支付劳动报酬刑事案件适用法律若干问题的解释〉的理解与适用》,载《人民司法》2013 年第 7 期。

② 参见郑联华:《浅析拒不支付劳动报酬罪中的"支付能力"》,载《中国检察官》2013 年第 3 期。

③ 参见曲新久:《刑法学》(第 4 版),中国政法大学出版社 2017 年版,第 484 页。

动者只需要提供证明劳动合同关系及其工作情况的证据即可,有无支付能力应当由用人单位提供证明;如果用人单位不能证明其没有支付能力,就视为其有能力支付。[①] 根据《两高两部通知》的规定,对于行为人逃匿导致工资账册等证据材料无法调取或用人单位在规定的时间内未提供有关工资支付等相关证据材料的,人力资源社会保障部门应及时对劳动者进行调查询问并制作询问笔录,同时应积极收集可证明劳动用工、欠薪数额等事实的相关证据,依据劳动者提供的工资数额及其他有关证据认定事实。

4.“不支付报酬”的时间认定

一般认为,应当根据薪酬结算的时间进行认定。原则上,如果是日结,不得超过3日;如果是月结,不得超过30日;工程完成后结算的,不得超过30日。主要理由是:第一,根据《工资支付暂行规定》(1995年)第7条的规定,工资必须在用人单位与劳动者约定的日期支付。如遇节假日或休息日,则应提前在最近的工作日支付。工资至少每月支付一次,实行周、日、小时工资制的可按周、日、小时支付工资。因此,工资支付必须坚持至少以月为单位的原则支付给劳动者。第二,对于劳动者特别是外来务工人员来说,如果不能及时结算劳动报酬,对他们的个人和家庭生活会产生很大的影响。通过明确支付劳动报酬的时间,可以促使用人单位及时发放工资,也使被欠薪的劳动者知道在何时可以向劳动行政部门等申请维权。[②]

(三)有无可能存在针对劳务的诈骗或者抢劫

不支付劳动者劳动报酬,既可以表现为采取一定程度的暴力方式拒绝支付,也可以是附件若干支付劳动报酬的条件,拖延支付劳动报酬的时间。从司法实践来看,可以表现为下列方式:第一,明确表示不支

① 参见康均心、吴凤:《对〈刑法修正案(八)〉新增的“拒不支付劳动报酬罪”若干问题探讨》,载《时代法学》2011年第5期。

② 参见黎宏:《刑法学各论》(第2版),法律出版社2016年版,第345页。

付劳动报酬;第二,无正当理由拖延支付劳动报酬;第三,附加额外的条件,拖延支付劳动报酬;第四,虚构事实,捏造证据,进而不履行支付义务;等等。

有观点认为,从"劳动者的劳动报酬未能得到支付"这一结果出发,行为人不支付劳动报酬的行为大致包括下列3种情形:第一种情形是,在签订、履行劳动合同过程中,虽然行为人有支付劳动报酬能力或者支付劳动报酬的意思,但是在应该支付劳动报酬时,由于意外事件、经营失败等原因失去支付能力而不能支付。这种情形显然不构成犯罪。第二种情形是,虽然在签订、履行劳动合同过程中,有支付劳动报酬能力或者支付劳动报酬的意思,但是在应该支付劳动报酬时,行为人产生不支付劳动报酬的意思而不支付。这种情形实际上是单纯拖欠劳动报酬的行为。第三种情形是,在签订、履行劳动合同过程中,行为人隐瞒没有支付劳动报酬能力的事实或掩饰内心不支付劳动报酬的真实想法,在应该支付劳动报酬时不支付。[①] 对此应如何定性,存在争议。

上述第三种情形实际上是对劳务的诈骗,可以考虑能否以诈骗罪或者合同诈骗罪论处。不过,也存在一定的困难。主要表现在:

第一,要将诈骗劳务的行为认定为诈骗罪,除了客观上要求行为人实施虚构事实、隐瞒真相的行为外,还要求行为人主观上具有诈骗故意和非法占有目的。就拒不支付劳动报酬行为而言,需要研究如何证明行为人是否具有"拒不支付劳动报酬的想法",以及能否将这种"拒不支付劳动报酬的想法"理解为诈骗罪的故意和非法占有目的。由于难以证明行为人产生上述"拒不支付劳动报酬的想法"是在与他人签订、履行劳动合同过程中,还是在应该支付劳动报酬时,导致很难准确区分上述第二种和第三种情形。于是,立法者将上述两种行为都纳入拒不支付劳动报酬罪的调整范围,同时设置"经政府有关部门责令支付仍

① 参见黄继坤:《论拒不支付劳动报酬罪的几个重要问题——对〈刑法修正案(八)〉的解读》,载《当代法学》2012年第3期。

不支付"这一可罚性条件,以合理限制处罚范围。①

第二,无论是诈骗罪还是合同诈骗罪,本质上都是财产犯罪,但能否将劳务认定为财产或者财产性利益,还存在争议。一般认为,劳务既不是财产,也不是财产性利益,但是,针对所提供劳务的劳动报酬请求权属于财产性利益,可以成为诈骗罪等的对象。在行为人使用暴力、胁迫或者其他方法,使劳动者不得不放弃本应获得的劳动报酬的,构成抢劫(财产性利益)罪与拒不支付劳动报酬罪的想象竞合犯,从一重罪处断。

Research on the Protection of Legal Benefits and Implementation of the Crime of Refusal to Pay for Labor

Wen Dengping

[内容摘要] 拒不支付劳动报酬罪本质上是一种不履行债务的行为,属于不作为犯。刑法之所以介入劳动报酬的发放,既是为了保护劳动者的劳动报酬请求权这一财产性利益,也是为了确保国家对社会经济秩序的有效管理。本罪单位主体的范围应当进行扩大解释,劳务派遣单位、劳务用工单位、不具有合法用工资格的单位等可以成为本罪主体。本罪的被害人首先是劳动者,但不要求与用人单位之间必须存在(狭义的)劳动关系。本罪是不作为犯,成立本罪以行为人具有支付能力为前提。以转移财产、逃匿等方法逃避支付劳动者的劳动报酬或者有能力支付而不支付劳动者的劳动报酬,是本罪的实行行为。要构成本罪,还需要满足数额较大,而且经政府有关部门责令支付仍然不支付等要件。

[关键词] 拒不支付;劳动报酬;不作为犯;支付能力

Abstract: The crime of refusing to pay labor remuneration is

① 参见黄继坤:《论拒不支付劳动报酬罪的几个重要问题——对〈刑法修正案(八)〉的解读》,载《当代法学》2012 年第 3 期。

essentially a kind of non-performance of debts. The reason why the criminal law is involved in the issuance of labor remuneration is not only to protect the property interests of workers' right to claim labor remuneration, but also to ensure the state's socioeconomic effective management of order. This crime is one kind of crime of inaction. The scope of the subject of the unit should be expanded. Labor dispatch units, labor service units, and units without legal employment qualifications can be the subject of this crime. The victim of this crime is a laborer in the first place, but does not require a (narrow) labor relationship with the employer. This crime is a crime of omission. The establishment of this crime is based on the premise that the perpetrator has the ability to pay. Evasion of payment of labor remuneration to workers by means of transfer of property, escape or hiding, or the ability to pay without paying the remuneration of workers, is the practice of this crime. In order to constitute this crime, a large amount must be met, and the relevant government departments have ordered the payment to still not be paid.

Keywords: Refusal to Pay; Labor Remuneration; Crime of Inaction; Ability to Pay

〔中国刑法〕

刑事再审案件中后出台司法解释的提前适用问题

——基于368份已公开再审裁判文书的分析研究

管伟康*

目　　次

司法解释作为我国重要的法律渊源之一,在司法实践中发挥着重要的作用,在刑事案件裁判过程中,亦是对被告人定罪量刑的重要尺度。但司法解释与法律法规等的不同之处在于,其既是一种独立的法律形式,同时其又与相关法律法规具有一定的关联性或依附性,其本身是为了相关法律条文的更好适用而由最高人民法院、最高人民检察院(以下简称"两高")所作出,其往往要与其所对应的法律条文一起适用方能实现其意义。① 但司法解释的出台往往要在相关法律条文出台或

---

* 南京大学法学院法律史学专业博士研究生。

① 参见黄京平:《论刑事司法解释的溯及力——以朱某等非法买卖枪支案为视角》,载《中国刑事法杂志》2010年第5期。

修改之后的一段时间方能出台,这是由其内在属性决定的,也是合乎逻辑的。而这一段时间差便带来一个实务中较难处理,但却常被忽视的问题,即发生在这一段时间差期间的已生效的案件判决,在再审时能否适用在其后出台的司法解释的问题(见图 1)。

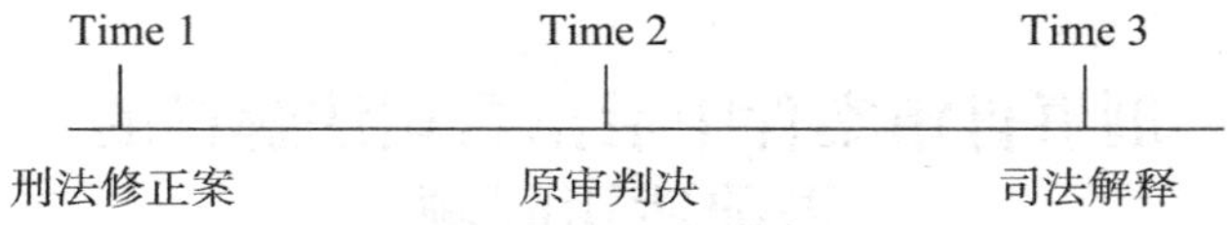

图 1　时间轴

一、后出台司法解释的实务应用

笔者将已在裁判文书网公开的 422 份涉及刑法修订的再审裁判文书全部下载研究,剔除其中重复的案件,共得案例 368 份,其中原审判决正好卡在刑法修正案出台与司法解释出台之间的案件 12 份,占比 3.26%,尽管该类案件相较于全部涉及刑法修订的案例占比不多,在浩如烟海的所有刑事案件中更如沧海一粟,但笔者在从事刑事申诉案件的实务工作中亦了解到仍有许多尚未公开或未及处理的该类案件,且其适用在实务中仍存在一定的争议。在 12 份案件的裁判文书中,通过不同形式引用了后出台司法解释判决的案件 11 件,占比为 91.67%,不承认后出台司法解释的提前适用的案件 1 件,占比为 8.33%。

我国目前适用的是 1997 年修订的刑法,之后迄今又陆续出台了 11 个刑法修正案,在各修正案出台后,"两高"亦会有针对性地作出若干司法解释以增强刑法条文的可操作性。见图 2,在本次统计中涉及再审案件最多的主要是《刑法修正案(九)》和《刑法修正案(八)》,分别为 196 件,占比为 53.3% 和 138 件,占比为 37.5%,所涉案件类型最主要为贪污、贿赂类犯罪,见图 3,达 170 件,占比 46.2%,主要围绕《刑法修正案(九)》对于贪污、贿赂类犯罪的修改及"两高"所作的《关于办理贪污贿赂刑事案件适用法律若干问题的解释》(以下简称《解释》)的适用展开,其中所统计的 12 件涉及后出台司法解释的提前适用问题的案件原判决亦均是在《刑法修正案(九)》及《解释》出台之间的时间段所作出。这主要是由于 2015 年 11 月 1 日施行的《刑法修正案(九)》对于贪污、贿赂类犯罪的修改比较大,修改前后关于该类犯罪的定罪量刑可能会有比较大的差距,但修正案相较于修订前的刑法在该罪条文上并没有指出各幅度量刑的具体涉案金额,而是在 2016 年 4 月 18 日出台的《解释》中加以明确。①

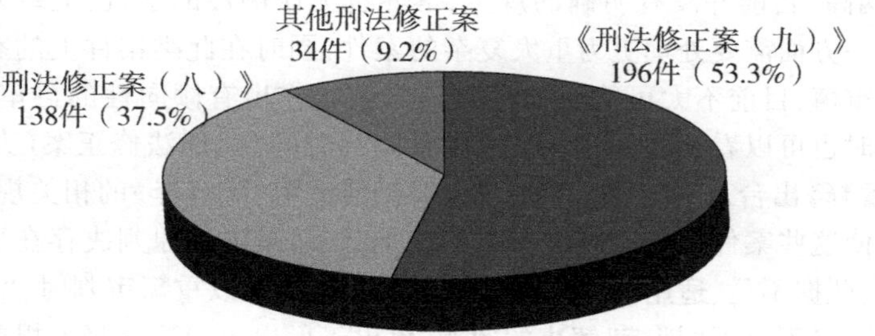

图 2　修正案比重

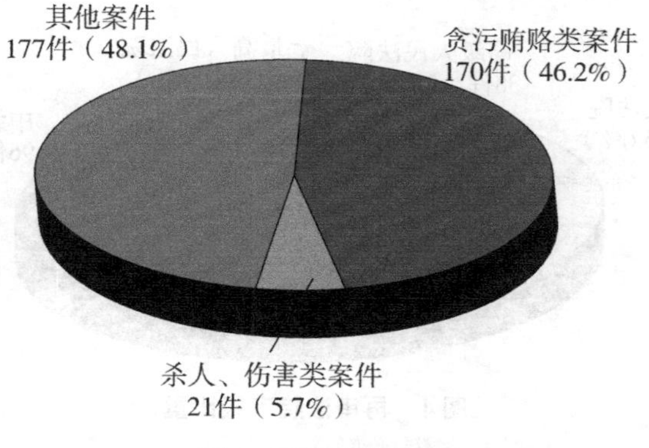

图 3　案件类型比重

① 参见张明楷:《贪污贿赂罪的司法与立法发展方向》,载《政法论坛》2017 年第 1 期。

在再审法院的审级问题上,见图 4,由中级人民法院启动再审的达 196 件,基层人民法院启动再审的为 131 件。而 12 件涉及后出台司法解释提前适用的贪污、贿赂类案件仅 1 件由贵州省六盘水市六枝特区人民法院启动再审,①并适用了《解释》,其余再审案件均为中级人民法院启动。除大量涉贪污、贿赂等案件可能判处死刑、无期徒刑应当由中级人民法院启动再审外,在后出台司法解释能否提前适用的问题上"两高"目前并没有明确的规定,学界也无压倒性的学说,上级人民法院一方面需要处理更为重大复杂的案件,同时在此类案件上的态度非常审慎,目前不太可能在尚存争议时亲自作出有倾向性的再审判决。同时也可以看到这 12 个案件,尽管原判时间在《刑法修正案(九)》及《解释》出台之间,其中 11 件也最终提前适用了《解释》的相关规定,但致使这些案件再审的原因却并不在于此,而是由于原判决存在事实不清、证据不足、适用法律错误等情形而必须要予以重新审判时,"偶然"遇到又不得不"捎带"解决的问题,仅出于后出台司法解释不提前适用致使案件无法公正判决而发起再审的案例目前笔者目前尚未发现,事实上在当下也很难出现。

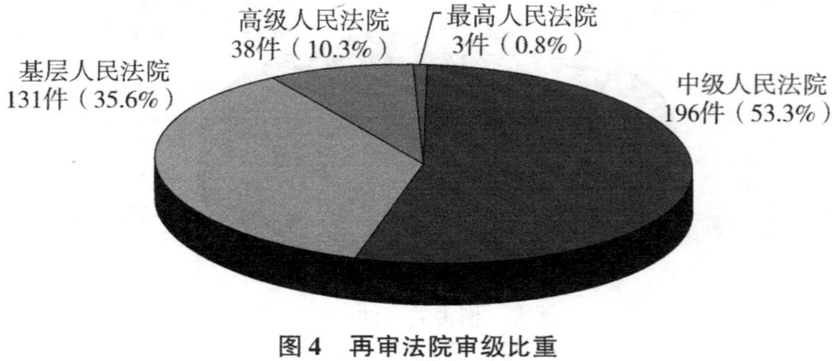

图 4　再审法院审级比重

刑事案件的定罪量刑关涉被告人的自由乃至生命等重大切身利益。每一次法条的修改,不同的适用标准,都可能使判决体现较大的差

① 参见贵州省六盘水市六枝特区人民法院刑事判决书,(2018)黔 0203 刑再 2 号。

异,故而必得审慎处之。随着其他再审案件的启动及后续司法文书的公开,势必要对后出台司法解释能否提前适用的问题给出明确的答案,否则将可能造成同案不同判的问题,影响司法的公众性,亦降低裁判文书的专业度和信服力。法律会随着时代的变迁而不断调整完善,后续仍然可能出台新的刑法修正案或者对现行刑法条文全面调整,而司法解释始终不可能与法律的修改同步出台,故而这一问题在后来司法实践中可能会不断出现,须得有明确的处理方式。

二、后出台司法解释提前适用的理论争议

关于后出台司法解释能否提前适用的问题,与通常所言刑事司法解释的溯及力问题并不完全一样,①其所言为在已经生效的判决后出台的刑事司法解释在其再审时能否提前适用的问题,实质上是形式正义与实质正义之争,二者均是刑事审判所追求的重要目标。故而其适用问题会产生争议,司法实践中也做出了不同的选择。②

(一)后出台司法解释提前适用的理论困境

1. 违背刑法适用的一般原则

根据我国《刑法》第 12 条有关刑法溯及力的规定,根据 1997 年 10 月 1 日施行的《最高人民法院关于适用刑法时间效力规定若干问题的解释》第 10 条的规定,按照审判监督程序重新审判的案件适用行为时的法律,这也是许多在《刑法修正案(九)》出台之前判决已生效的案件当事人提出申诉请求减轻量刑被驳回的原因,刑法的溯及力不能溯及已经生效的案件判决。根据我国刑法从旧兼从轻的原则,对于法律修

① 参见利子平:《刑事司法解释瑕疵研究》,法律出版社 2014 年版,第 155 ~ 166 页。

② 参见李永升、张飞飞:《最高人民法院刑事司法解释法律渊源地位之证伪》,载《当代法学》2013 年第 4 期。

改时尚在处理的案件,原则上也是适用行为时的法律,但如果新法对被告人有利,则适用新修订的法律。即对被告人有利的新法出台时间应该是在案件处理结束之前,即裁判文书送达当事人之前,在这个时间点之后所出台的新法自然是无法溯及之前适用。司法解释作为我国法律渊源的重要组成之一,自然也要遵循这一规则,根据《最高人民法院、最高人民检察院关于适用刑事司法解释时间效力问题的规定》,对于在司法解释施行前已办结的案件,按照当时的法律和司法解释,认定事实和适用法律没有错误的,不再变动。将后出台的司法解释提前适用到原判已经生效的案件中,本身已经是对法不溯及既往的越界,违背罪刑法定原则。①

2. 引发法律适用的不公

司法解释因其是针对法律条文所作出的解释,其在法律条文出台后方能出台是合乎逻辑,符合一般规律的,从 1997 年《刑法》实施以来,我国出台了 11 个刑法修正案,而其后又出台了大量的司法解释,是所有的司法解释在再审中都可以提前适用,还是只有部分司法解释可以提前适用。如果只有部分司法解释可以提前适用,那么由于其他司法解释不能提前适用,其中又涉及对原审被告人有利的条款,会否引发司法不公,又根据何种标准来确定哪些司法解释可以提前适用。此外,司法解释作为效力低于刑法的一种法律形式,司法解释的溯及力何以能够溯及已处理完毕的原审判决,而刑法条文却不可以,如此是否也有悖于各法律形式适用的公平。②

后出台司法解释没有提前适用是否可以作为独立的提起再审的理由,之所以有此一问,主要在于既然是后出台的司法解释,那么在原审判决作出时自然不可能未卜先知知道其内容为何,故而只有当案件重审时,站在"事后诸葛亮"的视角才能决定其是否适用的问题,而且从形式上讲,未能适用后出台的司法解释并没有任何问题,但如果不能因

① 参见金华捷:《论刑事司法解释的溯及力——以甲某非法经营案为切入点》,载《福建警察学院学报》2014 年第 2 期。

② 参见黄明儒:《刑事司法解释的溯及力辨析》,载《时代法学》2007 年第 6 期。

为未提前适用后出台的司法解释而提起再审，只能在再审案件中"捎带"解决这类问题，那么对于没有提起再审的原审案件被告人自然是存在明显的不公平。刑事案件的定罪量刑涉及被告人最重要的利益，如不能保证法律适用上的公平将可能带来一系列负面作用。

3.间隔时间的处理困境

上文提及在再审案件中，将后出台的司法解释提前适用可能会造成对未能提起再审案件重新审理的当事人的定罪量刑的不公平，那有无可能在一二审时直接提前适用后出台的司法解释呢？上文业已提及，原则上是没有可能的，法院无法未卜先知，但出于对其自身的司法经验和对于法律条文规定不明确的考量，其有可能会预料到"两高"可能会出台相关的司法解释，那么为了更好地实现法律的运用，充分实现公平正义，其可以通过延长审理期限或者延期审理的方式，将案件拖到司法解释出台之时再进行裁判。这样的做法并不违背程序，也不再涉及后出台司法解释的提前适用问题，而是切切实实将该司法解释出台的时间涵盖在了案件审理结束之前。但是，案件审理期间不可能无限拖延，司法解释的出台与否和出台时间也始终是一个不确定的事件，在作出刑法修正案之时，立法机关有时认为其足以应对司法实务问题，但根据一段时间的司法实践，最终司法机关在综合考量后又决定作出或不作出司法解释，[①]那么法院的拖延审理便显得前路未卜，且在其拖延的这段时间，对于被告人采取何种强制措施，如继续羁押，若被告人最终所判刑期短于已经羁押的时间，又将产生超期羁押、国家赔偿等问题。而如变更强制措施，似又不能以等待司法解释出台这样的理由堂而皇之进行，使在原审时即做到适用后出台的司法解释存在重重困难。

4.因提前适用后出台司法解释而产生的国家赔偿问题

后出台司法解释之所以被主张提前适用的最根本原因在于其有利于当事人，将之提前适用后，原审被告人可能从有罪转为无罪，从定罪量刑转为定罪免刑，从重刑转为轻刑，那么随之而来的一个重要问题即

---

① 参见黄太云：《刑法修正案解读全编——根据〈刑法修正案（九）〉全新阐释》，人民法院出版社 2018 年版，第 34～37 页。

是羁押时间超过再审改判时间的原审被告人,是否能够针对其被超期羁押的时间提起国家赔偿。在普通刑事案件中,针对超期羁押的问题提起国家赔偿并无任何不当,但此类案件的特殊性在于,没有提前适用后出台的司法解释本身是符合程序正义的,也是不可能实现的,基于司法机关无过错的情况提起国家赔偿,似对国家不甚公平,亦可能使原审办案法官在考核评定时受到不甚合适的影响。但如果不允许其提起国家赔偿,则其相较于再审生效的裁判文书而言,其又切实存在被超期羁押或者无罪判为有罪的情况,给其本人及亲属都会造成一定的物质与精神损失,不仅对当事人而言是不公平的,亦与再审法律裁判文书的内容相矛盾,与审判监督案件的宗旨相悖。正是由于这样的客观问题,过错不能归咎于双方,是否允许其提起国家赔偿亦是不可忽略的问题,即使在实务中对于后出台司法解释的提前适用模糊处理使之提前适用,到赔偿案件时仍然会再次面临这个问题。

(二)后出台司法解释提前适用的理论基础

1. 司法解释与法律条文具有紧密的关联性

前文有所提及,与其他的法律渊源不同,司法解释既是一种独立的法律形式,又与法律条文具有紧密的关联性。司法解释本身就是为了更好地理解、适用法律条文而作出的,尽管其天然具有相对滞后性。[①]不仅仅是刑事案件,“两高”在作出司法解释时均具有详细的表述,其是针对某某法或某某条文所作出的司法解释,其实质上也可以理解为是该条文的补充和完善。如果因为司法解释的滞后性问题而使其无法适用,而只适用了相关法律条文,事实上是没有充分地实现法律的运用,不能充分实现法律修订的目的,亦有违刑事审判的实质正义,不能充分保障被告人的合法权益。如《刑法》修订后,不能适用新的司法解释匹配新的法条来进行审判,则意味着由新的刑法条文匹配旧的司法

① 参见余丽:《刑事司法解释的主要任务与限度》,载《广州广播电视大学学报》2014 年第 5 期。

解释或者不匹配相应司法解释而由法官自由裁量决定具体的定罪量刑标准,而如若匹配旧的司法解释,往往使单纯适用修改的法条并不会较原判定罪量刑发生太大的变化。如根据2013年1月1日施行的《最高人民法院 最高人民检察院关于办理行贿刑事案件具体应用法律若干问题的解释》,行贿数额1万元以上的应予立案,但2016年4月18日施行的《解释》将行贿罪的立案标准修改为"一万以上三万以下,具有六种情形之一",如采取新法匹配旧解释,无异于未曾修法,又如《刑法修正案(九)》取消了具体贪污受贿罪的具体定罪量刑标准而转为法官自由裁量,其在相当大程度上也会参考旧法相关规定,使新法修订形同具文,这很显然有悖于刑法修订的意义,亦会使案件在定罪量刑问题上陷入混乱。司法解释的出台在后并非由于司法机关抑或案件当事人的错误造成,而是客观原因所致,以此而割裂法律条文与司法解释的联系,使之片面适用,显然是不合适的。

2. 重审案件实质上亦属于尚未办结的案件

根据《最高人民法院、最高人民检察院关于适用刑事司法解释时间效力问题的规定》,对于司法解释实施前发生的行为,行为时没有相关司法解释,司法解释施行后尚未处理或者正在处理的案件,依照司法解释的规定办理。这一解释规定实际上是有条件地承认后出台司法解释溯及既往的效力,只不过附加了"尚未或者正在处理"的限定条件。① 但通过审判监督程序进行再审的案件,即意味着原判决可能存在错误,或由于事实不清、证据不足,或出于法律适用的错误,以致可能得出与原判决不同的结论,故而需要重新予以审理。这种案件的本质情况与新法出台之前,已经按照旧法公正地定罪量刑的生效案件是不同的。之所以使刑法溯及力只能延展到正在处理的案件,是出于维护司法裁判的稳定性的考量。随着时代的发展,法律亦在不断发展进步,如按照旧法定罪量刑的案件被告人均以新法为由提起再审,要求适用对其有利的新法,显然会破坏司法的稳定性,其判决在判决之时是符合公平正

① 参见刘宪权:《我国刑事司法解释时间效力的再思考》,载《法学》2002年第2期。

义的,则意味着判决是没有问题的,不应予以再审。但基于原审判决可能存在错误而需要再审的情形,这类案件本质上仍然属于还在处理的案件,即原判之时没有对事实问题或者法律问题考量清楚,而不得不在审判监督程序中再次予以考虑裁判,故而使后出台的司法解释提前适用亦合乎法理。这也并不会构成对未提起再审案件的原审被告人的实质不公,原审判决有误是由司法机关的问题所致,而非当事人的过错,基于司法机关的过错,极有可能使当事人被错误地定为有罪或者错定罪名,抑或加重刑罚带来超期羁押等问题,在审判监督程序中理应更加充分具体地从实质上保护原审被告人的利益。再审案件本该在原审之时处理完毕,却因为司法机关的过错拖到再审之时,在涉及后出台司法解释的提前适用问题之时,将之有条件地定性为正在处理的案件以使前者合乎法理是有必要的,亦是完全可行的,亦能充分体现再审案件依法纠错的精神。

3. 不提前适用后出台的司法解释使法条无可操作性

《刑法修正案(九)》对于犯贪污、贿赂犯罪的定罪量刑标准由原先的具体数额,代之以"数额较大""数额巨大"这样模糊性的表述,那么该罪的起刑点到底是多少,贪污、受贿多少钱属于数额较大,多少钱又属于数额巨大,即使将之交由法官自由裁量,亦不具有可操作性。我国各地区经济发展差异较大,对于同样的涉案金额,各地法官的认识自然也不一样,如完全由法官自由裁量,那么势必造成大量同案不同判的情况,甚至使判决之间的差距非常大,带来形式上的司法不公,留下隐患。对于此种情形,法官在审判过程中往往非常谨慎,参照旧的标准是最稳妥的举措,如有旧的司法解释,便可直接适用,或参照旧法法条中对于该罪定罪量刑的具体规定,那其实际上仍然是在适用旧法而将新法束之高阁,仍然是丧失了新法的可操作性。368份案例中确有部分原判决水平较高,法官的量刑幅度既能符合新法及后出台司法解释的规定,又在旧法的框架之内,故而在原审被告人主张依据后出台司法解释降低量刑之时,便不再支持其请求。但这种情形始终是少数,以此为标准来要求所有的司法工作者显然是提出不现实的畸高要求,故而在12份涉及后出台司法解释提前适用的问题上,11份再审判决均采取不同形式肯定了后出台司法解释的适用。尽管适用之存在较大的争议,但如不适用又确无可操作性,且再审之时,司法解释已经出台,新旧法之间巨大的差异很难使法官对该司法解释视而不见,故仍然选择将之提前适用。但出于目前此问题尚存争议,上级人民法院难以亦不适合直接提审该类案件,作出适用后出台司法解释的倾向,即使上级人民法院的法官由此意向,亦难以亲自处理,故仍然只能由原审下级法院自我纠错,将之纳入适用。

三、后出台司法解释的适用进路

后出台司法解释无法提前适用是由司法解释的客观滞后性决定的,[①]故而无论适用与不适用在前文所述都具有其合理性,最终适用与否实际上是价值选择和价值平衡的问题。无论是历年司法实务中,[②]还是笔者统计范围之内的案件,均有承认其有利溯及,允许提前适用的情形。笔者主张在刑事审判过程中应当最大限度地保护被告人的合法权益,这也符合刑法发展的方向,只有允许对原审被告人定罪量刑有重要有利影响的后出台司法解释提前适用方能最有效地实现公正公平的司法判决,实现刑法修改的目的。

(一)当前司法实务中对后出台司法解释的提前适用

1. 参照适用

在“苏某X贪污再审刑事裁定书”中,河北省沧州市中级人民法院指出“在事实方面,本案控辩双方对原审被告人犯贪污罪的事实无异议。在法律适用方面,原审法院于2015年12月14日作出(2015)泊刑初字第221号刑事判决。《刑法修正案(九)》自2015年11月1日起施

① 参见朱祖洋:《关于单位共犯和刑事司法解释时间效力的理解》,载《检察实践》2004年第4期。

② 参见张军:《试论刑事司法解释的时间效力》,载《中国法学》1992年第2期。

行。依据刑法规定的从旧兼从轻原则,本案应当适用修正后的新刑法。虽然修正后的《刑法》第三百八十三条对犯贪污罪的处罚,没有规定数额较大的具体标准,但对照修正前的刑法该条规定及参照自 2016 年 4 月 18 日起施行的《最高人民法院、最高人民检察院关于办理贪污贿赂刑事案件适用法律若干问题的解释》(以下简称《解释》),原审被告人苏某 X 贪污数额均符合数额较大的标准"。[①] 沧州市中级人民法院的表述实际上还是相对保守的,其不仅参照了《解释》,还参照了修订之前的刑法,对贪污 30,830 元并主动自首,全部退赃的苏某 X 免于刑事处罚。但按照修订之前的刑法规定"个人贪污数额在五千元以上不满一万元,犯罪后有悔改表现、积极退赃的,可以减轻处罚或者免予刑事处罚,由其所在单位或者上级主管机关给予行政处分",对苏某 X 定罪免刑的可能性是很低的,事实上沧州市中院提前适用了《解释》,只是以一种委婉的方式表示出来,不失为一种智慧的操作。

2. 基于公平而适用

在"邬某等行贿、贪污案"再审中,[②]湖北省武汉市人民检察院指出"本案中的同案犯陈某于 2016 年 8 月 1 日被判处有期徒刑二年十一个月,对其判处刑罚所适用的法律是《解释》。由于李某国、邬某的判决是 2015 年 12 月 1 日作出,新的司法解释还未出台,这样就造成了同案不同判的情况,根据法律面前人人平等和有利于被告人的原则,原判以贪污罪判处李某国、邬某五年有期徒刑量刑过重。考虑两人自首、认罪悔罪等从轻情节,根据新的司法解释应对其在三年有期徒刑以下处刑"。法院最终亦采纳了检察机关的意见,对于原审被告邬某、李某国等按照《解释》重新定罪量刑。这类案件相较于沧州市中级人民法院对于《解释》的参照适用阻力小很多,亦可公开表述,同案被告由于到案时间较晚,故而其判决生效之前,《解释》已经出台,从而使其量刑幅度远轻于到案较早的被告人,这显然是不公平的,故而在再审中不仅可以据此改判减刑,原审在前被告人亦可以以此为独立的理由提起再审。

---

① 参见河北省沧州市中级人民法院刑事裁定书,(2016)冀 09 刑再 6 号。

② 参见湖北省武汉市中级人民法院刑事判决书,(2016)鄂 01 刑再 6 号。

不过这种情况亦出现于同案多被告人不同时判决的情况，只是其中一种特殊的情形。

3. 模糊处理，直接适用

模糊处理即是不提及《解释》出台在后的事实，而视为其是可以直接适用的，这也是司法实务中采取最多的方式，不提及不触碰该问题，往往不易被发现，亦可减少很多适用过程中的阻力。除上述两案外，其余 9 个案件再审判决均采取了模糊处理的方式来直接适用《解释》的规定。在“林某 1 受贿罪再审刑事判决书”中，原审被告人林某 1 指出“其受贿金额仅 3 万元，刚刚达到《刑法修正案(九)》第 385 条规定的定罪起刑点，原二审法院未适用已经生效施行的现行刑法条文，直接裁定‘驳回上诉，维持原判’，属适用法律错误。根据刑法溯及力的‘从旧兼从轻’原则，本案应适用修正后的刑法的规定。请求依法再审，改判其免予刑事处分”。最终福州市中级人民法院亦采纳了其意见，对其改判免予刑事处罚。[①] 事实上《刑法修正案(九)》并没有对起刑点作出相应的规定，通篇判决书也均未提及《解释》，但无论被告人还是法院都已经默认了《解释》的适用，将之内容视同已经在《刑法修正案(九)》中有了规定。而在“兰某某受贿案”刑事判决中，黑龙江省鹤岗市中级人民法院则直接在判决中引用了《解释》进行定罪量刑，但并不提及其时间问题，最终减轻了对被告人兰某某的刑罚。[②]

(二)后出台司法解释提前适用的制度建设

当下司法实务中对后出台司法解释的不同适用方式是在当下没有明确适用倾向的情况下采取的一种灵活性方案，但并非可以长期广泛贯彻的一种思路。实现后出台司法解释的提前适用有着自身的理论基础，辅之以相应配套制度使其在一定程度上发挥作用，是具有可实现性的。同时，针对这一必须解决的问题，不能总是靠原审法院在纠错时自

① 参见福建省福州市中级人民法院刑事判决书，(2018)闽 01 刑再 10 号。

② 参见黑龙江省鹤岗市中级人民法院刑事判决书，(2017)黑 04 刑再 1 号。

行处理,一案一处理,上级人民法院或最高人民法院应该及时出台相关的指示、意见甚至指导性案例来明确此案的处理倾向,使下级人民法院可以不至于过多被束缚,能够公开直白地在案件判决中引用后出台司法解释的相关规定。[①] 如此,也可以使原审被告人可以直接以未适用后出台司法解释为由提起再审,使因此问题而被定罪或从重量刑者均能享受到法律修改的福利。针对超期羁押等相关问题,亦应由国家出面来予以协调、划分责任承担,以尽可能地实现公平正义。

1. 最高人民法院明确适用倾向

后出台司法解释提前适用与否本身并无绝对的对错,只是司法机关在价值权衡后所作出的不同态度倾向。出于最大限度上地保障司法公平,避免同种案件不同判决的情况出现,应当由最高人民法院对待这一问题作出明确的处理意见,使下级人民法院可以公开明确地处理此类案件。[②] 最高人民法院可以通过发布指导性案例的方式,选择一批有代表性的言辞有据的案件判决发布,使下级法院可以参照学习,将后出台司法解释纳入判决依据。其亦可参考诸如发布《最高人民法院关于〈中华人民共和国刑法修正案(九)〉时间效力问题的解释》等其中规定的,在内容中明确某些后出台司法解释的适用时间向前延伸到刑法修正案的生效之时,从而使之提前适用具备更加有力的法理基础。当然亦要对能够且需要提前适用的司法解释或其相应内容作出明确的规定和限制,只有会严重影响被告人定罪量刑且对被告人有利的解释或条款才得以提前适用,以期不至于影响各法律形式之间的平衡性,亦应尽可能减少此种情况的发生,以避免司法稳定性受到影响。

2. 使之成为提起再审的独立事由

在最高人民法院事实上明确后出台司法解释得以提前适用的问题后,应当使原审未能够依据后出台司法解释获得有利判决的被告人以"适用法律不当"为由提起申诉,当下对于该类案件再审判决几乎都是

① 参见郑泽善、车剑锋:《刑事司法解释溯及力问题研究》,载《政治与法律》2014年第2期。

② 参见屈学武:《刑事司法解释效力范围探究》,载《中国司法》2004年第8期。

出于其他重要的原因而发起再审纠正原判决的问题之时，发现尚有涉及后出台司法解释的提前适用问题需要解决而"捎带"处理，亦还有许多尚未启动再审的案件并未能发现其他启动再审的合适请求，而纠结于能否以此为由启动再审，而迟迟无法推进。因为没有确定的答案，司法机关须得保持谨慎的处理态度，尤其对于级别越高的人民法院越是如此，而往往申诉到高级人民法院及最高人民法院的案件都较为重大，对被告人切身利益的影响也更大，如不能公平高效地予以再审改判，则可能造成"轻案改，重案拖"的现象，遗留一定的负面影响。同时，既然能够在以其他事由启动的再审案件中"捎带"解决后出台司法解释的提前适用问题，如不能使其他当事人以此为独立事由提起申诉，则对于当初未能适用司法解释而又无其他原因启动再审的案件当事人明显不公，成为事实上的同种案件，不同判决标准。在最高人民法院明确后出台司法解释提前适用的基础上，以之为独立事由提起申诉，启动再审亦是合乎法理基础的。

3. 以救济代替责任处理善后

针对通过后出台司法解释的提前适用而予以再审改判，从有罪改为无罪，从定罪量刑改为定罪免刑，从重刑改为轻刑，但刑罚已经开始执行或执行完毕的情况能否提起国家赔偿的问题，在前文已提及，这是由不能归咎于司法机关和当事人双方的客观原因所致，故而适用赔偿不仅具有法理上的难题，将责任完全归于国家承担亦有失公平。原审被告人基于未能适用后出台的对己有利的司法解释而被定罪或承担本可不承担的重刑，物质与精神利益确实收到一定的损失，在再审改判后，其所服刑罚便于法无据，如不能获得一定补偿则对其显失公平。在此种情形下参考刑事案件被害人救济制度，赋予再审改判的被告人一定的救济请求权，使之可以向国家请求一定的司法救济以一定程度上补偿受损的个人权益是较为可行的。采用救济代替赔偿一方面从法理上肯定了司法机关的无过错性，另一方面又兼顾了被告人利益受损需要补偿的合理诉求。对于救济的标准可以采取略低于国家赔偿标准的方案，因为其本身在原判决中并不是由于枉法裁判而承担了重刑，相较于其他在刑法修正案出台之前判决生效的案件当事人，其通过司法解释的提前适用已经在量刑上大为有利,故而在物质救济的标准上亦不宜等于或高于因错判而提起国家赔偿的案件当事人,亦尽量减少国家的物质经济负担。

四、小　结

刑事再审案件中提前适用出台在原审案件判决生效后的司法解释,是在司法的形式正义和实质正义进行价值权衡后所作出的选择倾向,是保护被告人原则的体现,亦是刑法发展的重要方向。司法解释因其自身性质,在出台时间上天然滞后于法律条文的修改、出台,但因其与法律条文内在的紧密关联性,其亦不宜与法律条文分离而各自单独发挥作用。尽管在庞杂的各类刑事案件判决中,生效时间介于刑法修正案出台和司法解释出台之间的案件只占很小的比重,涉及未能适用后出台司法解释而影响新法的有效适用的案件比例更是如沧海一粟,但绝对数量不可忽视,且随着我国经济社会的不断发展,此类案件仍然会不断出现。故而及时在司法机关明确后出台司法解释提前适用的法理基础,使原审案件被告人得以据此提出申诉请求,亦使各级人民法院能够明确公开地在相关刑事再审案件中适用后出台的司法解释,而无须再以参照、模糊处理等灵活性方案一案一判,实现司法的公平,最大限度上保障被告人的权益是有必要的,亦是可行的。

The Application of Judicial Interpretation in Advance in Criminal Retrial Cases

—Based on the Analysis of 368 Public Retrial Judgment Documents

Guan Weikang

[内容摘要] 在刑事案件判决生效之前,如出台新的刑法修正案,适用其内容对被告人有利时,按照我国刑法"从旧兼从轻"的原则,应当适用新的规定。但在司法实务中存在着刑法修正案出台于判决生效之前,而针对其作出的相关司法解释出台于判决生效之后的情形。为

充分实现法律修改的目的,有效保障被告人合法权益,应当由最高人民法院通过指导性案例或设置效力时间等形式明确部分有利于被告人的后出台司法解释得以在刑事再审案件中提前适用,同时使原审被告人得以据此提起申诉,并以救济代替赔偿的方式妥善处理再审改判后对原审被告人的补偿,保障司法的实质公平。

[关键词] 刑事司法解释;提前适用;救济

Abstract: If a new amendment to the criminal Law applies to the advantage of the defendant before the judgment of a criminal case becomes effective, the new provisions shall be applied in accordance with the principle of "taking the old as well as the light" in the criminal law of our country. However, in judicial practice, there is a situation that the amendment of criminal law comes into effect before the judgment takes effect, and the relevant judicial interpretation comes into effect after the judgment takes effect. To fully implement the law changes, the purpose of effective safeguard legitimate rights and interests of the defendant, shall be passed by the Supreme People's Court of the instructional cases or set part of the form of clear time effectiveness for the defendant after a judicial explanation to apply in advance in criminal retrial cases, at the same time to on the basis of the original defendant filed a complaint, and properly handle in the form of relief instead of compensation after retrial commuted to compensate for the original defendant, the essence of the safeguard judicial justice.

Keywords: Criminal Justice Interpretation; Apply in Advance; Relief

我国预备犯的应然处罚模式及其实现路径

郑　洋*

目　　次

按照实行行为性的有无,可以将预备犯区分为实质预备犯和形式预备犯。其中的实质预备犯,是指将本质上为实施犯罪而进行预备的行为拟制为犯罪实行行为的预备犯类型。因为被规定为独立犯罪,实质预备犯因此不再符合预备犯的外在形式。与之相对,形式预备犯通常附属于既遂犯的构成要件进行认定和处罚,不具备实行行为性。近年来,随着实质预备犯的立法扩张,“预备行为实行化”的立法模式引起较多关注,其不仅关系到刑法介入的早期化问题,更是直指更深层次的预备犯立法理念与处罚模式问题。应以此为契机,对我国现行的预备犯处罚模式进行系统性检视和调整。

---

* 北京理工大学法学院助理教授,法学博士。

一、预备犯普遍处罚模式之缺陷

（一）预备犯普遍处罚模式的确立

法律解释的最终目标是探求法律在今日法秩序的标准意义，这一过程需要同时考虑历史上立法者的规定意向及具体的规范想法，而不能完全忽视它。[①] 这要求我们在探求规范意义的过程中，需要重视立法原意的价值。我国《刑法》第22条规定了预备犯的定义及其处罚原则，根据规定，“为了犯罪，准备工具、制造条件的，是犯罪预备。对于预备犯，可以比照既遂犯从轻、减轻处罚或者免除处罚”。现行的预备犯处罚规定完全沿用了1979年《刑法》的立法表述，在制定1979年《刑法》时，根据当时的社会形势，立法机关所追求的首要目标是通过打击犯罪来落实刑法的社会保护机能。据考证，立法时关于预备犯的处罚中是否增加“免除处罚”的规定曾经引起争论。支持的观点认为普通刑事案件的预备犯比较多，如果不规定免除处罚，就意味着都处罚，这不符合实际情况和政策精神。而当时的实际情况是：为了体现区别对待的原则，对于普通刑事犯罪中的预备犯一般不予处罚，只是对少数重大刑事犯罪（如杀人、抢劫等）的预备犯才处罚。[②] 由此可见，在1979年《刑法》的制定过程中，部分立法者主张将预备犯的处罚范围限定于少数重大刑事犯罪中，并不支持对预备行为进行普遍处罚。

虽然1979年《刑法》在预备犯的处罚中增加了“免除处罚”的规定，现行刑法也延续了这一立法，为不处罚预备犯提供了法律依据。但是，例外处罚预备犯的立法取向并未通过法律条文明确地体现出来，留下了较大的解释空间。现行的通说观点主张对预备犯原则上应进行处

① 参见[德]卡尔·拉伦茨：《法学方法论》，陈爱娥译，商务印书馆2003年版，第199页。

② 参见高铭暄：《中华人民共和国刑法的孕育诞生和发展完善》，北京大学出版社2012年版，第26页。

罚,即认为预备行为“具有社会危害性,也具备特定的犯罪构成,我国刑法规定原则上要作为犯罪处理”。① 普遍处罚结论的得出主要基于以下理由:

其一,在体系设置上,处罚预备犯的规定设置在总则中,而总则条款对于分则条文具有普遍性的指导意义,预备犯的处罚规定应当涵盖分则中的所有罪名。其二,在立法表述的逻辑上,该款规定包含两层意思:第一层意思是,对预备犯应当追究刑事责任;第二层意思是,对预备犯追究刑事责任时可以比照既遂犯从轻、减轻或者免除处罚。② 这种解读也符合对法律条文的直观理解。其三,预备犯的量刑逻辑是“可以比照既遂犯从轻、减轻或者免除处罚”,在排列顺序中也体现出处罚倾向,即一般情况下可以从轻或者减轻处罚,特殊情况下才能免除处罚。可以认为,该款规定明确了我国对预备犯以处罚为原则,在逻辑上讲可以适用于所有除《刑法》第 13 条规定的“情节显著轻微危害不大”之外的预备犯。③

但是,这一看似合理的解释结论所体现出的普遍处罚理念受到较多质疑。例如,有论者即指出,我国刑法与西方国家刑法在预备犯处罚范围上存在差异的根源,是未经历以人权限制权力的启蒙洗礼的旧中国固有的国家权力张扬特性所体现的重刑主义的影响。④ 法律规范是立法理念的现实载体,预备犯处罚模式的选择不仅是基于刑事政策思考的结果,也是国家刑法观的体现。立法机关基于防范处罚漏洞、注重打击犯罪等方面的考量,通过立法语言的模糊性,赋予了司法机关较大的自由裁量权限来处罚预备行为,也是刑法重刑主义理念和主观主义理念的彰显。

---

① 高铭暄、马克昌主编:《刑法学》(第 8 版),北京大学出版社 2017 年版,第 151 页。

② 参见全国人大常委会法制工作委员会刑法室编著:《中华人民共和国刑法解读》(第 4 版),中国法制出版社 2015 年版,第 33 页。

③ 参见冯军、肖中华主编:《刑法总论》,中国人民大学出版社 2016 年版,第 306 页。

④ 参见高艳东:《规范学视野中预备行为可罚性的反思与重构》,载《现代法学》2005 年第 1 期。

(二)预备犯处罚的实践特征

在预备犯处罚规定的实践运用上,有观点指出,"在司法实践理性支配下,我国的司法事实上只是例外地、选择性地处罚极少数企图侵害重要法益的重大犯罪的预备犯"①。但是通过对具体案例的梳理分析,这种理想状态与司法现状之间存在较大出入。为了准确掌握实践中预备犯的处罚情况,笔者通过中国裁判文书网检索了近年来的部分案例。在赵某某贪污案中,法院认为被告人利用职务上的便利,伙同他人为骗取公共财物制造条件,属于犯罪预备,依法可对其所犯贪污罪免予刑事处罚;②在唐某诈骗案中,法院认为被告人尚未实施诈骗行为,即被公安机关抓获,是犯罪预备,综合其他情节决定免予刑事处罚;③在程某某等盗掘古墓葬案中,法院认为被告人系犯罪预备,依法比照既遂犯减轻处罚;④在许某非法获取国家秘密案中,法院认为被告人系犯罪预备应予处罚。⑤ 除了前述犯罪类型外,处罚犯罪预备的案件类型还包括伪造、变造金融票证案、开设赌场案、利用邪教组织破坏法律实施案、合同诈骗案、买卖国家机关证件案以及非法经营案等。

通过检索分析,可以发现实践中在预备犯在处罚上呈现三个特征:首先,在适用比例上,除了故意杀人、绑架、抢劫、贩卖毒品等严重犯罪的预备犯进行处罚的比例较高外,对利用邪教组织破坏法律实施、盗窃、盗掘古墓葬、诈骗等犯罪的预备犯进行处罚的比例也较高。处罚预备犯的犯罪类型虽然相对集中,但是并未限定在故意杀人、抢劫绑架等少数严重犯罪中。其次,在刑罚裁量上,针对犯罪预备这一量刑情节,法院处理时的裁量逻辑大多是比较既遂犯从轻或减轻处罚,免除处罚

---

① 梁根林:《预备犯普遍处罚原则的困境与突围》,载《中国法学》2011 年第 2 期。

② 北京市第二中级人民法院刑事判决书,(2015)二中刑终字第 1424 号。

③ 湖南省安仁县人民法院刑事判决书,(2016)湘 1028 刑初字 30 号。

④ 湖北省襄阳市中级人民法院刑事判决书,(2014)鄂襄阳中刑终字第 00145 号。

⑤ 河南省周口市川汇区人民法院刑事判决书,(2016)豫 1602 刑初 172 号。

比例的相对较小。最后,在具体罪名的分布上,处罚预备犯的罪名除了杀人、抢劫、爆炸等严重暴力犯罪外,还包括伪造居民身份证、盗掘古墓葬、非法获取国家秘密、伪造、变造金融票证、开设赌场、合同诈骗、买卖国家机关证件、非法经营等罪名。虽然没有涵盖所有的分则罪名,但是同样呈现出分散性、随意性的特征。可以认为,实践中并未将处罚预备犯的规定只适用于极少数严重犯罪的不成文理念,而是将刑罚的触角伸向了每个角落,在这一点上或许"学者们对刑事司法理性抱有过高的期望了"。①

(三)预备犯处罚模式的理性回归

在普遍处罚预备犯的解释结论和有罪必罚司法理念的合力作用下,实践中并未将预备行为的处罚范围限缩在必要限度内。宣称实践中对预备犯全部进行处罚不够客观,与之相应,宣称实践中对预备犯极为例外地进行处罚同样与事实不符。问题的症结在于,现行预备犯处罚规定在适用范围以及裁量规则上的模糊性导致立法与实践相脱节,普遍处罚的立法取向被搁浅,例外处罚的理想状态也未实现,以至于形成无章可循、较为恣意的处罚现状。

对于应该如何处罚预备犯的问题,已经很少有人支持普遍处罚模式,而是提倡例外处罚模式或者不罚模式,这也是立法理念随着社会发展逐步演变的结果。立法理念的变迁应当通过立法文本直观、准确地表达出来。虽然在现行规定中,可以通过宽严相济刑事政策、目的论的限缩解释、刑事证明中的疑罪从无等途径来限制预备犯的实际处罚范围,但是《刑法》第22条第2款规定存在的根本缺陷,并非解释论与司法论的努力能够完全克服。解释论与司法论的努力,只是限缩与救济预备犯普遍处罚原则之立法缺陷的权宜之计,而非从立法困境中予以突围的根本之道。② 进言之,限缩预备犯处罚范围的现行途径在实效

① 蔡仙:《论我国预备犯处罚范围之限制》,载《刑事法评论》2014年第1期。

② 梁根林:《预备犯普遍处罚原则的困境与突围》,载《中国法学》2011年第2期。

上并不明显，达不到预设期望。因此，应顺应刑事法的时代发展趋势，对我国预备犯的处罚模式进行系统性和结构性调整，完成预备犯处罚模式的立法转变。

二、预备犯例外处罚模式之提倡

原则上处罚预备犯的立法模式脱离司法现实和刑罚理性，应进一步讨论的是，在例外处罚模式和不罚模式中应该如何选择。本文认为，应提倡预备犯的例外处罚模式。理由如下：

（一）例外处罚预备犯符合立法趋势

当代对于预备犯主要存在三种处罚模式：

其一，不罚模式。例如，1940年《巴西刑法典》、1954年《格陵兰刑法典》、1810年《法国刑法典》和现行《法国刑法典》等在总则和分则中都不存在处罚形式预备犯的规定。虽然在不罚模式中没有针对形式预备犯设置处罚规定，但是刑法中同样存在实质预备犯的立法。对于实际上应被处罚的预备行为，通过设置为实质预备犯等方式单独进行刑法规制。

其二，例外处罚模式。例外处罚模式主要体现在德国、日本、韩国的刑事立法中，通过在刑罚分则中结合设置形式预备犯与实质预备犯的形式实现例外处罚。例如，《日本刑法》第88条（外患预备）、第93条（私战预备）、第113条（放火预备）等属于有侵害社会法益或个人重大利益的威胁时，将其作为犯罪预备进行处罚的情形，且仅包括8种犯罪。此外，根据《韩国刑法》第28条的规定，当犯罪的预谋或者预备行为还没达到开始着手的阶段时，除法律有特别规定外，对此不予处罚。① 上述立法均体现出例外处罚预备犯的立场。

---

① ［韩］李在祥：《韩国刑法总论》，［韩］韩相敦译，中国人民大学出版社2005年版，第357页。

其三,普遍处罚模式。普遍处罚模式主要体现在历史上的苏联等社会主义国家或地区的刑事立法中。据考证,社会主义国家刑法中犯罪预备从刑法分则的个别规定到刑法总则规定的转变始于1919年的《苏俄刑法指导原则》,随后在苏联刑事立法指导下,1952年的《阿尔巴尼亚刑法典》、1950年的《朝鲜刑法典》以及《匈牙利刑法典》和我国1979年《刑法》均在刑法总则部分设立处罚犯罪预备的一般规定。[①]应注意的是,现行《俄罗斯联邦刑法典》采用的是例外处罚模式,该刑法典第30条第2款规定:"只有对预备严重犯罪和特别严重的犯罪,才追究刑事责任。"[②]

由上可以发现,预备犯的普遍处罚模式已经逐步淡出历史,不罚模式也未成为主流,带有折中性质的例外处罚模式得到普遍确立。而我国现行刑法关于预备犯的处罚规定完全沿袭了1979年《刑法》的相关内容,仍然属于普遍处罚模式。

(二)采用不罚模式存在立法障碍

不罚模式要求对预备犯一概不予处罚。为了避免处罚漏洞,确立不罚模式的前提是对于具有处罚必要性的预备行为,提前进行实质预备犯的立法,将预备行为拟制为具体犯罪的实行行为。但是,这一立法模式存在立法障碍,难以实现。

首先,就立法体系而言,我国实质预备犯的立法体系仍不完善。我国刑法分则中虽然不乏实质预备犯的立法,但是仍然局限于恐怖主义犯罪、网络犯罪以及部分持有型犯罪等少数犯罪类型中,涵摄范围非常有限,实质预备犯立法在体系性、系统性上仍不完善。因此,如果彻底否定预备犯的刑事可罚性,必须等到着手实行后才启动刑罚的话,就会

---

① 参见陈兴良:《刑法适用总论》(上卷)(第2版),中国人民大学出版社2006年版,第360页。

② 《俄罗斯联邦刑法典》,黄道秀译,北京大学出版社2008年版,第11页。

使刑法处在难以及时有效保护一些重大法益的尴尬境地。①

其次，就立法技术而言，也难以将具有处罚必要性的预备行为全部设置为实质预备犯。例如，准备实施恐怖活动罪作为典型的实质预备犯，立法将其行为方式归纳为 4 种类型，②虽然前面 3 种行为类型已经基本涵盖恐怖犯罪的预备行为方式，但是为了防止处罚漏洞仍然设置了“为实施恐怖活动进行策划或者其他准备”这一兜底条款。而对于故意杀人、抢劫等犯罪类型而言，“准备工具、制造条件”的预备行为方式在实践中千差万别、类型众多，如果通过列举的方式进行明确规定的话，难免挂一漏万。为了避免处罚漏洞，最便利的解决策略就是设置相似的兜底条款，或者保留部分形式预备犯的立法。但是，如果实质预备犯的立法规定中都设置兜底条款来作为“安全阀”的话，则意味着实质预备犯的立法并不彻底，难以实现预设价值。因为在立法价值上，形式预备犯在立法时要求作出概括性的、原则性的立法规定，依靠司法人员的经验判断进行具体裁量。与之相对，根据罪刑法定原则，为了实现犯罪行为类型化、定型化的明确性要求，实质预备犯在立法时应穷尽可能的预备行为方式。设置兜底条款意味着实质预备犯的“实质化”并不彻底，而是采用了“实质 + 形式”的二元折中标准，影响到刑法明确性原则的实现。此外，从具体立法表述上进行审视，兜底条款的规定是对总则预备犯定义的重申，这就形成了与《刑法》第 22 条规定同义反复的立法状态，大大降低了实质预备犯的预设价值。因此，从立法体系以及立法技术的角度而言，在我国确立不罚模式存在立法障碍。

（三）例外处罚模式的正当性辨析

与普遍处罚模式和不罚模式相比较，对预备行为的例外处罚模式

---

① 参见车浩：《刑事立法的法教义学反思——基于〈刑法修正案（九）〉的分析》，载《法学》2015 年第 10 期。

② （1）为实施恐怖活动准备凶器、危险物品或者其他工具；（2）组织恐怖活动培训或者积极参加恐怖活动培训；（3）为实施恐怖活动与境外恐怖活动组织或者人员联络；（4）为实施恐怖活动进行策划或者其他准备。

更加具有合理性和正当性。

其一,符合可罚行为的类型化和法定化要求。实行的着手是犯罪预备与犯罪未遂的分界点,也是区别预备行为与实行行为的"分水岭"。[①] 在原则不处罚预备行为的立法中,实行的着手就成为刑事可罚行为的起点。在人权保障的意义上,实行行为作为构成要件的客观行为要素,只有符合从犯罪构成中所引申出来的行为类型时,才能承认构成要件符合性。因为构成要件符合性的判断是形式的、客观的评价,能够尽量避免主观色彩的渗透,明显不同于违法性和有责性中相对实质的、主观的评价。这就实现了在犯罪评价逐步深入的过程中,通过客观的、形式的构成要件符合性判断来限制主观的违法性及有责性判断的目的,阻止了法官解释权限的过早介入。因此,实行行为概念作为犯罪认定过程中的第一道屏障,体现了罪刑法定原则的人权保障机能。相对于实行的着手而言,此前处于引起犯意以及犯罪预备等着手前阶段的一系列行为,因为包括的情形过于复杂而且不具备实行行为性,难以通过立法予以类型化和法定化,对其普遍进行处罚的话在实践中就会导致流于随意的后果。为了实现刑法可罚起点行为的类型化和法定化,避免刑法触角在模糊中的过度前移,应当将实行的着手之前的行为原则上排除在可罚范围之外。可以认为,预备犯原则不罚的立法例是在坚持客观主义的立场下,基于个别预备行为因具有严重法益侵害危险而有必要予以刑法规制的现实主义的考量。[②] 预备犯原则不罚的理念也从侧面维护了实行的着手是刑事可罚起点的共识,可以准确划定犯罪预备和犯罪未遂的界限,避免二者之间的交叉和渗透。

其二,符合危险递增理论的法理。成立实行行为需要某一行为对法益产生现实的、具体的危险,因为预备行为距离结果发生具有较远的距离,其危险性是行为人在此基础上进一步实施实行行为的危险。从

---

① 参见[日]西原春夫:《犯罪实行行为论》,戴波、江溯译,北京大学出版社2006年版,第3页。

② 参见郑延谱:《预备犯处罚界限论》,载《中国法学》2014年第4期。

构成要件的结果来看,属于间接的危险。[①] 而现代刑法以处罚结果犯为原则,处罚危险犯为例外,相对于具体危险犯而言,对间接的抽象危险行为的处罚就更应慎重。根据危险递增理论,只有对侵害法益的危险程度达到一定"量"的时候,国家刑罚权的介入才是正当的。行为可能导致的危险性越大,规范处罚所要求的危险实现的现实性就越小。[②] 而犯罪实现的一般过程是:引起犯意→犯罪预备→着手实行→发生犯罪结果。伴随犯罪进程的推进,危险程度也在不断增加,这正是危险递增理论的存在依据。在这一过程中,国家刑罚权的介入并非越早越好。而且,某一行为可能导致的法益侵害越重大,刑罚权介入的时间点就可以越提前。与实行行为相比,预备行为对法益只具有间接或抽象的危险,危险实现的现实性也相对较低,因此原则上不应进行处罚。这不仅是限制国家刑罚权的必要手段,也是刑法在法益保护和行为自由之间进行的合理平衡。

其三,符合刑事司法实践的现实需要。犯罪预备在实践中的认定较为困难,一概处罚预备犯欠缺实践理性。首先,在预备阶段难以对行为人的行为目的进行准确评价。例如,故意杀人、抢劫、绑架等犯罪的预备行为可以表现为购买凶器、事先踩点等,因为与日常行为具有类似性,在秘密实施的情况下很难发现,即使被发现也容易进行其他解释,难以证明行为人的主观非法目的。其次,在刑事证明中主要通过推定或者间接证明的方式认定行为人的主观罪过,而在预备阶段行为人的主观不法要素不为外界所知,存在证明上的困难。不管犯罪行为所可能侵害的法益有多么重要,在还没有办法确认一个人是否果真存在有不法意志的情况下就以刑罚相应,恐怕是对于人毫无节制的工具化。[③] 因此,犯意难以确证,惩罚就不应施加。再次,难以精准地划定预备犯的成立范围。预备阶段的起点以及终点在具体判断中都不甚明晰,难以合理划定处罚范围,司法资源的有限性以及司法的经济原则决定了

① 参见黎宏:《刑法学》,法律出版社 2012 年版,第 229 页。

② 参见李海东:《刑法原理入门(犯罪论基础)》,法律出版社 1998 年版,第 138 页。

③ 参见黄荣坚:《基础刑法学》(下),中国人民大学出版社 2009 年版,第 310 页。

不能为惩治预备行为耗费过多精力。最后,普遍处罚预备犯的刑罚效益太低,也会给过多的公民贴上犯罪标签。当下,我国的社会治安情况整体良好,在这一宏观背景下,基于犯罪预备行为较低的法益侵害性,对预备犯的处罚不必过于敏感,应当体现出以宽为主的价值取向。

其四,与实质预备犯的立法趋势相呼应。《刑法修正案(九)》在恐怖主义犯罪以及电信网络诈骗犯罪中进行的预备行为实行化立法引起较多争议,但是在我国刑法中这并不是一个新现象,在刑法修正的过程中实质预备犯的立法屡见不鲜。例如,《刑法修正案(三)》第 4 条将"资助恐怖活动组织或者实施恐怖活动的个人"的行为规定为独立犯罪;《刑法修正案(五)》第 1 条将"非法持有他人信用卡"的行为规定为独立犯罪;《刑法修正案(七)》第 7 条将"窃取或者以其他方法非法获取公民个人信息"的行为规定为独立犯罪;《刑法修正案(八)》第 35 条将"明知是伪造的发票而持有"的行为规定为独立犯罪等。目前刑法分则中关于实质预备犯的规定虽然较为分散,但是已经呈现一定规模。在这一立法模式冲击下,刑法关于预备犯一般化的立法模式已经发生了动摇,走上了一般化与个别化相结合的混合立法模式。[①] 从立法趋势而言,实质预备犯的立法会继续扩张。原因在于《刑法》总则关于形式预备犯的处罚规定在调节力度上已经失衡。事实上,对于为实施恐怖主义犯罪、网络犯罪等进行的预备行为,按照总则关于形式预备犯的处罚规定也能够进行惩治。但是在预备阶段,即使预备实施的犯罪比较严重,也难以证明其严重程度,只能按照一般犯罪的预备行为进行处罚,容易导致处罚结果偏轻。这就形成罪刑失衡的矛盾局面:按照现行处罚规定,严重犯罪的预备行为处罚结果偏轻,轻微犯罪的预备行为处罚结果又明显过重。当预备犯总则规定的调节力度失衡时,立法者倾向于寻求"预备形式实行化"的立法模式,将犯罪预备行为拟制为独立犯罪的实行行为进行规制。这说明实质预备犯不必再受制于总则处罚规定的制约,也就意味着预备犯总则规定的适用空间被逐步架空,对预备犯的普遍处罚模式形成直接冲击。

---

① 参见李梁:《预备犯立法模式之研究》,载《法学》2016 年第 3 期。

三、预备犯处罚范围的立法限定

应否将某一失格行为作为犯罪来处理,涉及刑法的核心问题之一,即犯罪化的正当性原则问题。确立例外处罚模式需要合理限定应当作为犯罪处罚的预备犯的成立范围。对预备行为是否具有可罚性的认定,不仅关系到刑法触角的边界,也影响到行为自由的保障,因此需要认真考量。

(一)以重大法益侵害原则作为限定标准

对预备犯的处罚是刑法介入早期化的体现之一。虽然刑法介入早期化的立法置于我国当下时代背景中有其合理性和必要性,但是,“肯定刑法介入早期化立法的必要性和正当性,并非意味着该立法举措没有原则。恰恰相反,应当将刑法介入早期化立法限定于严重犯罪领域”。[①] 著名法哲学家乔尔·范伯格也指出,对立法者来说重要的不单是损害的大小,也不单指损害发生的可能性,而是指二者的结合,即“风险”。[②] 因此,对某个行为进行刑罚处罚需要同时考察可能导致的损害大小和危险实现的可能性两个方面。

重大法益侵害原则又称为法益重要性原则,属于公认的犯罪化原则之一。根据重大法益侵害原则,应予犯罪化的行为不仅要对法益造成损害,还必须对法益的基本性质作出限定,需要满足法益重要性的要求。因此,基于预备犯处罚的例外性,只有当预备行为指向的犯罪具有侵害重大法益或群体法益的威胁,并且这种威胁具有实现的可能性时才有必要对其进行处罚。除此之外的预备行为,因为侵害法益的重要

① 刘志伟:《〈刑法修正案(九)〉的犯罪化立法问题》,载《华东政法大学学报》2016年第2期。

② 参见[美]范伯格:《刑法的道德界限:对他人的损害》,方泉译,商务印书馆2013年版,第214页。

性和现实性较低,不应视为犯罪进行处罚。这一结论在其他国家或地区的刑事立法中也得以体现。例如,日本刑法只对内乱、外患、私战、放火、准备伪造货币、杀人、勒索赎金目的的绑架与抢劫八种犯罪规定了形式预备犯;德国刑法中存在形式预备犯的罪名仅限于叛国、绑架和劫持航空器等较为严重的犯罪;我国台湾地区"刑法"中规定的形式预备犯也仅限于杀人、内乱、外患、放火、劫持交通工具、强盗、绑架等少数严重犯罪。

(二)将预备犯的处罚范围限定于死刑罪名

依据重大法益侵害原则的限定标准,笔者主张将预备犯的处罚范围限定于刑法保留死刑适用的罪名中,与死刑罪名形成一一对应关系。理由在于:

首先,保留死刑适用的犯罪与侵害重大法益或群体法益的犯罪在类型上基本一致。我国《刑法》规定,"死刑只适用于罪行极其严重的犯罪分子"。而且,根据联合国《公民权利和政治权利国际公约》的规定,对还没有废除死刑的国家,应将死刑限制适用于"最严重的犯罪"。《刑法修正案(九)》实施后,我国刑法中保留死刑适用的罪名剩余 46 个,其中不仅包括危害国家安全、危害公共安全以及侵犯公民人身权利等犯罪,同时包括生产、销售伪劣商品、侵犯财产、危害国防利益、贪污贿赂、军人违反职责等犯罪。虽然较为分散,但是现存的死刑罪名在立法者看来均属于罪刑极其严重的犯罪,侵害的法益类型属于重大法益或者群体法益。

其次,可以根据死刑罪名的逐步削减实现对预备犯处罚范围的动态调整。在我国,逐步削减死刑罪名是宏观趋势,每减少一个死刑罪名就意味着该犯罪的危害性程度已经有所降低,当某一犯罪的危害性程度降低时,就需要进一步评价处罚其预备行为的正当性。处罚预备犯的范围与死刑罪名形成一一对应关系,就可以在削减死刑罪名的同时一并完成对预备犯处罚范围的动态调整,实现处罚范围的逐步限缩。

当然,将处罚范围限定在死刑罪名仅为处罚预备犯的形式标准,并不意味着对这些犯罪的预备行为一概进行处罚。罪行是否极其严重的判断是针对具体案件而言的,在可以适用死刑的罪名中,也并不是对所有犯罪行为一概判处死刑。在判断预备行为的处罚必要性时还需要依据实质标准,即依据具体案情,考察行为人预备实施犯罪的严重程度以及危险实现的可能性。只有在行为人预备实施的犯罪行为本身具有侵害重大法益或者群体法益的可能性时,其预备行为才具有可罚性。借助"通过死刑罪名限制整体处罚范围、通过具体案件衡量个体可罚性"相结合的评价方式,可以将预备犯的处罚范围严格限定在合理区间。

四、预备犯例外处罚模式的实现路径

预备犯的例外处罚模式归根到底需要通过立法来实现,对于例外处罚模式的立法实现路径,有论者提出了不同见解:路径一主张,对于预备犯的立法缺陷的根本解决之策,是废除刑法上全部形式预备犯的处罚规定,对于全部的预备行为,如果已经达到对于利益侵害失控的阶段,直接论以着手或形式上既遂化的犯罪,如果预备行为没有达到对于利益侵害失控的阶段,就是无罪。① 因为犯罪未遂的处罚以实行的着手为起点,可以将上述观点概括为废除形式预备犯的立法规定,将应罚的预备行为纳入未遂犯或者增设为实质预备犯进行处罚。路径二认为,应当废除所有形式预备犯立法,将应罚的预备行为设置为抽象危险犯进行处罚。对此有论者指出,预备犯与阴谋犯的存在,一方面无法准确判断预备与阴谋的正确时间点,会导致恣意认定的弊端,另一方面是将单纯的思想形成过程当作处罚的依据,使刑法赖以指导的基础有崩溃之虞。因此,对于此类法益保护的规范方式,可以作较为明确的行为

① 参见黄荣坚:《基础刑法学》(下),中国人民大学出版社 2009 年版,第 309 ~ 311 页。

描述,可将此种行为设计为抽象危险犯等形式以特定的方式来提前规范。[①] 路径三认为,在严格限定预备犯处罚范围的基础上,保留少量的形式预备犯立法,通过总则设置原则规定与分则设置具体规定相结合的方式实现对预备犯的例外处罚。例如,有论者指出,预备犯规定的理想模式便是在总则中概括规定预备犯处罚原则,具体规定预备犯的实质条件,在《刑法》分则中规定特定的预备犯,而且形式预备犯和实质预备犯均可规定。[②] 本文认为,路径三的立法思路具有可行性,而且与我国的立法惯例相契合。理由如下:

其一,路径一存在不当扩张未遂犯成立范围的隐忧。路径一主张将所有的形式预备犯纳入未遂犯或者设置为实质预备犯,在方法上显得较为彻底。但是将预备行为纳入未遂犯的范畴,说明需要调整犯罪预备和犯罪未遂之间的界限,这会不当扩张未遂犯的成立范围。根据通行理解,犯罪预备和犯罪未遂在时间上的分界点是实行的着手。在实行行为的理解上已经存在前移性的主张,其实际效果就是通过实行行为结构的扩张实现着手时点的前移,从而往前延伸未遂犯的成立范围。对此有论者认为,作为实行的着手来说,应当理解为由于同符合构成要件的行为有直接关联,所以在自然观察下可以算作其一部分的行为。如果用一个巧妙的表述,那就是应包括那种恰如往目标上射的箭一样,具有若无任何障碍便会当然地到达结果的趋势的行为。[③] 上述观点在理解实行行为时,将与实行行为存在紧密联系的着手之前的行为也视为具有实行行为性,从而将实行着手的时点前置。但是问题在于,如何确定某一着手前行为与构成要件行为之间存在直接关联或者密切联系,这是一个经验法则的问题,需要结合行为人的主观认识、掺入规范要素进行判断,因此在具体操作上难以准确衡量。此外,对于如何前移未遂的成立时点以及如何把握前移的具体界限等问题,现行理论还无法提供一套相对精确的操作规则,而不具备具体规则指导下的

① 参见柯耀程:《刑法总则》,台北,三民书局2014年版,第224页。

② 参见蔡仙:《论我国预备犯处罚范围之限制》,载《刑事法评论》2014年第1期。

③ 参见[日]泷川幸辰:《犯罪论序说》,王泰译,法律出版社2005年版,第121页。

未遂犯成立范围前移的做法,会导致未遂犯成立范围在前置过程中的恣意化,进一步削弱以实行的着手作为可罚行为起点的理论根基。而且,未遂犯的处罚原则上要重于预备犯,将应罚的预备犯纳入未遂中进行处罚,会不当加重行为人的刑罚。因此,应维护以实行的着手作为犯罪预备与犯罪未遂分界点的传统认识。通过实行着手时点的前移,将部分预备行为纳入未遂中进行处罚的思路,在理论上可以探讨但是实际价值存疑。

其二,将应罚的预备行为设置为抽象危险犯的立法构想难以实现。虽然预备行为本身具有抽象危险属性,但这并不意味着可以直接将预备犯设置为抽象危险犯。抽象危险犯重视行为本身的危险性,在认定时只需要根据一般社会生活经验,判断行为的实施具有导致危害结果发生的可能性即可,而不需要具体加以证明。有论者即将抽象危险犯进一步区分为《刑法》分则条文类型化的紧迫危险、《刑法》分则条文拟制的危险和预备犯的危险三种类型。[①] 预备犯的危险属于抽象的危险,那么,将犯罪预备行为通过立法拟制为犯罪实行行为后,其行为的危险属性并不会发生变化,仍然具有抽象危险性质。这说明抽象危险犯和实质预备犯之间存在重叠,实质预备犯也是抽象危险犯。就此角度而言,将应罚的预备行为设置为抽象危险犯或者设置为实质预备犯的路径之间具有内在共通性,但是二者均面临的首要问题是在立法表述中不借助于兜底条款的话,难以穷尽所有应罚的预备行为类型。虽然应罚的预备行为在罪名上并不多,但是其行为类型以及表现方式却极其广泛。例如,醉酒驾驶可能是故意杀人罪的预备行为,盗窃枪支、购买刀具、购买爆炸物甚至购买绳子、安眠药、编织袋等均可能是为实施故意杀人而“准备工具”的行为。为实施犯罪而“制造条件”的行为方式同样相当广泛,立法时难以对具体行为方式准确地进行类型化概括。而刑法规定的诸如危险驾驶罪、销售有毒、有害食品罪等抽象危险犯,每个罪名能涵盖的行为类型又是非常有限的。因此,抽象危险犯的涵摄范围非常有限,预备行为的表现形式却极其广泛,将预备行为设置

① 参见张明楷:《刑法学》(第5版),法律出版社2016年版,第167~168页。

为抽象危险犯在立法技术上并不现实。此外,刑法以处罚结果犯为原则、以处罚危险犯为例外,对于抽象危险犯的处罚本身就意味着刑法处罚范围的扩张化和前置化。抽象危险犯的立法“蕴含着的侵犯人权的巨大风险,稍有不慎即可能沦为统治者扩张权力的工具”①。正因为抽象危险犯立法在正当性上存在疑问,对其立法范围就应当合理限制。而将应罚的预备行为设置为抽象危险犯,无疑会导致抽象危险犯的进一步扩张,对公民权利和自由形成挑战。

其三,路径三的立法思路符合我国的立法传统和实践理性。对具有处罚必要性的预备行为,在能够进行类型化和定型化归纳时,应考虑进行实质预备犯的立法。当不宜设置为实质预备犯时,就应将其设置为形式预备犯。形式预备犯立法的主要价值在于防范实质预备犯立法遗留的处罚漏洞。但是客观而言,形式预备犯的立法缺乏应有的明确性,存在较大的开放空间,不利于自由裁量权的限缩,但是这属于无法达到理想状态而选择的权宜之计。犯罪预备行为的表现形式多种多样,同过失犯的认定类似,是否属于犯罪预备行为的判断必须在具体适用规则的指导下,依托裁判者的主观能动性和现实案情进行具体认定。对于形式预备犯的规范裁量,可以通过立法上严格限定处罚范围,司法上完善裁判规则两方面来实现。在此基础上,对例外保留的少数形式预备犯立法不必过于担心。简言之,无论实质预备犯还是形式预备犯,本质上都因为符合对重大法益的保护要求而能够实现有效限缩处罚范围的目的。

对于保留的少量形式预备犯立法,应进一步探讨其立法结构的问题,即应采取总则规定和分则规定结合的立法模式,还是仅进行分则立法。对此问题,有论者认为应通过总则设置一般规定与分则进行具体规定相结合的方式。② 也有论者主张只在分则罪名中进行具体规定即

---

① 王志祥、黄云波:《论立法定量模式下抽象危险犯处罚之司法正当性》,载《法律科学》2016年第3期。

② 参见蔡仙:《论我国预备犯处罚范围之限制》,载《刑事法评论》2014年第1期。

可,没有必要在总则中保留处罚预备犯的一般规定。① 结合前面的论述可以发现,在这一问题里面存在一个隐藏的逻辑:主张全部取消形式预备犯而只保留实质预备犯的观点,就会衍生出不必在总则设置预备犯一般规定的建议。因为实质预备犯已经成为独立罪名,具有独立的犯罪构成要件,在认定上可以实现"自给自足",不用额外参照预备犯的原则性规定。而在分则中例外设置少数形式预备犯的话,基于形式预备犯在认定及刑罚裁量上的附属性,就需要在总则中设置原则性规定来指导分则具体条款的适用。

本文认为,应保留形式预备犯的立法,因此应当继续沿用总则设置原则性规定和分则设置具体规定相结合的立法方式。因为《刑法》总则规范是认定犯罪、确定责任和适用刑罚所必须遵守的共同规则,《刑法》总则对分则内容具有指导和引领作用。正是基于总则规定的特殊地位,分则在设置少量的形式预备犯之后,因为其不具备独立的犯罪构成,在判断某一行为是否成立预备犯时就需要依据总则的指导性规定作为指引。此外,对于单位犯罪、过失犯罪等犯罪类型,我国刑法均持例外处罚立场,即刑法有明确规定的才进行处罚。除了在分则具体罪名中单独规定是否处罚单位犯罪或者过失犯罪外,《刑法》总则同样对单位犯罪、过失犯罪的概念以及处罚模式进行了明确规定。因此,对于例外处罚的犯罪类型,总则和分则相结合的立法模式也符合我国的立法惯例。在具体的立法表述上,可以参照《刑法》第 15 条关于过失犯罪的规定,通过总则规定对预备犯的构成特征进行概括,并且对预备犯的例外处罚模式进行宣示。对于形式预备犯的具体处罚,因为分则中需要单独设置形式预备犯的罪名非常有限,为了便于司法适用,具体刑罚幅度的设置可以在分则条文中一并进行,而不需要再在总则中进行概括性规定。

① 参见劳东燕:《论实行的着手与不法的成立根据》,载《中外法学》2011 年第 6 期。

The Punishment Modeand Its Realization for the Preparatory Offender

Zheng Yang

[**内容摘要**]在我国刑法中,普遍处罚预备犯是法律解释的当然结论,也是立法理念的直接反馈。受此影响,司法实践中对预备犯的处罚并未限制在必要限度内,因此应通过立法方式实现预备犯处罚模式的理性回归。在立法技术上,无法将应罚的预备行为全部设置为实质预备犯,因此应保留少量的形式预备犯立法。在预备犯的现行处罚模式中,全面处罚模式应被摒弃,不罚模式存在立法障碍,例外处罚模式符合立法趋势,且具有法理和现实正当性。在立法限定预备犯的处罚范围时,应以重大法益侵害原则作为限定标准,将预备犯的处罚范围限定于刑法保留死刑适用的罪名中,与死刑罪名形成一一对应关系。在预备犯的立法结构上,应通过总则设置原则性规定与分则设置具体处罚规定相结合的方式,实现对预备犯的例外处罚。

[**关键词**]预备犯;形式预备犯;实质预备犯;例外处罚模式;不罚模式

Abstract: In China's criminal law, the widespread punishment to the preparatory offender is not only the conclusion of the legal interpretation, but also the feedback of the legislative ideas. However, in judicial practice, the punishment to the preparatory offender is not limited to the necessary range and the modification and perfection of the punishment mode of the preparatory offender should be realized through legislation. In terms of legislative techniques, a small amount of formal preparatory offender should be retained as it is impossible to set all criminal preparatory acts that should be punished as essential preparatory offender. In the punishment mode for preparatory offender, the full penalty mode should be abandoned, the no penalty mode has legislative obstacles and the exceptional penalty mode not only conforms to the legislative trend but also has legitimacy. When restricting the punishment scope of the preparatory offender, the principle of infringe on the significant legal interests should be taken as the standard, and the punishment scope should be limited to the serious crimes that retain the application of death penalty. In the legislative structure of the preparatory offense, it is necessary to realize the exceptional penalty mode by combining the general provisions with the specific penalty provisions of the specific provisions of the criminal law.

Keywords: Preparatory Crime; Formal Preparatory Crime; Essential Preparatory Crime; Exceptional Penalty Mode; No Penalty Mode

论罪量限制下我国未完成罪的成立范围*

胡同春**

目　　次

在刑法总则中规定故意犯罪的未完成罪类型是各国刑法的通例。通过在刑法总则中规定故意犯罪的未完成罪类型,使刑法分则规定的基本构成要件形成相应的修正构成要件,增加构成要件的数量,扩大犯罪的成立范围。在犯罪成立条件中规定罪量是我国刑法的一个特点,目的是提高犯罪的成立门槛,限缩犯罪的成立范围。规定故意犯罪的未完成罪类型是扩大犯罪的成立范围,提出罪量要求的目的是限缩犯罪的成立范围,两者在扩大和限缩犯罪成立范围的方向上正好相反,会形成一定的制度冲突。本文旨在探讨在罪量的限制下,我国未完成罪

---

* 本文系作者主持的中国法学会 2017 年度部级法学研究课题"罪量规定对我国社会治理状况的影响研究——以盗窃罪为例"[项目批准号:CLS(2017)D64]的部分研究成果。

** 河南师范大学法学院副教授,法学博士。

的实际成立范围。

一、我国未完成罪成立范围与罪量要求的冲突

与世界上大多数国家的刑法相比,我国刑法有两个明显特点:一是在刑法总则部分规定所有故意犯罪的预备行为、未遂行为和中止行为都能成立犯罪;二是大多数犯罪的成立条件中都有罪量要求。罪量,又称罪量要素或定量因素,是在符合其他犯罪构成要件的前提下,表明行为对法益侵害程度的数量要件①。它既包括我国刑法总则中犯罪概念的但书,也包括刑法分则规定的各具体犯罪成立条件中的“数额较大”“情节严重”“造成严重后果”等类似规定。

根据《刑法》第22、23、24条的规定,故意犯罪的预备行为、未遂行为和中止行为在我国都能够成立犯罪。而世界上大多数国家的刑法规定,只有故意犯罪的未遂行为才能够构成犯罪,一些国家的刑法还明确规定只有部分故意犯罪的未遂行为才能够构成犯罪。它们普遍不将故意犯罪的预备行为规定为犯罪;对于故意犯罪的中止行为,一般性的态度是除非中止行为本身已经构成其他犯罪,否则不予刑罚处罚。② 例如,现行《法国刑法典》仅仅规定了故意犯罪的犯罪未遂,而没有规定故意犯罪的犯罪预备和犯罪中止,并且只对重罪的犯罪未遂和部分轻

① 陈兴良:《陈兴良刑法学教科书之规范性法学》,中国政法大学出版社2003年版,第95页。

② 世界上对于犯罪未遂主要有两种立法例,一种是狭义的犯罪未遂,不包括犯罪中止,以1810年《法国刑法典》为开端,现在法国等少数国家采用这种立法例,我国刑法规定的犯罪未遂就属于狭义的犯罪未遂;另一种广义的犯罪未遂,包括犯罪中止,以1871年《德国刑法典》的规定为开端,现在德国、日本、意大利、韩国等一些大陆法系国家和地区采用这种立法例,英美法系国家规定的犯罪未遂一般也都包含犯罪中止。根据我国刑法规定,本文在狭义上使用犯罪未遂,即犯罪未遂不包括犯罪中止;特殊情况下在广义上使用犯罪未遂,即犯罪未遂包括犯罪中止。在广义上使用犯罪未遂时,读者通过所使用的语言就能够区分。

罪的犯罪未遂给予处罚。[①] 根据罪刑法定原则,《法国刑法典》这种规定就意味着只处罚部分故意犯罪的未遂行为,而不处罚犯罪的预备行为和中止行为。现行《德国刑法典》对犯罪预备也没有作出规定,并只处罚重罪和部分轻罪的故意犯罪的未遂行为,对自动中止型的犯罪未遂(故意犯罪的中止行为)不予以刑罚处罚。[②]《西班牙刑法典》同样没有规定犯罪预备,只处罚犯罪未遂行为;对故意犯罪的中止行为也不予刑事处罚,除非该中止行为本身已经构成其他犯罪。[③] 而根据我国《刑法》第22、23、24条规定,我国故意犯罪的预备行为、未遂行为和中止行为都能构成犯罪,分别成立犯罪预备、犯罪未遂和犯罪中止,并对故意犯罪的未遂行为全部予以刑事处罚,对大多数故意犯罪的预备行为和部分中止行为也给予刑事处罚。但从我国《刑法》总则这三条规定看,我国刑法规定的故意犯罪未完成罪的类型多、刑事处罚的范围广。

故意犯罪的预备行为、未遂行为和中止行为,并没有给社会造成实际的法定损害结果。特别是故意犯罪的预备行为,它只是行为人

---

① 现行《法国刑法典》第121-4条规定:"下列之人为犯罪行为人:1. 实施犯罪行为者;2. 意图实施重罪,或者在法律有规定之场合,意图实施轻罪者。"第121-5条规定:"已着手实行犯罪,仅仅由于犯罪行为人意志之外的情事而中止或未能得逞,构成犯罪未遂。"参见《法国新刑法典》,罗结珍译,中国法制出版社2003年版,第9页。

② 现行《德国刑法典》第22条规定:"行为人已直接着手实现构成要件,而未发生行为人所预期的结果的,是犯罪未遂。"第23条规定:"(1)重罪的未遂一律处罚;对轻罪的未遂的处罚以法律有明文规定为限。(2)未遂可比照既遂减轻处罚(第49条第1款)。"第24条第1款规定:"(1)行为人自愿地使行为不再继续进行,或者主动阻止行为的完成的,不因犯罪未遂而处罚。(2)如果该行为没有中止犯的努力也不能完成的,只要行为人主动阻止该行为的完成,即应不予刑罚。"参见《德国刑法典》,徐久生、庄敬华译,中国方正出版社2004年版,第10~11页。

③ 《西班牙刑法典》第15条第1、2款规定:"既遂犯和未遂犯都应惩罚。"第16条第1项规定:"未遂犯是指罪犯通过其外部行为故意直接实施某项犯罪,其实施的全部或者部分行为客观上可能造成结果,但因罪犯作为以外的原因没有造成犯罪结果。实施犯罪行为的主体因作为避免犯罪的构成,无论是放弃一项已经开始的行为还是阻止其行为造成的结果,免除其刑事责任。但已实施的行为已构成犯罪或者过失罪的,应承担刑事责任。"参见《西班牙刑法典》,潘灯译,中国政法大学出版社2004年版,第6页。

在犯罪意图支配下实施了准备行为，距离造成刑法规定的实害结果还比较远。对犯罪的预备行为、未遂行为和中止行为进行处罚，只是为了预防给社会造成实害的犯罪行为发生，将它们规定为犯罪实际上是侧重于对犯罪意图进行处罚。因此，根据我国《刑法》总则的规定，我国刑法不仅普遍地处罚故意犯罪的未遂行为，而且较普遍地处罚故意犯罪的预备行为和中止行为，这似乎使我国刑法呈现出主观主义刑法倾向。

但与世界上大多数国家刑法在规定犯罪时“只定性、不定量”的立法方式相比，我国刑法采用的是“既定性、又定量”的立法方式，即在犯罪的成立条件中具有罪量要求。例如，我国《刑法》第266条规定的诈骗罪：“诈骗公私财物，数额较大的，处三年以下有期徒刑、拘役或者管制，并处或者单处罚金。”现行《德国刑法典》第263条规定的诈骗罪：“意图为自己或第三人获得不法财产利益，以欺诈、歪曲或隐瞒事实的方法，使他人陷于错误之中，因而损害其财产的，处5年以下的自由刑或者罚金刑。”①现行《日本刑法典》第246条规定的诈骗罪：“欺骗他人使之交付财物的，处十年以下惩役。”②直观地说，根据我国刑法规定，诈骗他人1000元人民币，不构成诈骗罪；而根据德国和日本的刑法规定，诈骗他人1000元人民币或者更少的财物，构成诈骗罪。

我国《刑法》通过两个路径对犯罪的成立提出罪量要求：一是在《刑法》总则第13条规定的犯罪概念中作出但书规定，即“情节显著轻微危害不大的，不认为是犯罪”，它对整个刑法分则都具有约束作用。二是在《刑法》分则许多犯罪的成立条件中规定明文的罪量要素，即许多犯罪的罪状中规定了“数额较大”、“情节严重”或者“造成严重后果”等构成要素。刑法理论通说认为，刑法分则这些明文的罪量要素是对犯罪概念中罪量要求的具体化。

即便一些犯罪的罪状中不包含明文的罪量要素，在我国也不能认

① 《德国刑法典》，徐久生、庄敬华译，中国方正出版社2004年版，第128页。

② 《日本刑法典》，张明楷译，法律出版社2006年版，第91页。

为符合罪状的行为一经实施就一概能够成立犯罪,因为我国最高司法机关往往根据犯罪概念中的但书规定,在司法解释中对这些犯罪的成立也提出明文的罪量要求。例如,根据《刑法》第 205 条的规定,虚开增值税专用发票、用于骗取出口退税、抵扣税款发票罪的罪状中并没有明文的罪量要求,但 2010 年最高人民检察院、公安部《关于公安机关管辖的刑事案件立案追诉标准的规定(二)》第 61 条规定,"虚开增值税专用发票或者虚开用于骗取出口退税、抵扣税款的其他发票,虚开的税款数额在一万元以上或者致使国家税款被骗数额在五千元以上的,应予立案追诉"。根据该条司法解释规定,如果行为人虚开增值税专用发票税额不满 1 万元,并且没有给国家造成被骗税款 5000 元以上损失的,就不构成虚开增值税专用发票罪,显然上述司法解释在该罪的成立条件中提出了明确的罪量要求。

在我国,犯罪的成立具有罪量要求是一个普遍现象。据统计,我国 1997 年刑法刚修订完成时,刑法分则明文规定有罪量要素的条文达到 190 多条,涉及罪名 220 多个,占全部罪名的一半以上。[①] 加上许多司法解释对一些犯罪提出罪量要求后,我国刑法规定的罪名中真正不含有罪量要求的罪名可能只有故意杀人罪一个。[②]

我国对犯罪的成立提出罪量要求后,会缩小犯罪的成立范围。这与我国《刑法》总则中不但规定犯罪未遂,而且规定犯罪预备和犯罪中止,从而扩大犯罪的成立范围,两者的方向正好相反,两种制度之间会形成一定的冲突。我国刑法对犯罪的成立提出罪量要求,不但缩小了既遂犯的成立范围,而且对犯罪预备、犯罪未遂和犯罪中止这些未完成罪的成立范围影响更大。事实上,在罪量要求的限制下,我国犯罪预备、犯罪未遂和犯罪中止的成立范围相当狭小。下文将以其他国家刑法规定的未完成罪的成立范围为参照,具体分析一下在罪量要求限制下我国未完成罪的成立范围。

---

① 参见路军:《中国刑法犯罪量化要件研究》,法律出版社 2010 年版,第 136 页。

② 参见梁根林:《但书、罪量与扒窃入罪》,载《法学研究》2013 年第 2 期。

二、犯罪预备在我国的实际成立范围

我国《刑法》第22条规定:“为了犯罪,准备工具、制造条件的,是犯罪预备。对于预备犯,可以比照既遂犯从轻、减轻处罚或者免除处罚。”如果单纯从本条法律规定来看,我国刑法规定的所有故意犯罪的预备行为都能成立犯罪,并可能受到刑罚处罚,这对我国犯罪的成立范围扩展较大。

世界上大多数国家的刑法在总则中都没有规定犯罪预备,即对故意犯罪的预备行为原则上都不作为犯罪处罚。少数国家的刑法规定了犯罪预备,但同时规定只对部分犯罪的预备行为进行刑事处罚。例如,根据《俄罗斯刑法典》第30条的规定,俄罗斯只对严重犯罪和特别严重犯罪的预备行为追究刑事责任。① 根据《荷兰刑法典》第46条的规定,荷兰只对应处8年以上监禁刑的重罪的预备行为进行刑事处罚。② 极少数国家的刑法规定,所有故意犯罪的预备行为都能构成犯罪,就笔者收集到的几十个国家和地区的现行刑法典来看,只有我国和朝鲜的刑法典如此规定。

虽然按照我国《刑法》总则的规定,我国所有故意犯罪的预备行为都能成立犯罪,但犯罪预备在我国的实际成立范围却相当有限。这主要是基于下列两个方面的原因:一方面,犯罪预备阶段的行为并

---

① 《俄罗斯刑法典》第30条第1、2款规定:“1. 为了实施犯罪而寻找、制造或加工犯罪手段或工具,寻找共同犯罪人,进行犯罪勾结或者以其他方式故意为犯罪创造条件,如果在这种情况下由于犯罪人意志以外的情况而未将犯罪进行到底的,是预备犯罪。2. 只有对预备严重犯罪和特别严重的犯罪,才追究刑事责任。”参见《俄罗斯联邦刑法典》,黄道秀译,北京大学出版社2008年版,第11页。

② 《荷兰刑法典》第46条规定:“1. 行为人故意获取、制造、输入、运送、输出或处置明显用于共同实施重罪的物品、物质、金钱或其他支付工具、信息传播工具、封闭的空间或运输工具的,只要该重罪依据法律规定应处8年以上监禁刑的,则其预备犯可罚。2. 预备犯应受之主刑,为刑法对该重罪之法定最高刑减轻二分之一。3. 若该重罪可判终身监禁,则其预备犯,应处10年以下监禁刑。4. 预备犯应受之附加刑,与既遂犯相同。”参见《荷兰刑法典》,颜九红、戈玉和译,北京大学出版社2008年版,第36页。

没有被刑法分则类型化,它和生活中的无害行为往往难以区分,从而使犯罪预备行为的犯罪故意难以被发现和证明,绝大多数犯罪预备行为都被自然地湮灭了,从而不能被作为犯罪处罚。例如,甲从集市上买回一把杀猪刀,你无法判断他是用来杀猪,还是用来杀人;如果甲准备用它来杀害村民乙,但村民乙外出打工,甲的行为虽然构成了故意杀人罪的犯罪预备,但这样的行为几乎不会被发现而作为犯罪处罚。另一方面,我国对犯罪的成立普遍有罪量要求,即便是已经既遂的行为,还要求数额较大、情节严重或者造成严重后果才成立犯罪;而犯罪的预备行为还不存在行为涉及的实际数额,一般也难以被评价为情节严重,也没有造成严重后果,一般应被认为"情节显著轻微危害不大"而不被评价为犯罪。所以,我国司法实践中进行刑事处罚的只能是犯罪故意能够被确切地证明、特别严重犯罪的预备行为,像故意杀人罪、绑架罪等罪的犯罪预备行为。现实中,我国按犯罪预备进行定罪判刑的案例很少。

其他国家,不要说在刑法总则中规定只对严重犯罪的预备行为给予刑事处罚的国家,即便在刑法总则中规定只处罚犯罪未遂的国家,许多国家都没有因为缺少犯罪预备的规定而比我国刑事处罚的范围更小,有时甚至比我国刑事处罚的范围大。这也主要有两方面的原因。

(一)世界各国认定的犯罪未遂的成立范围不同

虽然世界上绝大多数国家的刑法理论都认为,着手实施犯罪实行行为是成立犯罪未遂的起点,但对于什么是着手犯罪的实行行为,却有各种不同的观点,主要有形式的客观说、实质的客观说、折中说和主观说。① 形式的客观说认为,行为人开始实施符合构成要件的行为时,是犯罪实行行为的着手。实质的客观说认为,可以再分为实质的结果说和实质的行为说;实质的结果说以行为引起侵害法益的具体危险时作

① 参见张明楷:《外国刑法纲要》,清华大学出版社 2007 年版,第 268 ~ 272 页。

为犯罪实行行为的着手;实质的行为说以行为引起犯罪既遂的具体危险作为犯罪实行行为的着手。折中说,又大致可以分为以客观说为基础的折中说和以主观说为基础的折中说。以客观说为基础的折中说又称为客观的折中说,认为在实现犯罪构成要件的故意支配下实施了一部分符合构成要件的行为时,是犯罪实行行为的着手;以主观说为基础的折中说又称主观的折中说,认为明确地表现出行为人的犯罪意思并具有构成要件既遂直接危险的行为,是实行的着手。主观说认为,从行为中能够发现明确的犯罪意思时就是犯罪实行行为的着手。在判断犯罪实行行为着手的问题上,我国刑法理论通说和司法实践都是采用的形式的客观说,即行为人开始实施具体犯罪构成要件中的犯罪行为时是犯罪实行行为的着手。[①] 但在认为故意犯罪的预备行为不成立犯罪的国家,现在大都不采用这种观点。在上述各种观点中,除客观的折中说与我国采用的形式的客观说在认定犯罪实行行为着手时几乎一致外,其他各种学说认定的犯罪实行行为的着手,大多比形式的客观说认定的犯罪实行行为的着手靠前。换句话说,采用其他观点时,大多比我国认定的犯罪实行行为的着手靠前。如果采用主观的折中说,则能够把我国司法实践中判决的大多数犯罪预备案件认定为已经着手实施犯罪,从而认定为犯罪未遂;如果采用主观说,则几乎能够把我国司法实践中判决的所有犯罪预备案件认定为已经着手犯罪实行行为,从而判定为犯罪未遂。在不能从行为人的行为中发现明确的犯罪意思时,行为人的犯罪故意将难以被证明,行为将被自然湮灭而不会被认定为犯罪;如果已经从行为人的行为中发现明确的犯罪意思,按照主观说的观点,则犯罪实行行为已经着手,从而被认定为犯罪未遂,而不可能被认定为故意犯罪的预备行为。

德国刑法理论通说认为,“未遂是一种以行为人的想象为基础加以判断的、借助真实手段引起的接近构成行为的危害,或者,是在行为人事前可以认识的无危险性中的确肯定会发生的一种接近行为构成并

---

① 参见高铭暄、马克昌主编:《刑法学》(第 7 版),北京大学出版社、高等教育出版社 2016 年版,第 153 页。

且根据立法者的判断或多或少地动摇了法律的违反规范”。[①] 因为德国刑法在未完成罪方面只处罚犯罪未遂[②],而不处罚故意犯罪的预备行为,所以,对犯罪实行行为着手的探讨演变为对犯罪未遂的刑罚基础的探讨,借以确定自己在未完成罪方面的刑事处罚圈。换句话说,只要满足犯罪未遂的刑罚处罚基础的行为,都能被认定为犯罪未遂。德国刑法理论通说认为,犯罪未遂的刑罚基础存在于一般预防或者特殊预防的刑罚需要上,行为人在犯罪故意的支配下实施了具有实现犯罪既遂的直接危险的行为,或者在犯罪故意的支配下实施不具有实现犯罪既遂的危险但表明明确的犯罪故意并用实际行动加以追求的行为,都是已经着手犯罪实行的行为。[③] 因此,在犯罪实行行为的着手问题上,德国刑法理论通说持有的是一种比上述主观的折中说更倾向于主观的折中说。德国审判实践的主流则是主观说。[④] 因此,在我国司法实践中被认为是犯罪预备的行为,在德国审判实践中大多会被认定为犯罪未遂。例如,“被告人进入一家农庄,想要进行盗窃。因为锁在院子里的狗会吠,所以他就把锁住狗的链子解开,把狗牵出农庄。他本想马上返回,但是,这个想法落空了,因为他在外面拴狗的时候就被逮住了”。[⑤] 这样的行为在我国会被认为是典型的预备行为,但德国法院认为已经构成了犯罪未遂。《德国刑法典》还把一些特别严重犯罪的预备行为,直接规定为刑法分则中的犯罪类型,如第 80 条规定的预备发动侵略战争罪、第 83 条规定的叛乱行为的预备罪,以确保这些特别严

---

① [德]克劳斯·罗克辛:《德国刑法学总论》(第 2 卷),王世洲等译,法律出版社 2013 年版,第 254 页。

② 德国的犯罪未遂是广义的犯罪未遂,包括犯罪中止,但德国刑法对犯罪中止行为不予刑事处罚。

③ 参见[德]克劳斯·罗克辛:《德国刑法学总论》(第 2 卷),王世洲等译,法律出版社 2013 年版,第 256 ~259 页。

④ 参见[德]克劳斯·罗克辛:《德国刑法学总论》(第 2 卷),王世洲等译,法律出版社 2013 年版,第 261 页。

⑤ [德]克劳斯·罗克辛:《德国刑法学总论》(第 2 卷),王世洲等译,法律出版社 2013 年版,第 292 页。

重犯罪的预备行为受到刑罚处罚。除从行为人的行为中发现明确的犯罪意思外,行为人与他人密谋实施犯罪行为也是发现行为人犯罪意思的一种方式。《德国刑法典》第30条规定,"示意他人犯罪,或接受他人的犯罪请求,或与他人约定实施重罪,或教唆他人实施重罪的""以该重罪的未遂论处。但依第49条第1款减轻处罚"。[①] 这意味着,在德国如果与他人联络,准备实施严重犯罪行为,行为人和接受其意思联络的人都会被按照犯罪未遂处罚。从德国刑法学和德国司法实践对犯罪实行行为的着手所持观点以及《德国刑法典》相关规定来看,《德国刑法典》在总则部分虽然没有规定犯罪预备,但并没有因此比我国刑事处罚的范围有所缩小。

《美国模范刑法典》[②]第5.01条中明确规定,如果能够有力地证实犯罪目的的存在,行为人等待、寻找或者跟踪预期的被害人,或者引诱、计划引诱预期的被害人前往预期的实施实质犯罪的场所,或者勘查预期实施实质犯罪的场所,这些行为都将可能被认定为犯罪未遂。[③] 而这些行为在我国都被认为是典型的犯罪预备行为。《美国模范刑法典》第250.6条还规定了徘徊和潜行罪,"行为人在对于一般守法个人而言属于异常的场所、时间或者以异常的方式进行徘徊或者潜行,对附近的他人或者财产的安全造成恐慌的,构成违警罪。在判断是否恐慌时,可考虑以下事实:行为人在治安官出现时逃跑、拒绝表明其身份或者明显企图隐藏自身或者物品。除行为人逃跑或者存在其他不能实行的情形外,治安官在对依照本条规定的犯罪逮捕行为人以前,应当以要求行为人确认身份、解释在场和行为的原因等方式,向行为人提供消除

① 《德国刑法典》,徐久生、庄敬华译,中国方正出版社2004年版,第12页。

② 《模范刑法典》于1962年由美国法学会组织制订完成,本身不具有法律效力,旨在为美国各个州制定刑法典提供蓝本。美国50个州和联邦政府均有各自的刑法典,截至目前,2/3以上的州制定的刑法典都以《模范刑法典》为蓝本,当然也存在一些规定上的差别。因此,研究美国《模范刑法典》,对于研究美国刑法具有典型意义。

③ 参见《美国模范刑法典及其评注》,刘仁文、王祎等译,法律出版社2005年版,第77~78页。

任何恐慌的机会"①。另外,基于英美法系刑法的特点,《美国模范刑法典》在不完整罪中除了规定犯罪未遂以外,还规定了犯罪教唆和犯罪共谋。根据《美国模范刑法典》第5.03条的规定,行为人与他人共谋实施一级和二级重罪②的,即便他们没有实施具体的犯罪行为,也将被按这些犯罪的犯罪共谋定罪处罚。在行为人准备实施犯罪行为时,发现行为人犯罪故意的方式主要有两种途径,一是从行为人自身的行为发现犯罪故意,二是通过行为人与他人密谋实施犯罪行为而发现犯罪故意。根据《美国模范刑法典》的规定,当能够从行为人自身的行为发现明确的犯罪故意时,行为人一般会被认定为犯罪未遂;当只能从行为人的行为中发现模糊的犯罪意图时,行为人也会因为触犯徘徊和潜行罪受到刑事处罚;当行为人和他人密谋实施严重的犯罪行为时,行为人将会因为犯罪共谋而受到刑罚处罚。从上述《美国模范刑法典》规定来看,《美国模范刑法典》也没有因为缺少规定犯罪预备而比我国缩小刑事处罚的范围。

以"星河湾豪车绑架案"为例。2015年10月30日,辽宁省铁岭市的姜某和张某利用偷安装在北京星河湾小区李女士宾利车上的GPS跟踪器,长时间跟踪李女士,李女士的丈夫木先生带人将犯罪嫌疑人的车辆撞停并报警,警方在犯罪嫌疑人的车上搜出了藏尸袋、手铐、脚镣、望远镜、绳子、砍刀、逃跑路线图、铁锹、钢锯、斧子、锤子、塑料胶带、记录跟踪内容的笔记本等物品,2016年6月2日朝阳区检察院以姜某和张某构成绑架罪犯罪预备提起公诉。③ 假如此案发生在德国,法院在审理期间如果查明姜某和张某跟踪李女士过程中随时准备绑架李女士,姜某和张某的行为很可能被判定为掳人勒索罪的犯罪未遂;如果姜某和张某跟踪李女士只是为了进一步查明李女士的活动规律,根据

---

① 《美国模范刑法典及其评注》,刘仁文、王祎等译,法律出版社2005年版,第210页。

② 根据《模范刑法典》的规定,一级重罪是最严重的犯罪,二级重罪是次严重的犯罪。

③ 参见刘洋:《星河湾豪车绑架案绑匪被公诉:想当世纪贼王》,载 http://news.sina.com.cn/c/2016-06-02/doc-ifxsvexw8302891.shtml。

《德国刑法典》第30条的规定,姜某和张某也会因为约定实施重罪而被判掳人勒索罪的犯罪未遂,只是会依照《德国刑法典》第49条第1款的规定减轻处罚。可以看出,如果此案发生在德国,依照《德国刑法典》的规定,姜某和张某无论如何都会被判定为掳人勒索罪的犯罪未遂,只是根据不同情形,量刑会有所差别。假如此案发生在美国,依照《美国模范刑法典》的规定进行审理,姜某和张某长时间跟踪李女士的行为很可能被判定为绑架罪的犯罪未遂,即便有证据证明完全排除了姜某和张某立即对李女士实施绑架的可能性,姜某和张某约定绑架的行为也会被认定为绑架罪的犯罪共谋,并因此会受到与犯罪未遂同样严厉的刑罚处罚①。因为根据《美国模范刑法典》的规定,绑架罪属于一级重罪,仅仅共谋的行为就构成犯罪共谋,并要受到刑罚处罚。可见,无论此案发生在德国或者美国,依照《德国刑法典》或者《美国模范刑法典》的规定,此案的行为人都会受到刑罚处罚,而并不会因为《德国刑法典》或者《美国模范刑法典》在总则中没有规定犯罪预备,行为人就不负刑事责任。

法国大多数法院在犯罪行为的着手问题上,也是持主观说的观点。② 现行《法国刑法典》第212-3条也将为实施种族灭绝罪及其他反人类罪的准备行为、参加相关团体的行为或者达成默契的行为,规定为犯罪,从而确保这些特别严重犯罪的预备行为受到刑事处罚。③ 现行《意大利刑法典》也没有规定犯罪预备,即不处罚故意犯罪的预备行为。但《意大利刑法典》第56条规定,“实施毫不含糊地表明旨在犯罪的、适当的行为的,如果行为尚未完成或者结果尚未发生,对犯罪未遂负责”④。立法者当初之所以这样规定,就是认为实施符合构成要件行

---

① 根据《模范刑法典》第5.05条的规定,对犯罪未遂、犯罪共谋的处罚原则相同。参见《美国模范刑法典及其评注》,刘仁文、王祎等译,法律出版社2005年版,第85页。

② 参见[法]卡斯东·斯特法尼等:《法国刑法总论精义》,罗结珍译,中国政法大学出版社1998年版,第235页。

③ 参见《法国新刑法典》,罗结珍译,中国法制出版社2003年版,第50页。

④ 《最新意大利刑法典》,黄风译,法律出版社2007年版,第25页。

为之前的一部分行为也能够成立犯罪未遂。[①] 从上述立法规定看,说明在犯罪实行行为的着手问题上,意大利所持的是主观的折中说。《意大利刑法典》第270条规定了颠覆性结社罪、第270-2条规定了以恐怖主义包括国际恐怖主义为目的或者以颠覆民主秩序为目的的结社罪,以处罚个别严重犯罪的某些预备行为。[②]《意大利刑法典》第115条第2款规定,"在为实施某一重罪而达成协议的情况下,法官可以适用保安处分"。[③] 因此,虽然法国和意大利的刑法典没有规定处罚犯罪预备行为,但也不会因此而比我国刑事处罚的范围有明显缩小。

(二)罪量要求对我国的犯罪预备成立范围形成明显限制

因为我国对成立犯罪普遍有罪量要求,成立犯罪的门槛较高,一些故意犯罪的预备行为因为在我国达不到罪量要求而不构成犯罪;相反,这些达不到罪量要求的行为在多数国家的刑法中都有可能被认定为故意犯罪的犯罪未遂或者其他犯罪未完成形态,因为大部分国家对犯罪的成立都没有罪量要求。

例如,上文提到的发生在德国的案例。被告人进入一家农庄,想要进行盗窃,因为担心院子里的狗会叫,就解开拴狗的链子,把狗牵出农庄;被告人打算马上返回农庄盗窃,却在外面拴狗的时候被逮住了。这个案件如果发生在我国,会被认为被告人实施的是盗窃的预备行为。如果被告人企图进入盗窃的农庄被认定为"供他人家庭生活"的户,那么被告人从理论上讲就构成入户盗窃,但我国刑法理论主流观点可能认为其属于"情节显著轻微危害不大"的行为而不构成犯罪。因为虽然根据我国《刑法修正案(八)》的修正,入户盗窃、携带凶器盗窃、扒窃

---

① 参见[意]杜里奥·帕多瓦尼:《意大利刑法学原理》(评注版),陈忠林译评,中国人民大学出版社2004年版,第265~266页。

② 参见《最新意大利刑法典》,黄风译,法律出版社2007年版,第100页。

③ 《最新意大利刑法典》,黄风译,法律出版社2007年版,第44页。

和多次盗窃成立盗窃罪没有了“数额较大的”明文罪量要求，但我国刑法界的主流观点认为，这些行为构成盗窃罪仍受《刑法》第13条但书的限制，对于入户盗窃、携带凶器盗窃、扒窃、多次盗窃未遂的，不能一概以犯罪论处，只能将情节严重的案件以盗窃罪犯罪未遂论处。[①] 对于入户盗窃未遂不属于情节严重的情形还不以犯罪论处；对于入户盗窃的预备形态，在不存在情节特别严重的情况时，当然更应该认为属于“情节显著轻微危害不大”，不能认定为犯罪行为。如果被告人企图进入盗窃的农庄不能被认定为“供他人家庭生活”的户，行为人成立盗窃罪需要盗窃数额较大，被告人处于盗窃的预备阶段，不存在已盗窃财物数额较大问题，被告人一般不会构成盗窃罪（犯罪预备）。但这样的行为在德国已经被作为盗窃罪的犯罪未遂处罚。

由于德国、法国等国的刑法对盗窃罪、诈骗罪、敲诈勒索罪这些常见多发犯罪的未遂行为进行刑事处罚，《美国模范刑法典》、意大利刑法则对所有故意犯罪的未遂行为都进行刑事处罚，类似上述在我国被认为是预备行为、因达不到罪量要求而不构成犯罪的行为，在德国、美国的一些州、法国、意大利等国家和地区却被作为犯罪未遂处罚，这样的案例应该存在一些。因此，虽然我国在刑法总则中规定了犯罪预备，但由于罪量限制，我国认定的犯罪预备成立范围较为狭窄，我国对相关行为的实际刑事处罚范围比许多国家和地区的刑事处罚范围还要窄一些。

三、犯罪未遂在我国的实际成立范围

各国普遍处罚犯罪未遂行为。我国的犯罪未遂行为在罪量要求下成立范围相对狭小。这是我国未完成罪的成立范围实际上窄于其他国家的主要表现。下面分析一下我国犯罪未遂的实际成立范围。

---

① 参见张明楷：《刑法学》（下），法律出版社2016年版，第964页。

(一)数量犯、情节犯和结果犯的犯罪未遂成立范围

我国刑法分则许多罪状中规定有明文罪量要素,大致可以分为三类:构成犯罪要求行为所涉及的数额、数量要达到一定标准的数量犯①;要求情节严重才能构成犯罪的情节犯;要求有严重后果才能构成犯罪的后果犯。

1. 数量犯

数量犯要求的数额、数量,是既遂行为涉及的数额、数量。这些数额、数量的具体标准,个别犯罪在刑法条文中作出规定,但绝大部分有司法解释规定。如果既遂行为涉及的数额、数量达不到刑法条文或者司法解释规定的具体标准,行为就不成立犯罪,一般只给予行政处罚或者行政处分。

(1)一些行为着手之后既遂之前,行为涉及的数额常常难以确定,或者说这些行为涉及的数额具有随机性,如盗窃、抢夺行为。对这些既遂前涉及的数额难以确定的行为,除司法解释作出特别规定外,我国司法实践中一般不按照犯罪未遂处理。这一类行为还涉及诈骗罪、高利转贷罪和欺诈发行股票、债券罪等。

2013年最高人民法院、最高人民检察院《关于办理盗窃刑事案件适用法律若干问题的解释》第12条,将"以数额巨大的财物为盗窃目标的"、"以珍贵文物为盗窃目标的"或者"其他情节严重的情形"作为盗窃罪犯罪未遂处理。司法实践中,能够证明行为人以数额巨大的财物作为盗窃目标的案件很少,能够证明行为人以珍贵文物作为盗窃目标的案件也不多,"其他情节严重的情形"则因为其规定的模糊性而难

① 很多学者将这一分类称为数额犯。但称为数额犯似乎不容易包括以行为对象达到一定数量标准才认为构成犯罪的情况,如我国《刑法》第348条非法持有毒品罪要求持有鸦片200克以上或者海洛因、甲基苯丙胺10克以上时才构成此罪,也难以包括要求多次(一般指3次以上)实施同种行为才构成犯罪的情况。而称为数量犯,不但能包括数额犯,而且也能够包括上述达到一定数量才构成犯罪的情况,所以,本文将这一类犯罪称为数量犯。

以司法实践操作。因此,司法实践中,我国盗窃罪犯罪未遂的案件很少。即便2011年5月1日《刑法修正案(八)》实施后,入户盗窃、携带凶器盗窃和扒窃行为取消了明文的罪量要求,盗窃罪犯罪未遂案件不多的状况依然如故。2011年《关于办理诈骗刑事案件具体应用法律若干问题的解释》第5条,将"以数额巨大的财物为诈骗目标的"、"发送诈骗信息5000条以上的"、"拨打诈骗电话500人次以上的"或者"诈骗手段恶劣、危害严重的"作为诈骗罪犯罪未遂定罪处罚。司法实践中,能够证明行为人以数额巨大的财物作为诈骗目标的案件也很少;"发送诈骗信息5000条以上"或者"拨打诈骗电话500人次以上"的案件现实中虽然不少,但证明这样的事实需要电信部门查证配合,行为人也会采用多部手机拨打、发送短信等方式回避,查证存在一定的困难,公安机关也极少采用查证发送诈骗短信次数或者拨打诈骗电话次数的方式办案,因此,实践中很少单纯因为发送诈骗短信次数或者拨打诈骗电话次数而被判诈骗罪犯罪未遂的案件;"诈骗手段恶劣、危害严重",因为其规定的模糊性也难以进行司法实践操作。因此,我国司法实践中,诈骗罪犯罪未遂的案件也很少。除上述两处在司法解释中明文规定按犯罪未遂处理的规定外,抢夺罪、高利转贷罪和欺诈发行股票、债券罪等这一类在既遂前涉及数额难以具体确定的犯罪,在司法解释中没有再规定其他按照犯罪未遂处理的情形。对这一类犯罪行为来说,在我国司法实践中,除上述司法解释明文规定按照犯罪未遂处理的情况外,对其他情况不再按照犯罪未遂定罪处罚。

需要注意的是,盗窃罪在世界各国都是犯罪数量很多的犯罪,诈骗罪和抢夺罪也是常见多发犯罪。在罪量要求的限制下,我国的盗窃罪和诈骗罪很少成立犯罪未遂,抢夺罪不成立犯罪未遂,这在很大程度上造成我国司法实践中犯罪未遂的案件数量较少。

(2)有一部分数量犯,它们的实施有一个过程,在这个过程中涉及的数额、数量会逐步增加。当涉及的数额、数量达不到罪量要求的标准时,不能按犯罪处理;当涉及的数额、数量达到罪量要求的标准时,就构成犯罪既遂。除司法解释规定的特别情形按照犯罪未遂处理外,这一部分数量犯一般也难以成立犯罪未遂。例如,生产、销售伪劣产品罪,集资诈骗罪,吸收客户资金不入账罪,变造货币罪,伪造、变造国家有价证券罪,销售假冒注册商标的商品罪,销售侵权复制品罪等。

根据2001年颁布的《关于办理生产、销售伪劣商品刑事案件具体应用法律若干问题的解释》第2条第2款的规定,伪劣产品尚未销售,货值金额达到15万元以上的,按照生产、销售伪劣产品罪的犯罪未遂定罪处罚。根据2011年颁布的《关于办理侵犯知识产权刑事案件适用法律若干问题的意见》第8条的规定,假冒注册商标的商品尚未销售或者部分销售,销售金额不满5万元,但货值总金额在15万元以上的,按照销售假冒注册商标的商品罪犯罪未遂定罪处罚。除上述两种司法解释规定的情形外,集资诈骗罪、吸收客户资金不入账罪和销售侵权复制品罪等这一类数量犯,在我国的司法实践中一般不再认定为犯罪未遂的情况。

逃税罪、有价证券诈骗罪、逃汇罪和骗购外汇罪等这一类数量犯,虽然行为人实施一次行为就能达到犯罪的罪量要求,但行为人往往采用多次行为的方式实施,由于罪量要求规定的数额标准较高,单独一次行为往往达不到罪量要求的标准。当行为人采用多次行为的方式实施时,涉及的数额达不到罪量要求标准时,不能按照犯罪处罚;涉及数额达到罪量标准时,就构成犯罪既遂。这一类数量犯成立犯罪未遂的案件也很少。

(3)贷款诈骗罪、票据诈骗罪和保险诈骗罪,这类数量犯在行为实施过程中需要经受专业部门的审查,违法成本相对较高,行为人一次实施的行为往往就能达到罪量要求的标准,罪量要求对这类数量犯成立犯罪未遂的影响相对较小。但这类数量犯的未遂行为仍受我国《刑法》第13条但书的限制,存在可能被认定为属于"情节显著轻微危害不大的,不认为是犯罪"的情况。

(4)当罪量要素要求多次实施某一种行为才能构成犯罪时,如"多次抢夺的"构成抢夺罪。当行为人实施的次数没有达到罪量要求时,不能构成犯罪。当行为人实施的次数达到罪量要求时,则应按照犯罪既遂的规定处罚。具有这种罪量要求的犯罪,没有认定为犯罪未遂的必要和余地。

(5)贪污罪、受贿罪、行贿罪、职务侵占罪、非国家人员受贿罪和对非国家人员行贿罪等,这一类犯罪的成立条件中都有“数额较大”的罪量要求。① 这类数量犯的行为秘密性较强,在行为人取得财物之前或者在行贿一方送出财物之前,一般较难有证据证明行为人实施了犯罪行为。并且,受贿一方在获得财物后的一段时间内,还能够通过将受贿财物交给有关部门以证明自己没有犯罪故意的方式证明自己不构成犯罪;受贿一方在交出财物后,出于对自己工作环境的考虑,也往往不提供足够完整的证据而要求追究行贿一方的刑事责任。因此,这一类犯罪较难有证据证明行为人成立了犯罪未遂。但也有行为人实施了平账等贪污行为后,公共财物尚未实际转移而被发现,从而被认定为贪污罪犯罪未遂的情况。

数量要求对贪污罪、受贿罪和行贿罪等这一类犯罪成立犯罪未遂的限制,主要表现在当行为人采用小额、多次方式实施行为时,因为每一次涉及的数额都达不到数量标准,只能累计数额依照犯罪处罚。当累计的数额达不到数量标准时,不能按照犯罪处理;当累计的数额达到数量标准时,只能认定为犯罪既遂,从而不存在成立犯罪未遂的余地。并且,贪污罪、受贿罪、行贿罪、职务侵占罪、非国家工作人员受贿罪和对非国家人员行贿罪等这一类犯罪,成立犯罪的起点数额较高②,使大量的贪污、受贿和行贿行为不能被认定为犯罪,从而在我国司法实践中也减少了这类犯罪许多犯罪未遂的成立。

在我国司法实践中,贪污罪、职务侵占罪和行贿罪有很少的犯罪未遂案件,受贿罪和非国家工作人员受贿罪这一类受贿型犯罪几乎不存

---

① 《刑法修正案(九)》将贪污罪、受贿罪的成立标准修订为“数额较大或者有其他严重情节”,即数量犯+情节犯,这里只论述它们按照数量标准成立犯罪时对犯罪未遂成立范围的影响;按照情节成立犯罪时对犯罪未遂成立范围的影响,参见下文关于情节犯对犯罪未遂成立范围的影响分析。

② 根据2016年4月18日最高人民法院、最高人民检察院《关于办理贪污受贿刑事案件适用法律若干问题的解释》第1条和第11条的规定,贪污罪、受贿罪和行贿罪成立犯罪的一般数额标准已经达到3万元,职务侵占罪、非国家工作人员受贿罪和对非国家工作人员行贿罪成立犯罪的一般数额标准已经达到6万元。

在实际的犯罪未遂案件。

据以上分析,可以发现,在罪量要求制约下,我国刑法中数量犯成立犯罪未遂的范围实际上比较狭窄。

2. 情节犯

张明楷教授认为,情节犯一般不能成立犯罪未遂。[①] 本文同意这一观点。

我国刑法分则许多犯罪的成立条件中都有明文的"情节严重"或者"情节恶劣"的罪量要求。这里的"情节严重"或者"情节恶劣"并没有为犯罪的成立提供定型性描述,只是为犯罪是否成立提供了一个判断方向,即行为人具有更严重的不法或者更重的责任时才成立犯罪。犯罪成立条件中"情节严重"或者"情节恶劣"这样的要素,使人们不能对一个行为是否符合犯罪的成立条件作出清楚判断。这时,需要立法机关或者司法机关进一步作出具体解释性规定,犯罪的构成要件才算规定完成,犯罪类型才能具体定型。[②] 可以说,我国犯罪的构成要件在很多时候是由刑法规定和司法解释共同完成的,最高司法机关在很多时候参与了犯罪构成要件的制定。因此,"情节严重"或者"情节恶劣"只是一个指示方向性构成要件要素,情节犯能否成立犯罪未遂,要看"情节严重"或者"情节恶劣"被解释成的具体内容。

司法解释(极少数情况是立法解释)一般是对行为涉及的数额、行为结果、行为方式、行为对象、行为主体、行为目的、行为时间和行为地点的一个方面或者数个方面作出进一步的具体规定,作为对"情节严重"或者"情节恶劣"的解释。情节犯能不能成立犯罪未遂,需要看对"情节严重"或者"情节恶劣"作出解释的具体内容与其他犯罪构成要件要素组成的犯罪定型能否成立犯罪未遂。

(1)当将"情节严重"或者"情节恶劣"解释为行为涉及的数额、数量时,这时能否成立犯罪未遂,就如上文对数量犯能否成立犯罪未遂的分析。例如,根据我国《刑法》第205条之一的规定,"虚开本法第二百

① 参见张明楷:《刑法的基本立场》,中国法制出版社2002年版,第204页。

② 我国基本上是由最高司法机关进一步作出具体解释性规定。

零五条规定以外的其他发票,情节严重的”,构成虚开发票罪。2011 年《关于公安机关管辖的刑事案件立案追诉标准的规定(二)的补充规定》第 2 条规定,对于虚开发票罪,涉嫌下列情形之一的,应予立案追诉:“(一)虚开发票 100 份以上或者虚开金额累计在 40 万元以上的;(二)虽未达到上述数额标准,但 5 年内因虚开发票行为受过行政处罚 2 次以上,又虚开发票的;……”该条司法解释的第(一)项和第(二)项规定,就将虚开发票罪的“情节严重”要求,转化成为数额犯。根据上述司法解释,当行为人一次虚开 40 万元以上发票时,有可能成立犯罪未遂;否则,则难以成立犯罪未遂。司法解释中,将情节犯转化为数额犯的情况很多。

(2)当将“情节严重”或者“情节恶劣”解释成为需要造成一定的危害后果时,这时犯罪未遂问题就转化成为下文将要阐述的后果犯的犯罪未遂问题。根据我国现行刑法理论的通说,后果犯不能成立犯罪未遂。[①] 例如,我国《刑法》第 222 条规定的虚假广告罪,成立本罪要求“情节严重”。2010 年《关于公安机关管辖的刑事案件立案追诉标准的规定(二)》第 75 条规定,利用广告对商品或者服务作虚假宣传,具有下列情形之一的,应予立案追诉:“……(五)造成人身残疾的;……”该项司法解释,就将“情节严重”的要求,转化成了后果犯的要求。当虚假广告宣传造成人身残疾的后果时,就构成虚假广告罪的犯罪既遂;当没有造成人身残疾的后果时,就这一项司法解释规定的情形而言,就不构成犯罪,也不成立犯罪未遂。司法解释中,将情节犯转化为后果犯的情况也比较多。

(3)当将“情节严重”或者“情节恶劣”解释为违法性更严重的行为方式时,这些行为方式就是基本的构成要件要素,和其他构成要件要素一起组成构成要件。这时定型的犯罪类型往往能够成立犯罪未遂,但不会因为被解释出的行为方式的缺失而成立犯罪未遂;被解释出的行为方式的缺失会导致不符合构成要件,不成立犯罪。例如,我国《刑法》第 322 条规定的偷越国(边)境罪,构成本罪需要“情节严重”。

① 参见张明楷:《刑法的基本立场》,中国法制出版社 2002 年版,第 204~205 页。

2012年《关于办理妨害国(边)境管理刑事案件应用法律若干问题的解释》第5条规定:"具有下列情形之一的,应当认定为刑法第三百二十二条规定的'情节严重':……(三)拉拢、引诱他人一起偷越国(边)境的;(四)勾结境外组织、人员偷越国(边)境的;……"本条司法解释的第(三)项和第(四)项就是将"情节严重"解释为了违法性更强的行为方式。当行为人以第(三)项或者第(四)项的行为方式偷越国(边)境时,如果已经开始偷越国(边)境,没有成功时,构成偷越国(边)境罪的犯罪未遂;已经成功偷越国(边)境时,构成犯罪既遂。但如果行为人没有以第(三)项、第(四)项规定的行为方式偷越国(边)境,行为人就不构成这种行为方式的偷越国(边)境罪,也谈不上犯罪未遂问题。

(4)当将"情节严重"或者"情节恶劣"解释成为对特定行为对象的要求时,特定行为对象往往体现了更强的违法性,这时的行为对象也是普通的构成要件要素,它与其他构成要件要素一起组成构成要件。这时的构成要件也往往能够成立犯罪未遂,但如果被解释出的行为对象不存在,就不成立犯罪,也不会因此成立犯罪未遂。例如,我国《刑法》第326条规定的倒卖文物罪,要求"情节严重"。根据2015年《关于办理妨害文物管理等刑事案件适用法律若干问题的解释》第6条第1款的规定,"倒卖三级文物的",属于"情节严重"。当行为人倒卖三级或三级以上文物时,就构成倒卖文物罪,且有可能成立犯罪未遂,如正在倒卖二级文物的过程中被抓获。但如果行为人不是倒卖的三级或者三级以上的文物,行为人就不构成上述解释中规定的倒卖文物罪,也不成立这种情况下的倒卖文物罪的犯罪未遂。

(5)当将"情节严重"或者"情节恶劣"解释为体现更严重违法性的特定行为主体、特定行为目的时,这时的行为主体和行为目的也是普通的构成要件要素,它们也和其他构成要件要素组成特定的构成要件。这时的构成要件也往往能够成立犯罪未遂,但如果缺少解释所要求的行为主体或者行为目的时,就不成立犯罪,也不会因此成立犯罪未遂。例如,我国《刑法》第432条规定的故意泄露军事机密罪,要求"情节严重"。2013年《军人违反职责罪案件立案标准的规定》第14条第6项将规定,将"负有特殊保密义务的人员泄密"认定为"情节严重";该条第 7 项规定将“以牟取私利为目的泄露军事秘密”认定为“情节严重”。据此,如果是负有特殊保密义务的人员泄密,就有可能成立犯罪未遂;如果不是负有特殊保密义务的人员泄密,就不构成此种情形的故意泄露军事机密罪,也不可能因此成立犯罪未遂。同样,如果一般军人以谋取私利为目的泄露军事秘密,也可能成立犯罪未遂;但如果一般军人不是以牟取私利为目的泄露军事秘密,也不成立此种情形的泄露军事机密罪,也不可能因此成立这种情形的犯罪未遂。

(6)当将“情节严重”或者“情节恶劣”解释为对特定时间或者特定地点的要求时,特定的时间或者特定的地点就体现了更严重的违法性。特定时间或者特定地点也是普通的构成要件要素,与其他构成要件要素一起组成构成要件。这时符合构成要件的行为,也有成立犯罪未遂的可能性;但如果发生的行为不符合特定时间或者特定地点的要求,就不成立犯罪,也不会因此而成立犯罪未遂。例如,我国《刑法》第 340 条规定的非法捕捞水产品罪,成立此罪要求“情节严重”。2016 年《关于审理发生在我国管辖海域相关案件若干问题的规定(二)》第 4 条规定,“具有下列情形之一的,应当认定为刑法第三百四十条规定的‘情节严重’:……(四)在禁渔区内使用禁用的工具或者方法捕捞的;(五)在禁渔期内使用禁用的工具或者方法捕捞的;……”这两项司法解释,虽然都要求了特定的行为方式,即“使用禁用的工具或者方法捕捞”,但一个要求行为发生在特定地点,即“禁渔区”,另一个要求行为发生在特定时间,即“禁渔期”。假如行为人在禁渔区使用禁用的工具或者方法捕捞水产品,刚开始捕捞即被抓获,并不能排除成立非法捕捞水产品罪犯罪未遂的可能性;如果行为人不是在禁渔区,而是在其他海域使用禁用的工具或者方法捕捞水产品,至少仅仅根据上述第(四)项司法解释,行为人就不能构成非法捕捞水产品罪,而且也不能因此成立犯罪未遂。上述第(五)项司法解释“在禁渔期内使用禁用的工具或者方法捕捞的”,也是如此。

据此,情节犯中规定的“情节严重”或者“情节恶劣”等,只是指示方向性的犯罪构成要素,情节犯是否能够成立犯罪未遂,要视将“情节严重”或者“情节恶劣”具体解释后形成的犯罪构成要件而定。当将

"情节严重"或者"情节恶劣"解释为行为涉及的数量或者造成的危害后果时,这时能否成立犯罪未遂的问题,就相应地转化为数量犯或后果犯的犯罪未遂问题;当将"情节严重"或者"情节恶劣"解释为体现违法性更为严重的行为方式、行为对象、行为主体、行为目的、行为时间和行为地点时,这些被解释出的内容就是构成要件要素,它们和其他构成要件要素一起组成构成要件,这时的犯罪定型一般都可能成立犯罪未遂,但仍可能因为其他原因不成立犯罪未遂。受罪量要求限制,情节犯成立犯罪未遂的范围也比较小。

3. 后果犯

我国刑法分则规定的一些故意犯罪,成立犯罪,要求造成严重后果。对于这些犯罪,我国刑法学界现行通说认为,行为没有造成罪状中规定的严重后果的,就不构成犯罪,也不成立犯罪未遂;如果行为已经造成了罪状中规定的严重结果,则构成犯罪既遂。这样,后果犯就没有成立犯罪未遂的余地。例如,我国《刑法》第142条规定:"生产、销售劣药,对人体健康造成严重损害的,处……"根据这一刑法规定,行为人生产、销售劣药,如果对人体健康造成了严重损害,就构成生产、销售劣药罪的既遂;如果对人体健康没有造成严重损害,就不构成犯罪,而不能成立生产、销售劣药罪的犯罪未遂。

根据我国刑法分则的规定,有不少故意犯罪属于后果犯,如滥用职权罪、侵犯商业秘密罪、妨害清算罪、为亲友非法牟利罪、违法提供出口退税凭证罪和生产、销售不符合卫生标准的化妆品罪等。根据现在我国刑法学界的通说,这些犯罪都不能成立犯罪未遂,我国在司法实践中也不承认这些犯罪存在犯罪未遂。

(二)罪状中没有明文规定罪量要素之犯罪的犯罪未遂成立范围

我国刑法中还有一部分犯罪,刑法分则的罪状中没有规定文明的罪量要素,但也不能认为这样的故意犯罪一般都能够成立犯罪未遂。因为我国《刑法》第13条在犯罪概念中规定了但书,提出了罪量要求。

可以认为,刑法分则规定的各种犯罪都受这一总则规定的限制。最高司法机关在进行司法解释时,经常根据犯罪概念中的但书规定,对刑法分则中没有规定明文罪量要素的犯罪,在司法解释中提出明文的罪量要求。例如,我国《刑法》第234条第1款规定:“故意伤害他人身体的,处三年以下有期徒刑、拘役或者管制。”这一款规定的故意伤害罪并不包含罪量要素,但了解我国刑法规定的人都知道,根据司法解释只有故意伤害他人达到轻伤以上结果时才构成故意伤害罪;致他人轻微伤时,不构成故意伤害罪。司法解释将故意伤害罪变成了后果犯,不再有成立故意伤害罪犯罪未遂的可能。再如,我国《刑法》第126条对成立违规制造、销售枪支罪没有规定罪量要素,但2009年《关于审理非法制造、买卖、运输枪支、弹药、爆炸物等刑事案件具体应用法律若干问题的解释》第3条规定,构成违规制造、销售枪支罪需要满足下列条件之一:“(一)违规制造枪支五支以上的;(二)违规销售枪支二支以上的;(三)虽未达到上述最低数量标准,但具有造成严重后果等其他恶劣情节的。”这一条司法解释的第(一)项和第(二)项将违规制造、销售枪支罪变成了数量犯;第(三)项规定在整体上将违规制造、销售枪支罪变成了情节犯,但因为内容的模糊性而存在实践操作上的困难,只有其中“造成严重后果”的规定,将违规制造、销售枪支罪解释成后果犯的部分,具有较强可操作性。刑法分则规定的犯罪成立条件中没有规定罪量要素,但司法解释中提出了明文的罪量要求的犯罪还有伪造货币罪、走私文物罪和非法持有、私藏枪支、弹药罪等。

刑法分则对于犯罪的成立虽然没有规定明文的罪量要求,但如果在司法解释中规定了明文的罪量要求,则这些犯罪就与在罪状中明文规定罪量要求的犯罪相似,变成了数量犯、情节犯、后果犯等有罪量要求的犯罪。它们的犯罪未遂的成立,就像在罪状中规定了明文罪量要求的犯罪一样,受到罪量的限制,从而使犯罪未遂的成立范围大大缩小。

即便我国刑法分则规定的少数故意犯罪,在罪状中和司法解释中都不包含明文罪量要素;但在司法解释中或者在司法实践中,都可能将这些犯罪的未遂行为直接认定为犯罪概念中的“但是情节显著轻微危害不大的,不认为是犯罪”的情况,这些犯罪的未遂行为仍有可能被排除出犯罪圈。

(三)教唆未遂成立犯罪的范围

我国《刑法》第 29 条第 2 款规定:“如果被教唆的人没有犯被教唆的罪,对于教唆犯,可以从轻或者减轻处罚。”我国的刑法理论通说认为,“被教唆人没有犯被教唆的罪”是指被教唆人拒绝了教唆,或者被教唆人当时接受了教唆但随后又打消了犯意而没有实施犯罪行为,或者被教唆人当时接受了教唆但实际上所犯的罪并不是被教唆的罪,或者教唆犯教唆时被教唆人已经有了犯该罪的犯意。① 一般认为,这说明我国对教唆犯的教唆未遂行为进行刑事处罚。

对教唆犯的教唆未遂行为进行刑事处罚,就像对其他犯罪未遂行为进行刑事处罚一样,主要针对的是教唆人的主观恶性。这是我国刑法倾向于主观主义刑法的表现之一。但根据我国的刑法规定和司法解释,我国绝大部分犯罪的成立都有罪量要求,当教唆人只是教唆他人实行有关行为而没有提出罪量上的要求时,往往无法认定教唆人教唆的是犯罪行为,对行为人教唆未遂的行为也就无法认定为教唆犯未遂。例如,教唆他人实施诈骗行为,但没有告诉被教唆人要诈骗多少财产,在被教唆人没有实施诈骗行为的情况下,就无法对教唆人按照诈骗罪的教唆犯未遂处罚,因为教唆人可能教唆的只是实施一般违法性质的诈骗行为。在被教唆人完全按照教唆人的教唆实施行为时,实施的行为有可能不被认定为犯罪,在被教唆者没有因为教唆而实施行为时,对教唆者的教唆未遂行为认定为犯罪就显得太重了。而且在实行犯的实行行为不认为构成犯罪的情况下,处罚这种行为的教唆行为,也与刑法理论相违背。在这种情况下,教唆者的教唆未遂行为,只能不被认定为犯罪。因为我国大多数犯罪的成立都有罪量要求,因此,实际上大多数

① 参见高铭暄、马克昌主编:《刑法学》(第 7 版),北京大学出版社、高等教育出版社 2016 年版,第 179 页。

教唆者的教唆未遂行为都不能被认定为犯罪,不能成立犯罪未遂。由于罪量的限制,再加上案件被自然湮灭等原因,在我国的司法实践中,按照教唆犯未遂进行刑事处罚的案件十分罕见。

如上所述,世界各国普遍处罚故意犯罪的未遂行为。根据《美国模范刑法典》和其他国家现行刑法典的规定,美国(多数州)、俄罗斯、巴西、意大利、西班牙、奥地利对所有故意犯罪的未遂行为予以刑事处罚;德国、法国对故意犯罪所有重罪和刑法明文规定予以未遂处罚的轻罪的未遂行为,进行刑事处罚;日本、韩国则以刑法分则明文规定处罚犯罪未遂的条文为限,处罚故意犯罪的未遂行为。单从规定犯罪未遂的刑法条文来看,我国犯罪未遂的成立范围,似乎并不比上述任何一个国家犯罪未遂的成立范围狭窄。但在罪量要求的限制条件下,我国许多故意犯罪并不能成立犯罪未遂,盗窃罪、诈骗罪这些常见多发犯罪也只能在狭小的范围内成立犯罪未遂;只有绑架罪、抢劫罪等这些极其严重的犯罪,在犯罪未遂的成立方面,不受罪量要求的影响。上述各国,除俄罗斯外,其他国家的犯罪成立条件中几乎都不包含罪量规定,即便只对部分故意犯罪的未遂行为进行刑事处罚的国家,其犯罪未遂的实际成立范围也远比我国广泛。俄罗斯的犯罪成立条件中,虽然包含罪量要求,但盗窃罪、诈骗罪、抢夺罪这些常见多发犯罪的成立条件中并不包含明文的罪量规定,因此,司法实践中,俄罗斯的犯罪未遂成立范围也应该比我国广泛。总之,就犯罪未遂来说,由于罪量要求的限制,我国犯罪未遂的实际成立范围,明显窄于其他国家。

四、故意犯罪的中止行为在我国受刑事处罚的实际范围

我国《刑法》第24条规定:"在犯罪过程中,自动放弃犯罪或者自动有效地防止犯罪结果发生的,是犯罪中止。对于中止犯,没有造成损害的,应当免除处罚;造成损害的,应当减轻处罚。"

对于中止犯,上述条文中所说的"没有造成损害的",当然是指没有造成实际损害的情况。按照我国刑法规定,没有造成实际损害的中

止犯,到底是按照上述条文的规定免除了处罚,还是没有达到我国刑法的罪量要求而属于"情节显著轻微危害不大"的情况而不被认为成立犯罪,很多时候难以说清。在外国的刑法规定中,对于中止犯的处理,有的表述为不予处罚,例如,《德国刑法典》第 24 条对于中止犯的处理表述为"不因犯罪未遂而处罚"①;有的表述为免除刑事责任,例如,《西班牙刑法典》第 16 条"免除其刑事责任"②;有的认为不构成犯罪,例如,《美国模范刑法典》第 5.01 条第 4 款认为犯罪的中止行为"成立积极抗辩"③,成立积极抗辩当然能够认为不构成犯罪。现行《法国刑法典》对犯罪中止没有规定,根据罪刑法定原则,当然意味着其认为故意犯罪的中止行为不构成犯罪。对于中止犯,不予处罚,或者免除刑事责任,或者认为不构成犯罪,恐怕只是立法者表述方式的不同,实际差别的意义不大,结果都主要意味着不予刑事处罚。为了避免因为表述的差异而作过多的纠缠,为了进行实际的比较,笔者对这一部分不表述为探讨我国犯罪中止成立的实际范围,而表述为探讨我国故意犯罪的中止行为受刑事处罚的实际范围。

1950 年以后各国颁布的刑法典,对于故意犯罪的中止行为,采取的主要处理方式为:不予刑事处罚;但中止行为本身已经构成其他犯罪的,按照其他犯罪追究刑事责任。例如,按照《俄罗斯联邦刑法典》第 31 条第 2、3 款的规定,行为人自动终止犯罪行为的,行为人不负刑事责任;但如果中止行为已经构成其他犯罪的,则按照其他犯罪追究刑事责任。④ 采用这种立法方式的国家还有西班牙、丹麦、芬兰、越南、老挝、蒙古、泰国、波兰、捷克、匈牙利、阿尔巴尼亚、塞尔维亚和古巴等国家和地区。《德国刑法典》只是规定对于中止行为不予处罚,对于中止

① 《德国刑法典》,徐久生、庄敬华译,中国方正出版社 2004 年版,第 11 页。

② 《西班牙刑法典》,潘灯译,中国政法大学出版社 2004 年版,第 6 页。

③ 《美国模范刑法典及其评注》,刘仁文、王祎等译,法律出版社 2005 年版,第 78 页。

④ 《俄罗斯联邦刑法典》第 31 条第 2、3 款规定:"如果行为人自愿并彻底中止将犯罪进行到底,则不应对犯罪承担刑事责任。自动中止将犯罪进行到底的人,如果其事实上已经实施的行为含有其他犯罪构成,则应该承担刑事责任。"参见《俄罗斯联邦刑法典》,黄道秀译,北京大学出版社 2008 年版,第 11 页。

行为已经构成其他犯罪的情况没有作出规定;但如果中止行为已经构成其他犯罪,当然应该按照其他犯罪的构成要件追究刑事责任。在这个问题上,《奥地利刑法典》的规定与《德国刑法典》的规定几乎相同。现行《法国刑法典》没有规定犯罪中止,意味着对中止行为不认为是犯罪,但如果中止行为本身已经满足了其他犯罪的构成要件要求,当然能够按照其他犯罪定罪处罚。《美国模范刑法典》规定,中止行为是积极抗辩理由,但如果中止行为本身已经构成其他犯罪的既遂,当然会被认定成立其他犯罪。

在我国,当故意犯罪的中止行为没有造成任何实际损害结果时,将会被免除处罚;按照其他国家的刑法规定,一般也不会构成其他犯罪。当故意犯罪的中止行为造成一定损害结果时,如故意杀人过程中中止但已经造成受害人重伤害,在我国会减轻给予刑罚处罚;按照其他国家的刑法规定,一般也已经构成其他犯罪。关键问题是,当故意犯罪的中止行为,已经造成较轻的实际损害结果时,由于在我国成立犯罪普遍有罪量要求,成立犯罪的门槛较高,这种较轻的实际损害结果在我国由于达不到罪量要求而可能不成立犯罪;而大多数国家的刑法对成立犯罪没有罪量要求,成立犯罪的门槛较低,这种造成较轻实际损害结果的行为,在其他国家可能已经满足其他犯罪的构成要件,成立了其他犯罪,从而受到刑事处罚。例如,甲与乙在商议事情的过程中发生严重争执,甲顺手抓起身旁的一把水果刀向乙刺去,乙躲闪后被刺中胳膊,后甲在他人的呵斥声中放下了水果刀;经鉴定,乙胳膊上的受伤程度为轻微伤。对于甲这种伤害的中止行为,受害人只受到轻微伤时,在我国的司法实践中是只对甲实施治安处罚。但假如这一案件发生在德国,则甲已经触犯《德国刑法典》第224条,构成危险伤害罪,可能会受到相应的刑罚处罚。甲这种行为在许多国家,也都会被认为成立伤害罪。所以,由于罪量要求的限制,在我国一些被认定为中止并造成轻微实际损害结果而不予刑事处罚的行为,在其他国家则可能会受到刑事处罚。

因此,虽然我国刑法总则中规定了犯罪中止,规定"对于中止犯,没有造成损害的,应当免除处罚;造成损害的,应当减轻处罚";而其他各国一般规定对于犯罪的中止行为不予刑事处罚,中止行为已经构成其他犯罪时按照其他犯罪处罚。如此,在我国刑法罪量规定的限制下,我国对犯罪的中止行为给予刑事处罚的范围,反而小于其他国家对犯罪的中止行为给予刑事处罚的范围。

五、结　论

从以上分析可以看出,我国只对犯罪故意能够被证明的危害特别严重的犯罪预备行为进行刑事处罚,这样的行为在不处罚犯罪预备的国家往往被作为犯罪未遂进行处理,或者按照刑法的其他特别规定进行刑事处罚,几乎不会不作为犯罪对待;并且,一些在我国被认为是预备行为、因达不到罪量要求而不构成犯罪的行为,在其他国家也会按照犯罪未遂或者其他刑法规定进行刑事处罚。由于我国大部分犯罪的成立条件中都有罪量要求,我国犯罪未遂的成立范围明显小于世界上绝大多数国家,教唆犯未遂的刑事处罚也受到罪量要求的显著限制。在罪量要素的限制下,我国只对造成严重危害结果的犯罪中止行为进行刑事处罚,而其他国家对犯罪的中止行为的刑事处罚范围,反而比我国刑事处罚的范围大,虽然它们是以中止行为已经构成其他犯罪的名义进行刑事处罚。因此,即便我国刑法总则中规定的故意犯罪未完成罪的成立范围明显大于其他国家,但这种主观主义刑法的倾向在成立犯罪要求罪量的限制下,完全被压制了。在犯罪的成立条件中规定罪量,特别是对罪量要素尽量作客观主义解读的情况下,我国刑法一直呈现严重的客观主义倾向,从1979年刑法颁布至今都是如此,中间并没有发生大的变化。而过分倾向于客观主义的刑法规定,不利于预防实害行为的发生。

On the Scope of Inchoate Crimes in China under the Limitation of the Quantity of Crime

Hu Tongchun

[内容摘要]与世界上大多数国家的刑法相比,我国刑法有两个明

显特点:一是在刑法总则部分规定所有故意犯罪的预备行为、未遂行为和中止行为都能构成犯罪;二是大多数犯罪的成立都有罪量要求。这两个特点在扩大和缩小犯罪圈的方向上正好相反。我国刑法总则规定的未完成罪的成立范围虽然明显大于其他国家,但在各犯罪的成立条件普遍包含罪量规定的限制下,我国未完成罪的成立范围实际上却明显小于大多数国家。

[关键词]未完成罪;罪量;客观主义

Abstract: Compared with the criminal laws of most countries in the world, our criminal law has two obvious characteristics: Firstly, the general provisions of the Criminal Code stipulates that preparatory acts, attempted acts and suspended acts of all intentional crimescan constitute a crime; secondly, acts need to meet the quantity of a crime when they constitute the crime. These two characteristics conflict in the directions of expanding the criminal circle and reducing the circle of crime. Although the scope of inchoate crimes stipulated in the general provisions of our Criminal Code is obviously larger than that of other countries, we find that, by the limits of the quantity of crime, the scope of inchoate crimes in our country is actually smaller than that of the most countries.

Keywords: Inchoate Crime; the Quantity of Crime; Objectivism

论赔偿在命案量刑中的作用*

尹振国**

目　次

一、问题的提出

公元前206年,刘邦率领大军攻入关中,占领秦都咸阳。为争取民心,刘邦倡议废除秦王朝的严刑峻法,并与关中父老“约法三章”,即议定3条法令——杀人者死,伤人及盗抵罪①。由于坚决地执行了约法三章②,刘邦赢得了民心,很快打败项羽,建立了西汉王朝。“约法三

* 本文系国家社科基金重大项目“十八届四中全会以来我国刑事诉讼制度重大改革实施效果的实证研究”(批准号:17ZDA127)的阶段性成果。

** 最高人民法院中国应用法学研究所博士后、助理研究员。

① 《史记·高祖本纪》。

② 《汉书·刑法志》中对约法三章有负面评价:“汉兴之初,虽有约法三章,网漏吞舟之鱼。”认为法网过宽,使得一些实施重大犯罪的犯罪分子逃避了法律的制裁。耶律楚材在《怀古一百韵寄张敏之》中则给予了正面评价:“约法三章日,恩垂四百基。”

章"的重要意义在于,其强调了个人责任,即犯罪者需要对自己的行为承担刑事责任,而无须为他人的犯罪行为承担刑事责任,这就废除了连坐制度。"杀人者死"并不是刘邦的独创,更不是西汉初年才有的现象,刘邦只是将当时民众具有的"杀人者死"的思想观念上升为法令或重新强调而已。

通过对西方古代社会的"赎罪金""和平金"和我国藏区曾经的"赔命价"这一习惯法的考察,笔者发现,财产(金钱)已经渗透到了命案量刑甚至是刑事纠纷解决的过程中,并对加害方所实际承受的刑罚的质和量产生了重大影响。如果将"杀人偿命"视为刑法公正的象征,那么,"花钱买命""花钱买刑"显然就是刑法功利的表现,"杀人偿命"和"花钱买命"之辩,实际上就是命案裁量中的义利之争。公正论者认为,被害人死亡的案件中不存在和解的可能,控制死刑不需要用和解制度来作注解,死刑案件的和解实际为刑事被害人救助制度没有建立起来之前一种迫不得已的做法①。功利论者主张在死刑案件中引入刑事和解,因为死刑案刑事和解符合宽严相济刑事政策的本质要求,有利于贯彻"保留死刑,严格控制死刑"的政策②。在命案处理过程中,无论金钱赔偿影响量刑是否被冠以"刑事和解"之名,都不可否认金钱在量刑中发挥的实际作用。社会公众如何看待命案中的金钱与量刑的关联?司法如何处理好金钱与量刑的关系?

在展开论述之前,我们首先看看几个司法案例:

案例1(陕西应急救援队队长性侵姐妹花案):2016年1月,陕西原救援支队队长聂某某在某小区门外等人时,遇到一对未成年姐妹回家,遂起性侵的歹念,并用榔头猛击两女孩头部,且对一名还在挣扎的女孩实施猥亵后逃离现场。事后,姐姐经抢救无效死亡,妹妹经鉴定属重伤。同年12月5日,陕西省西安市中级人民法院以故意杀人罪判处被告人聂某某死刑。聂某某不服,提起上诉。在二审过程中,法官对该案的民事赔偿部分进行了调解,聂某某家属赔偿被害者家属90万元。

① 参见孙万怀:《死刑案件可以并需要和解吗?》,载《中国法学》2010年第1期。
② 参见游伟:《死刑案刑事和解之感性与理性》,载《东方法学》2009年第3期。

2018年1月,陕西省高级人民法院作出了终审判决,撤销原判,以故意杀人罪判处被告人聂某某死刑,缓期两年执行,剥夺政治权利终身,由于聂某某属于累犯,对其限制减刑。被害人代理律师称,被害人家属迫于生活的需要,接受了最后90万元的赔偿。但是,他们难以写出谅解书。

案例2(云南李某某强奸、故意杀人案):2009年5月14日,云南巧家县男子李某某将同村的19岁女子王某某掐昏后强奸,又用锄头将该女子敲打致死,后李某某又将年仅3岁的王某某的弟弟倒提摔死在铁门门口,李某某在制造血案之后逃离现场,后投案自首。2010年7月,云南省昭通市中级人民法院经审理认为,李某某犯罪手段特别凶残、情节特别恶劣、后果特别严重,其罪行极其严重,社会危害极大,应依法严惩。虽李某某有自首情节,但不足以对其从轻处罚,遂以李某某犯故意杀人罪判处其死刑,剥夺政治权利终身,以其犯强奸罪,判处其有期徒刑5年,决定执行死刑,剥夺政治权利终身。法院判决李某某赔偿被害人家属经济损失人民币3万元。在一审过程中,法官就给李某某的家属做工作,希望其拿出二三十万元来赔偿被害人家属,并判处李某某死缓,但李某某的家属拿不出钱来。2011年3月,云南省高级人民法院经审理认为,原判认定事实清楚,定罪准确,审判程序合法,但量刑失重。李某某在犯案后到公安机关投案自首,并如实供述犯罪事实,其具有自首情节,认罪、悔罪态度好、积极赔偿受害人家属经济损失。以故意杀人罪、强奸罪判处李某某判处死刑,缓期二年执行。云南省高级人民法院对李某某的改判,在社会上引起了轩然大波。被害人的父亲坚决要求"一命还两命",并提出申诉,要求省高院启动再审程序,改判李某某死刑立即执行。在舆论的压力下,2011年8月,云南省高级人民法院再审判处李某某死刑。

案例3(林某某强奸案)2002年10月25日,被告人林某某尾随被害人刘某(女,殁年16岁)至温州市某小区楼梯转弯的平台时,欲与刘某发生性关系,遭拒绝,即采用手臂勒颈等手段,致刘某昏迷。在刘某昏迷期间,林某某对刘某实施了奸淫,且窃取刘某手机1部(价值765元)和现金300元后逃离现场。案发后,经鉴定,刘某因钝性外力作用致机械性窒息死亡。一审法院经审理认为,林某某的犯罪情节特别恶劣,罪行极其严重,社会危害极大,且系累犯,遂以林某某犯强奸罪,判处其死刑,剥夺政治权利终身。在二审过程中,被告人和被害人家属私下达成了赔偿谅解协议,由被告人亲属赔偿被害人亲属 45 万元(已支付 10 万元,余下 35 万元待改判后支付),被害人家属对被告人的行为表示予以谅解,并书面申请二审法院对被告人从轻处罚。二审法院认为,林某某的犯罪情节恶劣,后果严重,社会危害极大,且系多次犯罪的累犯,依法应予严惩。林某某上诉及其二审辩护人要求从轻改判的理由不足,不予采纳。裁定驳回上诉,维持原判,并依法报请最高人民法院复核。最高人民法院核准被告人林某某死刑,没有因被告人家属积极赔偿、被害方谅解而对被告人从轻处罚。

案例 4(吴某、潘某绑架案①)吴某、潘某长期预谋实施绑架,勒索他人财物。一天,二人劫持了少年孙某,逼迫其说出其父的电话号码,又合伙用绳子将孙某勒死。后二人给孙父打电话索要赎金 6 万元,因孙父坚持要在听到孙的声音后再付赎金而勒索未遂。一审法院认为,二人在共同犯罪中作用相当,鉴于二人罪行极其严重,遂判处二人死刑。在二审过程中,吴某的家属筹集了 14 万元对被害人家属进行赔偿,二审法院改判吴某死缓,而对潘某维持原判。

在案例 1、2、4 中,我们可以看到,金钱在命案裁量中发挥了巨大作用,有时甚至决定了被告人的生死;而在案例 3 中,虽然被告人家属对被害人家属进行了赔偿并取得谅解,但是鉴于被告人屡教不改,人身危险性极大,法院还是对其判处了死刑。

二、杀人偿命的传统观念分析

"杀人偿命"里的"杀人"通常指的是故意非法剥夺他人生命的行为,是侵犯公民人身权利罪中最为严重的一种犯罪。而我们所称的命案是指犯罪行为、结果中含有故意剥夺他人生命因素的案件。清朝官

① 参见梁根林:《死刑案件被刑事和解的十大证伪》,载《法学》2010 年第 4 期。

员黄六鸿在《福惠全书 · 莅任 · 看须知》中写道:“如某命案为某事,某人打死某人,原告某人。”按照我国现行刑法,命案一般指故意杀人、故意伤害致死、爆炸、投放危险物质、放火、抢劫、强奸、绑架致人死亡等八类案件,这八类案件是侵害公民生命的犯罪,是最严重的刑事犯罪,也是刑法打击的重点。我国古代刑法将不道、不睦、不义①——含有故意杀人的内容——列入“十恶”中。其中,不道“谓杀一家非死罪三人,支解人,造、畜蛊毒、魇魅”。明清增加了采生折割人(采取活人的耳、目、脏、腑而为妖术的行为)。“不道”行为“安忍残贼,背违正道”。“十恶”行为罪行严重,处刑特重,犯者还会连累家属,对犯“十恶”之罪者,不适用议、请、减等减免刑罚的规定,为“常赦所不原”。

(一)传统生命观与杀人偿命

生命对于每一个人来说,只有一次。生命逝去,不可能再来,人死不能复生。虽然死亡对每个人来说是不可避免的,但是绝大多数人仍然希望自己的生命尽量长一些、生命的质量尽量高一些。长寿是人生三大幸福之一,而“少年丧父母,中年丧配偶,老年丧独子”是人生三大不幸。中华民族素有敬畏生命、珍惜生命的传统,儒释道三家都将人的生命提到十分高的地位予以尊重。尧问于舜曰:“天下孰最贵?”舜曰:“生最贵。”②生命是最宝贵的,禁止非法剥夺他人的生命,每一个人都要敬畏生命、珍惜生命、保护生命。在古代先贤看来,世界万物都是有生命的,但是在众多的生命中,人类的生命是最宝贵的,孔子曰:“天地之性,人为贵。”③“厩焚,子退朝,曰:‘伤人乎?’,不问马。”④无论是人还是动物,都是趋利避害的本能,能做到舍生忘死的毕竟只是少数人,

---

① 谋杀缌麻以上亲属于“不睦”,杀本属府主、刺史、县令、见受业师、吏、卒杀本部五品以上官长属于“不义”。

② 湖南长沙马王堆汉墓出土医书《十问》。

③ 《孝经 · 圣治章》。

④ 《论语 · 乡党》。

“人之情,莫不恶死而乐生”①“天覆地载,万物悉备,莫贵于人”②“人命至重,有贵千金”③在生死的问题上,孔子采取了现实主义的态度,即“未知生,焉知死?”俗语有:“蝼蚁尚且偷生,何况人乎?”“好死不如赖活着”。佛教将现实世界视为苦海,主张终生通过修炼,达到超脱生死的境界。尽管佛教主张超脱生死,但是反对杀生和自杀,“佛子不得自杀、教人杀、方便杀、赞叹杀、随喜杀、咒杀、杀因、杀缘、杀法、杀业,乃至一切有生命者,不得故杀”④,杀人是造杀业,会遭因果报应。佛教劝人行善,作恶之人只要弃恶从善,便可成佛,所谓“放下屠刀,立地成佛”。道教认为“道”是世界万物之始基,人的生命自然也来源于“道”。《道德经》中有“道大,天大,地大,人亦大”之说,可见,道教把人放在与天、地同样的地位。道教经典之一《太平经》倡导“重生”“贵生”,认为天地之间“人命最重”“寿为最善”,恶死乐生、贪生怕死是人的本性。道教对“生”的极端追求就是“长生不老”,即通过修炼成为得道神仙,获得永生。可见,“人命关天”就是中国人的生命地位观,“人命”被放到了“天大的事”的位置。在中国古代,“天”从先秦开始就有了多重含义:首先,“天”是指“老天爷”,是地位最崇高的神,是人间祸福的主宰,是王权神授的基础,传国玉玺的正面就刻有“受命于天既寿永昌”八个字;其次,“天”衍伸出了对君王德性的要求,“皇天无亲,惟德是辅”⑤,君王是上天派来的代表,是“天”的具象化;最后,“天”吸收了人类理性知识,成为“天道”“天理”,即社会或自然的规律,“天行有常,不为尧存,不为桀亡。应之以治,则吉;应之以乱,则凶”⑥。“人命关天”包含两层含义,一是“人命”和“老天爷”等量齐观,人的生命被剥夺等同于“天塌下来了”;二是“人命”之事是“上天”都关心的事,不能被漠视、忽视,更不能拿人命当儿戏,否则,“天理”难容。《太平经》有言:“凡天

① 《黄帝内经·灵枢》第二十九篇《师传》。
② 《黄帝内经·素问·宝命全形论》。
③ 孙思邈:《千金方·自序》。
④ 《十诵比丘波罗提木叉戒本》。
⑤ 《尚书·蔡仲之命》。
⑥ 《荀子·天论》。

下死亡,非小事也。一死,终古不得复见天地日月也,脉骨成涂土。死命,重事也。"

(二)"报"的观念与杀人偿命

古人将上天奉为神明,在古人看来:上天是圣明的,也是公道的。非法剥夺他人生命的杀人行为是"伤天害理"的行为,必遭"天谴",受"天罚"。如果"善有善报,恶有恶报",便是"苍天有眼"。《汉书·刑法志》云:"圣人因天秩而制五礼,因天讨而作五刑。"制定法律,对有罪者施加刑罚,不过是代替上天惩罚罪犯而已。而代替上天"讨有罪",要讲求"天道",即罪和刑要相称。对待非法剥夺他人生命者——杀人者,最相称的刑罚就是死刑。在古人看来,"杀人偿命"是最符合天意的。墨子说:"杀一人,谓之不义,必有一死罪矣。""报"在中国传统文化中既是一种价值观念,也是一种人生哲学,所谓"报"是等值相报的意思,"善有善报,恶有恶报"才是公正的,罪有应得才是正义的。"仁者,天下之表也,义者,天下之制也,报者,天下之制也"。[①] 在孔子看来,"报"的原则是规范社会秩序,调节人际关系的准则,"正当等值地反应相报,以德报德、以怨报怨的行事,可以使人们有所劝诫,知道正确的社会道德行为何在"[②]。因果报应思想是佛教的理论之一,也是轮回解脱理论的基础,"因"就是"因缘","果"就是"果报","报"就是"报应",种什么因,得什么果,即"种瓜得瓜,种豆得豆",人的任何思想和行为都会导致相应的后果,生死福祸,富贵贫贱,都是报应[③],"天理循环,报应不爽"。佛教认为,世界上最大的业孽就是杀人,且"不通忏悔",也就是杀人的罪业极其严重,没有办法忏悔。

既然"人命至重",从"报"的原则来看,那么对非法剥夺他人生命

---

① 《礼记·表记》。

② 郭锋:《浅论中国传统施与报观念的文化意义及社会影响》,载《国家高级教育行政学院学报》2002年第4期。

③ 参见吴兴洲:《论佛教因果报应思想》,载《渭南师范学院学报》2011年第11期。

的人的惩罚也应当至重,而至重的惩罚是死刑,因为只有生命与生命之间才是等值的,"杀人偿命"是最典型的报应。佛教倡导"众生平等",但这里的"平等"不是指身份、地位、财产等方面的平等,而是指在因果报应上的平等,任何人都没有例外。在刑法上,"杀人偿命"是典型的报应刑论。报应刑论是以报应思想为基础的刑罚理论,该理论认为刑罚是对犯罪人的惩罚,以此报应犯罪行为的恶害,从而实现社会正义,除此之外,刑罚不追求别的目的。报应刑论强调罪与刑的均衡。虽然报应刑脱胎于原始社会的复仇习俗,但是"报应论反对复仇,野蛮的是复仇,而非报应"①。报应不等于报复,报应强调"善有善报,恶有恶报",而且善与善报、恶与恶报之间必须是等值关系,而报复是仇恨心理的发泄,往往是非节制的,容易扩大恶害范围、对象。在报应刑论者看来,对待故意杀人者,最适合的刑罚就是死刑。在中国人的心目中,"杀人者死,伤人者刑"是最基本的法律信条。② 德国哲学家康德从因果决定论出发,认为犯罪是因,刑罚是果,那么,罪刑关系就是因果报应关系。他强调罪与刑在形态上的等同——等害报应,即"如果你偷了别人的东西,你就是偷你自己的东西;如果你打了别人,你就是打了你自己;如果你杀了别人,你就杀了你自己"③,可见,康德也赞成"杀人偿命"。在我国古代,"杀人者死"是几千年来不变的立法原则,也是始终贯彻于司法实践中的司法原则,长此以往,"杀人偿命"成为中国人根深蒂固的观念。④

对死去的人来说,"死去元知万事空",人死了就什么都没有了,其与人世间的社会关系被切断,世间的荣华富贵都与其无关;对死者的亲人来说,"人死不能复生",其永久地失去了自己至亲、至爱的人,从此阴阳两隔,失去了死者的抚养、关怀、温暖等,失去亲人的伤

① 邱兴隆:《从复仇到该当——报应刑的生命路程》,载《法律科学》2000 年第 2 期。

② 参见郭建:《獬豸的投影:中国的法文化》,上海三联书店 2006 年版,第 97 页。

③ [德]康德:《法的形而上学原理》,商务印书馆 1997 年版,第 165 页。

④ 蒋冬梅:《"杀人者死"的中国法律传统研究》,上海人民出版社 2011 年版,第 64 ~78 页。

痛是短时间无法治愈的;对于国家、社会来说,国家、社会损失了劳动力,特别是优秀人才的死去对国家、社会的损失是无可估量的。既然故意杀人的后果是如此的严重,那么,故意杀人者必须付出同等的代价——杀人者死。"生物报复生活中的伤痛是出自本能,既是防御和反击迫在眉睫的伤害,也是用来威慑将来有可能发生的危害"①,被害者家属为发泄报复情感和排遣悲伤的情绪,要求"杀人者死"是十分自然的。

(三)传统祖先、鬼魂观念与杀人偿命

中国自古以来就有祭祀祖先,延续香火的习俗,以示孝敬、不忘本。每到清明节、中元节(鬼节之一),中国人都要到祖坟前烧纸,给逝去的亲人送钱,这是中国人的传统习俗,一是以此来纪念、哀悼亲人;二是让死去的亲人在阴间不至于缺衣少食,沦为恶鬼;三是希望死去的亲人能庇佑自己,改变坏运气。《自私的基因》一书认为,从生物的角度来看,人只不过是基因创造的载体,一切为了基因的延续。如果承载基因的后代早夭,那么,基因就无法遗传。

虽然生老病死是自然的现象,而且中国人有"生死有命,富贵在天"的宿命论,但是中国人对不同的死亡方式赋予了不同的文化含义。佛经《瑜伽师地论》将人的死总结为三种情况:一是寿尽死,是指活到天年的自然死亡;二是福尽死,是福报已经享尽而死;三是非时死、横死或凶死,指寿数未到,福亦未尽,却因意外的天灾人祸而死,被人非法故意杀死就是属于这种情况。儒家和道教的死亡观都是顺其自然主义,认为生死都是自然现象②,但是都反对"横死""凶死",因为正常死亡是"善终",而非正常死亡是"不得善终"。中国人对人的自然死亡一般

① ［日］穗积陈重:《复仇与法律》,曾玉婷、魏磊杰译,中国法制出版社2013年版,第13页。

② 参见张树卿:《略论儒、释、道的生死观》,载《东北师大学报(哲学社会科学版)》1998年第3期。

不畏惧，认为因衰老的自然死亡是一件喜事，现在，很多地方的民众将70岁以上老人自然死亡的丧事称为“白喜事”。中国人认为“横死”“凶死”是不吉利的现象。在民间还存在这样的风俗：“横死”的人不能被埋葬在祖坟地上，因为“横死”的人没有福气，没能“善终”，被埋葬在祖坟地上会给后代带来霉运。传统中国人所持有的“杀人偿命”的正义观念和鬼魂冤抑密切相关，在命案处理过程中，如何安抚死者冤抑的灵魂成为重要的考量事项。① 鬼魂冤抑的观念在很大程度上影响了中国人的死刑观念。

如果我们能够理解中国人的生命观、祖先崇拜观等，就能够理解传统中国人对于“杀人偿命”的坚持和古代中国法律对于“杀人者死”的规定。“在中国人的心目中，以金钱赔偿代替刑罚不仅是不道德的，而且是野蛮的、落后的”。② 有些传统是符合人性的，也是深入人心的，即使到了今天，“杀人偿命”的观念经常影响到命案的量刑。

从等害报应的角度，无论是死刑的支持论者，还是死刑的废止论者，都不否认死刑具有的公正性。报复是人的自我保护的本能，也是一切生物生存的基础，如果生物对外来侵害不作出相应的反应，至少不足以防止后续的侵害（预防论），生物就不可能生存下去，符合人的本能的报应刑论由此获得了正当性；追求公正不仅是人的本性，也是某些动物的本性。据美国的一项对猴子的研究发现，人和猴子一样，都有公平感，都不喜欢受到不公正的对待。在实验中，猴子们被训练用石块和人类交换物品，如果某只猴子换得的物品仅仅是一根黄瓜，而另外的猴子却得到了更好的交换物，那这只猴子就会拒绝进行交换，而且它还会把石块扔掉，同时拒绝食用黄瓜。这一实验表明，动物界可能遵循公平法则，平等观念不是文化熏陶的结果，而是进化的产物，具有生物学基础。③

---

① 参见尚海明：《善终、凶死与杀人偿命——中国人死刑观念的文化阐释》，载《法学研究》2016年第4期。

② 蒋冬梅：《“杀人者死”的中国法律传统研究》，上海人民出版社2011年版，第107页。

③ 参见韦倩：《纳入公平偏好的经济学研究：理论与实证经济研究》，载《经济研究》2010年第9期。

在中国古代,杀人者除了要偿命之外,还需要赔付被害人家属一大笔金钱,该赔偿具有附加刑罚的性质,这就是元朝始创的“烧埋银”制度,可以将其视为现代刑事附带民事赔偿制度的滥觞。《元典章》卷四十三记载:至元二年(公元 1265 年)二月,忽必烈下令:“凡杀人者虽偿命讫,仍征烧埋银五十两。若经赦原罪者,倍之。”这里的“杀人”也包括过失杀人。法律还规定,要根据犯罪的具体情况决定是否征收烧埋银,不同的身份的人杀人,征收烧埋银的数额不同。如果犯罪人无法支付烧埋银,或者以劳役折算,或者以女儿代替,或者官府代偿。[①] 烧埋银制度一直延续到清末。

三、救死不如救生观念的影响

(一)赎罪金、赔命价、私了

在原始社会,没有国家法律、司法,将杀人者杀死的复仇是习惯和传统。被害人死亡了,不仅被害人的亲属有义务复仇,而且被害人所在的部落其他成员也有义务复仇,这被称为血亲复仇。如果本部落的人杀害了其他部落的人,本部落的成员都有承受被复仇后果的义务。也就是说,部落成员之间形成了一个共同体,共同承担义务和责任,这是一种集体责任制。随着氏族社会的瓦解,血亲复仇就演变为以个人或家族为单位的同态复仇。[②] 德国人类学家瓦尔德教授认为复仇的原则是“行为的对称性”,该原则是公正观念的反映。[③] 明朝的丘浚认为:“复仇之义,乃生民秉彝之道,天地自然之理。”[④]《圣经》的《申命记》中有:“你眼不可顾惜,要以命偿命,以眼还眼,以牙还牙,以手还手,以脚

① 参见张群:《烧埋银与中国古代生命权侵害赔偿制度》,载陈景良、郑祝君主编:《中西法律传统》(第 13 卷),中国政法大学出版社 2017 年版,第 296 ~ 303 页。

② 参见王龙飞、刘志:《试析同态复仇》,载《政治与法律》2011 年第 10 期。

③ [英]马林诺夫斯基:《原始社会的犯罪与习俗》,原江译,云南出版社 2002 年版,第 14 页。

④ (明)丘浚:《大学衍义补》。

还脚。”《古兰经》第5章第45节允许私人之间“以命抵命,以眼还眼,以鼻抵鼻,以耳抵耳,以牙偿牙”的同态复仇。可见,允许私人复仇是人类社会早期的普遍现象。在刑事法律制度建立之后,国家逐渐禁止私人复仇,由国家代替被害人或被害人亲属进行“复仇”。日本法学家穗积陈重在《复仇与法律》一书中将中国古代的复仇划分为3个时期:公开时代,从夏、商、西周到春秋战国;限制时代,从秦汉到魏晋;禁止时代,从隋唐到近代。[①] 随着社会的发展,“杀人者死”从私人的复仇演变为国家对杀人者施加的刑罚——死刑。“杀人者死”是中国人“杀人偿命,欠债还钱”[②]报应观念和原始正义观念的集中。自古以来,中国人认为“人命关天”,甚至“人命大于天”,对于故意剥夺他人生命的人施加死刑,让其“以命抵命”,是很公平的,因为“杀人偿命,天经地义”。

“杀人”的原因是千差万别的,如因抢劫而杀人,因正当防卫而杀人等,而且杀人者实施杀人行为时的主观心态也有不同,如故意杀人、过失杀人,故意杀人中也有蓄谋杀人和激情杀人之分,如果对杀人的原因、杀人者的身份(如精神病人、未达到最低刑事责任年龄的人、怀孕的妇女等)、主观心态、杀人的后果等不作具体的分析,而一律判处杀人者死刑——偿命,则必然导致罪刑失衡。因此,“杀人偿命”是一个比较模糊的价值观念。“杀人者死”应当是指故意剥夺他人生命的被告人在没有任何从轻、减轻处罚的量刑情节的情况下,论罪应当判处死刑。但是,即使故意杀人者罪当判处死刑,如果故意杀人者或者故意杀人者的亲属对被害人进行了赔偿,故意杀人者还需要偿命吗?

同态复仇在现实中会遇到很多问题,如果一个盲人故意将一个双眼视力正常的人的双眼刺瞎,如何“以眼还眼”?如果一个没有家人的人杀了一个人家里的所有人,如何偿命?显而易见,“以牙还牙,以眼还眼”只能被变通地执行了。“在公元元年前后,犹太拉比们就明白,

---

① 参见[日]穗积陈重:《复仇与法律》,曾玉婷、魏磊杰译,中国法制出版社2013年版,第8页。

② “杀人偿命,欠债还钱”这句话出自南宋李之彦的著作《东谷所见》一书“杀人欠债”一章,原文为:“谚有之:‘杀人偿命,欠债还钱’,理也。”

像人身伤害这样的事情,最符合实际的解决方案并不是让受害人报复施害人,而是由施害人赔偿金钱。我伤了别人一只手,要别人也伤我一只手,不如命令伤人者支付赔偿金更为合理。"①在中世纪西欧日耳曼民族中存在"赎罪金"或"和平金"制度。杀人者赔偿被害人一笔金钱——赎罪金,同时,其还要向国王或领主缴纳部分罚金,金额按照被害人的出身和社会等级来确定,被害人的出身和社会等级越高,赎罪金的数额就越高。杀人者向被害人方支付赎罪金的目的是避免同态复仇、血亲复仇,使杀人方和被害方都恢复到和平状态,所以,"赎罪金"又被称为"和平金"。② 古罗马历史学家塔西佗在其著作《阿古利可拉传日耳曼尼亚志》中记载:"宿仇并非不能和解;甚至仇杀也可以用若干头牛羊来救赎,这样不但可以使仇家全族感到满足,而且对于整个部落更为有利,因为在自由的人民中,冤仇不解是非常危险的事。"③也就是说,"赎罪金"是一种用金钱来替代复仇的权利救济方式,其有效地避免了加害方和被害方的暴力冲突,体现了双方的经济理性。在我国的少数民族地区,也存在类似于"赎罪金"的制度——"赔命价"制度。"赔命价"是指在发生人命案件时,由部落首领及其子弟、宗教人士等居中调解,由加害方赔偿给被害方一定数量的财物,此案便被了结。如果发生伤害案件,则照此办理,被称为"赔血价"④。无论是"赎罪金"制度还是"赔命价"制度,都是加害方通过支付财产的方式赔偿被害方,"以沉重的金钱负担有效地威胁和减少杀生禁忌的发生概率,而且社会代价更小"⑤。即使是在现代法治普及到藏区的情况下,由于"赔

① 佚名:《以眼还眼,还哪一种眼?》,载 https://144000.vip/thread-30749-1-1.html,最后访问日期:2016 年 9 月 11 日。

② 参见高仰光:《论日耳曼法中的赔命价制度》,载《比较法研究》2006 年第 3 期。

③ [古罗马]塔西佗:《阿古利可拉传日耳曼尼亚志》,马雍、傅元正译,商务印书馆 1958 年版,第 38 页。

④ 参见张济民主编:《诸说求真——藏族部落习惯法专论》,青海人民出版社 2002 年版,第 14 页。

⑤ 淡乐蓉:《藏族"赔命价"习惯法与日耳曼民族"赎罪金"制度的比较研究》,载《中国藏学》2010 年第 1 期。

命价"制度赔偿的标准高于国家法律确定的赔偿标准,一些被害人家属宁可选择"赔命价"习惯法来处理案件,从而使国家法处于"空置"状态。①

金钱赔偿渗入命案处理中,不仅影响量刑,而且影响国家刑罚权的行使,后者的表现形式便是命案的"私了"或者"私和"。命案"私了"或"私和"现象在古今中外都存在,其体现了人们的一种经济理性。但是国家对重大刑事案件"私了"是持否定态度的,因为"私了"剥夺了国家的司法管辖权,破坏了国家的法治统一。《唐律疏议》规定了"亲属为人杀私和罪"。私和罪,是指"亲属为人所杀,隐而不告,甚或贪利受财,与仇家私下了结命案之行为"②。《唐律疏议·贼盗》"亲属为人杀私和"条规定:"诸祖父母、父母及夫为人所杀,私和者,流二千里;期亲,徒二年半;大功以下,递减一等。受财重者,各准盗论。虽不私和,知杀期以上亲,经三十日不告者,各减二等。"③英美刑法中也规定了私下和解犯罪(compounding crime)④,该罪源自英国普通法中包庇偷盗罪,即被害人收受小偷的财物而同意不予告发。后来此罪被扩大为私下和解重罪罪,即被害人因得到加害人的好处而同意不予告发任何重罪。《英国1967年刑事法令》规定,任何人知道他人实施了可逮捕罪,而接受或同意不告发或隐瞒任何犯罪,均构成私下和解犯罪罪。如触犯该罪,处二年以下监禁,但隐匿叛逆者除外。加拿大刑法规定了"私下和解公诉罪罪",其指为了自己或他人而请求、取得、同意收受或取得财产对价,而同意和解或隐匿公诉罪的行为。尽管法律禁止对刑事案件特别是命案进行私下和解,但是刑事案件私下和解现象仍然屡见不鲜。换言之,国法虽规定"杀人者死",而且禁止"私和",但民间却出现"救死不如救生"的"潜规则"。

---

① 参见游志能:《"赔命价"习惯法的经济分析》,中央民族大学出版社2015年版,第124页。

② 刘俊文:《唐律疏义笺解》,中华书局1996年版,第1291页。

③ (唐)长孙无忌等:《唐律疏议》,法律出版社1999年版,第361页。

④ 参见马克昌、杨春洗、吕继贵主编:《刑法学全书》,上海科学技术文献出版社1993年版,第744页。

(二)"救死不如救生"对"杀人偿命"的影响

"救死不如救生"是指不要去救那些已经死去的生命,因为人死不能复生,应当重点关注活着的亲属。纪晓岚《阅微草堂笔记姑妄言之四》载佐幕者相传已久的"口诀",曰"四救四不救"——"救生不救死,救官不救民,救大不救小,救旧不救新"。为什么"救生不救死"? 理由是:"死者已死,断无可救;生者尚生,又杀以抵命,是多死一人也。故宁委曲以出之。而死者衔冤与否,则非所计也。""救死不如救生"是"两害相权取其轻"的功利考虑,是对"杀人偿命"的变通。在陕西救援队队长聂某某性侵姐妹花致一死一残案件中,被害人家属迫于生活、医疗压力,接受了被告人聂某某 90 万元的赔偿,这一赔偿成为二审改判聂某某死缓的主要理由。

"救死不如救生"的观念和做法受到了佛教的影响,佛家倡导"救人一命,胜造七级浮屠",杀人者也是人,只要救人就会得到福报。"放下屠刀,立地成佛"①,佛法普度众生,自然不会落下罪人。为了挽救杀人者的生命,便借用了"救死不如救生"的观念,抛弃了"杀人偿命"的原则。"救死不如救生"侧重于活人的利益,忽视了死者的利益,因为"杀人偿命"不仅安抚了死者家属报应的情感,而且劝慰了黄泉之下的死者。"救死不如救生"与人们心中的公平观念是冲突的,方大湜在《平平言》中呼吁:"因奸致死人命必应拟抵,切不可听救生不救死之邪说,致死者含冤地下。"②"救死不如救生"初衷是良好的,但如果被不良者利用,会使有权有势的罪人逃避法律应有的制裁。在《红楼梦》第四回"薄命女偏逢薄命郎,葫芦僧乱判葫芦案"中,门子教授贾雨村的"暗中调停,令他们报个暴病身亡,令族中及地方上共递一张保呈老爷"等

---

① 佛教中的"放下屠刀,立地成佛"一说显然与杀人者"不通忏悔"之说相矛盾。"不通忏悔"是佛学用语,意思是不能够忏悔、不许忏悔。在佛教中,犯五逆重罪(杀父、杀母、杀阿罗汉、破和合僧、出佛身血),不许出家受具足戒。

② (清)方大湜:《平平言》(第 3 卷),载王文韵《牧民宝鉴》。

语。清代名臣陈宏谋在《饬各属办案条件檄》中重申留养之条本系“国家法外之仁”,岂料“乃有狡黠之徒畏罪规避,诈称亲老丁单”,于是书役等人收了好处之后,就“串通保邻人等,扶同具结”,最终导致“杀人之人幸逃法网,则被杀之人含冤地下”。① 在古代人的观念中,利用死者来获取金钱在道德上是不可接受的,用维京人习语来描述,他们“将其亲属装进钱包”,或用卡比尔语来描述,他们“喝着(其)兄弟的鲜血”。②

随着社会的发展,中国人的生命观、祖荫观念等发生变化,“杀人偿命”观念也随之松动,但根本改变还需要时间。在司法实践中,人们对在轻罪、过失犯罪中加害人对被害人及其亲属赔偿获得从轻处罚的做法容忍度较高,但对命案中加害人赔偿后获得从轻处罚容忍度较低。

四、谨防“花钱买命(刑)”

近年来,个别地方法院在被告人可能被判处死刑的刑事案件中,主要以被告人积极赔偿被害人及其亲属的经济损失为由,对被告人从轻处罚,老百姓将刑事被告人(刑事附带民事诉讼被告人)积极赔偿被判处死缓或获得其他轻判的现象称为“花钱买命”“花钱减刑”。

(一)金钱赔偿对命案裁量影响之现状

2000年12月,《最高人民法院关于刑事附带民事诉讼范围问题的规定》第4条规定,被告人已经赔偿被害人物质损失的,人民法院可以作为量刑情节予以考虑;2007年1月,《最高人民法院关于为构建社会主义和谐社会提供司法保障的若干意见》规定,对于因婚姻家庭、邻里纠纷等民间矛盾激化引发的案件,因被害方的过错行为引发的案件,案发后真诚悔罪并积极赔偿被害人损失的案件,应慎用死刑立即执行;

① (清)陈宏谋:《饬各属办案条件檄》,载《牧令书辑要》卷七《刑名》(上)。

② 参见王龙飞、刘志:《试析同态复仇》,载《政治与法律》2011年第10期。

2010年2月,《最高人民法院关于贯彻宽严相济刑事政策的若干意见》规定,被告人案发后对被害人积极进行赔偿,并认罪、悔罪的,依法可以作为酌定量刑情节予以考虑。因婚姻家庭等民间纠纷激化引发的犯罪,被害人及其家属对被告人表示谅解的,应当作为酌定量刑情节予以考虑;2017年3月,《最高人民法院关于常见犯罪的量刑指导意见》规定,对于积极赔偿被害人经济损失并取得谅解的,综合考虑犯罪性质、赔偿数额、赔偿能力以及认罪、悔罪程度等情况,可以减少基准刑的40%以下;积极赔偿但没有取得谅解的,可以减少基准刑的30%以下;尽管没有赔偿,但取得谅解的,可以减少基准刑的20%以下。其中抢劫、强奸等严重危害社会治安犯罪的应从严掌握。应当说,司法解释、规范性文件将刑事被告人积极赔偿作为酌情量刑情节考虑是没有问题的,这不仅有利于贯彻宽严相济的刑事政策,也有利于弥补被害人及其亲属因犯罪造成的经济损失。问题是,如果积极赔偿成为影响死刑立即执行的决定性因素甚至是唯一因素,则其演变成了"花钱买命(刑)"。

在有些刑事或刑事附带民事案件处理的过程中,被告人是否以及在多大程度上对被害人及其亲属作出赔偿对其刑事责任产生了重大影响,被告人对被害人及其亲属的经济赔偿被简单地等同于"有悔罪表现"。

(二)金钱赔偿对命案裁量影响过大的原因

一是对恢复性司法的误解。"恢复性司法"一词是20世纪70年代由美国学者巴内特所提出的。基于对现代报应性司法的反思,认识到片面强调公诉制度导致了对犯罪原始矛盾即犯罪人和被害人之间矛盾的遗忘,特别是忽略了对被害人利益的保护。因此,恢复性司法最为显著的特点是突出被害人地位,为犯罪人和被害人双方提供了直接相互交流与和解的机会,使犯罪人较为深刻地体会到自己的犯罪行为对被害人所造成的痛苦,为被害人宽容犯罪人提供了前提和基础。刑事和解就是恢复性司法模式的最重要的形式,其旨在通过调解、道歉、真诚悔过、积极赔偿等方式，恢复被害人与犯罪人之间的关系并使罪犯改过自新、复归社会。但是，国外的刑事和解通常针对的是轻微的刑事案件，尤其是少年犯。我国刑事诉讼法也将刑事和解限定在轻罪案件。但是，在司法实践中，刑事和解被应用在重罪案件甚至是死刑案件中。重罪特别是严重暴力犯罪不能归纳入被害人和犯罪人之间的私人关系，而是社会与犯罪人之间的关系，社会不能失去保卫自己的武器——法律。在被害人死亡的案件中，要求被害人与犯罪人进行所谓的和解是荒谬的。刑事和解的滥用必然导致刑法私法化，国家刑法模糊化，私刑的泛滥和滋长。

二是对司法解释的滥用。司法解释虽然规定在因婚姻家庭、邻里纠纷等民间矛盾激化引发的案件中，被告人案发后真诚悔罪并积极赔偿被害人损失，应对被告人慎用死刑立即执行，但是慎用死刑的前提是被告人真诚悔罪。在司法实践中，被告人真诚悔罪征表其人身危险性降低，从预防刑和慎用死刑的角度来讲，可以对被告人不判处死刑立即执行。问题是对“真诚悔罪”的判断具有主观性，被告人的人身危险性很难科学测量，而被告人是否积极赔偿被害人亲属的经济损失则是客观的，于是，其成为判断被告人是否真诚悔罪的主要甚至是唯一标准。其中暗含的逻辑是：如果加害方不能获得从轻处罚，那么其拒绝经济赔偿或履行刑事附带民事赔偿义务自然成为其理性选择。所以，刑罚裁量和金钱自然捆绑在一起，被害方对加害方的谅解成为交易的标的。而且，对于什么是“民间纠纷”，认识也不统一。“民间”相对于“官方”而言，只要不涉及官方，几乎所有的纠纷都可被称为民间纠纷。在李某某杀人案件中，李某某与女被害人的纠纷是否属于婚姻纠纷就值得思考，因为两人之间并不存在婚姻关系。

三是司法者的功利主义倾向。在刑事命案裁量中，被害人亲属痛失亲人，情绪往往十分激动，要求判处被告人死刑立即执行的要求十分强烈。在国家刑事被害人救助制度不完善的情况下，被害人亲属面临着两种选择，一是得到被告人的赔偿但放弃死刑立即执行，二是不要求被告人的赔偿但不放弃死刑立即执行。为了实现“案结事了”，避免不可挽回的错案（死刑立即执行使错案难以纠正），司法者往往倾向于做被告人和被害人家属之间的关于经济赔偿的调解工作,如果成功,三方均皆大欢喜。一般地,被告人的经济赔偿条件(出价)与法官调解刑事附带民事案件的努力程度、被害方给予加害方的谅解可能性(应价)成正比。① 司法的功能不仅在于定分止争,而且在于确立规则,为社会提供行为的指引和合理的预期,这种做法看似实现了个案正义,却损害了法律的正义。

四是对民众公正观念的忽视。我国民众长期存在"杀人偿命,欠债还钱"的公正观念,不可简单地斥之为非理性、落后。中国人的"杀人偿命"观念建立在中国人对生命、祖先等的独特理解之上。在死刑案件的处理中,杀人偿命作为一种基本准则,仍然是支配性的公众标准。公正是人性的需要和人类与生俱来的追求,任何一个民族在文明的初始阶段都将"杀人偿命""以眼还眼"作为自己的最高刑法原则,古希腊的梭伦立法、古巴比伦的《汉谟拉比法典》与刘邦的约法三章"杀人者死"没有本质区别。在废除死刑没有成为我国民众的主流价值观之前,将命案中的死刑立即执行的数量人为减少作为死刑改革的目标,甚至事实上突出金钱在死刑裁量中的地位,极有可能因背离公众的正义观导致法律与社会的断裂。

五是刑事被害人国家救助制度的缺位。通过给予刑事被害人各种形式的物质补偿和精神抚慰,以最大限度地减轻犯罪行为给被害人造成的创伤,是当今世界许多国家刑事司法政策保护被害人的一个非常普遍的做法。但是国家对被害人救助方面没有明确的法律规定,各地做法不一,而且补偿金额明显偏少,无法满足被害人及其亲属的生活需要。在司法实践中,被告人无能力履行刑事附带民事赔偿是十分普遍的现象,在被害人及其亲属经济困难,不能得到国家足够的经济救助的情况下,不得不接受被告人及其家属的赔偿,违心出具谅解书。而且,被告人及其家属的经济赔偿能力是各不相同的,这导致犯有同样罪行的被告人因赔偿能力的差异而得到不同的量刑结果,有时是生死之别。

① 参见梅传强、周建达:《刑事和解能否承受死刑司法控制之重?——基于案件社会学的分析》,载《法制与社会发展》2012年第2期。

如果在办案过程中,仅仅强调被告人积极赔偿,使金钱成为决定被告人生死的主要因素,则必然陷入"穷人杀人偿命,富人出钱赎命"的困境,违反了刑法面前人人平等原则,造成"同罪不同罚"现象,削弱了刑罚的特殊预防功能,会损害社会公共利益,引发社会公众的质疑。

(三)防止金钱赔偿对命案裁量影响过大的对策

一是依法严格适用刑事和解。司法裁判过程的性质决定了司法裁判首先必须严格地根据查明的犯罪事实与适格的刑法规定予以定罪量刑,在此基础上,才能考量犯罪事实与刑法规定以外的影响定罪量刑的政策性因素与社会性因素。在办理命案过程中,将被告人积极赔偿或被害人亲属的谅解作为依据应格外谨慎。① 换言之,决定被告人刑罚的最基本因素是其所犯罪行及其社会危害,不可片面夸大被告人积极赔偿、被害人谅解等犯罪后的情节。在命案裁量中,如果被告人的基本犯罪事实已经严重到非杀不可的地步,作为单一的、酌情的量刑情节——赔偿对量刑的作用不可扩大到决定被告人生死的程度。严重暴力犯罪不仅严重侵害了被害人,而且给社会公众带来恐慌,被告人的积极赔偿并不能替代对死者的正义和恢复公众对社会治安的信心。盲目地在命案中适用刑事和解,不仅不能带来真正的社会和谐,反而摧毁了公众对法治的信仰。应将刑事和解的适用限制在少数轻微刑事案件(包括刑事附带民事案件)的范围,而不能无限制地扩展到所有严重犯罪,甚至是依法罪该判处死刑立即执行的严重暴力犯罪。

二是完善相关刑事司法解释。要遵守刑法的明确性原则,对相关的司法解释的用词、用语进行明确,防止模糊化,对诸如"民间纠纷""婚姻纠纷""家庭纠纷"进行细化和限缩,如婚姻纠纷限于有婚姻关系的人之间的纠纷,家庭纠纷限于家庭成员之间的纠纷,不宜将婚姻纠纷扩大到所谓的恋爱纠纷。同时,要进一步加强和完善案例指导制度,更好地发挥司法裁判规范、指导、评价、引领社会价值的重要功能。

---

① 参见梁根林:《死刑案件被刑事和解的十大证伪》,载《法学》2010 年第 4 期。

三是裁判应尊重常识常理常情。常识常理常情中包含着社会最基本的价值观念,最基本的是非标准,最基本的伦理要求。[①] 司法要尊重常识常理常情,裁判要将常识常理常情融入其中。裁判者要体察民情、了解民意、集中民智,增强裁判文书的可接受性。而且,在法治建设初级阶段,要保持法律应有的刚性,不可随意变通,否则,法未行,而权威已失。

四是建立刑事被害人救助制度。为了更好维护刑事被害人及其亲属的合法权益,防止命案量刑被赔偿问题"绑架",应完善刑事被害人国家救助制度,即加快立法进程,设立专门的救助机构,实行多元化救助机制等。目前,应在科学测算命案被害人人数的基础上,优先对命案被害人及其亲属进行国家救助,并且应大幅提高救助标准。2017 年 5 月,最高人民法院指定宁波中院为全国唯一一家试点工作法院,试行在"刑事附带民事执行不能"案件中引入保险理赔机制[②],刑事被害人司法救助保险制度值得关注。

五、结　　语

死刑观念受到历史、文化、民族心理等因素的长期影响,其被根本转变是一个长期的过程,无法"毕其功于一役"。中国人的生命观、祖先崇拜观等深刻地影响了中国人对死刑的看法,有着深厚的人性基础,短期内无法被改变,死刑政策的制定和调整必须建立在民意的基础上,否则,"过于先进"的司法理念可能会得不到民众的支持。赔偿因素渗入命案量刑中并在其中发挥着重要的作用,体现了一种经济理性。公正的价值观应是刑事法律首要的价值追求,法律适用偏向于功利主义则可能损害公正,因此,赔偿因素不应在命案量刑中发挥主要作用。刑事被害人国家救助制度的不完善是赔偿因素在命案量刑中作用过大的

① 参见陈忠林:《"常识、常理、常情":一种法治观与法学教育观》,载《太平洋学报》2007 年第 6 期。

② 参见余建华、余宁:《宁波中院联合保险公司推出司法援助保险　7 万余保险金为痛失爱女老夫妇送去安慰》,载《人民法院报》2018 年 2 月 23 日,第 8 版。

重要原因,加强制度供给,防止制度供给不足是确保法律公正的必要条件。法律人要秉承“同情式理解”的立场,在中国语境中去体验他者的感受,理解中国人的传统观念,积极回应民众的正义需求。

On the Role of Compensation in the Sentencing of Homicide Cases

Yin Zhenguo

[**内容摘要**]“杀人偿命”和“花钱买命”之辩,体现了命案裁量中的义利之争。中国人的生命观、祖先崇拜观、鬼魂观念等影响了中国人对死刑的看法,也能够解释传统中国人对于“杀人偿命”的坚持和古代中国法律对于“杀人者死”的规定。国家法律虽然规定“杀人者死”,而且禁止“私和”,但民间却出现“救死不如救生”的“潜规则”。命案“私了”或“私和”,体现了人们的一种经济理性。随着社会的发展,中国人的生命观、祖荫观念、鬼神观等发生变化,“杀人偿命”观念也随之松动,但被根本改变还需要时间。近年来,在有些刑事或刑事附带民事案件处理过程中,被告人是否以及在多大程度上对被害人及其亲属作出赔偿对其刑事责任产生了重大影响,原因在于误解了恢复性司法、滥用司法解释、倾向功利主义、忽视民众正义观念等,应依法严格适用刑事和解、完善相关刑事司法解释、尊重常识常理常情、建立刑事被害人救助制度,防止金钱赔偿对命案裁量影响过大,进而损害司法公正。

[**关键词**]赔偿;命案;量刑;杀人偿命;私了;和解

Abstract: The debate between “a life for a life” and “spending money for life” reflects the dispute between justice and interest in the discretion of homicide cases. Chinese people’s views on life, ancestor worship and ghost have influenced their views on death penalty. It can explain the traditional Chinese people’s insistence on “a life for a life” and the ancient Chinese law’s stipulation on “the murderer must be put to death”. Although the national law stipulates “the murderer must be put to death” and forbids “private reconciliation”, there are “hidden rules” that "saving the living is better than saving the dead" among the people. The private reconciliation of homicide cases reflects people's economic rationality. With the development of society, Chinese people's outlook on life, ancestral shade, ghosts and gods have changed, and the concept of "a life for a life" has also become loose, but it will take time for a fundamental change. In recent years, in some criminal or criminal incidental civil cases, whether and to what extent the defendant makes compensation to the victim and his or her relatives has a significant impact on his or her criminal responsibility. The reason lies in misunderstanding of restorative justice, abusing judicial interpretation, inclining to utilitarianism, neglecting the concept of public justice, etc. We should strictly apply criminal reconciliation, improve relevant criminal judicial interpretation, respect common sense and common sense, and establish a criminal victim relief system. It is necessary to prevent the influence of monetary compensation on the discretion of homicide cases, thus damaging the judicial justice.

Keywords: Compensation; the Killings; Sentencing; a Life for a Life; out of Court Settlement; Compromise

单位走私犯罪若干疑难问题研究

黄玲林*

目　　次

走私犯罪是违反海关法律法规,逃避海关监管,非法携带、运输、邮寄国家禁止或限制进出境的物品或者偷逃应缴税款达到一定数额,破坏国家海关监管秩序和对外贸易管理制度的犯罪。走私犯罪作为典型的法定犯罪,无论是在东方还是西方,都有很长的历史,与国家的对外贸易紧密相关,带有明显的政策性。公司、企业等单位作为经济活动的主体,随着国家对外贸易的发展,越来越多的公司、企业参与到对外贸易活动中,以单位形式实施的走私犯罪大幅上升,单位走私犯罪愈演愈烈,司法实践中也出现诸多疑难问题,有必要就这些难点问题进行重点研究。

* 北京市人民检察院第四分院检察官,法学博士。

一、单位走私犯罪二元定罪量刑模式之辨析

《刑法》第3章第2节的10个走私罪名和第6章第7节的走私毒品、走私制毒物品罪2个罪名均规定有单位犯罪条款,但在处罚标准上规定不尽一致,主要表现为两种:一种是同罪不同罚,主要是对走私普通货物、物品罪采取这种处罚方式,对单位判处罚金,对直接负责的主管人员和其他直接责任人员判处自由刑。《刑法》第153条第2款规定:"单位犯前款罪的,对单位判处罚金,并对其直接负责的主管人员和其他直接责任人员,处三年以下有期徒刑或者拘役;情节严重的,处三年以上十年以下有期徒刑;情节特别严重的,处十年以上有期徒刑。"该条规定对单位规定了罚金刑,对主管人员和其他直接责任人员只规定了自由刑,没有规定财产刑,且在单位走私犯罪中对主管人员和直接责任人员规定的法定最高刑为有期徒刑,而自然人走私普通货物、物品罪的法定最高刑为无期徒刑。另一种是同罪同罚,主要是对其他9个走私罪名和2个走私毒品罪名,在规定对单位判处罚金之外,对单位中的主管人员和其他直接责任人员按照自然人走私犯罪的量刑标准进行处罚。《刑法》第151条第4款、第152条第3款分别规定,单位犯前款罪的,对单位判处罚金,并对其直接负责的主管人员和其他直接责任人员,依照前款的规定处罚。《刑法》第347条和第350条也进行了同样的规定。

办理走私刑事案件的相关司法解释对单位走私犯罪的定罪量刑标准进行了区分。根据2014年颁布的最高人民法院、最高人民检察院《关于办理走私刑事案件适用法律若干问题的解释》(以下简称《走私解释》)的规定,对于单位走私普通货物、物品罪和单位犯其他走私犯罪,规定了不同的定罪量刑模式。根据该解释第24条:单位犯刑法第151条、第152条规定之罪,依照本解释规定的标准定罪处罚。单位犯走私普通货物、物品罪,偷逃应缴税额在20万元以上不满100万元的,应当依照《刑法》第153条第2款的规定,对单位判处罚金,并对其直接负责的主管人员和其他直接责任人员,处3年以下有期徒刑或者拘役;

偷逃应缴税额在100万元以上不满500万元的，应当认定为“情节严重”；偷逃应缴税额在500万元以上的，应当认定为“情节特别严重”。根据该条解释的规定，对于单位犯走私普通货物、物品罪的，单位犯罪按照自然人犯罪定罪量刑标准的2倍掌握，而对于犯其他11种走私犯罪，单位犯罪与自然人犯罪适用相同的定罪处罚标准。

对于走私普通货物、物品罪区分单位和自然人规定不同的定罪量刑标准，存在不同的意见。有的学者认为，走私普通货物、物品罪对单位犯罪和自然人犯罪应当采取相同的定罪处罚标准，主要理由：一是规定不同的定罪量刑标准违反了罪刑法定原则，刑法并没有对单位走私犯罪的数额标准作出不同于自然人走私犯罪的规定，在这种情况下，司法解释不应当对单位走私犯罪作出区分，否则就违背了罪刑法定的要求；二是随着进出口贸易的进一步发展以及公司设立门槛逐渐降低，单位与个人的界限逐渐模糊，大量一人公司出现，单位走私犯罪与个人走私犯罪的差异和危害性基本趋同，已经没有必要就单位走私犯罪和个人走私犯罪作出不同的定罪量刑标准了；三是容易放纵犯罪，由于单位走私普通货物、物品罪的定罪量刑标准远高于自然人犯该罪，很多自然人容易借用单位名义开脱罪责；四是无论是单位走私犯罪还是自然人走私犯罪，危害性都是一样的。因此有学者指出，既然单位与个人犯罪侵害的法益性质与程度相同，二者所受到的刑事定罪与处罚也应当协调一致，这既是罪刑相当原则的要求，也是法律面前人人平等原则的体现。①

笔者认为，对于走私普通货物、物品罪而言，有必要对单位犯罪和自然人犯罪区分不同的定罪量刑标准，理由如下：一是司法解释区分不同的定罪处罚标准，符合刑法本意。根据刑法规定，单位走私普通货物、物品罪的法定最高刑是有期徒刑，而自然人走私普通货物、物品罪的法定最高刑是无期徒刑，单位走私普通货物、物品罪的法定刑低于自然人犯罪，说明就该条罪名而言，刑法规定的对单位犯罪的处罚低于自

① 参见赵秉志、刘志伟：《海峡两岸法人犯罪立法的比较研究》(上)，载《河北法学》1998年第4期。

然人犯罪。既然立法本意是区别对待,那么司法解释就单位走私犯罪和个人走私犯罪规定不同的定罪量刑标准,是完全符合立法原意的。二是司法实践中,单位走私普通货物与自然人走私普通货物的危害性不一样,单位犯罪数额整体高于自然人犯罪,单位犯罪的利益归属于单位,获益方除了单位的主管人员和其他责任人员,单位的其他员工客观上也从单位犯罪中获益,如果对单位犯罪和自然人犯罪规定完全相同的定罪处罚标准,表面上公平,实际上将单位的整体责任全部转移到单位的主管人员和其他责任人员身上,实质上并不公平,违背了罪责刑相适应的刑法原则。三是单位犯罪是独立的犯罪形态,具有独立的价值。刑法之所以单独规定单位犯罪,就是因为单位犯罪具有独立的价值属性,应当区别于自然人犯罪进行独立评价,进而在量刑上也应当有所区分,否则,刑法就没有必要区分单位犯罪和自然人犯罪了。

另外,刑法和司法解释对其他 11 个走私罪名规定单位犯罪与自然人犯罪适用相同的定罪量刑标准,唯独走私普通货物、物品罪规定不同的定罪量刑标准,之所以这样规定,主要原因在于其他 11 个走私罪名都是走私特定对象,与走私普通货物、物品罪的危害性不同,侵害的法益亦存在差异。一方面,走私普通货物、物品罪的危害性主要是偷逃了国家税款,侵害的法益主要是国家进出口税收收益,而走私特定对象的犯罪主要侵犯的是国家海关监管秩序和对特定对象的安全管理制度。相比较而言,后者的危害性更为严重,单位与自然人在走私特定对象货物中的作用和危害没有区别。另一方面,走私普通货物、物品主要是以牟利为目的,单位中的责任人员和其他员工共同从单位犯罪中获利,而走私特定对象犯罪的危害不仅在于逃避海关监管,更在于这些违禁品走私后可能造成后续更为严重的危害后果,单位和自然人在这方面危害并没有明显的区别。因此,刑法和司法解释对走私特定对象的 11 个罪名采取了同罪同罚的模式。

二、单位走私犯罪中单位意志的认定

根据《刑法》第30条的规定,法律规定为单位犯罪的,应当负刑事责任。根据刑法规定和理论通说,单位犯罪应当具备3个要件:一是以单位的名义实施犯罪,二是单位决定代表单位意志,三是犯罪所得归单位所有。这三个要件缺一不可。单位走私犯罪的认定标准也是这3个要件,2002年颁布的最高人民法院、最高人民检察院、海关总署《关于办理走私刑事案件适用法律若干问题的意见》(以下简称《走私意见》)第18条规定:"具备下列特征的,可以认定为单位走私犯罪:(1)以单位的名义实施走私犯罪,即由单位集体研究决定,或者由单位的负责人或者被授权的其他人员决定、同意;(2)为单位谋取不正当利益或者违法所得大部分归单位所有。"这3个要件中,单位意志是认定单位走私犯罪的关键。由于对这3个要件尤其是单位意志这一要件存在不同的理解,导致认定单位犯罪存在一定困难。单位走私犯罪和自然人走私犯罪的区分关键在于代表了何种意志,单位走私犯罪代表的是单位的集体意志,而自然人走私犯罪代表的是自然人的意志。但是单位不同于自然人,单位是法律上拟制的人,单位的意志必须通过自然人表达出来,那么单位中的自然人体现出来的意志,能否认定为单位意志?何种情况下体现的是单位意志,何种情况体现的不是单位意志,这在实践中往往存在若干争议。走私犯罪中,单位犯罪比较常见,自然人意志和单位意志往往交叉在一起,区分起来存在一定困难。对于走私犯罪中的单位意志,《走私意见》第18条指出:"以单位的名义实施走私犯罪,即由单位集体研究决定,或者由单位的负责人或者被授权的其他人员决定、同意。"该意见认为单位意志有3种情形,即单位集体研究、单位负责人决定、一般人员基于授权决定。下面结合这3种情形进行具体分析。

一是单位集体研究决定。这是单位意志形成的典型形式,单位集体研究形成的决定就是单位集体意志的体现,比如公司召开股东会、董事会,集体研究某一事项并形成决定,即代表了单位的意志。在实践当中,有的单位组织体系并不规范,往往就是单位几个人商量一下,打声招呼,就开始经营,对于这种情况,并不要求有比较完整的会议记录或者决议,只需要单位的股东、董事几个人能够相互印证,证实当时曾经商量过走私,即构成集体研究,形成单位的整体意志。

二是单位的负责人决定或同意。单位的负责人对单位的事务具有关键影响,大多数单位的负责人对单位的经营活动起到决定性影响,例如,公司的董事长、总经理,控股股东、实际控制人,这些负责人作出的决策,往往就代表了单位的意志。实践中,存在一些连续走私的情况,走私的时间跨度比较大,单位负责人可能在刚开始决定以某种方式进行走私,后续的走私行为单位负责人不再具体管,由具体的工作人员按照原来的方式进行走私活动,由于后续的走私活动均是基于或延续单位负责人的意志,因此,后续的走私行为仍应当认定为单位犯罪。另外还有一种情形,即单位负责人并没有直接指使,在经营过程中,发现单位员工走私了,并没有阻止,是否构成单位犯罪,存在一定争议。笔者认为,如果单位员工以单位名义进行走私,走私的犯罪收益归单位所有,那么虽然单位负责人没有直接指使,仍可以构成单位犯罪,理由在于单位负责人代表单位意志,对员工以单位名义进行走私的行为发现后却没有阻止,这是一种纵容默许的行为,将员工个人意志单位化,实质上也是一种决策行为,体现了单位的整体意志,而且最终单位也从走私行为中获益,因此,可以构成单位走私犯罪。

三是被授权的其他人员决定或同意。不同于单位的负责人,单位的一般工作人员往往无法代表单位作出决定,因此一般情况下无法代表单位意志,一般工作人员要代表单位意志,必须得到单位的授权或者事后追认,否则,擅自作出的决定不能归罪于单位,只能认定为个人行为。实践中,对授权的理解存在争议。例如,单位负责人授权公司报关员报关,期间授意报关员伪报品名以偷逃税款,具体报关过程中,报关员不仅伪报了品名,还低报了价格,偷逃税款全部归单位所有。对于伪报部分,认定单位走私没有问题;但对于低报部分,能否认定为单位走私,存在争议。有观点认为,低报部分并没有在单位授权范围之内,是报关员擅自决定的,不能代表单位意志,这一部分走私不能归罪于单位,单位只对伪报部分的走私行为承担责任。笔者认为,这一观点对单位授权的理解过于绝对化,对单位授权应当整体理解,因为作为单位,不可能事无巨细进行授权,一般是宏观上授权。对于上述例子,单位负责人授权报关员通过伪报方式走私,可以说,单位走私的意志已经很明确了,至于如何走私,走私的具体操作方式,并不影响单位整体走私的意志,报关员无论是采取伪报还是低报的方式走私,都符合单位走私的整体意志,两者并不冲突,因此,报关员的行为依然符合单位的概括授权,代表了单位意志,且犯罪收益归单位所有,应当认定为单位走私犯罪。

三、单位走私犯罪中单位主体资格的认定

根据《刑法》第 30 条的规定,单位犯罪主体包括“公司、企业、事业单位、机关、团体”。最高人民法院《关于审理单位犯罪案件具体应用法律有关问题的解释》(以下简称《单位犯罪解释》)进一步详细规定:“刑法第三十条规定的公司、企业、事业单位,既包括国有、集体所有的公司、企业、事业单位,也包括依法设立的合资经营、合作经营企业和具有法人资格的独资、私营等公司、企业、事业单位。”虽然刑法和司法解释对单位主体进行了规定,但实践中依然存在一些争议,尤其是对一人公司、单位的分支机构或者内设机构、境外公司企业、合伙企业、独资企业或者其他组织能否成为单位走私犯罪的主体存在一定争议。判断是否具有单位犯罪的主体资格,核心是要看是否能够独立承担责任,下面分别进行论述。

(一)一人公司的主体适格问题

在进出口贸易中,存在不少一人公司进行走私犯罪的问题。根据公司法规定,一人公司是指只有一个自然人股东或者一个法人股东的有限责任公司。有观点认为,这种一人公司,公司利益与出资人利益密切相关,应当适用公司人格否认制度认定为自然人犯罪。笔者认为,一

人公司虽然股东只有一人,但仍然是合法成立的公司,以公司名义对外经营,有独立的场所、财产,关键是对外独立承担责任,因此一人公司仍然具有单位犯罪的主体资格,应当强调的是,公司人格否认制度并没有否认公司的主体资格,只是在民事责任承担上要溯及出资人,因此一人公司仍然具备单位犯罪的主体资格。

(二)分支机构或内设机构的主体适格问题

走私犯罪当中,存在不少企业的内设机构或分支机构对外开展进出口业务,进行走私活动,对于这类内设机构和分支机构走私的行为,能否追究单位犯罪,是追究单位的责任还是内设机构分支机构的责任,值得讨论。根据《全国法院审理金融犯罪案件工作座谈会纪要》精神:"以单位的分支机构或者内设机构、部门的名义实施犯罪,违法所得亦归分支机构或者内设机构、部门所有的,应认定为单位犯罪。不能因为单位的分支机构或者内设机构、部门没有可供执行罚金的财产,就不将其认定为单位犯罪,而按照个人犯罪处理。"根据这个精神,说明即使分支机构和内设机构没有独立的法人资格,仍可以成为单位犯罪的主体,这实际上是对单位犯罪司法解释的修正。争议的焦点在于,如何区分单位内设机构与所在单位犯罪,也就是说,单位内设机构实施了犯罪行为,何种情况下归罪于单位,何种情况下归罪于单位内设机构,实践中存在一定争议。笔者认为,区分的关键,应当从实施名义、利益归属、单位是否知情进行考虑,关键是单位是否对内设机构、分支机构的犯罪行为是否知情,如果知情,则应当将内设机构的行为归罪于单位,反之,如果单位不知情,是单位内设机构瞒着单位进行的犯罪行为,则仅归罪于单位的内设机构,而不应归罪于单位。

(三)境外企业的主体适格问题

走私犯罪中,不少境外企业参与走私,如果这些境外企业没有在我国投资或派驻机构,能否以单位犯罪追究其刑事责任,存在一定争议。

有观点认为,我国刑法没有明确规定境外公司、企业的单位主体资格,从罪刑法定的原则出发,不应追究其刑事责任。笔者认为,虽然刑法和单位犯罪解释没有明确境外公司、企业的单位主体资格,但是刑法和司法解释也没有否定境外公司、企业的单位主体资格。从刑法立法本意来看,无论是境内的公司企业还是境外的公司企业,只要具备单位犯罪的构成要件,均可以追究其单位犯罪的责任,这也是刑法面前人人平等原则的体现。同时,最高人民法院《关于外国公司、企业、事业单位在我国领域内犯罪如何适用法律问题的答复》(法研〔2003〕153号)亦明确“符合我国法人资格条件的外国公司、企业、事业单位,在我国领域内实施危害社会的行为,依照我国《刑法》构成犯罪的,应当依照我国《刑法》关于单位犯罪的规定追究刑事责任”。应当强调的是,对境外公司、企业主体资格的判断,并不要求这些公司、企业必须具备我国关于公司企业的形式要件,而应当从实质上判断,境外公司企业是否以公司企业名义独立对外进出口,并且收益归境外公司企业所有,体现的是单位意志。如果不是,那么仍应当按照自然人犯罪来追究刑事责任。考虑到对境外公司企业收集证据难度较大,在认定主体资格方面的证据标准不宜过高,在特殊情况下还可以考虑由被告人承担举证责任。有论者指出,是否属于单位犯罪的证据可视情况责令由被告人提供,当被告人辩称属于单位犯罪,但其未能提供相关证据,司法机关也无法查证属实的,应认定为个人犯罪。[①] 笔者认为,在涉及境外公司走私犯罪的情况下,将是否属于单位犯罪的部分举证责任适当分配给犯罪嫌疑人承担,并不违反公诉机关承担证明犯罪的举证责任原则,前提是公诉机关已经提供了证明行为人实施了走私犯罪的相关证据,这种情况下适当将证明是否为单位犯罪的责任分配给犯罪嫌疑人,并按照有利于被告的原则,对被告人提供的证明是否为单位犯罪的证据在认定上从宽掌握,也符合立法的精神。

---

① 参见黄勇民、黄益群、黄应生:《单位走私犯罪适用法律问题探讨》,载《人民司法》2002年第3期。

(四)合伙企业或独资企业的主体适格问题

走私办案实践中,存在不少没有法人资格的合伙企业、独资企业走私进出口的现象,这些企业能否成为单位走私犯罪的主体,存在争议。根据《单位犯罪解释》的规定,独资、私营等公司、企业、事业单位必须具有法人资格才可以成为单位犯罪的主体,也就是说,如果不具有法人资格,合伙企业和独资企业不能成为单位犯罪的主体。笔者认为,该条司法解释的规定不合理,理由一是刑法没有使用法人犯罪的概念而使用单位犯罪的概念,说明其立法本意并没有将单位限定为法人,非法人组织犯罪也可以构成单位犯罪;二是一些不具有法人资格的合伙企业、独资企业已经具有较大的规模,拥有几百上千的员工,对外以合伙企业、独资企业的名义经营,其犯罪形态与自然人犯罪显然不同,如果对这类企业不按照单位犯罪处理,显然违背了单位犯罪的立法本意。因此,笔者认为,对于合伙企业和独资企业,只要其以单位名义对外实施犯罪行为,犯罪所得归单位所有,无论是否具有法人资格,都应该认定为单位犯罪。

四、单位走私犯罪中单位自首和个人自首的认定

(一)个人自首的认定

根据《刑法》第67条的规定,自首应当包括自动投案和如实供述两个条件。实践中,对如实供述一般没有争议,主要争议在于对自动投案的认定。在虚假申报类单位走私普通货物案中的自首认定过程中,由于该类案件案发方式的特殊性,在认定自动投案方面的争议比较大。实践中虚假申报类单位走私普通货物的案发方式主要是海关行政部门通过前期行政调查或者情报部门通过大数据分析发现企业存在虚假申报情况涉嫌走私犯罪,之后将该情况线索移送海关缉私局立案侦查,之后办案人员到单位进行侦查,单位相关负责人配合侦查并提供了相关

单据,进而案发。这种情况下,能否认定个人自动投案并进而认定个人自首,在实践中争议比较大。有的意见认为,这种情况下,单位走私的犯罪事实已经被发觉,个人已经没有自动投案的空间了,不应认定为自首。笔者认为,在这种情况下,单位犯罪事实被发觉,并不必然导致个人失去自动投案的空间,只要符合自动投案和如实供述这两个条件,个人仍然有可能构成自首。关于自动投案的理解,司法解释进行了规定,根据最高人民法院《关于处理自首和立功具体应用法律若干问题的解释》(以下简称《自首立功解释》)第1条的规定:“自动投案,是指犯罪事实或者犯罪嫌疑人未被司法机关发觉,或者虽被发觉,但犯罪嫌疑人尚未受到讯问、未被采取强制措施时,主动、直接向公安机关、人民检察院或者人民法院投案。”同时该解释确定了7种视为自动投案的情形。最高人民法院《关于处理自首和立功若干具体问题的意见》又在前述司法解释的基础上,确定了5种视为自动投案的情形。该意见规定“在司法机关未确定犯罪嫌疑人,尚在一般性排查询问时主动交代自己罪行的,视为自动投案”。该条规定有两个关键点:“未确定犯罪嫌疑人”和“尚在一般性排查询问”。下面从这两个方面进行具体分析。

1.“未确定犯罪嫌疑人”的认定。在单位犯罪中,如何理解“未确定犯罪嫌疑人”的含义,存在不同意见。有的意见认为,单位犯罪只有一个主体,个人从属依附于单位,单位的犯罪事实一旦被发觉,即意味着单位犯罪中个人的犯罪事实就被发觉了。笔者认为,这种观点不符合罪责刑相适应的原则,也不符合单位犯罪双罚制的特征。单位犯罪中,虽然在犯罪构成上,只有单位一个主体,但在刑事责任承担上,又普遍实行双罚制,表现为单位和个人主体的分离。发觉单位犯罪并不等于发现个人犯罪,确定犯罪嫌疑单位并不能当然推导出确定具体的犯罪嫌疑人,如果按照这种意见,那么犯罪嫌疑人则没有投案自首的空间,不利于司法资源的节约,也不符合罪责刑相适应的原则。实际上,在单位犯罪中,单位和个人的关系是既统一又分立的关系,单位和个人在犯罪构成中是一体的,在刑事责任承担过程中是可以分离的。自首作为评价刑事责任承担的重要情节,应当根据罪责刑相适应的原则,对单位和个人的自首情节分开予以评价,即使发觉了单位犯罪,也不等同于发觉了个人犯罪。对行为人而言,当其犯罪行为并没有被发现的情况下,行为人选择主动投案,对行为人这种主动投案的行为,刑法仍应该予以评价,否则对主动投案的行为人来说不公平,也不利于鼓励行为人积极主动投案节约司法资源,因此,对于发觉单位犯罪事实,但尚未发现行为人犯罪的情形,行为人自动投案,应当认为行为人构成自首。因此,侦查机关虽然通过前期初查发现单位存在低报价嫌疑,进而锁定了单位犯罪的嫌疑,依法对单位办公场所进行搜查,但侦查机关并不知道公司具体走私人员,即并没有发觉个人的犯罪线索,对于个人来说,属于尚未确定犯罪嫌疑人的情形,仍然存在主动投案自首的空间,在这种情况下,个人选择如实供述自己的罪行,符合自动投案的要求。

2."尚在一般性排查询问"的认定。所谓尚在一般性排查询问,是指司法机关已经掌握了一定的线索证据,但根据该线索证据尚不足以确定犯罪嫌疑人,为了明确犯罪嫌疑人或犯罪事实,而开展的一般性排查询问。此时的一般性排查询问,并没有明确的指向性,也不属于刑事诉讼法规定的强制措施。因此,在这个过程中,被询问人并没有被控制,尚处于自由的状态,也就是说,被询问人尚有选择自动投案的自由,被询问人在这个时候如实供述,是一种自由状态下的自愿投案的行为,符合自动投案的特征。另外,根据《自首立功解释》的规定"公安机关通知犯罪嫌疑人的亲友,将犯罪嫌疑人送去投案的,也应当视为自动投案",对于该种并非完全自觉自愿的情形仍可以认定自动投案,如对上述情形不予认定,未免有失公允。因此,对一般性排查询问时如实供述自己的犯罪事实,符合上述规定精神,应当认定为自首。在单位走私犯罪侦查过程中,侦查机关虽然事先已经掌握了单位走私的犯罪线索,但尚未掌握单位走私的犯罪事实,在进入办公场所搜查时,仍然处于不能确定走私犯罪具体行为人的状态,也尚未直接指向具体的个人,侦查人员进入单位对个人的询问,尚处于一般性排查询问阶段,个人并没有受到刑事强制措施的控制,在这种情况下,个人选择主动交代自己的罪行,承认走私的犯罪事实,符合自动投案的要求,构成自首。

(二)单位自首的认定

走私普通货物罪的单位自首,争议比较大的是在主管人员构成自首的情况下,能否推定单位构成自首。有一种观点认为,不论何种情况,只要主管人员自首,就应当认定单位亦构成自首,这种观点认为单位犯罪只有一个犯罪主体即单位,个人行为附属于单位,个人行为是单位犯罪的核心部分,如果侦查机关仅从外部发现了单位存在犯罪行为,但并没有确定具体的行为人是谁,实际上并没有完全掌握单位犯罪的事实,也就是说,此时单位犯罪的事实尚未被司法机关掌握,单位仍然存在主动投案的条件,单位直接负责的主管人员,基于单位的意志向侦查机关主动投案,亦构成单位自首。同时根据《走私意见》的规定,主管人员构成自首的,单位即构成自首。笔者认为,单位犯罪的主体是复合主体,从罪责刑相适应原则出发,对单位犯罪中的单位和个人行为应当区别对待,主管人员自首并不能当然推定单位自首,而应当进行区分不同情形进行认定。

1.单位犯罪中单位与自然人的主体关系

单位犯罪是一种由单位实施的依法应当承担刑事责任的危害社会的行为。根据《刑法》第31条的规定,单位犯罪实行双罚制,对单位判处罚金,并对其直接负责的主管人员和其他直接责任人员判处刑罚。关于单位犯罪中单位和个人的关系,理论界争议比较大,主要是整体责任论和复合主体论。整体责任论认为,单位犯罪的刑事责任是一个犯罪主体(单位)、一个受刑主体的整体犯罪刑事责任,单位犯罪的双罚制不是针对两个主体,而是针对一个主体即单位的整体处罚,是同一刑事责任根据单位成员在犯罪中所处的地位和作用不同而作的不同分担,是对单位犯罪行为的综合性全面处罚。[①] 复合主体论主张,复合主体既有别于单一主体,又不能简单地把它看作两个主体。复合主体是

---

① 参见杜文俊:《单位人格刑事责任研究》,黑龙江人民出版社2008年版,第105~127页。

由单位和单位成员这两个具有内在联系的主体合二为一,定罪时可以统一为一个主体,量刑时一分为二,实行双罚制。① 笔者认为,应从刑法立法本意出发来理解单位犯罪主体问题。刑法立法之所以规定单位犯罪,主要理由在于:一是犯罪形态方面,单位犯罪不同于自然人犯罪。单位并不是自然人的简单相加,而是人和物等各种因素有机结合后形成的新的主体,并为法律所确认,体现了整体性、组织性和法律性。在此基础上,单位犯罪形态与自然人犯罪形态自然有所不同。二是社会危害性方面,一般来讲,单位的影响和功能大于自然人的影响和功能,因此单位犯罪造成的社会危害一般也大于自然人犯罪造成的社会危害。这也是刑法之所以规定单位犯罪的原因之一。可以说,单位与单位内部的自然人成员之间的关系是既相互独立又相互依存的关系。单位内部自然人有各自的行为,同时单位内部自然人的行为经过有机整合又形成了单位的整体行为。在犯罪形态上,单位与个人形成了既统一又分立的关系,统一主要反映在单位犯罪的整体构成上,单位内部自然人尤其是单位内部的决策人员或者法定代表人,形成单位意志,以单位名义实施犯罪行为,犯罪所得归单位所有,从整体上形成单位行为,刑法因此将该行为视为单位犯罪,将责任整体归罪于单位,此时表现为一种统一的状态;分立主要在刑事责任的分配和承担上,虽然单位整体上构成犯罪,但在对单位及单位内部人员进行刑事责任追究时,则区别单位和单位内部不同人员的不同行为进行责任分配,此时便表现为一种分立的状态。因此,单位犯罪主体呈现了复合主体的特点,主要表现为犯罪构成上的单一主体和刑事责任承担上的双重主体的特征。具体来说:一方面,犯罪构成上单一主体是单位,单位内部自然人的意志经过有机整合后,形成了单位的整体意志。其一经形成就成为一种区别于自然人的相对独立的意志。在该种独立的单位整体意志的支配下,单位内部相关自然人以单位名义实施犯罪行为,犯罪收益亦归单位所有。此时单位实际上作为法律拟制的人,已经体现为一种独立的犯罪

---

① 参见熊选国、刘克乾:《试论单位犯罪的主体结构》,载《法学研究》2003年第4期。

主体,单位内部自然人的意志和行为均依附于单位的整体意志和行为上,并不具有独立的犯罪主体地位。另一方面,刑事责任承担上体现为单位和自然人的双重主体,单位作为法律拟制的人,犯罪行为最终是由具体的自然人实施的,而有行为必有责任,单位的整体刑事责任必然要落到具体实施犯罪行为的自然人身上。单位自身和单位内部人员均应当对单位的整体犯罪行为承担刑事责任,并且要根据单位内部人员的不同行为、地位作用、是否有从轻、减轻情节,进行区别对待,才能体现罪责刑相适应。

单位犯罪主体呈现的这种复合主体的特性,也直接影响了单位自首和个人自首的认定。在单位走私犯罪当中,如果侦查机关通过前期初查发现单位存在低报价情况,进而锁定单位犯罪的事实,并据此前往单位搜查,说明侦查机关已经发觉了单位犯罪的事实,并确定了单位主体的犯罪嫌疑人地位。侦查机关此时前往公司现场搜查,是直接指向单位的。对单位来说,这并不是一般性的排查,而是进一步的侦查取证,是指向性非常明确的侦查。由于在犯罪构成上,单位犯罪只有一个主体即单位,在侦查机关已经发觉了单位犯罪事实并到现场搜查的情况下,单位实际上已经丧失了主动投案的条件和空间,也就丧失了构成自首的条件。而在刑事责任承担上,单位和个人则是两个独立的主体,由单位和自然人分别为自己的行为负责,分别承担相应刑事责任。在刑事责任分担方面,要区别不同自然人的不同行为,根据不同自然人在单位犯罪中的地位作用大小、是否有坦白自首等从轻减轻情节、主观恶性大小等进行刑事责任分担,而自首作为法定的从轻、减轻情节,自然应当区别认定。因此,单位没有自动投案的行为,不应认定为自首;个人有自动投案的行为,则应认定为自首,这样才能体现罪责刑相适应原则。

2. 主管人员自首推定单位自首的问题

有观点认为,主管人员自首的,单位自然构成自首,而且有明确的司法解释的依据。《走私意见》第 21 条规定:“在办理单位走私犯罪案件中,对单位集体决定自首的,或者单位直接负责的主管人员自首的,应当认定单位自首。”因此,在认定主管人员构成自首的情况下,就应当认定单位自首。笔者认为,这条司法解释的规定并不意味着在所有情况下主管人员自首自然就推定单位自首,必须具体情况具体分析。要正确理解这一条的规定,应当从刑法规定自首的条件和立法本意出发理解。根据刑法规定,自首必须具备主动投案和如实供述两个条件,缺一不可。从立法本意出发,自首制度的设立的目的主要是鼓励当事人主动投案,如实供述,一方面反映了犯罪嫌疑人的主观恶性降低,另一方面也节约了司法成本,因此法律才对这种行为予以从宽处罚。主动投案是反映主观恶性、节约司法成本的重要方面,因此主动投案是构成自首的必要条件,没有主动投案,就不能构成自首。《走私意见》对单位自首的解释,也应符合刑法规定的自首条件,不能超出刑法规定的范围。因此,从刑法规定和立法本意出发,该意见规定"单位直接负责的主管人员自首的,应当认定单位自首",是指侦查机关尚未发觉单位的犯罪事实或者即使发觉,但尚未采取强制措施的情况下,单位直接负责的主管人员主动投案,如实供述自己和单位的犯罪事实,这种情况下,应当认定单位也构成自首。司法解释之所以这样规定,是因为单位直接负责的主管人员的行为实际上代表了单位的意志,在单位犯罪事实尚未发觉或尚未采取强制措施的情况下,单位尚有主动投案的条件,主管人员主动投案的行为效果自然能够延伸至单位,主管人员的行为和单位的行为能够统一,因此主管人员自首的,应当认定单位也自首。但是,如果侦查机关已经发觉了单位的犯罪事实并对单位采取一定控制措施的情况下,单位已经没有主动投案的条件,这个时候主管人员主动投案的行为效果并不能倒推延伸至单位,只能影响主管人员自身。

在侦查机关已经掌握了单位的犯罪事实并到单位调查,对单位来说已经没有了主动投案的条件了,对于单位负责人来说,由于侦查机关尚未掌握单位负责人的犯罪事实,尚处于一般性排查询问,此时单位负责人主动交代罪行,视为主动投案,构成个人自首。但是这个时候单位负责人的主动投案与尚未发现单位犯罪事实情况下的主动投案不同,单位的犯罪事实已经被发现并且被侦查机关采取一定的强制措施,单位已经丧失了主动投案的条件,此时个人主动投案的行为效果只能延伸到个人自身,并不能当然地延伸至单位,因此不适用《走私意见》第

21条的规定,单位不宜认定为自首。

五、单位走私犯罪中数额的认定

(一)偷逃应缴税款的认定

1. 走私油画、雕塑等物品的应缴税额认定

在进出口领域,走私油画、雕塑等艺术品的应缴税额,核定的基础是成交价格还是鉴定价格,存在较大争议。《海关计核涉嫌走私的货物、物品偷逃税款暂行办法》(以下简称《计核办法》)第16条规定:"涉嫌走私的货物能够确定成交价格的,其计税价格应当以该货物的成交价格为基础审核确定。"《计核办法》第19条规定:"涉嫌走私进口的黄金、白银和其他贵重金属及其制品、珠宝制品以及其他有价值的收藏品,应当按国家定价或者国家有关鉴定部门确定的价值核定其计税价格。"上述《计核办法》第16条是确定涉案货物计税价格的一般性规定,第19条是确定特殊货物计税价格的特殊性规定,应当按照特殊条款优于一般条款的原则适用。在适用顺序上,应当优先审查是否符合第19条的规定,不符合该规定的,再适用第16条的规定。关键的问题在于,油画、雕塑是属于收藏品还是一般性物品。根据《进出口税则》的规定,收藏品是"具有动物学、植物学,矿物学、解剖学、考古学、古生物学、人种学或钱币学意义的收集品和珍藏品"。从这个定义上看,油画、雕塑显然不属于收藏品,而是属于艺术品。根据《进出口税则》的规定,艺术品与收藏品分属于不同的税则号列,因此,对于走私油画、雕塑等物品的,在计算应缴税额时,应当适用《计核办法》第16条的规定,以其成交价格计算应缴税款。

2. 关税税率的计算

如果案发后关税税率发生变动,那么如何确定关税税率,是以走私行为发生时的关税税率计算还是以案发后的关税税率计算,实践中存在争议。有观点认为,应当按照从旧兼从轻的原则确定税率,如果案发后税率变得更低,则应当以案发后的税率计算。笔者不认同这种观点,

走私行为后关税税率的变动不影响偷逃应缴税额的认定,主要理由在于:一是关税税率是由国务院关税税则委员会、海关总署确定的,其效力相当于部门规章,关税税率的变动相当于部门规章的修改导致的。而从旧兼从轻是刑法定罪量刑的原则,只在刑法领域适用,部门规章修改导致的变化不适用从旧兼从轻的原则。二是走私犯罪事实应当以行为时为准,因此走私犯罪数额的确定同样应当以走私犯罪行为时为标准计算,因为走私行为当时按照法律规定本来就应当缴纳国家关税,而当时没有缴纳实际上就已经偷逃了国家税款,应缴而不缴,客观上已经侵犯了国家的进出口管理秩序,不能因为后续关税税率调整而否认之前已经产生的法益侵害。因此,关税税率的变动不影响先前偷逃国家关税的走私行为的判断,仍应当以行为时的关税税率作为核税的依据。

3. 实际成交价格的认定

司法实践中,单位走私普通货物、物品的犯罪方式一般是通过向海关低报实际成交价格,从而达到偷逃税款的目的。实际成交价格是计算应缴税额的基础,根据《走私意见》第11条的规定,对实际成交价格的认定,一般是先根据合同、发票等单证上的价格进行认定,如果无法提取这些单证,则根据"付汇渠道、资金流向、会计账册、境内外收发货人的真实交易方式"等方式确认实际成交价格。而实践中,有的单位反侦查意识非常强,往往会定期销毁相关账册、更换付汇账户等,导致无法查清实际成交价格。对于这种情况,根据《计核办法》第17条之规定,应当依次按照相同货物成交价格、类似货物成交价格、相同或者类似货物在国际市场的正常成交价格等6种方法确定计税价格。

(二)自由贸易区免税政策偷逃税款的认定

我国在对外经济贸易当中,会与外国签订自由贸易协定,如东盟自由贸易区,自由贸易区的政策规定相关国家的货物进口享受免税政策。具体实践中,在计算偷逃税款的总额时,对于从相关国家进口的货物是否应当扣除相应的税款,存在较大争议。有观点认为,计算走私犯罪的涉案数额,应当遵循实质判断的原则,从自由贸易区国家进口的货物,本来就应享受免税待遇,即使当时没有向海关申报免税,在刑事诉讼当中,如果查明确实是从自由贸易区国家进口相关货物,则应予以扣除相关的税款,而不应计入应缴税款当中。笔者不同意这种观点,走私犯罪作为行政性犯罪,不同于自然犯罪,侵犯的法益是国家进出口监管制度。既然侵犯的法益是国家监管制度,判断是否构成犯罪以及犯罪数额,也应基于国家监管的相关规定,因此,在判断是否构成走私犯罪以及计算走私犯罪的数额时,应当结合海关监管法律法规予以认定。海关总署作为海关监管的主管部门,其发布的行政规章,在刑事诉讼当中也应参照执行。对于从自由贸易区国家进口的货物,在计算应缴税额时,不仅要进行实质判断,还应当进行形式判断,不仅要判断是否确实属于从自由贸易区国家进口,还应判断当时是否向海关申报。只有既符合实质要件,也符合海关监管的形式要件,才可以扣除相关税款,否则仍应计入应缴税款的数额当中。

根据《海关进出口货物优惠原产地管理规定》(海关总署第181号令)第14、10、21条的规定,进口货物要适用协定税率或者特惠税率,必须同时符合3个条件:一是必须主动申报;二是申报时必须提供原产地证书、原产地声明;三是必须符合直接运输的原则。这3个条件只有同时具备,才能适用协定税率或者特惠税率,只要不符合其中任何一个条件,就不能适用协定税率或者特惠税率。因此,如果没有在货物申报进口时没有提交符合规定的原产地证书、原产地声明,也未就进口货物是否具备原产资格进行补充申报的,则不适用协定税率或者特惠税率,仍然应当按照正常税率缴纳税款。

(三)单位走私珍贵动物制品的价值认定问题

1. 价值鉴定资质问题

实践中,不仅存在单位走私普通货物物品罪的情况,也存在单位走私珍贵动物制品的现象。在走私珍贵动物制品罪的认定过程中涉及价值鉴定机构的资质问题。物种的价值鉴定是破坏野生动植物犯罪定罪量刑的重要证据,直接影响了定罪量刑。但目前对于价值鉴定的相关法律规定和规章制度比较多,而且关于鉴定程序和鉴定主体的规定存在冲突,导致在司法适用上存在一定的困难。在司法实践中,对于珍贵动物制品的价值鉴定往往由濒危物种进出口管理办公室或其指定的鉴定单位出具《价值证明》,对于该《价值证明》的证据效力,往往存在一定争议。关于濒危物种进出口管理办公室出具的《价值证明》的证据效力,有不同的意见。一种意见认为,政府价格部门价格事务所是法定估价机构,应当由各地价格部门进行价值认定,其他机构出具的价值认定不具有法律效力。其理由是1997年4月22日国家计划委员会、最高人民法院、最高人民检察院、公安部印发的《扣押、追缴、没收物品估价管理办法》(以下简称《估价管理办法》)第5条规定:"国务院及地方人民政府价格部门是扣押、追缴、没收物品估价工作的主管部门,其设立的价格事务所是各级人民法院、人民检察院、公安机关指定的扣押、追缴、没收物品估价机构,其他任何机构或者个人不得对扣押、追缴、没收物品估价。"同时国家发展和改革委员会价格认证中心颁布的《野生动物及其产品(制品)价格认定规则》亦进行了细化规定,明确"各级价格主管部门设立的价格认定机构依法对以野生动物及其产品(制品)价值为标准定罪量刑或处罚的案件中价格不明或价格有争议的野生动物及其产品(制品)的价格认定"。根据上述规定,各地的价格事务所是司法机关指定的扣押、追缴、没收物品估价机构,其他任何机构或者个人不得对扣押、追缴、没收物品估价,因此对物种的价值认定应当由各地价格主管部门予以认定。另一种意见认为,林业局下属的濒危物种进出口管理办公室对野生动物及其制品的价值认定仍然具有一定的法律效力,可以作为检验报告予以采信,理由是在物种价值认定方面,司法机关是价值核定的主体,在核定有困难时,可以请县级以上林业主管部门、国家濒危物种进出口管理机构或其指定的鉴定单位予以协助。而根据《濒危野生动植物种国际贸易公约》(CITES)第9条的要求,中国政府已指定"中华人民共和国濒危物种进出口管理办公室"为有关的"管理机构",同年在国家林业局成立中华人民共和国濒危物种进出口管理办公室作为履约的管理机构。因此对濒危物种进出口管理办公室北京办事处出具的《价值证明》,可以作为检验报告予以采信。

笔者同意后一种意见,理由如下:一是司法机关是价值核定的主体,濒危物种进出口管理办公室是协助机构。2014 年《走私解释》规定:"走私本解释附表中未规定珍贵动物的制品的,按照《最高人民法院、最高人民检察院、国家林业局、公安部、海关总署关于破坏野生动物资源刑事案件中涉及的 CITES 附录1和附录Ⅱ所列陆生野生动物制品价值核定问题的通知》(林濒发〔2012〕239 号)的有关规定核定价值。"根据该林濒〔2012〕239 号文的规定:"人民法院、人民检察院、公安、海关等办案单位可以依据上述价值标准,核定破坏野生动物资源刑事案件中涉及的 CITES 附录Ⅰ和附录Ⅱ所列陆生野生动物制品的价值。核定有困难的,县级以上林业主管部门、国家濒危物种进出口管理机构或其指定的鉴定单位应该协助。"因此,在物种价值认定方面,司法机关是价值核定的主体,在核定有困难时,可以请相关机构予以协助。二是规范冲突时的法律适用。虽然《估价管理办法》规定政府价格部门设立的价格事务所是估价机构,但该办法第 4 条规定"对于扣押、追缴、没收的珍贵文物,珍贵、濒危动物及其制品,珍稀植物及其制品,毒品,淫秽物品,枪支、弹药等不以价格数额作为定罪量刑标准的,不需要估价"。可见,《估价管理办法》已经排除了对珍贵、濒危动物及其制品的估价,虽然《野生动物及其产品(制品)价格认定规则》并未明确排除,但该规则系由国家发改委价格认证中心颁布,效力等级较低,由于"两高"已经于 2012 年、2014 年就珍贵野生动物的估价颁布了林濒〔2012〕239 号和《走私解释》两个新的司法解释,按照效力等级的原则,应当适用"两高"新的司法解释规定。因此,濒危物种进出口管理办公室可以对野生动物及其制品的价值进行价值核定。《最高人民法院关于适用〈中华人民共和国刑事诉讼法〉的解释》第 87 条规定:"对案件中的专门性问题需要鉴定,但没有法定司法鉴定机构,或者法律、司法解释规定可以进行检验的,可以指派、聘请有专门知识的人进行检验,检验报告可以作为定罪量刑的参考。"因此,濒危物种进出口管理办公室北京办事处出具的《价值证明》可以作为检验报告予以采信。

2. 单根象牙的价值认定

在单位走私象牙等珍贵动物制品的过程中,涉及单根象牙的价值认定问题,在实践中存在一定争议。《最高人民法院关于审理破坏野生动物资源刑事案件具体应用法律若干问题的解释》(法释〔2000〕37 号)第 11 条规定:“珍贵、濒危野生动植物制品的价值,依照国家野生动物保护主管的规定核定;核定价值低于实际交易价格的,以实际交易价格认定。”林濒发〔2012〕239 号文规定:“四、核定价值低于非法贸易实际交易价格的,以非法贸易实际交易价格认定。五、犀牛角、象牙等野生动物制品的价值,继续依照《国家林业局关于发布破坏野生动物资源刑事案中涉及走私的象牙及其制品价值标准的通知》(林濒发〔2001〕234 号),以及《国家林业局关于发布破坏野生动物资源刑事案件中涉及犀牛角价值标准的通知》(林护发〔2002〕130 号)的规定核定。”根据上述司法解释和法律规章,目前对象牙及其制品的价值鉴定依然适用林濒发〔2001〕234 号的规定,而根据该规定:“一根未加工象牙的价值为 25 万元;由整根象牙雕刻而成的一件象牙制品,应视为一根象牙,其价值为 25 万元;由一根象牙切割成数段象牙块或者雕刻成数件象牙制品的,这些象牙块或者象牙制品总合,也应视为一根象牙,其价值为 25 万元;对于无法确定是否属一根象牙切割或者雕刻成的象牙块或象牙制品,应根据其重量来核定,单价为 41,667 元/千克。按上述价值标准核定的象牙及其制品价格低于实际销售价的按实际销售价格执行。”那么对于无法确定是否为同一根的情况下,如果单根按照 41,667 元/千克的价格进行计算,则可能出现单根超过 25 万元,那么如何认定存在争议。有观点认为严格按照林濒发〔2001〕234 号文件的文件规定,只要涉案的象牙无法确定为同一根,则都应按照 41,667 元/千克的价格予以计算价值,不论单根是否超过 25 万元;另一种观点认为,对于一根象牙,无论大小,均不能超过 25 万元。

笔者同意后一种观点,应从立法原意出发理解林濒发〔2001〕234 号文件规定的标准。该标准之所以规定 41,667 元/千克的价格,是因为将每根象牙的价格均规定为 25 万元,并通过对一定数量的象牙样本进行净重统计后,得出一根象牙的平均净重为 6 千克的结论,然后将 25 万元除以 6 千克,从而计算出了每千克象牙的价值为 41,667 元,以此作为认定非整根象牙块或散件象牙制品价值的标准。因此,在认定单件象牙块或散件象牙制品时,不应机械地套用41,667元/千克的标准,而应首先判断单件象牙块或象牙制品是否属于同一根象牙。对于属于同一根象牙的,如果达到或超过6千克,则直接认定价值为25万元;如果净重不足6千克的,按照每千克41,667元的标准核定价值。这样计算,就不会导致超过6千克的单根象牙的价值超过25万元的不合理情况,也就是说,单根象牙的价值最高就是25万元,否则如果机械按照41,667元/千克计算,就会出现一段象牙制品的价值大于一根完整象牙价值的悖论,导致罪责刑不相适应。

Several issues on Unit Smuggling Crime

Huang Linglin

[**内容摘要**]走私犯罪作为典型的法定犯罪,带有明显的政策性。随着国家对外贸易的发展,以单位形式实施的走私犯罪大幅上升,单位走私犯罪愈演愈烈。刑法对走私罪名均规定了单位犯罪,司法实践中对单位走私犯罪出现诸多疑难问题,集中体现在定罪量刑模式、单位意志、单位主体资格、单位自首、犯罪数额等的认定上,有必要结合立法精神和司法实践就这些疑难问题进行重点分析,厘清单位犯罪的二元定罪量刑模式,界定单位意志和单位主体的表现形式,分析单位自首和个人自首的构成要件,明确走私犯罪数额的认定标准,实现单位走私犯罪的罪责刑相适应。

[**关键词**]单位;走私犯罪;单位意志;自首;犯罪数额

Abstract: As a typical statutory crime, smuggling crime is obviously policy-based. With the development of the country's foreign trade, the number of unit smuggling crime is rising sharply. The criminal law stipulates the crime of unit smuggling. In judicial practice, however, many difficult problems in unit smuggling crime have arisen, which mainly reflect in the conviction and sentencing mode, unit will, the subject qualification, unit self-surrender, amount of the crime and so on. It is necessary to analyze these difficult problems by taking both of the legislative spirit and judicial practice into consideration, to clarify the dual conviction and sentencing mode of the unit crime, to define the form of the unit will and its subject qualification, to analyze the constituent elements of the self-surrender for the unit and individual separately, as well as to clarify the criteria for determining the amount of smuggling crime, so that the aim of fitting penalty to a crime and criminal responsibility can be achieved.

Keywords: Unit; Smuggling Crime; Unit Will; Surrender; the Amount of Crime

“套路贷”案件罪名适用困境及其应对的实证研究*

汪恭政**

目　　次

“套路贷”是近来借贷市场上频发的犯罪现象,且以诈骗罪评价行为人为通常做法。针对实施“套路贷”的行为人到底是适用诈骗罪一罪评价,还是以数罪评价,无疑是应对此类案件的主要困境。[①] 学界虽然从构成要件说、法益说、犯意说上提出了不少的理论应对方案,但是

* 本文系2022年度浙江省哲学社会科学规划课题“数字金融背景下金融诈骗犯罪的实证研究”(22NDQN240YB)和中国博士后科学基金第69批面上资助项目(2021M690800)的阶段性成果。

** 浙江工商大学法学院特聘副教授,硕士生导师;中国社会科学院法学研究所与贵州省社会科学院联合培养博士后,法学博士。

① 在未具体说明的情况下,本文重在关注评价意义上的一罪与数罪问题,对于科刑意义上的一罪与数罪问题,在本文看来,前者是前提,决定着后者。

否为实践适用以及如何适用并未得到检验。为此,本文拟以"套路贷"案件的罪名适用为研究对象,立足实证研究,探寻此类案件罪名适用的实践应对方案并审视其不足,进而确立实践应对方案适用的基准,并完善以诈骗罪评价、与诈骗罪择一或并合评价情形的认定。

一、研究前提:罪名适用困境与理论应对方案

在"套路贷"案件中,行为人实施的不法行为,是适用一罪还是数罪评价,是当前实践面临的主要困境。在理论界,构成要件说、法益说、犯意说为应对此困境提供了理论方案,但这些方案是否为实践采纳值得深入研究。

(一)面临的困境

近来,行为人假借民间借贷之名实施的"套路贷"犯罪活动日益猖獗。为了准确甄别和严惩"套路贷"犯罪分子,防范此类不法行为引起的社会危害,2019年最高人民法院会同最高人民检察院、公安部、司法部联合制定了《关于办理"套路贷"刑事案件若干问题的意见》(以下简称《意见》)。根据《意见》的规定,"实施'套路贷'过程中,未采用明显的暴力或者威胁手段,其行为特征从整体上表现为以非法占有为目的,通过虚构事实、隐瞒真相骗取被害人财物的,一般以诈骗罪定罪处罚;对于在实施'套路贷'过程中多种手段并用,构成诈骗、敲诈勒索、非法拘禁、虚假诉讼、寻衅滋事、强迫交易、抢劫、绑架等多种犯罪的,应当根据具体案件事实,区分不同情况,依照刑法及有关司法解释的规定数罪并罚或者择一重处"。2018年浙江省高级人民法院、高级人民检察院、公安厅《关于办理"套路贷"刑事案件的指导意见》和2017年上海市高级人民法院、高级人民检察院、公安局《关于本市办理"套路贷"刑事案件的工作

意见》也作了类似规定，[①]即行为人采用明显暴力或威胁手段，其行为在整体上属于以非法占有为目的，虚构事实、隐瞒真相骗取被害人财产的，一般以诈骗罪评价；行为人既采用虚构事实、隐瞒真相的诈骗手段，又采用暴力、威胁、虚假诉讼等手段，构成诈骗、抢劫、敲诈勒索、非法拘禁、虚假诉讼等多种犯罪的，则数罪并罚或按处罚较重的规定定罪处罚。

由以上规定，可知“套路贷”案件并非某一犯罪构成，而是行为人假借民间借贷之名行系列犯罪之实的犯罪现象。[②] 诚如有学者所言，“‘套路贷’并不是一个刑法概念，也不是一个犯罪构成或者某个犯罪的构成要件，更不是一个独立的罪名”[③]。不过，由此面临的困境是，实施“套路贷”违反数个罪刑规范的行为人到底是适用诈骗罪一罪，还是适用包括诈骗罪在内的其他数罪？也即，针对行为人的犯罪行为是以一罪评价，还是以数罪评价？值得思考。

在刑法理论上，此乃区分一罪和数罪的问题。诚如有学者所说，“被告人的行为究竟是构成一罪还是成立数罪，是实践中经常遇到的重要问题之一，也是犯罪论的基本理论问题之一”[④]。为了解决此问题，在理论界，归纳起来，主要提出了3种学说方案：一是构成要件说方案，[⑤]即一罪

---

① 另外，地方的相关规范性文件还包括重庆市高级人民法院《关于办理“套路贷”犯罪案件法律适用问题的会议纪要》和安徽省高级人民法院、省人民检察院、公安厅《关于办理“套路贷”刑事案件的指导意见》等。

② 也有学者将其解读为“涵盖一系列违法犯罪行为的社会现象”。详见涂龙科：《“套路贷”犯罪的刑法规制研究》，载《政治与法律》2019年第12期。

③ 张明楷：《不能以“套路贷”概念取代犯罪构成》，载《人民法院报》2019年10月10日，第5版。

④ 张明楷：《刑法学》（上）（第5版），法律出版社2016年版，第456页。

⑤ 也有学者提出犯罪构成说的方案。本文认为，无论是犯罪构成说，还是构成要件说，罪数判断都受行为事实该当构成要件数量（评价次数）的影响，故统一以构成要件说方案表述。恰如有学者所言，“在我国，犯罪构成是犯罪成立条件，故采用‘构成要件说’可能意味着采取了‘犯罪构成说’”。参见张明楷：《刑法学》（上）（第5版），法律出版社2016年版，第457页。

和数罪的区分受行为事实符合构成要件数量的影响,[①]该当一个构成要件的为一罪,该当两个以上的则为数罪,或者说"对于确定是行为单数还是行为复数起决定性作用的,可能是各自被破坏的法定构成要件的意义";[②]二是法益说方案,即区分一罪和数罪依赖于行为人侵犯法益的个数,侵犯数个法益的为数罪,侵犯一个法益的为一罪,"犯罪之本质为法益之侵害,自应以其行为结果所侵害法益之个数,为决定犯罪单复之标准";[③]三是犯意说方案,即区分一罪和数罪的根据在于行为人所具有的犯罪意思个数,[④]存在一个犯罪意思的为一罪,具有数个犯罪意思的为数罪,"决定罪数是以行为人的社会的危险性来论定的,行为人的反社会的危险性由于表现为其犯罪的意思,当然应当根据意思说"。[⑤]

面对"套路贷"案件的罪名适用困境,尽管理论上提出了不少应对方案,但实践中是否推行以及如何推行,有必要深入研究。

(二)假设的设立

为了应对"套路贷"案件罪名适用的困境,检视上述学说方案在实践中的运用情况,同时考虑到实践中以诈骗罪评价行为人为通常做法,因而是否采取与诈骗罪并罚的方式评价行为人为研究的关键,基于此,提出以下假设。

第一,在构成要件说方案中,如何适用罪名往往离不开对行为事实

---

① 学界也提出行为说的方案,考虑到行为,即刑法意义上的行为(tatbestandliche Hanglungseinheit),属于构成要件要素之一,因此,本文将其纳入构成要件说的讨论范围。

② [德]汉斯·海因里希·耶塞克、托马斯·魏根特:《德国刑法教科书(总论)》,徐久生译,中国法制出版社2001年版,第863页。

③ 甘添贵:《罪数理论之研究》,中国人民大学出版社2008年版,第18页。

④ [日]前田雅英:《刑法总论讲义》(第3版),东京大学出版会1999年版,第469页。

⑤ [日]木村龟二:《刑法学词典》,上海翻译出版公司1991年版,第396~397页。

的判断,即判断行为人引起的行为事实是否该当构成要件具有的特征。① 诚如有学者所说,判断的实质在于检视行为事实是否与犯罪构成(构成要件)相符,因而判断的重心乃行为要素。② 在本文看来,即重在对不法行为(手段)作出判断,③原因在于"构成犯罪的事实要件,就是行为或事实",④即行为是构成要件的核心。⑤ 结合前文的解释性规定,可以推断,在"套路贷"案件中,行为人未采用明显暴力、威胁、诉讼的,一般对其决定以诈骗罪评价;采用明显暴力、威胁、诉讼的,则对其以与诈骗罪并合的方式评价。据此,可提出:

假设1:在"套路贷"案件中,行为人除了采用其他(包括诈骗)手段外,还采用明显暴力、威胁、诉讼手段的,则对其以与诈骗罪并合的方式评价。

第二,在法益说方案中,具体受损的法益影响着行为人以何罪名评价。若能以诈骗罪评价行为人的,关键在于其侵犯了被害人(借贷者)的财产法益,若行为人受到与诈骗罪并罚的方式评价的,说明其还侵犯了其他法益,一般表现为对被害人人身或秩序法益的侵害。据此,可提出:

假设2:在"套路贷"案件中,行为人侵犯被害人财产法益的同时,还侵犯被害人人身或秩序法益的,则对其以与诈骗罪并合的方式评价。

第三,在犯意说方案中,犯意是决定行为人罪名适用的关键,若行为人被诈骗罪评价的,说明其有侵财的犯意。除了此犯意外,行为人若还有伤害或其他犯意的,则有必要对行为人一并适用能遏制这些犯意

---

① 主观要件上能说明行为人对行为事实有认知;客观要件上能说明行为事实由行为人所引起。

② 参见叶良芳:《罪数论的体系性反思与建构》,载《浙江大学学报(人文社会科学版)》2007年第4期。

③ 行为与手段在本文同义,都属于行为要素,是行为事实的具体体现。

④ [法]卡斯东·斯特法尼:《法国刑法总论精义》,罗结珍译,中国政法大学出版社1998年版,第214页。

⑤ [日]小野清一郎:《犯罪构成要件理论》,中国人民公安大学出版社1991年版,第103页。

的罪名进行评价。据此,可提出:

假设 3:在“套路贷”案件中,行为人有侵财犯意的同时,还有伤害或其他犯意的,则对其以与诈骗罪并合的方式评价。

(三)变量的设置

“套路贷”案件罪名适用的困境,体现的便是如何判断罪数,“就如何判断罪数,判例无疑发挥了主导作用”。[①] 为了实证考察这一困境,本文拟以实践中的裁判文书为分析样本,具体研究“套路贷”案件中行为人罪名适用的现实分布。具体而言,以 Openlaw 官网为案例检索数据库,经检索,共获 244 份刑事裁判文书。[②] 其中,判决书 188 份,裁定书 56 份。经筛选,得有效判决书 126 份,裁定书 53 份。由于裁定书的案件事实表述不充分,故剔除考察,除此以外,共得 571 名被告人的案例样本。初步梳理这些样本,发现以下内容:从庭审程序看,一审涉及的被告人达 537 人,[③]占比高达 94%;二审涉及的被告人有 34 人,占比 6%。从裁判年份看,2017 年 3 名被告人从事“套路贷”活动被刑事追责;2018 年涉案人数达 350 人,比例高达 61.3%;2019 年截至检索日,涉案 218 人,占比 38.2%。“套路贷”刑事涉案共计 20 个省,[④]其中,浙江、江苏、上海、安徽分列第 1 ~ 4 位,涉案人数分别为 129 人、97 人、74 人和 57 人,占比分别为 22.6%、17%、13% 和 10%。紧随其后的是天津、云南、河南、江西、内蒙古,人数分别为 43 人、34

---

① [日]西田典之:《日本刑法总论》,刘明祥、王昭武译,中国人民大学出版社 2007 年版,第 344 页。

② 在 Openlaw 官网(网址为 http://openlaw.cn/),具体以“套路贷”为关键词、以“刑事”为案件类型、以 2017 年 1 月 1 日至 2019 年 8 月 15 日为起止时间来检索刑事裁判文书。

③ 在未具体说明的情况下,“套路贷”案件的被告人与实施“套路贷”不法行为的行为人在本文同义。

④ 涉案省份分别为:安徽、福建、广东、贵州、河北、河南、黑龙江、湖北、湖南、吉林、江苏、江西、内蒙古、山西、陕西、上海、天津、云南、浙江和重庆。

人、30 人、15 人、15 人，占比依次为 7.5%、6.0%、5.3%、2.6%、2.6%。

为了更好地检视上述学说方案在实践中的运用情况，应基于上述假设，结合现已出台的包括《关于办理"套路贷"刑事案件若干问题的意见》在内的解释性规定，除了设置"是否与诈骗罪并合评价"这一因变量外，还须设置自变量。具体来说，设置的自变量包括以下方面。

根据假设 1，应设置的自变量为：暴力手段，主要指行为人利用抢劫、伤害、拘禁、侵入住宅在内的强制有形的外力危及被害人人身安全的行为，目前有 173 人实施，占比 30.3%；威胁手段，主要是行为人利用被害人的弱点、以恐吓要挟或其他压力迫使被害人做其不愿从事的行为，此类手段有 289 人实施，比例为 50.6%；诉讼手段，主要指行为人以所谓的借贷事实进行虚假的民事诉讼，当前实施此手段的有 10 人，占比 1.8%；其他手段，是指除暴力、威胁和诉讼以外行为人实施的包括诈骗在内的其他不法方式，此类手段的实施者人数较多，有 283 人，比例高达 49.6%。

根据假设 2，应设置的自变量有：侵犯财产法益的情形，主要是对被害人所有或占有的财物的侵犯，目前有 485 人涉案，占比 84.9%；侵犯人身法益的情形，包括对身体权、健康权、人身自由、生活安宁等人之利益的侵犯，涉案 114 人，比例为 20%；侵犯秩序法益的情形，包括对公共安全、社会管理、经济运行等秩序法益的侵犯，有 125 人参与实施，占比 21.9%。

根据假设 3，应设置的自变量包括：有侵财的犯意，即有非法占有被害人财物的意思，涉及 485 人，占比 84.9%；有伤害的犯意，包括有伤害他人人身、限制或剥夺其自由的意思，163 人有此犯意，比例为 28.5%；除了有侵财、伤害的犯意外，有其他犯意的涉及 69 人，占比 12.1%。

此外，为了验证实证分析结果的可行性、有效性，同时，鉴于"套路贷"案件的顺利实施，一般存在签约和索债两个阶段。因此，有必要将签约阶段的不法行为纳入后文验证的自变量之列，具体应设置的自变量包括:制造民间借贷假象(446人,78.1%),具体指以各种名义宣传,吸引被害人借款,继而以"违约金""保证金""中介费"等名目诱骗其签订明显不利的协议,以形成民间借贷的虚假外观;制造虚假给付事实(177人,31%),主要指行为人将虚高借款金额转入被害人的银行账户,制造与借款协议一致的银行流水;肆意认定违约(199人,34.9%),特指行为人以设置违约条款、制造违约陷阱、刻意躲避还款等方式故意造成被害人违约;恶意垒高借款金额(131人,22.9%),常指行为人以转单平账、以贷还贷的方式不断加高借款的金额。

二、实证考察:理论应对方案的分析与发现

在"套路贷"案件中,罪名适用困境的焦点在于行为人实施的多种不法行为是否与诈骗罪构成并罚,即是否与诈骗罪并合评价。实证研究,发现构成要件说方案乃当前实践应对此困境推行的主要方案。

(一)理论应对方案的实证分析

根据上述假设,以"是否与诈骗罪并合评价"为因变量,选取构成要件说、法益说、犯意说三类方案中影响罪名适用的因素作为自变量,借助SPSS进行二元Logistic回归分析,以考察各自方案中的自变量如何影响因变量。

1. 假设1的实证分析

根据假设1,以"是否与诈骗罪并合评价"为因变量,以暴力、威胁、诉讼和其他手段为自变量,借助SPSS进行Logistic回归分析,发现(见表1)诉讼手段和常数的P值大于0.05,对"是否与诈骗罪并合评价"无显著影响,而暴力、威胁和其他手段的P值均小于0.05时,说明在此次拟合的模型中,暴力手段、威胁手段和其他手段对"是否与诈骗罪并合评价"的影响具有统计学上的意义。基于此,根据二元Logistic回归分析的结果,最终的拟合方程式为:Logit(P) = -0.806 * 暴力手段 -3.249 * 威胁手段 -6.303 * 其他手段。

表1 假设1的回归分析结果

自变量	偏回归系数(B)	标准误差(S. E)	P值	Exp(B)
暴力手段	-0. 806	0. 400	0. 044	0. 447
威胁手段	-3. 249	0. 368	0	0. 039
诉讼手段	21. 282	9845. 858	0. 998	1, 749, 108, 228
其他手段	-6. 303	1. 038	0	0. 002
常量	-19. 776	9845. 858	0. 998	0

2. 假设2的实证分析

根据假设2,以侵犯人身法益的情形、侵犯财产法益的情形以及侵犯秩序法益的情形作为影响"是否与诈骗罪并合评价"的自变量,经Logistic回归分析,发现(见表2)3个自变量的P值都大于0. 05。由此表明,这三个自变量进入模型都缺乏意义,对是否与诈骗罪并合评价不能产生统计学意义上的影响。

表2 假设2的回归分析结果

自变量	偏回归系数(B)	标准误差(S. E)	P值	Exp(B)
侵犯人身法益的情形	-0. 600	0. 351	0. 087	0. 549
侵犯财产法益的情形	-19. 823	4320. 174	0. 996	0
侵犯秩序法益的情形	-0. 512	0. 392	0. 191	0. 599
常量	-0. 893	0. 316	0. 005	0. 409

3. 假设3的实证分析

依照假设3,以侵财的犯意、伤害的犯意以及其他的犯意作为是否与诈骗罪并合评价的自变量,经Logistic回归分析,发现(见表3)侵财的犯意和其他的犯意两自变量的P值都大于0. 05,说明两者对因变量无显著影响,除了常量外,只有伤害犯意的自变量与Logit(P)之间存在显著的线性关系。由此,最终的拟合方程式为:Logit(P) = -1. 749 -1. 350 * 伤害的犯意。

表3 假设3的回归分析结果

自变量	偏回归系数(B)	标准误差(S. E)	P值	Exp(B)
侵财的犯意	-20. 053	4161. 818	0. 996	0
伤害的犯意	-1. 350	0. 307	0	0. 259
其他的犯意	1. 028	0. 543	0. 058	2. 794
常量	-1. 749	0. 483	0	0. 174

(二)理论应对方案的实证发现

根据以上回归分析结果,发现假设1相比假设2和假设3更合理,其解释的自变量与Logit(P)之间的线性关系显著。由此,针对“套路贷”案件罪名适用困境的理论应对方案,可得出以下结论。

首先,行为人引起行为事实的不同,对其是否与诈骗罪并合评价产生决定性影响。二元Logistic回归分析表明,在“套路贷”案件中,行为人实施暴力、威胁或其他手段的,追究行为人刑事责任时,往往将其与诈骗罪并合评价。在现有的研究样本中,具体来说:(1)在行为人实施暴力手段的“套路贷”案件中,行为人非法拘禁的,对其以非法拘禁罪与诈骗罪并合评价的案件有10起;非法侵入住宅的同时又寻衅滋事的,以非法侵入住宅罪、寻衅滋事罪与诈骗罪并合评价的有2起;非法拘禁的同时又寻衅滋事的,以寻衅滋事罪、非法拘禁罪与诈骗罪并合评价的也有2起;实施严重危及人身安全的抢劫行为的,以抢劫罪与诈骗罪并合评价的有1起。(2)在行为人实施威胁手段的“套路贷”案件中,行为人敲诈勒索的,以敲诈勒索罪与诈骗罪并合评价的有40起。(3)行为人实施暴力手段的同时又实施威胁手段的,施以并合评价的案件达到11起。其中,以诈骗罪与非法拘禁罪、敲诈勒索罪、寻衅滋事罪和聚众斗殴罪并合评价,以诈骗罪与非法拘禁罪、敲诈勒索罪、聚众斗殴罪并合评价，以诈骗罪与敲诈勒索罪、寻衅滋事罪、聚众斗殴罪并合评价，以及以诈骗罪与敲诈勒索罪、非法拘禁罪并合评价的各有1起；以诈骗罪与敲诈勒索罪、寻衅滋事罪并合评价的有7起。(4)在行为人实施其他手段的"套路贷"案件中，如拒不执行判决的，以诈骗罪与拒不执行判决罪共同评价的也有1起。总之，行为人引起的不同行为事实影响着其是否与诈骗罪并合评价。

其次，行为人侵害法益的不同，未对其是否与诈骗罪并合评价产生实质影响。通常来说，诈骗罪的实施意味着行为人侵犯了被害人的财产法益，若行为人还造成了其他法益的侵害，应与诈骗罪并合评价。然而，根据上述假设2的实证分析，发现行为人在"套路贷"案件中即使侵犯了被害人的人身法益或者秩序法益的，也并未对其是否与诈骗罪并合评价产生实质影响。换句话说，在"套路贷"案件中，即使行为人侵犯了被害人财产法益的同时，也导致了被害人人身法益、秩序法益受损情况的出现，并未基于存在不同受损法益的并存情形，就直接以并罚的罪名评价行为人。

最后，行为人犯意的不同，对其是否与诈骗罪并合评价，并未产生较大影响。根据假设3的实证分析，发现行为人仅有伤害的犯意会对是否与诈骗罪并合评价产生影响，若有其他的犯意，并未影响其是否与诈骗罪并合评价。尽管行为事实的产生会受犯意的影响，"犯意表明行为人的危险性格，犯罪行为是在犯意支配下实施的，是犯意的外部表现"①。但是，犯意源自行为人的内心活动，单纯以犯意说作为应对罪名适用困境的方案，不仅离不开刑事证据的证明，还须刑事推断。因而，在实践中，适用的空间有限。

综上，在"套路贷"案件中，决定行为人是否与诈骗罪并合评价，关键在于其引起的行为事实是否该当诈骗罪以外的其他法定构成要件。也就是说，构成要件说无疑是实践中应对罪名适用困境的主要方案，即实践应对方案。

---

① 张明楷：《刑法学》(上)(第5版)，法律出版社2016年版，第457页。

三、方案剖析:实践应对方案的验证与不足

根据以上研究,发现构成要件说是实践中应对"套路贷"案件罪名适用困境的主要方案,但考虑到"套路贷"案件的实施存在签约、索债两个阶段。因此,在不同的阶段下有必要验证此方案的可行性,并评析其在实践中存在的不足。

(一)实践应对方案的验证

实践中,"套路贷"的实施一般存在两个阶段:一是签约阶段,具体包括借贷协议的签订、借贷款项的发放以及借贷协议的履行诸多环节。此阶段行为人旨在与被害人形成虚假的债权债务关系,以确立或强化非法占有被害人财物的目的。二是索债阶段,行为人通过实施多类型的不法手段,以实现非法占有被害人财物的目的。应对"套路贷"案件罪名适用的困境,不仅要关注构成要件说是否是决定行为人与诈骗罪并合评价的方案,也要关注此学说是否是决定行为人单独以诈骗罪评价的方案。有鉴于此,为了审视构成要件说在实践中的适用性、有效性,有必要结合"套路贷"实施的不同阶段作以下验证。

1. 实践应对方案在签约阶段的验证

考虑到实践中诈骗罪的行为事实主要集中在签约阶段,因此,有必要以制造民间借贷假象、制造虚假给付事实、肆意认定违约、恶意垒高借款金额为自变量,以"是否以诈骗罪评价"为因变量,进行二元Logistic回归分析,发现(见表4)制造民间借贷假象、制造虚假给付事实、肆意认定违约和恶意垒高借款金额的P值都小于0.05,说明在此次拟合的模型中,这些行为对"是否以诈骗罪评价"都能产生影响,都具有统计学上的意义。

另外,考虑到诈骗罪的认定,要求行为人主观上要有非法占有的目的,为此,以非法占有目的(485人,84.9%)为自变量,进行二元

Logistic 回归分析,发现 P 值大于 0.05,说明非法占有目的并非影响诈骗罪的关键因素。据本文研究推测,这可能与适用多个包括评价非法占有目的在内的侵财类罪名密切相关。因为根据描述统计,发现在"套路贷"案件中,对行为人存有非法占有目的的不法行为进行评价所涉及的罪名除了诈骗罪(涉及 236 人)外,还涉及敲诈勒索罪和抢劫罪。其中,适用抢劫罪评价的有 38 人,适用敲诈勒索罪评价的竟达到 289 人。

表 4 验证 1 的回归分析结果

自变量	偏回归系数(B)	标准误差(S.E)	P 值	Exp(B)
制造民间借贷假象	-2.499	0.397	0	0.082
制造虚假给付事实	-0.868	0.227	0	0.420
肆意认定违约	1.107	0.220	0	3.024
恶意垒高借款金额	-1.515	0.255	0	0.220
常量	1.071	0.261	0	2.917

2. 实践应对方案在索债阶段的验证

在"套路贷"案件的索债阶段,相比签约阶段,行为人实施的不法手段更加多样,除了诈骗手段外,还有暴力、威胁、诉讼以及其他手段(此处特指诈骗外的其他手段)。为了验证构成要件说在索债阶段的适用可能性,以这些手段为自变量,以"是否与诈骗罪并合评价"为因变量,进行二元 Logistic 回归分析,发现(见表 5)除诉讼手段外,暴力、威胁以及诈骗外的其他手段的 P 值都小于 0.05,都具有统计学上的意义,与前文假设 1 的实证分析具有一致性。由此,进一步佐证了构成要件说是实践中应对"套路贷"案件罪名适用困境的主要方案。

表 5 验证 2 的回归分析结果

自变量	偏回归系数(B)	标准误差(S. E)	P 值	Exp(B)
暴力手段	-0.948	0.287	0.001	0.388
威胁手段	-1.294	0.300	0	0.274
诉讼手段	18.707	12,030.220	0.999	133,129,721
诈骗外的其他手段	2.375	1.039	0.022	10.754
常量	-21.816	12,030.220	0.999	0

基于以上,无论是在“套路贷”案件的签约阶段,还是在索债阶段,决定行为人是否以诈骗罪评价,抑或决定行为人是否与诈骗罪并合评价,构成要件说无疑都是解决这一罪名适用困境的主要方案。

(二)实践应对方案的评析

构成要件说虽然是应对“套路贷”案件罪名适用困境的主要方案,但经梳理样本中的典型案例,发现该方案在实践中也面临以下不足。①

1. 不法行为的遗漏评价

虽然以不法行为该当构成要件的数量能有效区分一罪与数罪,但在“套路贷”案件中,由于不法行为存在签约、索债的阶段性特征,因而常出现司法工作人员遗漏评价不法行为的情形。

一是考虑到索债阶段不法行为的严重危害性,因而注重评价索债阶段的不法行为,却忽略签约阶段不法行为的评价。例如,被告人程某先后纠集被告人叶某、毛某、姜某、彭某等十余人,从事“零用贷”、“套路贷”和催收债务等非法业务,放贷后实施“软暴力”(在被害人门外喷漆)、“硬暴力”(随意拘禁、殴打他人)等手段进行催收获得非法利益

① 另外,对假设 1 进行拟合度检验,发现 Nagelkerke R 方为 0.586,说明回归方程的拟合度并非很高,也进一步佐证了实践应对方案不足之处的存在。

的,法院以侵犯生活中应遵守的共同准则、破坏公共秩序为由,将索债阶段的不法行为评价为寻衅滋事罪,而未对签约阶段的侵财行为作规范评价。①

二是注意到签约阶段不法行为的规范评价,但囿于索债阶段不法行为的多样性而只对部分行为作规范评价。比如,被告人李某甲、罗某、焦某以非法占有为目的,假借民间借贷之名,通过虚增债务、签订虚假借款协议、肆意认定违约等方式,采用非法拘禁、胁迫、滋扰、纠缠等手段侵犯公民财产、人身权利、妨害社会管理秩序的不法行为,司法工作人员只以敲诈勒索罪评价,而对包括非法拘禁在内的其他不法行为未作相应的评价。②

2. 不法行为的重复评价

在"套路贷"案件中,司法工作人员重复评价不法行为,不仅表现在对从签约阶段延续至索债阶段的不法行为进行再次评价,也表现在对索债阶段的不法行为进行再次评价。

一是已对签约阶段的不法行为作了规范评价,又对延续至索债阶段的后续行为再次评价。例如,祁某、戴某等被告人利用被害人急需借款的心理,将被害人的车辆进行"评估",扣留被害人车辆备用钥匙,通过与被害人在短时间内迅速签订大量明显不利于被害人的各类书面合同蓄意制造还款陷阱,以 GPS 使用费、签约服务费、违章押金、保证金、利息等各种名义当场扣除各类费用等虚增债务,多次诈骗被害人钱财的,以诈骗罪评价,后又将被害人的车辆私自开走并向被害人索要高额费用的索债行为认定为敲诈勒索罪。③

二是重复评价索债阶段的不法行为。实践中,司法工作人员虽然重视索债阶段不法行为的规范评价,但未考虑到以部分罪名评价不法行为时会存在重合,以致造成规范评价的重叠。例如,被告人陆某、汪某、周某在催收借款的过程中多次到被害人家中以"喷油漆""堵门"

① 参见江西省上饶县人民法院刑事判决书,(2018)赣 1121 刑初 198 号。

② 参见江苏省扬州市邗江区人民法院刑事判决书,(2018)苏 1003 刑初 887 号。

③ 参见安徽省合肥市庐阳区人民法院刑事判决书,(2018)皖 0103 刑初 639 号。

“踹门把手”等方式滋扰、恐吓,造成恶劣的社会影响,其不法行为已被寻衅滋事罪评价;然而,对于这些被告人未经被害人的同意,以“踹门把手”等方式侵入被害人住宅的,又以非法侵入住宅罪再次评价。① 同样的不法行为,以不同罪名评价,造成了罪刑规范评价的叠加。

3. 类似不法行为的不同评价

在“套路贷”案件中,多样的不法行为往往在行为性质上具有相似性,司法工作人员由于审视不法行为性质的程度不够而常给出了不同的规范评价。

一是评价类似不法行为时,存在罪名适用的冲突。例如,被告人程某结伙朱某、汪某、于某,以民间借贷为名虚构事实或隐瞒真相,利用诉讼手段骗取他人财物的,以诈骗罪评价。② 然而,在有些案件中,行为人以诉讼手段骗取被害人财物的,却以虚假诉讼罪评价。比如,“被告人朱某恒、潘某、朱某根、杜某军、李某结伙以捏造的事实提起民事诉讼,妨害司法秩序,其行为已构成虚假诉讼罪”。③

二是评价类似不法行为时,罪名适用的类别存在不同。举例来说,被告人周某某、贺某某在熟悉民间借贷“套路”方式后,筹划成立了“胜天典当”,以借款为名行非法占有被害人财物之实,并附随一定程度的“软暴力”,司法工作人员认为,这些被告人使被害人逐步陷入“套路”之中,所实施“民间借贷业务”早已突破平等主体之间的民事法律关系,有必要以诈骗罪和敲诈勒索罪评价。④ 然而,行为人实施的类似不法行为在有些案件中却只以敲诈勒索罪评价,如被告人俞某、龚某某、汤某、何某、李某某、徐某某以非法占有为目的,采用暴力、要挟手段,强行索取他人财物的,却只构成敲诈勒索罪。⑤

① 参见安徽省合肥市庐阳区人民法院刑事判决书,(2018)皖0103刑初638号。

② 参见杭州市下城区人民法院刑事判决书,(2018)浙0103刑初463号。

③ 浙江省绍兴市柯桥区人民法院刑事判决书,(2018)浙0603刑初837号。

④ 参见浙江省海盐县人民法院刑事判决书,(2018)浙0424刑初240号。

⑤ 参见浙江省杭州市江干区人民法院刑事判决书,(2018)浙0104刑初1003号。

四、方案改进:完善实践应对方案的认定路径

构成要件说,作为实践应对方案,不仅在规范评价上有些不足,而且在理论上也受到一定的批判。“‘什么都说了,但什么都没有说’,这是因为,即使犯罪的个数取决于构成要件的评价次数,但仍然存在着以什么标准来决定构成要件的评价次数的问题,对此必须做出明确的回答。”[①]由此,为了更好地改进实践应对方案的适用,有必要确立方案适用的基准和完善不同评价情形的认定。

(一)实践应对方案适用的基准

根据构成要件说,决定罪数的多少关键取决于行为事实该当构成要件的数量。行为事实乃刑法意义上不法行为引起的事实,行为人应对行为事实有认识,“行为规范关心的乃行为人的意思,而外在的身体动静则是对这种规范违反意思的表达”。[②] 立足罪刑规范,对行为事实进行规范评价,是应对罪名适用困境的基础。换句话说,若行为人的不法行为实现了犯罪构成要件,应在规定的刑度内处罚,若违反数条刑法规定的,则有必要弄清法条之间的关系。[③] 也即以行为人触犯的罪刑规范评价其引起的行为事实,同时考虑到有触犯不同规范情形的存在,因而要做到规范评价的全面性和有效性。

基于此,在“套路贷”案件中,适用实践应对方案应对罪名适用困境时,应确立基准,即不仅要坚持全面评价,做到罪刑规范评价的周全性,也要禁止重复评价,实现罪刑规范评价的有效性。

---

① [日]山口厚:《刑法总论》,有斐阁 2016 年版,第 392 页。

② 参见[日]松原芳博:《犯罪结果与刑法规范》,载《三原宪三先生古稀祝贺论文集》,成文堂 2002 年版,第 322 页。

③ 参见[德]冈特·施特拉腾韦特、洛塔尔·库伦:《刑法总论 Ⅰ——犯罪论》,杨萌译,法律出版社 2006 年版,第 428 页。

1. 坚持全面评价

坚持全面评价(Ausschöpfungsgebot),旨在依据罪刑规范对行为事实进行全面的规范考量。诚如有学者所言,全面评价是在既有行为事实的定性上适用法定的犯罪构成,以进行充分的评价。① 或如有学者强调的,在犯罪构成的选择与适用上,应能全面反映行为的不法与罪责。② 就此来说,在罪名适用上坚持全面评价,主要在于避免将适用数罪的情形归于一罪评价,以规避罪名评价的遗漏。

如何全面评价,归纳起来,理论上主要有两种主张:一种主张认为,全面评价重在评价行为人侵犯的法益,即对行为适用的犯罪构成能够体现为对行为所侵犯的全部法益作出评价;③另一种主张强调,全面评价的重心是对不法行为引起的事实作出评价,即重在评价行为事实。结合前文的实证结论,本文认同后一主张,全面评价旨在依据罪刑规范评价行为人的行为事实。正如有学者所主张的那样,犯罪行为的不法内容须根据可考虑的刑法规范作详尽地确定。④ 而且,众所周知,行为事实是以行为人的不法行为为中心展开的,"在今日的刑法学中,无疑也必须以行为观念为核心来确立犯罪概念"。⑤ 因此,坚持全面评价,应立足行为事实。如此一来,不仅是对构成要件学说方案的贯彻,而且在刑事程序上更利于依托证据对不法行为作合理的规范评价。

在"套路贷"案件中,坚持全面评价,就要做到:一要对行为事实进行类型化,具体要分析行为事实是由哪些不法行为引起的;二要根据类型化的事实找寻对应的罪刑规范,进行规范分析。具体来说,若是暴力

---

① 参见刘刚:《论罪数评价》,载《法律科学》2011年第3期。

② 参见庄劲:《罪数的理论与实务》,中国人民公安大学出版社2012年版,第48页。

③ 参见庄劲:《犯罪竞合:罪数分析的结构与体系》,法律出版社2006年版,第49~55页。

④ Vgl. Jescheck/Weigend, Lehrbuch des Strafrechts, Allgemeiner Teil, 5. Aufl., 1996, S. 732.

⑤ [日]大塚仁:《刑法概说(总论)》(第3版),冯军译,中国人民大学出版社2003年版,第94页。

行为引起的事实,就要根据暴力的程度考虑是否以规制抢劫、伤害或非法拘禁的罪刑规范进行分析;若是威胁行为引起的事实,就要判断是否适用规制敲诈勒索的规范;若是欺骗行为引起的事实,则要考虑是否适用诈骗罪的规范;若是诉讼行为引起的事实,则须考虑是否该当虚假诉讼罪的规范;若是其他行为引起的事实,如掩饰、隐瞒犯罪所得、犯罪所得收益的,则考虑是否以掩饰、隐瞒犯罪所得、犯罪所得收益罪进行评价。总之,要根据行为人不法行为引起的行为事实立足对应的罪刑规范进行周延评价,防止评价的遗漏。

2. 禁止重复评价

禁止重复评价(Doppelverwertungsverbot),旨在依据罪刑规范对行为事实作有效的规范考量。为此,有学者认为,禁止重复评价(又称重复使用禁止)属于禁止将法条规定的构成要件要素在刑罚裁量中再度当作刑罚裁量事实的情形;[①]或理解为“对于反映同一不法内涵和同一罪责内涵的同一犯罪行为不得在定罪与量刑中反复使用”。[②] 在罪名适用上禁止重复评价,主要在于避免将适用一罪的情形归于数罪评价,以规避罪名评价的过剩。

如何禁止重复评价,关键在于把握禁止重复评价的对象。关于此对象,有学者在理论上梳理了包括“同一行为事实”“同一犯罪构成事实”“与定罪量刑有关的一切事实和要素”“同一犯罪”[③]在内的诸多观点。[④] 在本文看来,禁止重复评价与坚持全面评价类似,都是立足罪刑规范对行为事实进行评价。因此,禁止重复评价的对象乃行为事实,而

① 参见林山田:《刑法通论》(下册),北京大学出版社2012年版,第362页。

② 王明辉、唐煜枫:《论刑法中重复评价的本质及其禁止》,载《当代法学》2007年第3期。

③ 参见聂慧苹:《禁止重复评价之刑法展开与贯彻》,载《法学研究》2015年第3期。

④ 关于此对象的学说,还有学者将其总结为,包括“历史事实同一说”“基本事实同一说”“罪质同一说”“构成要件共通说”“指导形象类似说”“社会性嫌疑同一说”等。参见聂友伦:《论罪行遗漏的处理模式》,载《中国刑事法杂志》2018年第5期。

行为事实的同一性,才能确保禁止被评价一次以上或被再次起诉。①就此而言,本文认为,禁止重复评价的对象乃行为事实,且是同一行为事实。

无论是坚持全面评价,抑或禁止重复评价,评价的重心在于行为事实,即重在对行为的不法进行评价,而有关责任的评价,在本文看来,与不法的评价存在重复性,没有必要另作规范的考察。正如有学者强调的那样,"若多个法条对行为的不法存在重复评价,则必有重复的责任评价;反之亦然。因而在考察多个法条对行为的评价是否重复时,没有必要同时考察不法与责任评价,只需考察不法评价"。②

基于以上,禁止重复评价旨在禁止对同一行为事实进行重复评价。因而,在"套路贷"案件中,就应做到:一要明确同一行为事实的范围,防止裁剪行为事实适用不同的罪刑规范进行评价,而防止行为事实被裁剪的关键在于明确事实区分的标准。根据前文,本文主张,同一行为事实范围的界分有必要以暴力、威胁、欺骗、诉讼和其他不法行为引起的事实作为区分标准。如此一来,不仅能使行为事实契合构成要件,也能进一步再现犯罪乃不法行为违反罪刑规范的本质。二要确保行为事实与规范评价的一致性,即同一行为事实只能以一个具体的罪刑规范评价,若存在不同行为事实的,则以不同的规范评价,但若适用的罪刑规范要求择一评价的,则择一评价。

(二)不同评价情形的具体认定

在"套路贷"案件中,行为人构成诈骗罪最为普遍,为了更好地贯彻构成要件说方案,应在以行为事实为评价对象、坚持全面评价和禁止重复评价的基础上,有必要对以诈骗罪评价、与诈骗罪择一或并合评价的情形分别作出认定。

---

① See David S. Rudstein, *A Brief History of the Fifth Amendment Guarantee against Double Jeopardy*, William & Mary Bill Rights Journal, 2005, Vol. 14, Issue 1, p. 194 – 195.

② 庄劲:《机能的思考方法下的罪数论》,载《法学研究》2017 年第 3 期。

1. 以诈骗罪评价的认定

在“套路贷”案件中，由于行为人的不法行为存在签约、索债的阶段性特征，因而，在认定行为人的行为是否以诈骗罪评价时，有必要结合这些阶段性特征作以下认定（见表6）。

在签约阶段，行为人制造民间借贷的假象，通过“违约金”“保证金”“中介费”“服务费”“行业规矩”等方式与被害人签订与实际借款不符的借贷协议，被害人基于认识的错误，“自愿”同意与行为人签订借贷协议的，意味着行为人与被害人形成了债权债务关系，行为人凭借债权债务关系能实现对债权的控制。根据《刑法》第266条的规定，这符合诈骗罪的行为特征。不过，该条规定诈骗公私财物的才构成诈骗罪，但债权这一财产性利益是否属于财物的范畴值得讨论。学界主流观点认为，财产性利益属于诈骗罪的对象，而且在刑法上也有类似的规定。例如，根据《刑法》第210条第2款的规定，“使用欺骗手段骗取增值税专用发票或者可以用于骗取出口退税、抵扣税款的其他发票的，依照本法第二百六十六条的规定定罪处罚”。增值税等发票本身是有形的，但其保护的是发票背后具有的财产性利益。[①] 同样，借贷协议也是有形的，其协议背后体现的是债权，也属于财产性利益，因此，行为人制造民间借贷假象，让被害人陷入认识的错误，“自愿”签订明显于己不利的借贷协议的，意味着被骗对象基于这一虚假的债权债务关系，处分了自己的财产性利益，符合《刑法》第266条的构罪特征，应以诈骗罪评价。而对于接下来的不法行为，即无论是制造虚假给付事实，还是肆意认定违约，抑或恶意垒高借款金额，无不表明了行为人在借贷协议的履行阶段意在强化非法占有被害人债权的目的。因此，依据诈骗罪规范足以能全面评价这些不法行为。

在索债阶段，行为人实施不法行为的目的旨在实现对被害人实际财物的非法占有。若其未采用明显暴力、威胁、诉讼和诈骗外手段的，诈骗罪足以能全面评价。这是因为，无论是确立或强化非法占有目的，还是实现非法占有目的，都说明行为人在实施不法行为时主观目的都

① 参见张明楷：《财产性利益是诈骗罪的对象》，载《法律科学》2005年第3期。

是非法占有被害人的财物(包括财产性利益),只要行为事实符合诈骗罪构成要件特征的,适用诈骗罪就能做到全面评价。

表6 以诈骗罪评价的认定

<table>
<tr><th colspan="2">签约阶段</th><th colspan="2">索债阶段</th><th rowspan="2">评价罪名</th></tr>
<tr><th>行为事实</th><th>主观目的</th><th>行为事实</th><th>主观目的</th></tr>
<tr><td>制造民间借贷假象</td><td>确立非法占有目的</td><td rowspan="4">未采用诈骗外的手段</td><td rowspan="4">实现非法占有目的</td><td rowspan="4">诈骗罪</td></tr>
<tr><td>制造虚假给付事实</td><td rowspan="3">强化非法占有目的</td></tr>
<tr><td>肆意认定违约</td></tr>
<tr><td>恶意垒高借款金额</td></tr>
</table>

2. 与诈骗罪择一评价的认定

在“套路贷”案件中,行为人除了有诈骗行为外,往往还有其他不法行为,因此,有必要结合签约、索债的不同阶段作以下认定(见表7)。

在签约阶段,行为人以“违约金”“保证金”“中介费”“服务费”“行业规矩”等名义,施以暴力方式迫使被害人签订与实际借款不符的借贷协议的,说明行为人以暴力手段在其与被害人之间形成债权债务关系,评价此类行为事实,关键要分析暴力的轻重程度。若行为人施加的暴力,足以压制被害人反抗的,则意味着行为人以暴力手段劫取被害人的财产性利益;若不足以达到压制被害人反抗程度的,则与威胁手段造成财产性利益损害的程度相当。对于前者,是否以抢劫罪评价,对于后者,是否以敲诈勒索罪评价,关键在于财产性利益是否属于这两罪的犯罪对象。在理论上,主流观点认为,财产性利益属于财产犯罪的对象,①如“债是典型的财产性利益,能够成为抢劫罪的对象”;②又如“财产性利益是法律所保护的一种重要利益,将其作为敲诈勒索罪对象,具

① 参见王骏:《刑法中的“财物价值”与“财产性利益”》,载《清华法学》2016年第3期。

② 马卫军:《论抢劫罪中的财产性利益》,载《政治与法律》2011年第7期。

有现实的妥当性"。[①] 在实践中,根据2005年最高人民法院《关于审理抢劫、抢夺刑事案件适用法律若干问题的意见》的规定,"抢劫信用卡后未实际使用、消费的,不计数额,根据情节轻重量刑"。其中,信用卡是反映债权的介质,体现为财产性利益,对其抢劫的,以抢劫罪评价,而借贷协议承载的债权与之类似,也属于抢劫罪的对象。而且,在国外,如《日本刑法典》明确将财产性利益视为强盗犯罪、恐吓犯罪的对象。[②] 无论是前者,还是后者,所造成损害的财产性利益都应属于侵财类犯罪的对象,即前者可以抢劫罪评价,后者则以敲诈勒索罪评价。同样,行为人以威胁手段在其与被害人之间形成债权债务关系时,属于以威胁或要挟的方法强行占有被害人财产性利益的行为,符合《刑法》第274条的构罪特征,应以敲诈勒索罪评价。无论是抢劫罪,还是敲诈勒索罪,既能评价行为人在"套路贷"案件签约阶段引起的行为事实,也能评价行为人确立或强化非法占有被害人财产性利益的目的,即既能做到全面评价,又能禁止重复评价。因此,应根据行为手段的不同,对行为人择一侵财类罪名进行评价。

在索债阶段,行为人实施的不法行为类型,相比签约阶段,更加多样,若行为人实施的不法行为乃签约阶段行为的延续情形,应择一罪名评价。具体而言,当行为人在签约阶段以欺骗手段与被害人形成虚假的债权债务关系时,又继续以该手段索债的,以诈骗罪评价就能做到全面评价和禁止重复评价。具体原因在于两方面:一方面,尽管在索债阶段行为人实施欺骗手段旨在实现非法占有被害人财物的目的,但无论是签约阶段的确立或强化非法占有的目的,还是索债阶段的实现非法占有的目的,行为人主观上都是非法占有被害人的财物,该当诈骗罪的主观要件;另一方面,虽然在签约阶段行为人占有的对象乃财产性利益,与索债阶段占有被害人的实际财物存在不同,但无论是财产性利益,抑或实际财物,都属于财物的范畴,以诈骗罪评价足以做到评价的

---

① 缪军:《财产性利益也应成为敲诈勒索的犯罪对象》,载《检察日报》2013年5月27日版。

② 详见《日本刑法典》第324条、第346条。

全面性,也避免了罪刑规范评价的重复。

同理,行为人在签约阶段以暴力或威胁手段在被害人之间强行确立虚假的债权债务关系,又继续在索债阶段实施相同或类似的暴力或威胁手段实现对被害人实际财物控制的,行为人主观上由确立或强化非法占有目的转向实现非法占有目的,行为对象上由非法占有被害人财产性利益转向实际财物,以抢劫罪或敲诈勒索罪对两阶段相同或类似不法行为进行规范评价足以做到全面和避免重复。但是,对于签约阶段不法手段危害程度较轻而索债阶段危害程度更重的情形,或者签约阶段不法手段危害程度更重而索债阶段危害程度更轻的情形,应如何规范评价?本文认为,无论是签约阶段,还是索债阶段,不法行为若都能以侵财类罪名评价的,即能在主观要件上评价非法占有的目的,又能在客观要件上评价非法占有财物(包括财产性利益)的事实,择一重罪名评价就能做到全面评价和防止评价重复的,就毋须以触犯的不同侵财类罪名并合评价行为人,也即若其中一个构成要件已完全包含行为的不法内涵的,即可排除其他构成要件的适用。[①](见表 7)由此,对于前文的祁某、戴某案和周某某、贺某某案,应择一重罪名评价,即以敲诈勒索罪评价即可。

表 7　与诈骗罪择一评价的认定

<table>
<tr><th colspan="2">签约阶段</th><th colspan="2">索债阶段</th><th rowspan="2">评价罪名或评价方式</th></tr>
<tr><th>行为事实</th><th>主观目的</th><th>行为事实</th><th>主观目的</th></tr>
<tr><td rowspan="3">以诈骗手段占有债权</td><td rowspan="3">确立或强化非法占有目的</td><td>诈骗手段</td><td rowspan="3">实现非法占有目的</td><td>诈骗罪</td></tr>
<tr><td>暴力手段</td><td rowspan="2">择一重罪名评价</td></tr>
<tr><td>威胁手段</td></tr>
</table>

① Vgl. Maurach, Gössel, Zipf, Strafrecht. Allgemeiner Teil, Band 2, 7 Aufl., 1989, S. 432.

续表

<table>
<tr><th colspan="2">签约阶段</th><th colspan="2">索债阶段</th><th rowspan="2">评价罪名或评价方式</th></tr>
<tr><th>行为事实</th><th>主观目的</th><th>行为事实</th><th>主观目的</th></tr>
<tr><td rowspan="3">以暴力手段占有债权</td><td rowspan="3">确立或强化非法占有目的</td><td>诈骗手段</td><td rowspan="3">实现非法占有目的</td><td>择一重罪名评价</td></tr>
<tr><td>暴力手段</td><td>抢劫罪</td></tr>
<tr><td>威胁手段</td><td>择一重罪名评价</td></tr>
<tr><td rowspan="3">以威胁手段占有债权</td><td rowspan="3">确立或强化非法占有目的</td><td>诈骗手段</td><td rowspan="3">实现非法占有目的</td><td rowspan="2">择一重罪名评价</td></tr>
<tr><td>暴力手段</td></tr>
<tr><td>威胁手段</td><td>敲诈勒索罪</td></tr>
</table>

注:暴力手段乃压制被害人反抗程度的暴力,轻微暴力手段的应以敲诈勒索罪评价。

3. 与诈骗罪并合评价的认定

根据前文,与诈骗罪并合评价的情形,主要集中在索债阶段。行为人在签约阶段采取的不法手段大多具有侵财的性质,择一侵财类罪名处罚就能做到全面评价和防止评价重复,但在索债阶段,不法行为的类型更加多样。行为人在签约阶段的不法行为能以侵财类罪名(包括诈骗罪)评价,但若其在索债阶段实施的不法行为构成非侵财类罪的,依规范的全面评价标准,一般应以并合评价为原则。

具体来说(见表8):一是行为人在索债阶段实施的暴力手段超出侵财类罪名评价范围,符合非法拘禁罪、故意伤害罪、非法侵入住宅罪行为特征的,应以触犯的伤害类罪名对行为人进行并合评价,如对于前文李某甲等人实施的敲诈勒索案,有必要以敲诈勒索罪和非法拘禁罪并合评价;二是行为人在索债阶段实施的暴力手段超出侵财类罪名范围,该当聚众斗殴罪、寻衅滋事罪、强迫交易罪构成要件的,应以具体触犯的秩序类罪名连同侵财类罪名并合评价行为人,如对于前文程某等人实施的寻衅滋事案,有必要以诈骗罪与寻衅滋事罪并合评价;三是行为人在索债阶段实施的其他手段超出侵财类罪名范围,符合掩饰、隐瞒犯罪所得、犯罪所得收益罪或组织、领导、参加黑社会性质组织罪行为特征的,连同签约阶段适用的侵财类罪名并合评价行为人。

不过,对于行为人在索债阶段实施诉讼手段的,即以捏造的事实提起民事诉讼,妨害司法秩序或严重侵害他人合法权益的,原则上应以触犯的罪名进行并合评价,但根据《刑法》第307条第3款的规定,“有第一款行为,非法占有他人财产或者逃避合法债务,又构成其他犯罪的,依照处罚较重的规定定罪从重处罚”。因此,行为人利用诉讼手段向被害人索债的,有必要择一重罪名从重评价。据此而言,在前文程某结伙朱某、汪某、于某实施的套路贷案件中,若行为人是以诉讼手段索债的,则仅以虚假诉讼罪从重评价即可。

表8　与诈骗罪并合评价的认定

签约阶段适用的罪名	索债阶段适用的罪名	评价方式
侵财类罪名	伤害类罪名	以触犯的罪名并合评价
	秩序类罪名	择一重罪名评价
	虚假诉讼罪	—

注:虚假诉讼罪属于秩序类罪名,但依刑法的规定,应择一重罪名从重评价,故在表中单列。

五、结　语

“套路贷”案件罪名适用的困境,主要是以择取何种罪名与之评价的问题。在刑法理论上,这涉及一罪和数罪的区分,属于重要的犯罪论问题之一。构成要件说、法益说以及犯意说为应对此困境提供了理论方案,但经实证研究,发现构成要件说无疑是实践推行的主要方案。虽然此方案在立足罪刑规范评价行为事实上能发挥积极作用,但实践中经常面临不法行为重复评价、遗漏评价和类似不法行为不同评价的“窘境”。构成要件说提倡行为事实应契合构成要件,由此才能知晓行为人应以何罪名评价。因此,应立足罪刑规范,以坚持全面评价和禁止重复评价为实践应对方案适用的基准,以此为基础,行为人以诈骗罪评价的,关键取决于诈骗事实的存在;行为人在签约、索债阶段有多个行为事实,若都符合侵财类罪名构成要件的,应择一重罪名评价;若签约阶段的行为事实符合伤害类罪名和秩序类罪名构成要件的,原则上应与索债阶段触犯的侵财类罪名并合评价,但若行为人是利用虚假诉讼手段索债的,应择一重罪名从重评价。

An Empirical Study on the Accusation Application Dilemma and Countermeasures in Trick Loan Crimes

Wang Gongzheng

[**内容摘要**]"套路贷"案件罪名适用的困境乃如何选取罪名评价行为人,在理论上关乎一罪和数罪的区分。"套路贷"的顺利实施,一般存在签约、索债两个阶段。签约阶段,行为人旨在确立或强化非法占有他人债权的目的;索债阶段,意在实现非法占有他人实际财物的目的。实证研究发现,应对罪名适用困境的实践方案乃构成要件说。面对该方案引起不法行为遗漏评价、重复评价和类似不法行为不同评价的"窘境",应立足罪刑规范评价行为人的行为事实,既要坚持全面评价,也要禁止重复评价。行为人是否以诈骗罪评价,关键在于是否有诈骗事实;存在多个行为事实触犯不同罪名的,在无规范重复评价的情形下,应以触犯的罪名并合评价,否则,择一重罪名评价。

[**关键词**]构成要件说;行为事实;坚持全面评价;禁止重复评价

Abstract: The dilemma of the accusation application in trick loan crimes is how to select the charges to evaluate the perpetrator, which theoretically concerns the distinction of the number of crimes. The smooth implementation of the crime generally includes signing stage and debt collection stage. The perpetrator aims to establish or strengthen the purpose illegally occupying the victim's credit in the signing stage, and intended to achieve the purpose illegally occupying victim's real property in debt collection stage. The empirical study found that the practical plan to deal with the dilemma is constitutive requirement doctrine. Facing the lack of omission evaluation, repeated evaluation and different evaluation of similar illegal facts caused by the doctrine, it is necessary to evaluate the behavior facts on the basis of criminal law, which not only insists overall evaluation, but also prohibits repetitive assessment. Whether the perpetrator evaluates the crime of fraud depends on the fraud facts. If there are multiple facts that violate different accusations, the accusations should be evaluated together in the case of no repeated evaluation. Otherwise, a felony evaluation should be selected.

Keywords: Constitutive Requirement Doctrine; Behavior Facts; Insist Overall Evaluation; Prohibit Repetitive Assessment

强制猥亵、侮辱罪“去倾向化”研究

刘嘉铮*　任惠华**

目　次

一、问题的提出

我国1997年刑法颁布实施以后,罪刑法定主义得到了真正意义上的确立。“流氓罪”这一明显违背罪刑法定主义的口袋化罪名退出历史舞台。若干流氓行为也随之从流氓罪中分解出来,成为独立的罪名或者不再以犯罪论处。现行刑法将这一犯罪中的强制猥亵、侮辱妇女的行为规定为强制猥亵、侮辱妇女罪。2015年11月1日开始实施的《刑法修正案(九)》再次修改了强制猥亵、侮辱妇女罪,将《刑法》第237条第1款中的“强制猥亵、侮辱妇女”修改为“强制猥亵他人或者侮

* 东南大学法学院博士研究生。
** 西南政法大学刑事侦查学院教授,博士生导师。

辱妇女”,从而将本罪的行为客体扩展至 14 周岁以上的男女。[①]

随着我国刑法对本罪的修改,刑法理论对于本罪产生了争议。目前为止,刑法关于此罪的最大争议点就是其构成要件行为之一强制猥亵行为是否必须具备刺激、满足性欲、引起性兴奋、满足性瘾癖的倾向。而围绕着这一争议点,刑法理论关于本罪的认定也持两个对立的态度,许多学者认为本罪的成立必须具备刺激、满足性欲,引起性兴奋的倾向,部分学者则认为本罪属于非倾向犯,即不需要具备上述刺激、满足性欲的倾向。

关于本罪是否属于倾向犯的争论,不仅出现在我国刑法研究中,也是大陆法系典型代表国家长期以来的争议点。与我国刑法类似,日本刑法关于此争议点也分为了倾向犯与非倾向犯两种对立的观点。而值得注意的是,晚近以来,日本刑法判例对强制猥亵罪的认定发生了变化。这种变化为判断强制猥亵、侮辱罪到底属于倾向犯还是非倾向犯的判断提供了一个新的契机。

日本最高裁判所在昭和 45 年(1970 年)1 月 29 日的判决中认为,强制猥亵罪的成立必须具备刺激或者满足性欲的倾向。在该案中,被告人并不想刺激、满足性欲,而是想报复被害人,因此强迫被害妇女拍摄裸照,但是最高裁判所指出强制猥亵行为“必须是在刺激、兴奋犯人的性欲,使其得到满足的性欲意图之下实施的”,[②]从而认为该案中行为人并不构成强制猥亵罪。由此可见,日本从前的刑法判例认定强制猥亵罪属于倾向犯。我国刑法的通说与日本刑法旧判例的立场是一致的。

但是晚近以来,日本判例却采取了与以前的判决完全不同的立场,日本最高裁判所在 2017 年的最新判决中否定了成立本罪需要具备刺激或者满足性欲的倾向。关于这个最新判决,陈兴良教授在山口厚教授的刑法总论的序言中进行了介绍,在该判决中,被告人实施了强迫被

---

① 猥亵 14 周岁以下男女的行为被我国刑法规定为猥亵儿童罪。

② [日]大谷实:《刑法讲义各论》,黎宏译,中国人民大学出版社 2008 年版,第 104 页。

害人为其口交(将生殖器插入被害人口中),触摸被害人阴部的行为。在审判中,被告人认为其不具备刺激或者满足性欲的意图从而辩称其行为不构成本罪,但是一审判决认定被告人的行为构成强制猥亵罪。日本最高裁判所在终审判决中指出:“就本案而言,由于该行为本身就是性的特质十分明确的行为,无须考虑其他情况,就是具有强烈性意味的行为,很明显在客观上属于猥亵行为。”①同时指出:“将故意之外的行为人的性意图一律作为强制猥亵罪的成立条件是不合适的。”②从而维持了一审判决,进而修改了1970年的判例立场。因此,当前日本刑法的判例认为本罪不属于倾向犯。

由此可以看出,无论是在我国刑法还是作为大陆法系典型国家的日本刑法中,对于强制猥亵、侮辱罪(日本刑法为强制猥亵罪)的主要争议点都集中于成立本罪是否必须具备特定的倾向。因此,刑法需要对本罪是否属于倾向犯进行准确的判断,从而使司法机关在具体案件中对强制猥亵行为进行更加准确地认定,这是刑法理论面临的一个重要问题。

二、本罪倾向犯与非倾向犯之争的误区澄清

关于本罪是否必须具备满足性欲、引起性兴奋的倾向,我国学者与国外学者在解释学层面都对这一争议点进行了一系列的论述与说理。从不同论者的研究立场进行分析,这些论述从整体上可以划分为两种立场的对立,这两种立场就是行为无价值论与结果无价值论。众多行为无价值论者认为本罪属于倾向犯,行为人必须具备刺激、满足性欲的倾向;众多结果无价值论者认为本罪属于非倾向犯,即无须具备刺激、满足性欲的倾向。

---

① [日]山口厚:《刑法总论》,付立庆译,中国人民大学出版社2018年版,中译本序第2页。

② [日]西田典之:《日本刑法各论》,王昭武、刘明祥译,法律出版社2020年版,第106页。

(一)行为无价值论的主张

行为无价值论主张"以坏的行为、坏的内心是违法性的主要依据"①,主要根据行为本身和行为主体判断违法的实体。因此,行为无价值论以行为人的主观方面作为判断行为具备违法性的重要依据,着重探究行为本身对刑法规范的违反以及行为人主观方面对行为的影响,认为行为人的主观方面,比如行为人的罪过(故意、过失)、目的等主观要素是认定行为人的行为具备构成要件该当性与违法性的依据。

因此,从部分行为无价值论者的立场出发,表现出行为人主观方面的刺激、满足性欲的倾向就成为强制猥亵、侮辱罪主观的构成要件要素之一。许多行为无价值论者认为,刑法若要将某一行为认定为强制猥亵、侮辱罪,则该行为不仅要在客观上侵犯了他人的性自主权和性羞耻心,行为人主观上还必须具备刺激、满足性欲的倾向。例如,日本学者大塚仁教授就认为本罪需要具备刺激性欲、使行为人在性方面感到兴奋满足的倾向。② 陈家林教授也认为本罪属于倾向犯:"确定猥亵罪是否属于倾向犯,既需要依据刑法的基础性理论,也需要考虑各国的具体刑事立法。以此而论,在我国将强制猥亵罪视为倾向犯是适宜的。"③

(二)结果无价值论的主张

结果无价值论以法益侵害或者法益侵害的危险作为违法性的依据,因此"就其含义而言,与其说是单纯的'没有价值的状态',倒不如

---

① [日]前田雅英:《刑法总论讲义》,曾文科译,北京大学出版社2017年版,第27页。

② 参见[日]大塚仁:《刑法概说(各论)》,冯军译,中国人民大学出版社2003年版,第124页。

③ 陈家林:《〈刑法修正案(九)〉修正后的强制猥亵、侮辱罪解析》,载《苏州大学学报(哲学社会科学版)》2016年第3期。

说是'违反价值的状态'"。[①] 因此结果无价值,或许可以称为无价值结果,实质含义则是恶的、不好的结果。

结果无价值论者认为,行为人的主观方面并不是违法性的主要依据,只要行为造成法益侵害(性自主权、性羞耻心、性自主权以外的人身自由遭到侵害)或者法益侵害的危险,就能够认定行为人的行为构成本罪,此时无须考虑行为人是不是具有刺激、满足性欲的倾向。众多结果无价值论者都认为行为成立强制猥亵、侮辱罪并不需要行为人具备特定的倾向。例如,刘艳红教授认为:"一味要求行为人必须出于满足性的欲望的内心倾向的强制猥亵行为才能构成强制猥亵罪,显然忽视了并无此种内心倾向却利用强制猥亵手段侵犯被害人人身自由法益的行为,而后一种强制猥亵行为,显然也应该认定为犯罪。"[②]此外,王政勋教授也认为成立强制猥亵并不需要具备满足性欲的倾向:"仅根据行为就足以认定其侵害了被害人的性自主权、性羞耻心和社会风化的,无须再考察行为人主观的内心倾向。"[③]

(三)误区的澄清

如上所述,行为无价值论和结果无价值论对于违法性的实体的不同观点,导致众多的行为无价值论者认为成立本罪必须具备刺激、满足性欲的倾向,众多的结果无价值论者认为成立本罪无须具备这样的倾向,这就会很容易给人留下这样的印象:行为无价值论认为本罪属于倾向犯,而结果无价值论认为本罪不属于倾向犯,从而将强制猥亵、侮辱罪倾向犯与非倾向犯对立的实质混淆为行为无价值论与结果无价值论的对立。

---

① [日]山口厚:《刑法总论》,付立庆译,中国人民大学出版社 2018 年版,第 103 页。

② 刘艳红:《实质犯罪论》,中国人民大学出版社 2014 年版,第 143 页。

③ 王政勋:《强制猥亵、侮辱罪构成要件的法教义学分析——基于原型范畴理论的研究》,载《法律科学》2018 年第 4 期。

但是应当看到,虽然本罪是否属于倾向犯这一争议点存在着观点对立,但是这种对立实际上并不是行为无价值论和结果无价值论的对立。只有某一具体犯罪构成要件的全部要素都得到满足时,才具备该罪的构成要件该当性。因此,如果人们认为刺激、满足性欲的倾向属于强制猥亵、侮辱罪的构成要件要素,那么本罪就属于倾向犯;如果人们认为这一倾向不属于本罪的构成要件要素,则本罪就不属于倾向犯。这与研究者到底属于行为无价值论者还是结果无价值论者并无关联。即使某一论者选择了行为无价值论的立场,如果该论者认为刺激、满足性欲的倾向并不是本罪的构成要件要素,那么其也会认为本罪不属于倾向犯,由此可见,"从行为无价值论的观点出发,否定倾向犯和表现犯的主观违法要素也是完全可能的"。① 例如,周光权教授就认为本罪不属于倾向犯:"是否追求性刺激,是否有猥亵倾向,不是本罪的主观构成要件要素和违法要素,没有必要承认本罪是倾向犯。"②我国台湾地区的陈子平教授也指出:"所谓'猥亵'系指,凡以一般人皆会明显感到性的厌恶感、羞耻心之方法侵害被害人之性自由之行为而言,至于是否得以刺激或满足自己或他人的性欲,则非所问。"③相反,即使某一论者的立场是结果无价值论,如果其认为上述倾向属于本罪的构成要件要素,那么在该论者看来本罪仍然是倾向犯。

由此可见,强制猥亵、侮辱罪倾向犯与非倾向犯的对立的核心是刺激、满足性欲的倾向是否为该罪主观的构成要件要素,而并不是行为无价值论与结果无价值论的对立。刑法在判断行为是否成立本罪时,不能将本罪倾向犯与非倾向犯的对立替换为行为无价值论与结果无价值论的对立,进而陷入误区。

---

① [日]佐伯仁志:《刑法总论的思之道·乐之道》,于佳佳译,中国政法大学出版社2017年版,第89页。

② 周光权:《刑法各论》,中国人民大学出版社2016年版,第38页。

③ 陈子平:《刑法各论》(上),台北,元照出版有限公司2019年版,第260页。

三、本罪不属于倾向犯的理由

如前所述,强制猥亵、侮辱罪是否必须具备刺激、满足性欲的倾向的关键是这种倾向是否属于主观的构成要件要素。综合本罪的行为以及本罪的构成要件行为以及被害人性自主权、性羞耻心和人身自由被侵害等方面,刺激、满足性欲的倾向不属于本罪的构成要件要素,本罪不属于倾向犯,这种主张有着充分的理由。

(一)猥亵、侮辱行为并无本质区别

我国刑法通说区分了强制猥亵行为以及强制侮辱行为:"所谓猥亵,是指除奸淫以外的能够满足性欲和性刺激的有伤风化、损害他人性心理、性观念,有碍其身心健康的性侵犯行为。所谓侮辱妇女,是指实施具有挑衅性有损妇女人格或者损害其性观念、性心理的行为。"①因此,根据通说的观点,强制猥亵行为必须具备刺激或者满足性欲的倾向,但是强制侮辱行为不需要具备这种倾向。

但是,通说的观点存在值得进一步探讨的空间。根据通说的观点,强制猥亵行为和强制侮辱行为存在两点区别:第一,强制猥亵行为需要行为人具备刺激、满足性欲,引起性兴奋的倾向始能成立,而强制侮辱行为无须行为人具备这样的倾向;第二,《刑法修正案(九)》扩大了强制猥亵的行为客体(由妇女扩大为他人),但是并没有扩大强制侮辱的行为客体,而是将强制侮辱的行为客体保留为妇女。根据这两点差别,强制猥亵和强制侮辱这两种被规定在同一罪名中的行为似乎出现了分野,许多观点认为应当将此罪分解两个相互独立的犯罪:强制猥亵罪与强制侮辱妇女罪。

但是实际上,强制猥亵和强制侮辱这两种行为并不存在本质上的不同,虽然全国人大常委会法工委在《刑法修正案(九)》中将强制猥亵

① 高铭暄、马克昌主编:《刑法学》,北京大学出版社2017年版,第468页。

的行为客体扩大为妇女而没有扩大强制侮辱的行为客体,但是我国这样修改本罪的原因并不是指强制侮辱的行为客体只能是女性而不包括男性,强制猥亵的行为客体既包括女性也包括男性,而是指两种行为的客体都是既包括女性也包括男性,但是从实际发生的案件数量和案件情况来看,被强制猥亵的对象既有男性也有女性,而被强制侮辱的对象通常,甚至绝大多数情况下都是女性,一般情况下并不会发生强制侮辱男性的行为。男性的性观念和性道德与女性的性观念、性道德在内容与标准上存在显著的不同,男性对性羞耻心的理解和女性对性羞耻心的理解也存在巨大差异。日常生活中,人们常常能看到男性赤裸上身在公共场所出没的情景,比如盛夏时节许多男性会赤裸上身在公园的长椅上乘凉、在桌子上下棋和聊天;但是人们基本上看不到女性夏季的时候赤裸上身在公共场所出现,无论温度多高,人们都不会看到女性裸露上身在公园乘凉的场面。甚至女性在自己的家中,在自己的至亲面前也不会赤裸上身,但是男性在室内温度高时常常会在自己的配偶、子女和其他家人面前赤裸上身,比如吃饭的时候。因为在男性看来,赤裸身体的大部分部位都不会让自己觉得羞耻和难堪,即使被多人看到自己通常也不会觉得耻辱;但是在女性看来,赤裸身体,哪怕是只赤裸一部分,也会让自己觉得极其羞耻和难堪,即使是在自己的近亲属面前赤裸也是如此,遑论被许多陌生人看到自己赤裸身体。因此,男性的性道德、性观念和女性的完全不同,女性对于性道德标准的要求要比男性要严格得多,女性对性方面的敏锐程度也比男性要高得多。例如,一个男性在车站等公共场所长时间盯着一个女性看的时候,该女性通常的想法是:此人是个变态,想趁我不备非礼我;但是如果一个男性在车站等公共场所长时间盯着另外一个男性看的时候,被看男性可能会认为:这是个小偷,想偷我的钱,或者这是个劫匪,想抢我的钱,但是无论被盯男性如何想象,他都基本上不会有“此人想非礼我”这样的想法。如前所述,强制侮辱行为是指通过一系列具备挑衅性质的手段侵害妇女性自主权、性羞耻心,违背性道德的行为,比如在公共场所当中强行扒掉妇女衣裤,强行接吻,强迫第三者裸体游街示众等。按照最基本的性道义、性道德,如果行为人对女性实施了这种行为,一定会导致女性因为赤裸身体、被暴露私密部位等原因而在性方面感到耻辱、难堪和恐惧，一定会侵犯女性的性自主权和性羞耻心。但是如果行为人对男性实施相同的行为，则该行为通常情况下会侵犯男性的名誉权和隐私权，但是未必会让男性在性的层面感到羞耻和恐惧，因为许多男性会觉得，赤裸身体并不是一件十分丢人的事情，相反让自己的名誉受损对自己来说才是侵害最大的。例如，女性破坏他人婚姻，充当第三者，被发现以后，行为人强迫该女性裸体示众，根据社会生活中的性道德观念，女性的隐私部位（如乳房、生殖器等）绝对不能暴露在公众，尤其是陌生男性面前，否则一定会违背善良的性道德的要求；但是如果男性破坏他人家庭，充当第三者，行为人强迫该男性裸体示众，那么根据善良性道德的要求，该行为通常不会让男性在性方面感到耻辱和羞愤，只会让男性觉得自己的名誉受到了损失，自己的事业、机遇会在此之后受到不利影响。由上所述，我国《刑法修正案（九）》并没有规定男性也是强制侮辱的行为客体，但是没有这样规定的原因并不是强制猥亵行为和强制侮辱行为存在本质差异，也不是认为强制猥亵的行为客体可以是任何人而强制侮辱的行为客体只能是妇女，而是根据男性与女性对于性道德的严格程度以及对于性的敏感度的不同，根据男性与女性对强制侮辱行为的心理反应，分析出强制侮辱的行为客体同样是 14 周岁以上男女，但通常情况下都是针对女性来实施，这是刑法根据社会现实所作出的科学的、客观的判断。

然而，不同于强制侮辱行为，强制猥亵行为表现为强行抠摸阴部、捏摸乳房以及触摸其他性敏感地带等。无论是根据男性的性道德标准，还是根据女性的性道德标准，被害人都会认为捏摸自己的乳房，触摸自己的性敏感地带的行为会让自己在性的层面感到羞愤和难堪。男性或许可以接受在他人面前赤裸身体，但是绝对不会接受在他人面前被强行抚摸私处、捏摸乳房，这样的行为不仅会让男性觉得自己的名誉受到了侵犯，而且会让男性在性的角度感到羞耻和恐惧，无论这些猥亵行为是异性所实施的还是同性所实施。因此，无论是男性还是女性，都会认为强制猥亵行为侵犯了自己的性自主权和性羞耻心，因此我国刑法根据强制猥亵行为的这些特征以及晚近以来发生了的女性猥亵男性的案件将强制猥亵的行为客体进行了扩展,这同样是依据社会现实进行的客观判断。

由此可见,强制猥亵行为和强制侮辱行为的客体之所以不同,并不是二者存在质的区别,而是因为强制猥亵行为既有可能针对女性实施,也有可能针对男性实施;但是强制侮辱行为由于男性和女性对性道德要求的严格程度不同,再加上女性对于性的敏锐程度远高于男性,绝大多数情况下只会发生在女性身上。因此,无论是强制猥亵还是强制侮辱,其行为客体都是14周岁以上男女。二者不存在本质区分,被侵害的法益都包括被害人的性自主权或者性羞耻心。正如张明楷教授所言:"侮辱行为并不是独立于猥亵行为之外的一种行为。因为猥亵行为包括了侵害他人性的决定权的一切行为,而侮辱行为不可能超出这一范围;任何针对他人实施的与猥亵行为性质相同的侮辱行为,都必然侵害他人的性的自己决定权。"[①]王政勋教授也认为两种行为没有本质差异,二者实际上属于同一种行为。[②]

因此,强制猥亵行为和强制侮辱行为本质上属于同一种行为,既然是同一种行为,那么就不应该以是否具备刺激或者满足性欲的倾向来认为区分这两种行为。既然强制侮辱并不需要行为人具备刺激、满足性欲的倾向,那么与其同质的强制猥亵行为同样不应当要求行为人具备这种倾向。全国人大常委会法工委并没有在《刑法修正案(九)》中将强制猥亵、侮辱罪拆分为两个相互独立的罪名更是说明了两种行为具有同质性。因此,刺激、满足性欲的倾向不属于本罪主观的构成要件要素,本罪不属于倾向犯。

(二)强制猥亵、侮辱罪保护法益的二重性

尽管强制猥亵行为和强制侮辱行为侵害的法益往往是他人的性自

---

① 张明楷:《刑法学》,法律出版社2016年版,第878页。

② 参见王政勋:《强制猥亵、侮辱罪构成要件的法教义学分析——基于原型范畴理论的研究》,载《法律科学》2018年第4期。

主权和性羞耻心。但是应当看到,很多情况下,行为人在实施强制猥亵行为的时候,不仅会侵害被害人的性自主权和性羞耻心,在侵害被害人性自主权的和性羞耻心的同时,也会导致被害人在一定的时段内,不敢(担心行为人会将威胁的内容实现)或者不能(不如行为人强壮)反抗行为人的强制猥亵和强制侮辱,从而导致被害人性自主权以外的人身自由受到一定程度的限制,甚至会在一定时段内完全丧失人身自由,哪怕被限制或者失去人身自由的期间只有几秒钟。因此,不仅被害人的性自主权和性羞耻心会受到犯罪的侵害,被害人性自主权以外的人身自由同样会受到侵害,也就是说本罪会侵害被害人的性自主权、性羞耻心与性自主权以外的人身自由这两重法益。刘艳红教授就指出:“对强制猥亵、侮辱妇女罪(笔者注:已经修改为强制猥亵、侮辱罪)或猥亵儿童罪来说,该罪侵犯的法益是妇女(笔者注:已经修改为他人)、儿童的人身权利,但是具体是何种人身权利并不精确,并非像强奸罪那样典型地侵犯了性的自由权,它有侵犯性自由权的内容,也有侵犯人身自由权的法益内容。”①

因此,如果行为人并非出于满足性欲、引起性兴奋的目的,而是出于报复、贬损人格、破坏名誉、剥夺或限制被害人的人身自由等目的,以强制猥亵为名,行控制被害人人身自由之实,进而对被害人实施强制猥亵行为时,也会侵害被害人的性自主权、性羞耻心以及性自主权以外的人身自由这二重法益,只是侵害的程度可能比单纯出于满足性欲的目的对被害人实施猥亵或者侮辱时更轻一些,但这也只是量的差别而非质的差别。因此,在行为人借强制猥亵、侮辱之名行侵害人身自由之实的时候,如果再要求行为人必须有刺激、满足性欲的倾向,可能就会导致行为人因不具备这样的倾向而不成立本罪,结果就是可能会不当缩小处罚范围。这样一来,认为本罪并不需要具备与性有关的倾向,与要求具备这种倾向的观点相比,无疑更加具备合理性。

① 刘艳红:《实质犯罪论》,中国人民大学出版社2014年版,第143页。

(三)满足性欲不是倾向而是结果

通说以及许多学者都认为,刺激、满足性欲是一种倾向,但是实际上,这样的看法可能也值得进一步探讨。实际上,刺激、满足性欲、引起性兴奋与其说是强制猥亵行为的倾向,倒不如说是行为人实施强制猥亵行为所意欲达到的结果。一种犯罪中的所谓"倾向"可能并不是成立这一犯罪的倾向,而只是行为人实施该罪所希望实现的结果。大多数情况下,行为人对他人实施强制猥亵行为,最终都是为了实现这样的结果:通过该行为满足自己或他人的性欲。因此行为人并不是带着满足性欲的倾向去强制猥亵他人,而是为了追求通过强制猥亵他人的行为让自己的性欲得到满足的结果。通过强制猥亵他人的行为,行为人自己就能觉得性方面的需求得到了极大的满足。这就是行为人实施强制猥亵行为所实际实现的结果,而这一结果正好与行为人预想发生的结果一致。

因此,刺激、满足性欲并不是本罪的倾向,而是行为人希望通过强制猥亵行为来实现的结果,因此将本罪的结果当成本罪的倾向,并要求行为人在行为当时必须具备这样的倾向可能并不十分合理。

(四)强制猥亵行为本身包含了性意图

尽管我国刑法已经将强制猥亵的行为客体由"妇女"修改为"他人",但是应当看到,强制猥亵的行为客体在大多数情况下依然是妇女,被司法机关追究刑事责任的强制猥亵行为基本上都是以妇女作为对象。而与此同时,行为主体在绝大多数情况下依旧是男性。因此,虽然经历了修改,但强制猥亵行为基本上依旧是一种男性针对女性的犯罪。只有在极少数情况下才会出现女性针对女性、男性针对男性以及女性针对男性的猥亵。既然基本上依然是男性针对女性的犯罪,并且又包含着强行捏摸乳房、触摸性敏感地带等典型的猥亵行为,那么刑法可以直接认定:强制猥亵行为本身就包含着满足性欲的性意图。许多罪犯往往以自己没有满足性欲的意图，只是觉得生活无聊想要填补精神空虚为借口意图使自己逃脱刑罚法规的制裁，但是这样的说辞无法站稳脚跟：既然并不是为了满足性欲，只是精神空虚，那么根本不需要去猥亵女性，去从事一些户外冒险运动（如攀岩、骑山地摩托等）不仅能填补精神空虚，反而会让精神更加刺激。因此，这样的说法不成立，强制猥亵行为本身就包含着性意图在内。既然如此，再额外要求强制猥亵必须具备刺激满足性欲、引起性兴奋的倾向就会显得画蛇添足，因为在已经能够认定猥亵行为本身已经包含性意图的前提之下，就无须再额外要求特定的倾向。因此，强制猥亵行为不应当被要求具备满足性欲的倾向。

（五）认定本罪属于倾向犯可能导致中立行为被定罪

许多对强制猥亵属于倾向犯持肯定态度的学者认为，如果认为强制猥亵行为不属于倾向犯，那么可能会导致一些具有中立性的行为也被当作强制猥亵、侮辱罪论处。比如说医生的诊疗行为。因为医生的诊疗行为可能在一定程度上侵害他人的性自主权和性羞耻心。但是，持肯定态度的学者们忽视了一个至关重要的因素：医疗行为是否超出了为了患者康复所必须采取的行为的限度。只要医生的治疗行为是有效治疗患者的疾病所必须实施的，就没有超出诊疗行为的必要限度，医生在治疗一些疾病时，无论其是否具备刺激、满足性欲的倾向，都必须要实施一些可能在客观上侵害患者性羞耻心的诊疗行为。比如治疗部分与乳房有关的疾病时，医生必须要捏摸患者的乳房才能判断患者所患之病的严重程度，此时，无论医生有没有刺激、满足性欲的倾向，其都要实施这样的行为，否则就无法治疗疾病，也就是说，医生有刺激、满足性欲的倾向时所采取的诊疗行为与没有该倾向时所采取的行为客观上没有任何不同。因此，即使医生有满足性欲的倾向，只要其行为是出于有效治疗的需要，就没有制造不被容许的危险，不属于违法犯罪行为。而此时，如果不将强制猥亵认定为倾向犯，就根本不会发生医生因为具备刺激、满足性欲的倾向而导致其必要的医疗行为被认定为犯罪；相反，如果将强制猥亵认定为倾向犯，当医生确实具备刺激、满足性欲引起性兴奋的倾向，但是其治疗行为是有效治疗疾病所必须，行为在客观上确实侵害了患者的性自主权和性羞耻心时，比如捏摸乳房、触摸阴部等行为让患者觉得羞耻，就会导致医生的诊治行为被认定为本罪。这样的话，刑法惩罚的就不再是行为人的行为，而是行为人的内心，这是主观主义的观点，并不可取。正如黎宏教授所言："很显然这种将行为人的内心倾向作为认定本罪是否成立的标准的做法不仅会不当地扩大处罚范围，而且会导致法律干涉人们内心思想的结果。"①

因此，不将强制猥亵作为倾向犯来处理并不会发生将医疗行为等中立行为进行定罪的错误认定；相反，如果将强制猥亵认定为倾向犯反而可能会导致中立行为被定罪，陷入主观主义的桎梏，这无疑是不正确的。

(六)性自主权是否被侵害与行为有无倾向无关

根据我国刑法的规定，强制猥亵行为必须要通过暴力、胁迫或者其他与暴力、胁迫具备相当性的手段来实施。因此，只要行为人以暴力、胁迫或者其他手段实施了抠摸阴部、捏摸乳房、强行接吻等行为的，就一定会侵害被害人的性自主权和性羞耻心，如前所述，还会侵害被害人性自主权以外的人身自由。行为人不具备刺激、满足性欲的倾向时通过暴力、胁迫等手段实施的上述行为，与行为人具备满足性欲的倾向时所实施的上述行为所侵害的法益没有任何的不同。日本刑法对于强制猥亵罪的行为方式的规定与我国类似，因此，在日本刑法理论中，无论行为人有无特定的倾向，只要其通过暴行、胁迫等手段实施了前述猥亵行为，就都会侵犯被害人的性的权利。正如日本学者曾根威彦教授所言："强制猥亵罪不是行为人违反抑制性欲义务的犯罪，而是侵害作为被害人法益的性自由的犯罪，只要行为人实施了侵害他人性自由的一

---

① 黎宏:《判断行为的危害性时不应该考虑主观要素》,载《法商研究》2006年第1期。

定行为,并且行为人本人也具有该认识,那么,不管行为人的内心倾向如何,都应当认为成立本罪。"[①]此外,山口厚教授也认为被害人的性自主权受到侵害与行为人有无倾向无关。[②]

由此可见,是否具备特定的倾向与行为人的行为是否侵害被害人的性方面的权利无关,而将一个与侵害法益无关的倾向作为认定行为成立强制猥亵必须具备的要素是不适宜的。

(七)认定本罪属于倾向犯可能会导致对口供的依赖和处理不公平

刺激、满足性欲的倾向属于行为人实施本罪时的主观意图,是行为人实施行为时所秉持的不会被外界精确认识的主观意志产物,那么行为人在实施本罪的构成要件行为时,内心到底是出于怎样的意思,是为了刺激、满足性欲还是单纯精神空虚想要寻求刺激,恐怕只有行为人本人才能回答。有时,可能行为人本人都无法准确回答他实施强制猥亵、侮辱罪时是为了刺激性欲还是单纯寻求刺激,可能是前者,可能是后者,也可能二者兼具。因此,如果本罪属于倾向犯,司法机关在实务工作中必须运用证据证明行为人有这样的倾向,否则行为人的行为就不构成本罪。但是如前所述,是否具有这样的倾向只有行为人自己才能回答,甚至连行为人本人也难以准确回答,由此可能引发的后果就是,由于只有行为人自己才能回答有无刺激、满足性欲、引起性兴奋的倾向,如果刑法将本罪认定为倾向犯,那么刺激、满足性欲的倾向就成为了区分本罪与法定刑更轻的侮辱罪的唯一标准,司法机关在认定倾向时,势必会过度依赖行为人的口供,在取得口供的过程中,行为人出于脱罪思维肯定不会乖乖配合司法机关供述自己有这样的倾向,但是"所有归罪推论及其支撑证据都要通过被告的最大个别化检验。如果

---

① [日]曾根威彦:《刑法学基础》,黎宏译,法律出版社2005年版,第102页。

② 参见[日]山口厚:《刑法各论》,王昭武译,中国人民大学出版社2011年版,第122页。

其中一个推论或证据对于将被告定罪而言是关键性的,但是未通过这样的检验,那么被告就应被判无罪”。① 而证明犯罪嫌疑人、被告人在行为当时有刺激、满足性欲的倾向的供述就是对于定罪而言具备关键性的证据。如果司法机关无法得到犯罪嫌疑人、被告人行为当时有刺激、满足性欲的倾向的供述,就只能认定行为人当时没有这样的倾向,最终行为人只能被认定为法定刑更轻的侮辱罪。而司法机关为了维护被害人的合法权益,发挥刑法的社会保护功能,也肯定不会简单地根据行为人自己的说法认定行为人不具备这样的倾向,这样的话,司法机关就会与行为人打拉锯战。

可能司法机关到了第二天的同一时间也无法获取到口供。当没有得到行为人“我有满足性欲的倾向”的口供时,司法机关只能依靠间接证据证明被告人有这样的倾向,而间接证据证明案件事实的难度极大。正如汪海燕教授所言:“在运用间接证据定罪的情形下,只有两个以上的碎片式间接证据借助印证的形式拼接、粘合,在事实认定者辅以一定推理和经验判断的基础上,逐渐形成逻辑相通又紧密相连的证据锁链,当这一条条的证据锁链通过相互联结、相互印证的形式结合在一起并足以排除合理怀疑时,事实认定者才可以此为依据作出有罪的裁决。”②而如前所述,是否有这样的倾向只有行为人自己才能回答,不存在间接证据。即使存在,间接证据的证明力可能也较为薄弱,数量也不会很多,无法结合在一起形成证明行为人具备刺激、满足性欲的倾向的完整证据锁链,结果就是行为人的行为不构成本罪,只能构成侮辱罪,这对被害人来说明显不公平。

---

① [美]亚历克斯·斯坦:《证据法的根基》,樊传明、郑飞等译,中国人民大学出版社2018年版,第211页。

② 汪海燕:《印证:经验法则、证据规则与证明模式》,载《当代法学》2018年第4期。

四、本罪“去倾向化”的思路

如前所述，根据我国刑法对于强制猥亵、侮辱罪的规定以及中外刑法理论的探讨，强制猥亵行为不适合以倾向犯论处，而是应当在司法实践中实现“去倾向化”，而若要实现本罪的“去倾向化”，刑法应当采取以下立场和思路。

（一）采取行为无价值论二元论的立场

从行为无价值二元论的立场出发，犯罪的定义是“实质性违反作为整体法秩序之基础的国家与社会的伦理性规范，给法益造成侵害或者威胁的行为”。① 因此，根据行为无价值二元论的立场，刑法在判断行为是否构成犯罪时应当遵循从行为到结果的判断逻辑，先判断行为是否属于构成要件行为，再判断结果是否属于法益侵害结果，也就是先判断行为是否违反作为整体法秩序的基础的国家与社会的伦理性规范，再判断法益是否受到行为的侵害或者威胁。在判断行为是否该当构成要件时，行为无价值二元论引进了主观的构成要件要素，认为行为人和其行为在不法阶段和责任阶段都是紧密联系的，无论是构成要件阶段还是违法阶段，抑或责任阶段都必须既考虑行为也要考虑行为人的主观方面对行为的影响。如果一个行为并不是在行为人的主观方面支配之下所作出的，则这个行为不能被评价为构成要件行为，不具备违法性和责任。因此，刑法在判断行为是否构成犯罪时应当遵循从行为到结果的判断逻辑，即先判断行为是否属于构成要件行为，再判断结果是否属于法益侵害结果。因此，在判断行为是否该当构成要件时，从表面上看，刑法确实应当在判断行为是否该当构成要件时考虑刺激、满足性欲的倾向这一行为人的主观要素。

但是实际上，行为无价值二元论的立场之所以在判断行为时考虑

---

① ［日］团藤重光：《刑法纲要总论》，创文社1990年版，第188页。

行为人的主观方面,是因为行为人主观方面的某些要素会对行为的性质产生决定性影响。我国台湾地区的学者许玉秀教授就指出:"人和他的行为是分不开的,行为所表现的是人的特质,人的态度、人对世界的诠释,而这才是作为这个世界的主体的我们所关心的、所在乎的,如果一个行为是一个梦游的人所做的,一个损害是被龙卷风刮起来的人所造成的,我们不会在意,也不能在意,因为没有人能对抗自己的梦游、对抗龙卷风。"①而能够对行为的性质产生决定性影响的主观要素包括行为人的罪过(故意、过失),行为人的目的(如财产犯罪中的非法占有目的),因为这些主观要素对于区分行为是否制造了不被容许的危险以及犯罪的类型具有重要意义。比如,当行为人欠缺构成要件的故意时(比如被龙卷风刮起来砸死其他人),其行为会被刑法认定为意外事件而非杀人罪的构成要件行为(故意非法剥夺他人生命)。再如,当行为人欠缺非法占有目的,错将他人财物当作自己的财物拿走时,该行为不会被刑法认定为违法行为。因此,并非行为人主观方面的全部内容都会被行为无价值二元论认定为主观的构成要件要素,只有那些对于判断行为的性质以及区分违法类型具有重要作用的主观要素才会被行为无价值二元论定位为主观的构成要件要素。

在强制猥亵、侮辱罪之中,刺激、满足性欲的倾向虽然是行为人主观方面的要素之一,但是这一要素并不会被行为无价值二元论作为主观的构成要件要素,进而判断构成要件该当性。因为无论行为人是否具备刺激、满足性欲的倾向,其行为都会表现为我国刑法对本罪的规定:暴行、胁迫或者其他方法侵害妇女性自主权、性羞耻心以及人身自由,都会违反国家与社会的伦理性规范。行为人具备刺激、满足性欲这种倾向时与不具备这种倾向时所实施的行为在外观上完全相同,行为对于被害人性自主权等法益的侵害不会因为有这样的倾向更加严重,也不会因为没有这样的倾向更加轻微。因此,刺激、满足性欲的倾向这一主观要素既不能用来判断行为是否具备违法性,也不能用于区分违

① 许玉秀:《主观与客观之间——主观理论与客观归责》,法律出版社2008年版,第155页。

法行为类型。无法产生与故意、过失和目的相同的作用,此时,行为无价值二元论不会将这种倾向作为主观的构成要件要素。此时,由于行为人具备或者不具备此倾向时的行为在客观上完全相同,行为这个处在第一阶段的要素就无法在判断罪与非罪时起到决定性的作用。当处于第一环节的行为无法区分罪与非罪以及犯罪类型时,行为无价值二元论就会更加依赖位于第二阶段的结果来判断行为是否成立犯罪。在判断行为人是否构成强制猥亵、侮辱罪时,法益侵害结果的作用要大于行为:当行为人具备刺激、满足性欲时的倾向时,其行为会侵害被害人的性自主权、性羞耻心、性自主权以外的人身自由;当行为人不具备这样的倾向时,其行为还是会侵害被害人的这些法益。因此,从发生的法益侵害结果来看,行为人是否具备与性有关的倾向并不重要。从这个角度出发,由于在行为人是否具备特定倾向的情况下行为在外观上并无差别,因此性自主权等法益遭受侵害或者有被侵害的危险这一构成要件结果就能在强制猥亵、侮辱罪的认定方面发挥比行为更加重要的作用。此时,行为无价值二元论就能够以行为到结果的判断逻辑并更加依赖结果的方法得出结论:行为成立本罪无须刺激、满足性欲的倾向。因此,在行为人有无倾向都不会影响行为性质的情况下,刑法在认定行为是否成立本罪的过程中应以行为人的行为是否侵害或威胁了被害人的性自主权、性羞耻心、性自主权以外的人身自由这一法益侵害结果作为认定行为是否成立本罪的标准,而不应当再要求行为人必须具备刺激、满足性欲的倾向。这样一来,就能够防止不当缩小或者扩张(将医疗行为认定为强制猥亵)处罚范围这是在司法实务中准确认定本罪的正确方案。因此,在认定行为是否该当强制猥亵、侮辱罪的构成要件时,应当放弃查明行为人是否具备刺激、满足性欲的倾向。只要行为人通过暴力、胁迫等手段实施的性交以外的行为侵害了被害人的性自主权、性羞耻心、性自主权以外的人身自由,就应当直接认定该当强制猥亵、侮辱罪的构成要件,而不必再考察行为人的内心倾向。因此,实现强制猥亵、侮辱罪的“去倾向化”,坚持行为无价值二元论的立场是更加适宜的。

或许有人会提出,既然在判断行为是否构成强制猥亵、侮辱罪时要侧重于被害人的性自主权、性羞耻心、人身自由被侵害这一法益侵害结果,那么刑法选择以法益侵害、法益侵害的危险作为违法性本质的结果无价值论,甚至只关注法益是否遭受侵害的唯结果论岂不是能更加迅速地认定本罪的成立吗?为什么一定要选择行为无价值二元论的立场呢?这种观点陷入了忽视行为在判断犯罪过程中的核心作用。“行为是犯罪概念的基础,也是犯罪的本体性要素”。① 违法的实体首先是行为人背叛或者忽视法秩序的意志支配之下的行为违反了刑法规范,然后才是行为引发的结果属于刑法在具体犯罪中所禁止的结果。因此,刑法在定罪时遵循的是先行为后结果的顺序,这才是判断犯罪的正确逻辑。如果无视行为本身的作用,直接以结果为依据,从结果为刑法所禁止出发反推行为也为刑法所禁止,就会陷入以果推因的错误思维。行为无价值二元论虽然在判断强制猥亵、侮辱罪时更加侧重法益侵害结果,但这种侧重是在具备特定倾向和不具备特定倾向的情况下行为在外观上并无差异,因此主要依靠行为无法判断罪与非罪的情况下,行为无价值二元论作出的自然选择,实际上依然遵循了从行为到结果的判断逻辑,只是行为并没有发挥通常的作用。如果刑法只因为结果无价值论甚至是唯结果论在判断本罪时更加便捷,就放弃正常的判断逻辑,选择结果无价值论甚至唯结果论,那么虽然在判断本罪时能够得出与行为无价值二元论相同的结论,但是在判断其他犯罪时却极有可能得出错误结论。因此,行为无价值二元论是判断本罪最为合适的立场。

(二)坚持客观主义

刑法理论中的客观主义是与主观主义相对立的一种立场。客观主义的主要观点是刑事责任的基础应当是行为人表露于外的行为及其引发的结果。主观主义的观点是刑事责任的基础是行为人反复实施犯罪的危险性格。因此,从客观主义的立场出发,行为是否成立犯罪取决于行为是否实际实施,以及行为是否引起了法益侵害或者侵害的危险,至

① 陈兴良:《教义刑法学》,中国人民大学出版社2017年版,第70页。

于行为人实施行为时的主观方面,除了故意、过失、目的以外,均不是主要考虑的对象;与客观主义的立场相对应,主观主义认为奠定刑事责任之基础的主要是行为人的内心和思想,行为对法益造成的侵害或者危险并不是刑事责任的基础。

如前所述,在强制猥亵、侮辱罪中,行为人刺激、满足性欲的倾向与被害人的性自主权、性羞耻心、性自主权以外的人身自由是否受到侵害或者威胁无关。无论行为人是否是为了刺激、满足性欲,其在实施强制猥亵行为时都会侵害被害人的性自主权、性羞耻心、性自主权以外的人身自由,为行为人刑事责任提供基础的是在外观上显而易见的构成要件行为及其结果:暴行、胁迫等行为以及被害人的性自主权、性羞耻心、性自主权以外的人身自由被侵害,而不是行为人的主观倾向。如果选择主观主义的立场,认为强制猥亵、侮辱罪必须具备满足性欲的倾向,就会导致客观上侵害或者威胁了本罪的保护法益但是主观上不具备此倾向的行为人,因为不具备能够为刑事责任提供基础的主观意思,导致其行为不成立犯罪或者仅仅成立法定刑轻于本罪的侮辱罪;与此同时,还会导致若干并没有侵害或者威胁法益的行为(如医疗行为)因为行为人主观上具备特定的倾向而被认定为犯罪,这样的结论与社会伦理道德观念不相容,也与国民的法的感情不相符。

因此,只有坚守客观主义的立场,以行为及其造成的法益侵害或者侵害的危险作为刑事责任的基础,主要考察行为人的行为是否侵害或者威胁了性自主权、性羞耻心、性自主权以外的人身自由,不再考察行为人的内心倾向,才能为司法机关准确认定本罪提供正确的理论前提。

(三)适用被容许的危险原理

被容许的危险原理,源于德国著名刑法学者克劳斯·罗克辛教授所提出的现代客观归责理论,基本内容是“一个由实施行为人所造成的结果,只能在行为人的举止行为为行为的客体创设了一个不是通过容许性风险所容忍的危险,并且这种危险也在具体的结果中实现时,才能归责于客观行为构成”。① 根据罗克辛教授的观点,行为人的行为只有创设了为法秩序所不容许的危险时,其行为才具备最终被归责,进而构成犯罪的可能性,如果行为没有创设不被容许的危险,或者创设的危险被容许,或者降低了本来存在的危险时,就会被排除结果归责。

被容许的危险原理完全可以应用于强制猥亵、侮辱罪,对部分没有创设不被容许的危险,或者创设的危险被容许的行为排除结果归责,从而进行出罪处理,最典型的例子就是医生对于某些与性有关的疾病的诊疗行为。如前所述,医生在诊治部分疾病时,无论是否具备刺激、满足性欲的倾向,其都必须实施一些为治疗疾病所必需的,可能侵害患者性羞耻心的行为,即有该倾向时与没有该倾向时的行为相同,而这种行为是治疗疾病所必须采取的诊疗行为,无论有没有刺激、满足性欲的倾向,医生实施这种行为的最终结果都是有利于患者的身体健康,虽然创设了在法律上有重要意义的风险(可能侵害患者性自主权和性羞耻心),但是一个有利于改善患者身体健康状况,治愈患者疾病的行为无论如何也不会被国民认为是一种不应该实施的行为,大多数情况下,患者本人为了治愈疾病,也不会反对医生对自己实施这样的诊疗行为,那么可以说,这种行为所创设的危险属于为法秩序所容许的危险,医生的这种诊疗行为因此就不能够被认为是该当强制猥亵、侮辱罪的构成要件的行为,从而不能够被认定为强制猥亵、侮辱罪。

五、结　语

强制猥亵、侮辱罪“倾向犯”与“非倾向犯”的对立,本质上并不是行为无价值论与结果无价值论的对立,而是是否将刺激、满足性欲的倾向作为主观的构成要件要素的观点对立。根据我国刑法的规定以及本罪所侵害的法益,强制猥亵、侮辱罪不属于倾向犯,本罪应当在司法实

① [德]克劳斯 · 罗克辛:《德国刑法学总论》(第 1 卷),王世洲译,法律出版社 2005 年版,第 246 页。

践中实现"去倾向化"。而"去倾向化"的思路,就是采取行为无价值二元论、客观主义的立场和被容许的危险的思路,坚持以暴行、胁迫等行为本身以及性自主权、性羞耻心、性自主权以外的人身自由受到侵害或者产生侵害的危险这一构成要件结果作为认定行为成立本罪的主要标准。

Study on the "Anti-tendency" of Compulsory Indecency and Insult

Liu Jiazheng & Ren Huihua

[内容摘要] 强制猥亵、侮辱罪"倾向犯"观点与"非倾向犯"的观点对立,本质上是刺激、满足性欲的倾向是否是本罪主观的构成要件要素的观点对立。根据本罪的构成要件行为以及本罪侵害的法益,本罪不属于倾向犯的依据已经十分充足,强制猥亵、侮辱罪在司法实践中应该进行"去倾向化"。刑法应选择行为无价值二元论、客观主义的立场以及被容许的危险的思路,坚持以暴行、胁迫等行为以及性自主权、性羞耻心、性自主权以外的人身自由被侵害或者产生侵害的危险这一法益侵害结果作为强制猥亵、侮辱罪的入罪标准。

[关键词] 强制猥亵、侮辱罪;去倾向化;行为无价值二元论;客观主义;被容许的危险

Abstract: The opposition of views of Compulsory indecency and insult belongs to inclined crimes or un-inclined crimes is essentially that if the tendency to stimulate or satisfy sexual desire is one of the constituent elements of subjectivity. According to the behavior of this crime and legal interests this crime infringes upon, the basis that this crime does not belong to inclined crimes is very sufficient, compulsory indecency and insult should be regarded as a anti-tendency crime in the judicial practice. The criminal law should choose the position of behavior invaluable dualism, objectivism and the idea of permissible hazards, adhering to violence, force and so on, and infringements or threaten of sexual autonomy, sense of shame, and personal freedom other than sexual autonomy as the incriminating standard as this crime.

Keywords: Compulsory Indecency and Insult; Anti-tendency; Behavior Invaluable Dualism; Objectivism; The Admissible Danger

破坏野生动物资源犯罪司法适用实务研究*

史运伟**

目　次

野生动物（包括卵、蛋及其衍生物）具有重要的科研价值、生态价值、经济价值，对维持整个生态环境平衡具有重要意义。随着宠物、餐饮、奢侈品等市场对野生动物需求量不断增大，非法猎捕、杀害野生动物案件逐年增多，刑法成为打击破坏野生动物资源犯罪的最后防线。

2020年新型冠状病毒疫情在全球蔓延，加强野生动物保护成为社会各界关注的焦点。为了防止因为猎捕、运输、销售、食用野生动物带来疫情扩散的严重后果，2020年3月24日，全国人大常委会通过了《关于全面禁止非法野生动物交易、革除滥食野生动物陋习、切实保障人民群众生命健康安全的决定》，司法实务界开展打击破坏野生动物资源犯罪的专项行动，一定程度上促进了对野生动物保护力度。在司

---

* 本文系国家社会科学基金项目"刑法解释原理之系统归正研究"（批准号：17BFX075）的阶段性成果。

** 西南政法大学法学院博士研究生。

法适用过程中仍然存在入罪标准不明确、保护对象不统一、量刑不规范等问题,如大学生网上兜售燕隼案①、王某贩卖驯养的鹦鹉案②。本文以中国裁判文书网公布的 2016～2020 年破坏野生动物资源犯罪一审刑事判决案件、检察机关不起诉案件作为研究样本,全面分析破坏野生动物资源犯罪司法适用疑难问题,有针对性提出解决路径,以期为完善破坏野生动物资源犯罪司法适用规范性提供些许借鉴。

一、逻辑起点:破坏野生动物资源犯罪案件实务考察

(一)破坏野生动物资源犯罪案件刑事判决情况考察

1. 案件裁判司法适用状况实务考察

在中国裁判文书网以"案件类型:刑事案件;文书类型:判决书;审判程序:刑事一审;裁判日期:2016 年 1 月 1 日至 2020 年 12 月 31 日;案由:非法狩猎罪,非法捕捞水产品罪,非法猎捕、杀害珍贵、濒危野生动物罪,非法收购、运输、出售珍贵、濒危野生动物及其制品罪"进行检索。具体数据情况(见表 1)。

表 1　破坏野生动物资源犯罪案件一审裁判情况

单位:件

罪　名	2016 年	2017 年	2018 年	2019 年	2020 年	总数
非法狩猎罪	1059	1283	1467	2116	2826	8751
非法捕捞水产品罪	1048	1609	2207	2728	4813	12, 405
非法猎捕、杀害珍贵、濒危野生动物罪	305	327	318	560	753	2263

① 参见鲁燕:《大学生掏鸟卖鸟被判十年半》,载《郑州晚报》2015 年 12 月 1 日。

② 参见李文杰:《深圳男子卖鹦鹉案二审宣判改判为有期徒刑两年》,载《南方都市报》2018 年 3 月 30 日。

续表

罪　名	2016 年	2017 年	2018 年	2019 年	2020 年	总数
非法收购、运输、出售珍贵、濒危野生动物及其制品罪	594	912	741	1304	1631	5182
总数	3006	4131	4733	6708	10,023	28,601

从上述数据可见破坏野生动物资源犯罪案件总体数量呈现逐年递增趋势,其中,非法狩猎罪,非法猎捕、杀害珍贵、濒危野生动物罪,非法收购、运输、出售珍贵、濒危野生动物及其制品罪 5 年犯罪数量增长约 3 倍,非法捕捞水产品罪 5 年犯罪数量增长约 5 倍。非法猎捕、杀害珍贵、濒危野生动物罪,非法收购、运输、出售珍贵、濒危野生动物及其制品罪案件数量在 2018 年出现小幅度下降,但是在 2019 年又大幅回升,而且个别罪名的下降并没有影响到总体数量的增长趋势。以上数据反映出国家每年都在加大对非法猎捕、杀害野生动物等违法犯罪行为的打击力度。

2. 刑罚司法适用状况实务考察

在中国裁判文书网,以"案件类型:刑事案件;文书类型:判决书;审判程序:刑事一审;裁判日期:2016 年 1 月 1 日至 2020 年 12 月 31 日;犯罪类型:非法狩猎罪,非法捕捞水产品罪,非法猎捕、杀害珍贵、濒危野生动物罪,非法收购、运输、出售珍贵、濒危野生动物及其制品罪;刑法种类:有期徒刑、拘役、管制等刑罚种类"进行检索,将破坏野生动物资源犯罪刑罚适用情况统计(见表 2)。

表 2　全国破坏野生动物资源犯罪案件刑罚适用情况

犯罪类型		刑罚种类						总数
		有期徒刑实刑	有期徒刑缓刑	拘役实刑	拘役缓刑	管制	单处罚金	
非法狩猎罪	人数/人	2145	2198	602	3712	3198	682	12,537
	占比/%	17.11	17.53	4.80	29.61	25.51	5.44	100

续表

犯罪类型		刑罚种类						总数
		有期徒刑实刑	有期徒刑缓刑	拘役实刑	拘役缓刑	管制	单处罚金	
非法捕捞水产品罪	人数/人	1491	2137	3662	5279	1601	3897	18,067
	占比/%	8.25	11.83	20.27	29.22	8.86	21.57	100
非法猎捕、杀害珍贵、濒危野生动物罪	人数/人	1300	418	736	212	463	28	3157
	占比/%	41.18	13.24	23.31	6.72	14.66	0.89	100
非法收购、运输、出售珍贵、濒危野生动物及其制品罪	人数/人	1111	2731	513	1845	857	32	7089
	占比/%	15.68	38.52	7.23	26.03	12.09	0.45	100

破坏野生动物资源犯罪在罪名立法设置方面属于轻刑类犯罪。从表 2 数据可见,司法实务中对该类犯罪刑罚适用情况总体呈现轻缓化态势。第一,多个罪名有期徒刑适用比例最高。在非法捕捞水产品罪中,有期徒刑适用较少,仅为 20.08%。加之缓刑适用数量较多,使有期徒刑适用的严厉性大为减弱。第二,单处罚金刑总体适用数量较少。在非法捕捞水产品罪单处罚金刑适用比例较多,占据 21.57%。第三,拘役适用比例较高。管制、拘役适用平均占比在 40% 以上,在非法狩猎罪、非法捕捞水产品罪案件中适用比例高达在 60% 以上。第四,缓刑适用率远远超过实刑适用率。缓刑适用率平均占比 40% 以上,在非法狩猎罪、非法收购、运输、出售珍贵、濒危野生动物及其制品罪中,缓刑适用率高达 50%。第五,实刑适用数量较少。有期徒刑实刑、拘役实刑作为严厉打击破坏野生动物资源犯罪的有力手段,在司法实务中适用比例平均在 30% 以下,反映出破坏野生动物资源犯罪刑罚适用轻缓化较为严重的现状。

3. 救济预防措施司法适用状况实务考察

在中国裁判文书网,以“案件类型:刑事案件;文书类型:判决书;

审判程序:刑事一审;裁判日期:2016 年 1 月 1 日至 2020 年 12 月 31 日;犯罪类型:非法狩猎罪,非法猎捕、杀害珍贵、濒危野生动物罪,非法收购、运输、出售珍贵、濒危野生动物及其制品罪;关键词:恢复原状、生态修复、从业禁止等”进行检索,将破坏野生动物资源犯罪案件中生态救济措施、犯罪预防措施适用情况统计(见表 3)。

表 3 破坏野生动物资源犯罪预防、救济措施适用情况

单位:人

犯罪类型	预防救济措施			
	恢复原状	生态修复	禁止令	从业禁止
非法狩猎罪	63	410	60	0
非法捕捞水产品罪	61	466	53	2
非法猎捕、杀害珍贵、濒危野生动物罪	38	172	7	0
非法收购、运输、出售珍贵、濒危野生动物及其制品罪	14	72	15	0
	176	1120	135	2

从表 3 数据可见,破坏野生动物资源犯罪案件预防措施、救济措施总体适用数量稀少。第一,生态法益救济措施适用较少。以上 4 类案件中适用恢复原状、生态修复、公益诉讼措施的数量相对于案件总数而言,均占比不到 5%。特别是恢复原状适用数量少意味着野生动物已经死亡,无法放归自然。采取生态修复的行为人数量为 1120 人,占比总犯罪人员数量 1.96%。意味着绝大多数破坏野生动物资源犯罪案件针对受损野生动物法益没有采取相应的救济措施。第二,犯罪预防措施适用稀少。从业禁止适用数量为 2 人,禁止令适用数量为 135 人。禁止令适用前置条件是适用缓刑或者管制人员,相对于缓刑和管制适用数量而言,禁止令适用占比约 0.54%。

(二)破坏野生动物资源犯罪案件不起诉情况实务考察

笔者以 X 省 Y 市基层检察机关破坏野生动物资源犯罪刑事不起诉案件(2016 年 1 月 1 日至 2020 年 12 月 31 日)为样本,统计该院破坏野生动物资源犯罪不起诉案件 19 件。其中,法定不起诉案件 6 件,存疑不起诉案件 5 件,微罪不起诉案件 8 件。以不起诉案件为研究样本,通过对不起诉原因进行分析论证,探究破坏野生动物资源犯罪司法适用存在的实务问题。

1. 因捕猎方法认定分歧不起诉。样本案件中因禁用的工具、方法无法认定不符合构成要件要素要求而作出法定不起诉决定案件占 4 件。其中 1 件具体情形为行为人在禁猎期内手持木棍狩猎 2 只野鸡(“三有”保护动物);另 3 件具体情形为行为人使用电猫方式捕猎野兔、林蛙。上述案件中适用的狩猎方法和工具是木棍、电猫,当地政府出台的相关禁猎文件并没有将木棍、电猫列入禁用的工具、方法。

2. 因入罪标准认定分歧不起诉。样本案件中因未捕猎野生动物是否达到入罪标准产生分歧,作出法定不起诉案件占 2 件,作出微罪不起诉案件占 6 件。样本案件的事实情形基本相同,行为人虽然在禁猎期、禁猎区使用禁用的工具或者方法实施非法狩猎,因为各种原因未成功捕获野生动物。作出法定不起诉理由认为行为人虽然实施非法狩猎行为,但是并没有侵害野生动物保护法益,没有侵害非法狩猎罪的客体。作出微罪不起诉理由认为行为人的非法狩猎行为符合非法狩猎罪构成要件,但是,考虑到没有造成野生动物伤亡的后果,可以认定为情节轻微。

3. 因对象归类分歧不起诉。样本案件中因野生动物性质归属认识分歧而存疑不起诉案件 1 件,微罪不起诉 2 件。具体情形是行为人在岸边捕捉到石蛙和青蛙,作为两栖动物,是纳入水生生物还是陆生生物范畴并不明确,导致非法狩猎罪、非法捕捞水产品罪的适用分歧。因罪名构成要件不同,导致以上案件作出存疑不起诉,有的作微罪不起诉。

4.因主观要件认识分歧不起诉。样本案件中因无法认定行为人知道或者应当知道珍贵、濒危野生动物而实施相应的购买、运输等违法行为,作出存疑不起诉案件占4件。其中1件具体情形为行为人误以为甲地没有禁猎区、禁猎期等相关规定,就使用气枪猎捕鸟类。另3件具体情形为行为人通过网络销售平台购买蛇类当作宠物饲养。这种蛇类实为球蟒,属于《华盛顿公约》附录Ⅱ保护动物。上述案例中认定行为人主观明知禁猎区、禁猎期、对象系珍贵、濒危野生动物等相关证据不充分,无法直接认定行为人的主观罪过。

二、基本保障:构成要件要素的明确界定

虽然司法机关不断加大对破坏野生动物资源犯罪打击力度,但是破坏野生动物资源犯罪案件在刑法规制方面仍然存在适用对象范围不明确、主观明知认定难等实务问题亟须解决。

(一)明确刑法规制的野生动物范畴

1.野生动物与制品的区别界定

司法实务界对野生动物与制品的界分以及死体归属野生动物还是野生动物制品存在认识分歧,进而导致出现同案不同判的裁判结果。首先,文义解释方法下的野生动物与制品的区分界定。《野生动物保护法》第2条规定野生动物及其制品是指野生动物的整体、部分及其衍生物。根据语言文字的基本书写逻辑,野生动物对应的是野生动物的整体、部分,制品对应的是野生动物整体和部分的衍生物,该种解读方法是根据基本的语义来进行的认定。其次,目的解释下的司法认定。根据上述文义解释方法,野生动物包含了整体和部分。对于野生动物活体属于野生动物范畴,无论理论界还是实务界均没有异议。对于野生动物的整体包含了野生动物的死体,死体是属于野生动物整体范畴还是衍生物范畴存在一定的认识分歧。例如,海马(国家二级保护动物)可以用作药材,整个海马死后通过风干成为药材,被风干后的海马

整体是作为野生动物还是制品存在不同的认识分歧。

司法实务界对于野生动物死体属于野生动物还是制品存在两种分歧观点:第一种观点根据动物外在形态作为判断标准。野生动物整体肯定属于野生动物范畴,如果野生动物死体是完整的,则应当归属于野生动物。如果死体是部分,则应当认定为制品。该观点坚持整体才属于野生动物范畴。第二种观点根据用途作为判断标准。行为人将野生动物死体处于食用目的,则应当认定为野生动物范畴。如果以提取有价值的器官进行加工利用,则应当认定为制品。上述两种观点分别从外在形态和价值属性来区分野生动物与制品的区别,都具有一定的合理性。笔者认为可以采取折衷观点,将外在形态和内在价值属性两方面综合认定野生动物与制品的界分标准。制品源于野生动物本身,是由野生动物器官经过加工提取而成,从野生动物的外在形态经过提取演变为具有内在价值特殊形态的物品就是制品。野生动物的价值根据其用途不同而有所区别,有的被当作宠物,有的用来食用,还有的是为了提取其皮毛等器官。死体与活体的区别虽然在于器官是否有生命,从国家对野生动物的保护角度而言是没有区别的,国家立法对野生动物进行保护,从法律地位而言死体和活体是相同的。制品是从野生动物死体或者活体中提取加工提炼而成,制品一经制作就脱离原野生动物范畴,成为独立的物品。例如,常见的犀牛角酒杯,犀牛角从犀牛身上剥离,经过加工成为全新的物品,无论外在形态还是本身价值属性与原来野生动物脱离成为制品。因此,单纯地将野生动物整体变为部分,未经过加工处理的野生动物部分不应当认定为制品范畴。

2. 驯养繁殖野生动物刑法规制范围

随着深圳王某出售鹦鹉案的审理,经过人工驯养繁殖的野生动物是否认定为野生动物?是否属于刑法规制的野生动物范畴再次引起热议。野生动物的概念作为日常用语并不显得陌生,从语义角度就是生活在自然状态下的野生动物。也有学者认为野生动物通常是指“非人工驯养、在自然状态下生长的各种动物,包括哺乳动物、爬行动物、两栖动物、鸟类、鱼类及其他动物”。[①] 法律层面的野生动物概念需要根据相关法律规定进行解读。《野生动物保护法》第2条将野生动物定义为“珍贵、濒危的陆生、水生野生动物和有重要生态、科学、社会价值的陆生野生动物”,根据该规定并非所有的野生动物都纳入野生动物范畴,水生野生动物中只有珍贵、濒危的水生动物纳入野生动物保护法的范畴,其他水生野生动物并未纳入野生动物保护法规制范畴。陆生野生动物也并非所有的都纳入野生动物保护法规制范畴,仅限定在珍贵、濒危野生动物和有重要生态、科学、社会价值的野生动物范围内。野生动物保护法并没有对人工驯养繁殖的野生动物进行规定。刑法规制的野生动物范围是否根据野生动物保护法规定,需要从刑法相关规定寻求答案。刑法及“两高”司法解释并没有直接对野生动物概念和范围进行限定,但是却明确规定人工驯养繁殖的珍贵、濒危野生动物属于野生动物。这显然有点不合情理。例如,鸡、鸭、鹅等家禽也是人类长期驯养繁殖的动物,这些动物也纳入刑法规制的野生动物范畴,将人工驯养繁殖的物种与野生物种同等对待,超出一般公众的理解认知,是超出文义范围的扩大解释,与罪刑法定原则相背离。[②]

国家立法目的是保护野生动物,刑法规定破坏野生动物资源犯罪目的是通过打击破坏野生动物犯罪行为实现让野生动物的繁衍生息。随着人工驯养繁殖科学技术提升,人为驯养繁殖野生动物,不仅不会侵害到野生动物,还可以促进野生动物种群数量的稳步增多。如果将人工驯养繁殖的野生动物纳入刑法规制范畴,适用刑罚处罚,将严重打击民间驯养繁殖野生动物的积极性。对于一些驯养繁殖技术不成熟的野生动物种群,为了实现保护目的,尽量减少人工驯养繁殖,以免对该野生动物种群造成危害。为避免肆意的人工繁育以上特殊种群的野生动物,处于特殊保护目的有必要将这些野生动物种群纳入刑法规制的野生动物范畴。同时,为增加司法裁判的可操作性,应当由省级以上林业

① 参见韩德培:《环境保护法教程》,法律出版社2015年版,第161~162页。

② 参见涂俊峰、李磊:《如何认定出售人工驯养繁殖的野生动物的行为》,载《人民法院报》2018年第5版。

部门出具调查报告确定属于驯养繁殖技术成熟、数量显著增多的野生动物具体品种。

(二)主观明知应根据一般人标准认定

禁猎区、禁猎期、禁用的工具、禁用的方法是非法狩猎罪的构成要件要素,禁渔区、禁渔期、禁用的工具、禁用的方法是非法捕捞水产品罪的构成要件要素,珍贵、濒危野生动物是非法猎捕、杀害珍贵、濒危野生动物的行为对象,行为人对以上要素的主观明知是否直接关系到犯罪成立司法实务界有不同的观点。有的观点认为,行为人并不需要明确知道禁猎区、禁猎期、禁渔期、禁渔区等具体规定,只要明知狩猎行为、捕捞行为是违法的即可。有的观点认为禁猎区、禁猎期、禁渔区、禁渔期等规定系构成要件要素,行为人应当明知方可具备主观罪过。[①] 还有的观点认为,行为人主观罪过在于其对危害野生动物危害结果明知且持追求或者放任态度即可,不需要对禁猎区、禁猎期、禁渔区、禁渔期等要素有所知晓。还有的观点认为,非法狩猎罪、非法捕捞水产品罪认定不需要行为人明知禁猎区、禁猎期、禁渔区、禁渔期等规定。但是在非法猎捕、杀害珍贵、濒危野生动物罪构成要件中行为人需要对珍贵、濒危野生动物有所认识,行为人只有认识到对象的特殊性继续实施才可以反映出其社会危害性,如果行为人将胭脂鱼误认为一般鱼类捕捞食用,无法认定行为人明知系珍贵、濒危野生动物,那么只能按照捕捞一般水生野生动物进行认定。本文还是坚持认为禁猎区,禁猎期,珍贵、濒危的野生动物等要素系构成要件核心要素,行为人只有知道或者应当知道上述要素情况下方可认定其主观罪过。

司法实务中,要认定行为人主观明知禁猎区、禁猎期、禁渔区、禁渔期、禁用的工具等,最直接的证据就是行为人的供述。在行为人拒不承认其主观明知,且没有其他直接证据予以证实的情况下,如何推定行为

① 参见朱砚博:《"三有动物"保护在司法实践中之困境与突破》,载《郑州大学学报(哲学社会科学版)》2015年第5期。

人“应当明知”成为认定行为人主观罪过的关键。“应当明知”本质上是一种对特殊犯罪对象的概括性认识,也称作“可能知道”,是一种推定行为人认识状态的方式,本质上是证明行为人主观认识的一种证明方法。禁猎区、禁猎期、禁渔区、禁渔期等规定由相关行政法律法规规定,规定不明确的,会授权地方政府出台相关文件。但是如果地方政府没有出台禁渔区、禁渔期、禁猎区、禁猎期等文件,那么从立法角度而言,存在规制空白,行为人实施相关行为的违法性无从谈起。如果当地政府出台禁猎、禁渔等相关文件,并且按照正常途径公开向社会通报宣传,根据一般人认知能力应该已经知晓该规定的存在,则可以根据政府公布的文件、宣传材料等证据认定行为人应当明知,该观点坚持一般人标准。如果按照行为人标准,必须证明行为人应当明知禁渔期等文件规定,当行为人拒不承认其明知禁渔期等规定时,很难用证据证明。而如果要求政府将文件内容告知每一个人,该要求过于苛刻,不具有实践操作性。因此,在当地政府出台文件后,已经通过网络发布、设立宣传标语、宣传牌等方式对禁猎、禁渔、濒危野生动物等信息公开,一般人也应当知道相关规定的情况下,则可以根据以上证据材料推定行为人应当明知禁渔区、禁渔期等相关规定。当然,在行为人初到甲地,又误认为甲地没有禁猎相关规定进而实施禁猎行为的情形下,如果直接凭借政府相关规定、宣传材料等证据推定行为人应当明知,则对于行为人主观要求过于苛刻。司法机关在判断行为人主观明知时应当坚持一般人标准的情况下,根据行为人学习经历、工作经历、对周边环境的熟悉程度、对禁猎、禁渔等规定的了解程度、政府宣传情况等因素综合判断行为人主观明知。当然,也不排除当地政府在制定文件后,没有采取必要的宣传途径,导致一般人都无法掌握该文件规定。该种情况下,无法以一般人标准认定行为人具有违法性认识。行为人在没有违法性认识情况下,就无法产生抑制犯罪的反对意识,因而不具有非法狩猎的主观恶性。①

---

① 参见谢望原、柳忠卫:《犯罪成立视野中的违法性认识》,载《法学评论》2003 年第 3 期。

三、进路完善:“三元”刑事制裁体系的建构完善

刑罚是规制破坏野生动物资源犯罪的主要手段,但是仅仅依靠刑罚的威慑难以实现有效预防犯罪。① 从业禁止、禁止令等规定作为犯罪预防措施,可以一定程度上弥补刑罚预防效果的不足。而且针对破坏野生动物资源犯罪行为,受侵害的野生动物法益被侵害后,仅仅依靠刑罚无法实现恢复,需要采取恢复原状、生态修复等方式实施救济。司法实务界需要探索建立完善的“救济+预防+惩罚”三元刑事制裁体系,实现对野生动物的全方位刑法规制。

(一)构建“有期徒刑+罚金刑”刑罚适用规则

上述数据反映出破坏野生动物资源犯罪刑罚适用总体轻缓,管制、拘役、单处罚金刑适用比例远超有期徒刑,缓刑适用数量远超实刑,这与中央从严打击刑事政策要求相背离。为凸显对野生动物的保护力度,需要建立以有期徒刑为主的刑罚制裁体系。同时,在执行方式上限制缓刑的适用比例。

1. 贯彻以有期徒刑为中心的刑罚适用规则

从立法而言,破坏野生动物资源犯罪并没有设置死刑、无期徒刑,有期徒刑成为惩罚威慑破坏野生动物资源犯罪的主要手段。有期徒刑在非法猎捕、杀害珍贵、濒危野生动物犯罪方面适用比例较高,在非法捕捞水产品罪、非法狩猎罪适用数量较少,而且有期徒刑中适用缓刑的比例过高。为贯彻对野生动物的保护,需要建立有期徒刑为主的刑罚适用规则,在执行方式上要减少缓刑的适用数量。首先,建立以野生动物数量为基准的刑罚适用。作为侵害野生动物资源的犯罪,侵害的野生动物法益直接反映社会危害性大小,刑罚的轻重应当与行为人捕获

① 参见李永升、张光君:《生命刑法与环境刑法研究》,合肥工业大学出版社2014年版,第39页。

的野生动物种类、大小、濒危程度、价值等因素保持一致。对于捕猎到野生动物数量较多的行为人,应当适用有期徒刑,且限制缓刑适用。针对未猎捕到野生动物的行为人,可以适用管制、罚金刑等刑罚。其次,设立野生动物稀缺度刑罚适用规则。根据相关法律规定,国家对于珍贵、濒危野生动物、"三有"动物、一般野生动物的保护力度有所不同,适用的罪名和刑罚也不尽相同。对于捕猎珍贵、濒危野生动物的情形,应当适用有期徒刑,且不得适用缓刑。对于捕猎"三有"野生动物的情形,应当以实刑为主,控制适用缓刑数量。对于捕猎一般野生动物的情形,应当根据野生动物的稀缺度来考虑刑罚种类和执行方式。最后,设立主观罪过刑罚适用规则。对于以销售牟利为目的捕猎情形,尽量不适用缓刑。对于以饲养繁殖、保卫农作物等目的的捕猎情形,可以适用轻缓化刑罚。

2. 完善罚金刑为辅助的刑罚适用体系

我国司法实务界对罚金刑的适用倾向于采用无限额判罚制度,法官可以根据个案具体情况发挥自由裁量权决定判罚的具体金额。该种方法好在自由灵活,但是因为没有统一的判罚标准容易出现罚金刑适用不规范现象,造成罚金刑数额差异大,容易出现同案不同判。理论界关于罚金刑数额标准存在两种不同观点:第一种观点主张采取限额标准。罚金刑设置不同的幅度,根据案件事实情况决定采用何种范围的罚金刑。该种方式采取了有期徒刑的设置模式,操作简单务实,能够将刑罚与个案情况紧密结合。第二种观点主张罚金刑数额应当根据违法所得采取倍比罚金制度,即根据行为人违法所得金额来按照一定比例判决相应的罚金刑。该种方式可以最大限度地发挥罚金刑的经济处罚效果。[①] 上述两种观点既有合理之处,也有自身难以克服的缺陷。限额罚金标准会造成罚金数额与个案具体事实、情节等发生脱离,出现不符合罪责刑相符合的罚金刑判决。倍比罚金制以违法所得为裁判基准,但是很多破坏野生动物资源犯罪案件行为人并不是牟利为动机,违法所得无从谈起,倍比罚金制度适宜范围受到限制。本文认为,罚金数

① 参见赵红艳:《环境犯罪定罪分析与思考》,人民出版社 2015 年版,第 58 页。

额标准应当根据破坏野生动物案件类型采取不同的裁判标准。首先根据猎捕的野生动物价值设定行为人罚金的基本数额,在此基础上考虑行为人主观动机、目的等情节进行上调,最后根据具体量刑情节进行上、下的浮动调节。总之,罚金刑适用要从发挥罚金刑的经济制裁功能出发,实现对犯罪行为人的惩罚、预防效果。破坏野生动物资源犯罪有单处罚金刑和并处罚金刑两种罚金刑方式。

(二)探索"从业禁止+禁止令"预防措施适用机制

刑罚作为惩罚性措施可以起到威慑效果,是保护野生动物资源的必要手段。但是,针对破坏野生动物资源犯罪的预防效果不明显。我国刑事立法没有单独规定资格刑,司法机关可以通过适用从业禁止、禁止令等措施实现预防犯罪效果。

1.探索从业禁止适用规则

我国《刑法修正案(九)》增设从业禁止规定,①以非刑罚处罚措施的存在弥补刑事制裁措施的不足,进一步完善刑事制裁体系。很多域外国家在刑事立法方面直接规定资格刑罚,污染环境犯罪的司法解释中明确规定从业禁止作为规制措施适用,取得良好犯罪预防效果。如德国刑法直接规定禁止执业的资格刑。② 破坏野生动物资源犯罪行为人本身利用特定的职务便利或者职务义务实施犯罪,如专职的司机运输野生动物,饭店老板经营野生动物菜品,宠物店老板销售野生动物作

---

① 第37条之一规定,因利用职业便利实施犯罪,或者实施违背职业要求的特定义务的犯罪被判处刑罚的,人民法院可以根据犯罪情况和预防再犯罪的需要,禁止其自刑罚执行完毕之日或者假释之日起从事相关职业,期限为3年至5年。被禁止从事相关职业的人违反人民法院依照前款规定作出的决定的,由公安机关依法给予处罚;情节严重的,依照本法第313条的规定定罪处罚。其他法律、行政法规对其从事相关职业另有禁止或者限制性规定的,从其规定。

② 《德国刑法典》第70条规定:"对滥用专业技能或违背职业义务的两种犯罪人,如认为对其禁止执业的法定最长期限仍不足以防止行为所造成的危险,可永远禁止其执业。"

为宠物销售等情形。这些行为人本身从事特定职业或者承担特定义务，却仍然利用职务工作便利从事破坏野生动物资源犯罪，此类人员从事破坏野生动物资源犯罪，对野生动物的危害性极大，是破坏野生动物犯罪的源头。司法机关在对此类人员适用刑罚过程中，应当明确提出是否适用从业禁止的司法判决。对于符合从业禁止条件的应当适用从业禁止。

检察机关在办理破坏野生动物资源犯罪案件推进认罪认罚从宽制度过程中，对符合从业禁止条件的，应当向法院明确建议适用从业禁止，该内容应当作为认罪认罚的条件之一在起诉书中列明。检察机关提起公诉时对于符合从业禁止适用条件却未提起适用从业禁止建议的案件，人民法院应当作出适用从业禁止的司法裁判。

2. 明确禁止令的适用规则

《刑法修正案(八)》增设禁止令的适用规定，针对被判处管制或者适用缓刑的犯罪行为人在管制执行期间或者缓刑考验期限内被禁止从事特定活动，进入特定区域、场所，接触特定人。① 根据法律条文的规定，禁止令本质上是司法机关针对管制犯、缓刑犯执行过程中的管理规定，出发点就加强对被监管对象的教育矫正进而实现预防其再犯罪。根据上文统计的数据可见，破坏野生动物资源犯罪司法判决中适用缓刑和管制的数量比例高达40%以上，禁止令适用的数量比例不到1%。缓刑和管制大量适用说明行为人对野生动物资源破坏程度较轻，在执行过程中适用禁止令，可以一定程度上强化预防行为人再次犯罪的可能。

为增加禁止令适用的现实操作性，需要根据破坏野生动物资源犯

① 第38条规定，管制的期限，为3个月以上2年以下。判处管制，可以根据犯罪情况，同时禁止犯罪分子在执行期间从事特定活动，进入特定区域、场所，接触特定的人。对判处管制的犯罪分子，依法实行社区矫正。违反第2款规定的禁止令的，由公安机关依照《治安管理处罚法》的规定处罚。第72条规定，对于被判处拘役、3年以下有期徒刑的犯罪分子，同时符合下列条件的，可以宣告缓刑，对其中不满18周岁的人、怀孕的妇女和已满75周岁的人，应当宣告缓刑。宣告缓刑，可以根据犯罪情况，同时禁止犯罪分子在缓刑考验期限内从事特定活动，进入特定区域、场所，接触特定的人。

罪类型的不同而采取不同的适用规则。行为人非法猎捕、捕捞行为发生在禁渔区、禁猎区内,司法机关可以判决行为人在管制执行期或者缓刑考验期内禁止进入禁渔区、禁猎区等特殊区域。检察机关在办理破坏野生动物资源犯罪刑事案件过程中,如果适用认罪认罚程序提出适用管制、缓刑建议时,应当同时提出适用禁止令的建议,并且在起诉书中明确列明。检察机关没有提出禁止令适用建议,人民法院在判决适用管制或者缓刑的同时应当裁判适用禁止令。

(三)完善"修复+补偿"救济措施适用规则

对破坏野生动物资源犯罪适用刑罚、预防措施实现惩罚、预防功效,却无法救济已经受损的野生动物法益。[①] 司法机关在办理破坏野生动物资源犯罪案件,应当积极采取生态修复、义务劳动等措施实现恢复保护受损害的野生动物资源法益。

1. 完善生态修复机制的适用

恢复性司法理念在我国司法实务中早已生根发芽,正如故意伤害案件中行为人对被害人的补偿,本质上是对受害法益的救济。在破坏野生动物资源犯罪案件中,行为人在侵害野生动物资源法益后,应当采取一定的措施来恢复受损害的法益。对于野生动物没有死亡的,司法机关应当采取及时有效的放生措施,防止救助行为造成死亡的不利后果。对于野生动物已经死亡的,可以采取增殖放流、补植复绿等替代性措施进行生态修复。通过采取生态修复措施,一方面可以实现破坏野生动物资源犯罪案件办理的生态效果,另一方面可以通过行为人实施修复行为培养保护野生动物生态理念。生态修复并没有相关的法律法规明确规定,司法解释对生态修复的法律后果有所涉及,[②]生态修复作为行为人认罪悔罪的措施之一,可以认定为从轻处罚的量刑情节。

---

① 参见蒋兰香:《环境刑法学》,林业出版社2014年版,第121页。

② 2016年12月23日,最高人民法院、最高人民检察院《关于办理环境污染刑事案件适用法律若干问题的解释》第5条规定行为人对生态环境进行积极修复的应当从宽处罚。

近年来,司法机关关于生态修复工作开展主要有两种方式:第一种方式是检察机关通过提起公益诉讼方式代表国家要求犯罪行为人对受损野生动物资源进行补偿。第二种方式是司法机关通过批评教育行为人主动采取修复措施实现对受损野生动物法益的救济。第一种公益诉讼模式有明确的法律规定,制度操作运行较为成熟完善。第二种生态修复模式是司法机关自行探索建立,全国各地的修复机制并不相同,修复主体、修复内容、修复方式、修复效果、监督内容等规定因地区差异而有所不同。为提高生态修复生态效果,司法机关应当建立全国性的生态修复工作机制,统一生态修复的时间、地点、方式、监督等具体内容,使生态修复工作更加规范化。同时,将生态修复作为量刑情节的性质认定,将生态修复情况作为行为人认罪认罚的内容之一,实现生态修复工作机制的法律地位的确认。

2. 探索义务劳动补偿机制的适用

对破坏野生动物资源犯罪从宽处理的条件是行为人认罪、悔罪,积极救济其侵害的野生动物法益。行为人可以通过及时放生、补植复绿、增殖放流、缴纳修复基金等方式实现法益修复。当野生动物已经死亡,行为人因经济贫困无法实施上述修复措施,但是又认罪悔罪,愿意积极采取措施来补救。司法机关针对该种情形应当为行为人提供悔罪途径,通过义务劳动方式作为替代性修复措施。义务劳动作为刑罚的一种并不是创新,有些域外国家刑法明确规定义务劳动刑罚,如《俄罗斯联邦刑法典》明确规定可不剥夺行为人自由的情况下对其判处劳动改造刑罚。针对实施破坏野生动物资源犯罪行为人没有经济能力的情况下,可以让其通过义务劳动方式作为修复措施的一种,以此实现救济教育的功效。

目前,国内部分省市司法机关已经在环境资源犯罪领域探索义务劳动修复工作机制,如重庆市检察机关积极探索义务护渔模式,实施非法捕捞水产品犯罪的行为人通过在禁渔期主动巡逻方式实现对长江水生野生生物的保护。又如陕西检察机关探索的义务养树模式,被判处缓刑的犯罪行为人通过在缓刑考验期内通过义务植树、后期养护等方式实现修复。上述两种模式都是义务劳动修复机制的一种,也说明司法机关在积极探索有利于野生动物保护的各种工作模式。对实施破坏野生动物资源犯罪行为人可以通过在禁猎区、禁猎期、禁渔区、禁渔期等时间、空间实施义务巡查达到野生动物保护的目的,积极探索义务劳动非刑罚处罚措施的适用,建立完善多元化野生动物法益救济保护体系。

四、结　语

野生动物是自然生态必不可少的一部分,野生动物保护关系到国家生态环境的总体平衡。为了更好地保护野生动物,打击破坏野生动物资源犯罪,采取严厉的刑罚处罚是必要手段。但是,破坏野生动物资源犯罪在司法适用中存在对象范围不明确、构成要件要素认识分歧、刑罚轻缓化、刑事规制体系单一化等问题,需要采取必要的解决措施达到打击犯罪的必要性。针对刑事制裁体系的不完善,需要建立构建“有期徒刑 + 罚金刑”刑罚适用、“从业禁止 + 禁止令”预防措施适用、“修复 + 补偿”救济措施适用等刑事制裁体系,发挥刑法保护救济野生动物资源的作用。

Research on the Regulation and Practice of Criminal Law for Destroying Wildlife Resources

Shi Yunwei

[**内容摘要**]完善破坏野生动物资源犯罪的刑法规制是野生动物保护的必然要求,司法机关往往通过扩大野生动物对象范围、降低入罪标准、加大刑罚适用力度等方式强化对破坏野生动物资源犯罪的打击力度。但是,破坏野生动物资源犯罪司法适用过程中存在主观明知认定难、刑法保护范围不明确、制裁措施不健全等问题。采用目的解释方法对构成要件要素、追诉标准等进行解读和适用,建立“修复 + 惩罚 + 预防”三元刑事制裁体系实现全方位保护野生动物的刑法规制。

[**关键词**]野生动物;非法狩猎;司法适用;刑法规制

Abstract: It is an inevitable requirement for wildlife protection to perfect the criminal regulation of the crime of destroying wildlife resources. Judicial organs often strengthen the efforts to crack down on the crime of destroying wildlife resources by expanding the scope of wildlife objects, lowering the crime criteria, and increasing the intensity of penalty application. However, there are some problems in the judicial application of the crime of destroying wildlife resources, such as the difficulty of subjective knowing, unclear protection scope of criminal law and imperfect sanctions measures. The purpose interpretation method is adopted to interpret and apply the elements of constituent elements and prosecution standards, and the three-way criminal sanctions system of "repair + punishment + prevention" is established to realize the comprehensive protection of wildlife criminal regulation.

Keywords: Wild Animals; Illegal Hunting; Application Problems; Solution Path

〔外国刑法〕

作为适当原则的刑法*

[德]科讷琉斯·普里维茨**著　陈昊明***译

目　次

一、告别最后手段原则

对于刑法的“最后手段”特点,经常出现这样一种现象:刑法学将它奉为规范原则,而刑事政策学却在经验上加以驳斥。在我的刑法学

* 本译文系四川大学法学院2020年中央高校基本科研业务费新冠疫情防控专项研究课题(批准号:2020fxzy-07)与四川大学法学院“研究阐释党的十九届四中全会精神”专项研究课题(批准号:sculaw20190210)的阶段性成果。

** 德国法兰克福大学刑法学与刑事诉讼法学资深教授。原文标题为 Strafrecht als propria ratio,刊登于2011年罗克辛八十祝寿文集第1卷第23页(Festschrift für Roxin II, Bd. 1, S. 23)以下。

*** 四川大学法学院助理研究员,法学博士。

习生涯中，克劳斯·罗克辛（Claus Roxin）是从第一个学期就一直陪伴的人，也是我想用这篇文章致以谢意、友好和惊奇的人。[①] 他一直以来都认为，刑法是“最后手段”，但却将这一特点补充为“社会政策的最后手段”，[②]并将它放到“（刑法）法益保护补充”[③]这一标题下讨论。

如果本文标题和第一章标题给人一种“可以或者应该考虑告别最后手段原则”的印象，[④]那么当然不是因为这可恶的刑事政策现实情况，而是因为，大家也开始从规范上讨论刑法的“最后手段”特点问题。克劳斯·提德曼（Klaus Tiedemann）很久以前就认为，刑法在具有制裁权限的经济法领域是最后手段，[⑤]本哈德·哈弗克（Bernhard Haffke）则出于对自由动机的考量，认为在致力于严密控制的社会和国家中的刑法应该预防出现这种不自由的控制机制，也就说，刑法显然不是最后手段。[⑥]

正如我不久以前所论证的那样，[⑦]我认为，以上观点都是错误的。从规范上——而非从经验上——坚持刑法是最后手段，[⑧]这一观点不

---

① 我特别想强调的是，克劳斯·罗克辛（Claus Roxin）在给我们上大学一年级的课程时就告诉我们学习刑法教义学的必要性，还极好地介绍了刑事政策—法律—国家的极限，同时，他也私下里在选择刑法这条道路上给予了我许多鼓励（包括在我转移至法兰克福之后）。

② Roxin JuS 196，382 und in ders. AT I § 2 Rn. 97.

③ Roxin AT I § 2 Rn. 97（原文作者依据罗克辛上下文加上了“刑法”）.

④ 这种印象让人迷惑。正如后文所示那样，我认为坚守最后手段原则仍有必要，但刑法法益保护的限制原则的论证不足。

⑤ Tiedemann Tatbestandsfunktion im Nebenstrafrecht，1969，S. 145，Fn. 22；有关提德曼（Tiedemann）对最后手段原则作为业内（也许是虚假的）共识的冲击的评价，参见特伦德伦堡（Trendelenburg）的博士论文 Ultima ratio？—Subsidiaritätswissenschaftliche Antworten am Beispiel der Strafbarkeit von Insiderhandel und Firmenbestattungen，MS 2010，S. 179 ff。

⑥ Haffke FS Roxin，2001，955 ff.

⑦ 在本哈德·哈弗克的六十五祝寿研讨会上，我们共同的老师克劳斯·罗克辛也来了。

⑧ Vgl. Prittwitz in：Das Dilemma des rechtsstaatlichen Strafrechts（Symposium für Bernhard Haffke zum 65. Geburtstag），2009，185 ff（192 f）.

应动摇。不应该为了回应提德曼和哈弗克的质疑而对经济活动参与者的自由进行特别保护,也不应该对“如果有其他更好的选择,则会为全体公民的自由而强烈侵犯单个公民的自由”这种担忧进行正当化。

提德曼数十年来在经济刑法领域提议“必须毁灭迦太基”(ceterum censeo)①,哈弗克所提倡的普遍化*——最佳意义上而言也是挑衅的——都加剧了这样的倾向:在如今更多以结果为导向的预防思维时代,刑法学的出发点如果还是无须太多精准论证,就落在了无与伦比性上(指刑法对个体无可比拟的干预强度和派生出的最后手段特点),那么,这么做就是错误的了。

二、有益的冲击

提德曼认为,经济刑法并非最后手段,而是相对温和的手段。虽然我不赞同这一观点,但是该观点对刑法理论所带来的冲击和启发还没有得到足够重视。哈弗克所谓“刑法成为防止严密控制机制的自由、温和反应手段”则更加清晰地对传统原则提出了学识和政治上的挑战。那么,挑战到底在哪里呢?

(一)扩展视野

可能首先需要的就是扩展视野了。即要界定某个国家的(刑法的或其他)行为究竟是严厉还是温和,那就不能再只透过直接针对当事人的行为来判断,而是还要看所指国家行为对所涉及的整个群体有何影响。② 这有可能涉及的是社会的特定面,例如,在经济刑法领域,通

---

① 虽然提德曼再三强调经济刑法不具有最后手段原则,但是他从未论述过这项刑法的重要原则。有关对提德曼观点的评述参见 *Trendelenburg*(Fn. 5) S. 181。

* 这里的“普遍化”与后文的“无与伦比性”相对,它指刑法不再具有手段最后性,而变成一种普通部门法。——译者注

② 其他学者也有类似建议:Vgl. Die Nachweise bei *Hefendehl* Kollektive Rechtgüter im Strafrecht, 2002, S. 234, Fn. 130。

过批准和控制义务来控制特定行为的风险;这也有可能涉及的是整个社会,例如,比较"道路交通刑事规范"与"技术预防和严密的国家管控"在干涉(个体)强度方面的差异。

人们似乎首先会想到,在审查国家行为的合比例性时必须考虑所有当事人,(但)很快人们就会把这种想法抛之脑后。

这是因为,一方面,在法治国里,直接针对个体当事人的国家行为必须始终是合法的。干涉个体(自由)的制裁措施的强度要达到能使其他所有人能自由行动的程度,否则就是违宪的。这第一点或许是最重要的。另一方面,也不可忽视的是,对立法者而言,这不是针对个体判决的刑罚是否合法的问题,而是构成要件和刑罚的问题,当然,后者始终体现在个案所判处的刑罚中。

但这些异议还包括那些早已记录在案的。其中最显眼的就是:这样对自由进行计算是非常困难的,甚至是不可能的,主要是缺乏相应的计算标准。①

以上观点当然可以用特伦德伦堡(Trendelenburg)的观点来进行反驳。他引用了经济学家,②特别是匈牙利—美国经济学家约翰·海萨尼(John Harsanyi)的观点认为,前述比较(以及计算)每天都在不断进行,这样人们就可以说,这类对计算(自由)的"政治正确"式反驳只不过掩盖了那些未曾说出口、从而免于批评的比较。③ 这种观点在我看来也很容易驳倒,以至于经济学的众多流派和以经济为导向的法律人最终并不会得出更清晰的结论。④ 刑事政策的实践可能会受这种争论的见解影响,因为与此相关的社会子系统既不由无刑事制裁制度、追求

---

① Vgl. *Lüderssen* FS Arthur Kaufmann, 1993, 487 und 489; *Weigend* FS Triffterer, 1996, 695 und 711, Fn. 93; *Hefendehl* (Fn. 10) S. 235. Zuletzt *Böse* in: Die Handlungsfreiheit des Unternehmers, 2009, S. 180, 181 und *Prittwitz* (Fn. 8) S. 189 und 191.

② 在社会福利经济学中,这类问题是作为"超个人益处"来进行讨论的。Nachweise bei Trendelenburg (Fn. 5) S. 157.

③ *Trendelenburg* (Fn. 5) S. 157.

④ *Eidenmüller* Effizienz als Rechtsprinzip, 1995/2005, S. 200.

完美的控制模式决定,也不由无法在控制模式中安放的单个刑法构成要件决定,而是两种策略的混合。① 这场争论似乎以和解告终,但这种模糊并不能让人安心下来。因为政治以及会对政治施加影响的利益团体很可能会基于经验和利益的混合,对这两件事进行区分:一面是足够谨慎和因为无知而采取的混合策略,另一面是根据不同的利益诉求,采用象征性附属刑法实现的真正强烈干预式控制,以及以纯象征性刑法合法化的非控制或少控制领域。

(二)对不同的重要自由进行区分

提德曼区分了普通刑法典是"是国家干预的最严厉的手段,是宪法规定的最后手段",而经济刑法更多是"温和的……行政法上的全面控制网络机制"②组成部分,正因如此,我们才产生了这样的疑问,即这种区别对待的背景和正当性是否在于:此自由非彼自由?在提德曼那里,(管控网络涉及的)全体经济参与人的自由更有价值或值得保护。③这一点听上去好像十分胡闹;我们立刻可以想到的是,系统相关的社会面和在社会中行动的人的自由可以据此获得特殊保护。

基本上,在这种计算(自由)的思想背后是"自由有不同重要性"。在我看来,这正是我们从提德曼和哈弗克的质疑所得到的启发。由于表面上看起来,这种"自由有不同重要性"的观点要比"自由可以计算"的观点更不容易让人接受,因此它至今未得到充分讨论。这可能也是因为:称世界未能从 2008 年金融危机恢复过来,经济参与者的自由特别重要,这样的说法并不具有特别的说服力。虽然随着经济复苏,大家不再都认为金融危机主要是由于监管不到位造成的,但至少大家都认

① So auch *Hefendehl* (Fn. 10) S. 235 unter Verweis auf *Weigend* (Fn. 11) S. 695.

② *Tiedemann* Wirtschaftsstrafrecht AT Rn. 63a.

③ 原本在我看来,规范上是难以接受整体计算理论的,但只有在这种背景之下,该理论才显得有几分智慧。Vgl. Prittwitz (Fn. 8) S. 191 f.

为,社会子系统*应该是有监管的"力量自由博弈",而非"太大而不能让它失败(too big to fail)"。这种看法是正确的,因为金融危机的(刑事)责任不应该是金融市场自由的核心。

虽非放任,但(完全)不监管的子系统的历史经验告诉我们,金融市场加上象征性刑法,其温和的威慑预防力并无法得以证实,①因此,在判断应该选择"没有刑法的监管体系"还是选择"缺少监管的刑法威权体制"时,我们不能把质——而非量——作为衡量不同自由的标准。

(三)评估标准

对刑法最后手段原则普适性的另一项质疑在于,如何精确论证最后手段原则。想要(在可能性和必要性方面)进行精确论证,就得回答一个问题:所谓最严厉的手段,究竟是可以在经验上予以证实,还是只能由规范决定。

例如,(主要是事先——即当事人在受到刑事调查和可能受到审判之前)如果我们问,(如在环境刑法中)到底什么是最强烈的干预,一方面,把审批义务和无漏洞的监管作为预防措施,把行政法上的关闭企业作为制裁措施;另一方面,把刑事威吓作为预防措施,用刑事手段制裁违反那些能证明是有责违反规范的个体,那么,就不能有太多幻想可以预先回答这一问题。尤其是,在自由刑少于罚金刑的刑法体系中,刑事制裁在很大程度上被认为是较为温和的情况下。

确实,这样的观点越来越流行:刑事制裁(也可以说是自由刑)并非最严厉的国家制裁,对经济参与人处以(高额的)罚款要重得多(罚

---

* 此处的社会子系统特指金融市场。——译者注

① 就个体参与者的视角而言是有道理的,因为除开庞氏骗局(madoff)那种过剩,这更多的是金融危机的伴生现象而非典型,毕竟这主要不是可归责的个人责任,而是系统失灵导致的。

款可以远超于可科处的罚金);[①]无论对员工个体科处什么刑罚,相比之下,对企业施以竞业禁令,或者让企业上"黑名单"之类,都要重得多。

这么做,可能无法辩驳。我也认为,国家在法律后果的感知强度这一问题上选择措施时,如可能,还应考虑现有的经验知识。但有争议的是,刑法的最后手段角色是否应该基于可用经验检验的规范接收人所受到制裁感知的基础上。刑法的最后手段特定更多来自"自由刑",它是公民自由的活动自由的核心。决定性的是在法治国和宪法国中刑法对自由刑的规定。这一点不能因为承担刑事责任的公民的态度而有所动摇(也许可以实证),比如,公民称宁愿去蹲3年监狱,也不愿意被列入"黑名单"。

即使某个公民自认为自己的人身自由不如其他利益和自由有价值,刑法也因为宪法的规定而永远也不能成为首要手段(prima ratio)。因此,对(经济)刑法的合法性要求不会有变化。

三、理论上对最后原则的和缓化

以上思考的最终结论是:"不可比拟"的刑法变得可以比拟了!挂在嘴边的"最后原则"逐渐被证明是不可行的尝试,从犯罪学角度看,似乎是被现实的刑事政策不断放弃的。

特伦德伦堡的论证令人信服:无论是(所谓的)"刑法辩护人"(只是我的说法,但并非褒义),还是"根本性的刑法怀疑者"(同样只是我的说法,并非贬义),其基本的出发点都是刑法的不可比拟性。[②] 一种观点认为刑法发挥的作用不可比拟(在我看来,这种作用更多的是所

---

① 尤其是金额,它在罚款程序中,可以是另类"耗尽"。在西门子案中,检察院科处了三亿九千万欧元的罚款。其中,过失犯罪的法定最高罚款额为五万欧元(§§ 130 Abs. 3 Satz 1,30 Abs. 2 Satz 217 Abs. 2 OWiG),而之所以最终开出的罚款总额可是五万欧元的将近800倍(!)是因为可以耗尽犯罪收益所得,§§ 30 Abs. 3 i. V. mit 17 Abs. 4 OWiG。

② *Trendelenburg* (Fn. 5) S. 141 ff.

挑选的而非证明出来的),因此在解决全球重大难题时,应该将刑法作为优先甚至是唯一的手段;与之相反的观点则从一开始就严格坚持:刑法的严厉程度不可比拟,因此刑法具有严格的最后手段特点。

特伦德伦堡明确坚持认为,保持最后手段特点的前提应该是,认识到刑法是立法者进行调控和管理的工具,它原则上是可以(与其他手段)进行比较的。相反,在用比以往更理性的分析证明刑法辅助性很重要之前,我想特别指出,“刑法是最后手段”几乎退化成一个咒语公式,隐藏在这个公式后面尚有一点有待澄清。

四、风险与自由是合法动用刑法的其他标准

称“刑法原则上是最后手段”的说法暗示了:在合法动用刑法时,并不区分针对自然犯——比如抢劫和谋杀,还是针对行政犯——比如环境犯罪和经济犯罪。同样的,即使是与犯罪学和家庭政策高度相关的问题,面对无论是家庭暴力还是道路交通暴力,刑法都一样介入;同样,究竟是诽谤邻居还是国防军,刑法的态度也是一样的。

由于这些刑事处罚的对象突然①是完全不同的,以上“不加区分地适用最后手段原则②”就会产生一系列争论。无论是施特拉滕韦特(Stratenwerth)等③在讨论地球生存问题时,还是许迺曼(Schünemann)④在将环境刑法作为犯罪的原型或原初概念时,都必须回答:经济刑法是否还具有合法性(虽然提德曼只是认为它不是最后手段)?刑法是否不再被认为是“最严厉的武器”?同样的,为了对恐怖活动和所谓的有组织犯罪进行刑事制裁,而将该类犯罪的处罚前置化以实现对自由的极端限制,这种做法也会面临合法性的质疑。

---

① 这里使用“突然”,绝非偶然。这种变化一方面源自过去数百年间技术发展和由此产生的风险,另一方面也源自刑罚理论由绝对原则变为相对原则。

② 这种对最后手段原则“不加区分”的适用是刑法历史的演变结果,即只有对那些“偏离”传统犯罪、具有可比较的同类案件科处刑罚时,才会去质疑其刑罚的合法性问题。

③ *Stratenwerth* ZStW 105 (1993),679 ff.

④ *Schünemann* GA 1995,208.

以上争论忽视了一个问题:最后手段原则既可以限制合法动用刑法的范围,也可以在某些情况下扩宽其适用范围。这里一方面涉及限制动用刑法的特定行为(或社会特定子系统)的特定风险,另一方面也涉及在规范上属于完全没有监管或只有很少监管和刑法介入的那部分的社会活动。

(一)无法容忍的风险和无法容忍的自由空间

正如哈弗克所描述的那样,在特定领域,人们会拒绝限制自由,而去容忍可能出现的风险。如果我们把目光从这些特定领域移开,则无法忍受的严密控制和让人自由的刑法的图景变化很快。

如果先举个例子的话,那就是故意和过失危害核能罪(德国刑法第310条、第327条以下)。很难想象,仅仅依靠行政审批、行政法规和刑法条款就可以消除这种危险的,幸好这也不是现实。借用哈弗克的描述,考虑到潜在的灾难性后果,假如没有严密和严厉的控制,核能利用就似乎注定是个悲剧(一般人只会想到之前的三里岛事故和切尔诺贝利事故)。只是对核能设施的经营者和职员的人身自由进行极大限制,似乎就是挖苦嘲弄。只有安全专家结合技术预防与国家控制,这个领域的风险才是可以接受的。刑事制裁从一开始就顶多是起到补充作用,甚至变成了给民众起到安慰作用的象征性刑法,其可靠性和(无)有害性完全取决于监管措施的质量。监管系统里只有最小的漏洞会立即使民众平静下来。

透明与控制是利用核能的社会的正确前提,老大哥式的严密监控让人安心,而非令人恐惧,特别是,要在长期而最小程度(侵入)的安全监管和让整个社会发抖的短期成本这两者之间进行协调。

由这个例子可以推广开去,对于那些存在让人无法忍受的风险的领域,只有合适的技术预防和严密的国家监管才是预防风险的正确手段。刑法(介入)的前提是,人类过失未能在某些风险领域,例如,在较长时间段内或事件发生概率特别小时思考。这里的所谈的风险是如此高,以致需要明确提前防范风险,且这种防范活动还必须独立于可能想到的人为差错进行。这种安全需求就强制变成了对控制的需求,这种需求是如此大,以至于必须避免认为(人为)差错就是动用刑法的前提。刑法的补充效应并未如预期般起到安抚作用,反而几乎让人受到惊吓。这是因为,刑法(介入)使控制系统并不能保证及时排除和发现人为差错。

相应的,对这些(随着科技进步不断增加的)领域,人类对风险防范措施因为人类自身无法避免的差错,而无法阻挡风险的脚步,而这些风险正是科技进步的副产品。社会认定这类风险是不可忍受的。我们应该认识到这类风险,并使之透明化。如果完全或者基本依赖动用刑法,就意味着我们始终要容忍可能出现的损失。

具体是哪些领域,这里不作具体区分。但为防止受到不必要的指责,基于法兰克福犯罪学人重视核心刑法——这毕竟是“贫穷与福利刑法”[①]——的传统,我主要就道路交通案件、在“边界案件”这个标题下讨论一些有趣而重要的社会领域。

(二)所希望的自由空间与可以忍受的风险

我们首先需要关注一些社会领域,这些领域虽然也关注安全问题,但基于中种种原因,会更优先考虑自由的需求。在这些领域就会质疑“是否”要限制自由,并接着问,究竟是用行政监管还是用刑法控制才是更好选择。

1. 民主的根本前提

安全相关领域中首先需要阐明的是,自由民主的根本前提是,思想交流自由、结社自由、参政自由和新闻——如今更好的措辞是——媒体自由。

以上自由对自由式国家和民主制度有多么重要,我们不必重读乔治·奥威尔(George Orwells)的《1984》就能知道。另外,也不能忽视,通信自由也会在法治国中对法治国本身和民主产生安全风险。无论是

① So seit langem Schünemann z. B. in GA 1995,201 ff.

公开还是秘密的,无论是电讯还是集会方式,通信既可以对民主和法治国家带来好处也可以造成损害。

对此,就像每一个可能对法益的损害一样,我们也要问,什么是消除危害的"正确"方式,国家行政控制应该扮演何种适当的角色,刑法又该扮演何种补充性角色。和在经济领域不同,我要在此赞同一种特别重要的自由。其重要性是质上的,即源于政治和宪法的规定。对此必须给予自由空间和自由权利,因为只有在自由的空气中,民主和法治国才是可能实现的。哈弗克所谓严密控制的恐怖预言,只有在这里才有其合法位置,而非针对道路交通管制。

但就此并未回答预防管制和刑法的关系问题。实际上,问题的中心是自由优于安全的领域。[①] 对于那些可以证实公民的自由,但国家又必须强制限制其自由的领域,我倾向于一种"自由"的刑法。那些未被安排进公开或者秘密(特工情报)监管系统中的刑法条款,不仅在对全部自由的计算中是自由的工具,同时也是有风险的工具。在我看来,就像在环境保护和金融市场领域一样,国家和社会不应该冒险动用难有胜算的刑法,而在民主与法治国领域,国家和社会就可以也必须冒着风险给予这种宪法自由。

2. 个人化社会的自由空间

同样在我看来,社会子系统的重要性是不同的,这与宪法上人的形象(Menschenbild)有关。这种人的形象是个人化的;公民个体自由以及宪法规定的家庭牵连是宪法上极其重要的自由,这就推导出:第一,原则上,这种自由优先于安全;第二,刑法给出的有风险的安全承诺优先于完美的控制(perfektionierten Kontrolldichte)。

这类刑事政策的适用领域很广。这种情况下放弃管制而改用刑法的做法是有争议的。"家庭暴力和社会邻近领域的暴力"可能是一个

---

① 第一眼看过去,似乎安全和自由存在矛盾关系。自由并不是不需要安全;但历史上看也好,当下也好,都是保障安全而限制自由比为保障自由而威胁安全的情况更可能出现、威胁更大。Vgl. *Prittwitz* in: Jenseits des rechtsstaatlichen Strafrechts, 2007, S. 225 ff.

关键词，对（电报）通讯进行有限控制或者干脆不控制是另一个关键词——虽然存在前述的危险。这种争议只是暗地里的，而非公开的。如果将哈弗克所暗示的图景展开来看，那么就涉及个体和个体自由的领域。对此，就应该和必须是隐私领域，而非绝对透明化；就应该和必须充分信任；这取决于私人感情联络，取决于互相亲近的作用；这是对个人自治的信任，而非外力强制；承担责任是社会发展的前提，应该尽量不去危害社会；这是自由的必要风险；这是自由社会的宪法要素，这种社会是由自由思考和行动的个体所组成的。

（三）作为边界案件的道路交通案件

奥尔登堡（Oldenburg）州高等法院在一个决议中认定，道路交通视频监控违宪。[①] 通过搜索引擎搜索关键词"自由、德国、道路交通"有260万个结果。伯恩哈德·哈弗克和贝恩德·许迺曼（Bernd Schünemann）将自由和社会子系统道路交通紧密联系起来，例如，哈弗克强烈质问，社会是否真的愿意因为为了技术预防而丧失自由，[②]而许迺曼则感觉当前的德国监管犹如"警察国式的监管"。[③] 在帕绍（Passau）的研讨会上，我提出了一种挑衅但非无礼的观点：假如认为，在道路交通上，应该动用刑法而非严密监控，那么，无论是否愿意，就都得忍受每年大约5000人的交通死亡人数。[④]

借助前述标准和哈弗克所提出的"软性"要素[⑤]，我想指出道路交通案件是以及为何是边界案件。这种案件虽然并不强制要求采取严密监控措施，但也并不是每一种监控措施都会马上成为危害自由的警察国手段。

---

① OLG Oldenburg, Beschl. v. 27. 11. 2009 – Ss Bs 186/09.

② *Haffke* FS Roxin, 2001, 967.

③ *Schünemann* in: Mediating Principles, 2006, S. 18 und 22.

④ *Prittwitz* (Fn. 8) S. 193.

⑤ Vgl. *Hafffke* FS Roxin, 2001, 966 und meine darauf beruhende Skizze in *Prittwitz* (Fn. 8) S. 185.

在我看来,刑法不应或者最多可以谨慎介入的领域内,既存在令人无法忍受的风险,也存在令人无法忍受的自由空间。我们必须马上承认,道路交通领域并不在此列。当然,对每一起交通事故而言,每一条人命都很重要。但每一个反对进行严密监控的人都会承认这一点,并且对容忍受害人的指责感到恼火。只要不是刻意挖苦,那么人人都不会认为这涉及生死存亡的风险。这里其实更多涉及这样的风险,即虽然这种风险是科技进步带来的,但这种风险的存在也是因为人类依赖于这种科技进步,所以有意无意容忍这种从理性上看应该避免的风险。

反过来,道路交通也不属于尽可能不加监管的领域。即使是热情的司机也不会想说,道路交通事关民主和法治国中的宪法自由空间。而剩下的问题是,第一,德国的个体与道路交通参与者相比,是否以及在多大程度上感到自由;第二,宪法上的人的形象是否面临风险。

若是人们接受了哈弗克对交通道路的恐怖描述,①则一定会得出自相矛盾的结论。飙车者显然将德国西南部的高速公路作为自家后花园,他们将恐惧透明化,而飙车造成的交通事故的幸存者显然对此有不同看法。赞同过度监管的人也会认同这一点:从根本上说,较为安全的道路交通依赖于信任,而恰恰不是依赖于不信任——这一点甚至由法律规定。对监管而言,自由空间恰恰不是受限于私人联系,而是通过关系亲近后获得自由。

总之,我们必须让国家,特别是社会,对不自由的监管(保证安全)和自由风险的刑法之间选择合适的补充比例关系。

五、刑法作为最后手段,尤其应采用适当原则

刑法还能保留最后手段原则吗?还是说这里的思考让这个原则告别刑法和刑事政策了?毕竟这个原则在理论上受到很多关注,而在司法实践中却遭到忽视。

谁要是并不立刻否认刑法与其他国家行为的可比性,就不得不承

① Vgl. Nochmals *Haffke* FS Roxin, 2001, 966 und *Prittwitz* (Fn. 8) S. 185.

认最后手段原则在理论上的不协调。另外,人们再也不能认为这一古老原则是放之四海而皆准的,而只限于德国和欧洲宪法框架下比例原则的明确表达。动用刑法并非一种随便的国家行为。动用刑法是有风险的,因为人们就不仅要在理论上而且要在实践中容忍滥用和损害结果的发生。不能容忍这种风险发生的地方就没有刑法介入的余地。在那些即使其他措施都失败了的领域,刑法也并非最后手段,因为它并不合适,也不成比例,也就是说,完全不能动用刑法。

对于那些在宪法上十分重要的自由领域,即最容易质疑最后原则适用的领域,国家恰恰可以采用符合比例原则同时已经由宪法预先考量了价值的手段,因为从安全的角度看,那些手段往往是不那么适合但契合自由的。

最后手段原则意味着,要使用它,同时也意味着其目的是能有效解决问题,这一点,或许是对最后手段原则的技术误解。需要告别的并不是这个原则,而是对该原则的徒劳使用方式。

克劳斯·罗克辛善于在理论与实际之间求平衡,这一点,至今无人能超越。我希望,他能满意本文的结论。

The Criminal Law as Propria Ratio

Written by Cornelius Prittwitz　Translated by Chen Haoming

[**内容摘要**]刑法的最后手段原则这条公理受到质疑。确实,自由不可计算,但自由种类有高下,在设立刑罚时应该考虑到受刑人的个体感知。这场质疑背后的中心矛盾是自由与风险的紧张关系。对此,可以进一步区分不同的自由。对于存在无法容忍的风险的领域,刑法的介入没有意义;对于涉及民主政体根本和公民个体自由这类的自由,自由优于安全;其他领域,则安全优于自由。道路交通案件则介于两者之间,需要在监管和自由之间选择合适比例。因此,并不是其他措施都无效就可以动用刑法,最后手段特性仍然是刑法的固有原则。

[**关键词**]刑法最后手段原则;计算自由;宪法根本前提;风险刑法

Abstract: The axiom of the ultima ratio-principle in criminal law is questioned. It is true that freedom is incalculable, but there are different types of freedom, and the individual perception of the prisoner should be taken into account when establishing the penalty. The central contradiction behind this challenge is the tension between freedom and risk. In this respect, different freedoms can be further distinguished. In areas where there are intolerable risks, the involvement of criminal law is meaningless; for freedoms such as fundamental democracy and individual citizen freedom, freedom is better than security; in other areas, security is better than freedom. Road traffic cases fall somewhere in between, requiring a proper ratio between regulation and freedom. Therefore, not all other measures can be invalidated before the criminal law can be used, and the ultima ratio-principle is still as propria ratio of the criminal law.

Keywords: The Ultima Ratio-Principle in Criminal Law; Calculation of Freedom; Fundamental Prerequisites of the Constitution; Risk Criminal Law

〔国际刑法〕

欧美独狼型恐怖分子特征研究

李岚林*

目　　次

近年来,由独狼型恐怖分子实施的独狼型恐怖袭击已经成为国际社会安全的最重大威胁之一。自2001年在美国发生"9·11"恐怖袭击之后,国际社会特别是欧美国家面临着两类恐怖主义威胁,一类是独狼型恐怖分子造成的国内威胁,另一类是"伊斯兰国"(Islamic State of Iraq and Syria,ISIS或者IS)造成的威胁。① 随着"伊斯兰国"遭到毁灭

---

* 西北政法大学副教授,北京师范大学刑科院刑法学博士后,法学博士,德国马克斯普朗克外国刑法与国际刑法研究所访问学者。本文是2020年度国家社会科学基金一般项目"总体国家安全观视野下恐怖犯罪预防法律体系的构建研究"(项目号:20BFX067)和陕西省高校青年创新团队项目"大数据时代社会治理创新中的刑事法治"的阶段性成果。

① Mark S. Hamm and Ramón Spaaij, *The Age of Lone Wolf Terrorism*, New York: Columbia University Press, 2017, p. 1 - 2.

性打击,独狼型恐怖分子与独狼型恐怖主义正在日益成为国际社会最大的恐怖主义威胁。实际上,早在 2011 年 8 月 15 日,时任美国总统奥巴马(Barack Obama)就指出,在美国,发生独狼型恐怖袭击的可能性要大于像“9 · 11”那样的大规模协同袭击。[①] 此后,这类恐怖袭击在很多西方国家(德国、奥地利、英国、挪威、瑞典、意大利和芬兰)都有发生,在美国更为频繁;研究者们把这种现象看成是极右翼恐怖主义在西方国家呈现出新的面貌,认为人类社会似乎已经进入“独狼型恐怖主义时代”(age of lone wolf terrorism)。[②] 鉴于恐怖主义具有明显的国际化特点,及时了解国外特别是欧美国家中独狼型恐怖分子的特征,有利于我们及早认识和科学应对这类恐怖分子可能造成的更大危害。

一、独狼型恐怖分子的界定与分类

独狼型恐怖分子是一种独特的恐怖分子类型,在进一步探讨其特征之前,有必要了解国外文献中使用的相关概念。对于进行独狼型恐怖袭击的恐怖分子,最常见的称呼是“独狼型恐怖分子”(lone wolf terrorist)或者“独狼”(lone wolf)。在英语文献中,人们还使用了相关的其他概念来称呼。例如,独狼型杀手(lone wolf killer)、[③]独狼型凶手(one wolf perpetrator)、[④]独行型恐怖分子(lone-actor terrorist)、[⑤]独干

---

① Mark S. Hamm and Ramón Spaaij, *The Age of Lone Wolf Terrorism* (New York: Columbia University Press, 2017), p. 1.

② Mark S. Hamm and Ramón Spaaij, *The Age of Lone Wolf Terrorism* (New York: Columbia University Press, 2017).

③ Khaled A. Beydoun, *Lone Wolf Terrorism: Types, Stripes, and Double Standards*, Northwestern University Law Review, Vol. 112, No. 5 (2018): 1217.

④ Jan Leenaars & Alastair Reed, *Understanding Lone Wolves: Towards a Theoretical Framework for Comparative Analysis*, International Centre for Counter-Terrorism (2016), https://www.jstor.org/stable/resrep17500 (2020 - 4 - 27).

⑤ Jeanine de Roy van Zuijdewijn & Edwin Bakker, *Analysing Personal Characteristics of Lone-Actor Terrorists: Research Findings and Recommendations*, Perspectives on Terrorism, Vol. 10, No. 2 (April 2016): 42.

型恐怖分子(lone-operator terrorist)、①单干者(single actor)②以及单人恐怖组织(individual terror cell)、单人恐怖分子(solo terrorist)、单干型恐怖分子(solo-actor terrorist)③等。

研究者们也分析了独狼型恐怖分子的基本特点。例如,弗洛里安·哈特勒布(2020)认为,独狼型恐怖分子的基本特点是:(1)作为个人采取行动;(2)声称其行为是基于政治信仰;(3)不属于某个恐怖组织或者恐怖网络;(4)在没有领导者或者任何指挥结构与服从等级制度的直接影响下行动;(5)自己宣传和传播极端主义意识形态。④

可以认为,独狼型恐怖分子是指独自准备和进行恐怖主义行为的人。⑤ 独狼型恐怖分子进行的独狼型恐怖主义活动,被称为"独狼型恐怖袭击"(lone wolf terrorist attack)⑥或者"独狼型袭击"(lone wolf attack)。⑦

按照独狼型恐怖分子在进行恐怖袭击的动机、恐怖袭击手段的创新程度以及对其行动的罪恶感方面的区别,通常将独狼型恐怖分子分为5类:⑧

(1)世俗型独狼(secular lone wolf)。这是指由于政治的、种族的、民族的或者分裂主义的原因而进行暴力袭击的独狼型恐怖分子。这类恐怖分子的具体情况最为复杂,促使他们进行恐怖袭击的问题

---

① G. C. Kessler, *Lone-Operator Cyberterrorism*, Journal of Information Warfare, Vol. 15, No. 1 (2016): 15.

② Florian Hartleb, *Lone Wolves: The New Terrorism of Right-Wing Single Actors* (Cham, Switzerland: Springer, 2020), p. 1.

③ Marieke Liem et al., *European Lone Actor Terrorists Versus "Common" Homicide Offenders: An Empirical Analysis*, Homicide Studies, Vol. 22 (1, 2018): 45.

④ Florian Hartleb, *Lone Wolves: The New Terrorism of Right-Wing Single Actors* (Cham, Switzerland: Springer, 2020), p. 45.

⑤ 吴宗宪:《犯罪心理学分论》,商务印书馆2018年版,第157页。

⑥ 又译为"独狼式恐怖袭击"。

⑦ 又译为"独狼式袭击"。

⑧ Jeffrey D. Simon, *Lone Wolf Terrorism: Understanding the Growing Threat* (Amherst, NY: Prometheus Books, 2016), p. 40–71.

十分广泛，例如，为了抗议政府政策而发动恐怖袭击，由于对自己祖国的渴望、分裂国家的动机而发动恐怖袭击。尽管这类恐怖分子可能有性格和心理问题，从而影响他们的恐怖袭击决定，就像恐怖组织的成员可能会因为性格和心理问题而导致他们加入该组织一样，但是，他们的主要动机与普通恐怖组织相同，进行恐怖袭击是为了进一步推动政治或者种族主义的、民族主义的事业。这类恐怖分子还会使用互联网来了解各种世俗极端主义运动，然后为了其意识形态和目标而进行恐怖行为。

(2)宗教型独狼(religious lone wolf)。这是指由于宗教信仰方面的原因而进行暴力袭击的独狼型恐怖分子。伊斯兰极端分子和白人至上主义者(white supremacist)是近年来最活跃的宗教型独狼。白人至上主义者和新纳粹分子都可以归入这种类型，他们将种族主义的和反犹太的意识形态作为其暴力的宗教理由。宗教型独狼也可以通过各种聊天室、网站和宗教极端主义运动的脸书(Facebook)页面，在互联网上找到暴力的灵感。

(3)单因型独狼(single-issue lone wolf)。这是指以堕胎、动物权利或环境等某种具体问题为由发动袭击的独狼型恐怖分子。这类独狼会为了坚持和表达自己在某方面的信念、对解决某种问题的观点等而进行恐怖袭击。

(4)犯罪型独狼(criminal lone wolf)。这是指主要在经济利益驱动下进行恐怖袭击的独狼型恐怖分子。这类独狼型恐怖分子没有政治、社会、宗教或者民族主义的目标；之所以将其实施的暴力行为作为恐怖主义，是因为他们使用的袭击策略以及对政府和社会的影响，与其他类型的恐怖分子实施的行为相同。

(5)特质型独狼(idiosyncratic lone wolf)。这是指由于某些个人特质而进行恐怖袭击的犯罪人。尽管他们可能会以某种原因进行攻击，但是，某些人格和心理问题却是导致他们暴力的主要原因。这类人的恐怖袭击原因通常是不合理的，他们往往被诊断为偏执型精神分裂症。

二、独狼型恐怖分子的个体特征

(一)年　龄

对独狼型恐怖分子年龄的研究表明,他们实施恐怖袭击时往往比较年轻。荷兰的珍妮·德罗伊·范祖德温等人(2016)对120名独狼型恐怖分子的调查发现,这些人实施袭击或者被逮捕时的平均年龄为29.7岁,年龄最小的为15岁,最大的为74岁,标准差为9.9,这表明独狼型恐怖分子之间存在较大的年龄差异。他们也发现,具有不同意识形态的独狼型恐怖分子的年龄是有差别的,具有宗教型意识形态的独狼型恐怖分子的平均年龄是27.3岁,而具有右翼意识形态的独狼型恐怖分子的平均年龄是32.3岁,要比前者年长近5岁;同时,具有宗教型意识形态的独狼型恐怖分子之间的年龄标准差较小(7.69岁),而具有右翼意识形态的独狼型恐怖分子之间的年龄标准差较大(11.88岁)。①

荷兰的玛丽克·利姆等人(2018)对66名独狼型恐怖分子的研究发现,他们的平均年龄是31.1岁,标准差为10.04。进一步的年龄分组发现,不到25岁的人占32%(21人),25~39岁的人占48%(32人),40岁以上的人占20%(11人)。②

穆罕默德·卡扎尔·贾等人(2019)分析了2015~2016年在西欧进行独狼型恐怖袭击的恐怖分子的年龄,发现36名独狼型恐怖分子的年龄范围在12~52岁,平均年龄24岁,大多数(16人,占45%)的年龄

---

① Jeanine de Roy van Zuijdewijn & Edwin Bakker, *Analysing Personal Characteristics of Lone-Actor Terrorists: Research Findings and Recommendations*, Perspectives on Terrorism, Vol. 10, No. 2 (April 2016):43.

② Marieke Liem et al., *European Lone Actor Terrorists Versus "Common" Homicide Offenders: An Empirical Analysis*, Homicide Studies, Vol. 22 (1, 2018):59.

在 21 岁至 30 岁。[①]

马克·哈姆等人(2017)发现,美国的独狼型恐怖分子与有组织的恐怖分子之间,有显著的年龄差异。2001 年发生的"9·11"恐怖袭击之前,独狼型恐怖分子进行恐怖袭击时的年龄平均 38 岁,比恐怖组织成员的平均年龄大 10 多岁;在"9·11"恐怖袭击之后,独狼型恐怖分子进行恐怖袭击的年龄平均 31 岁。[②] 这表明,独狼型恐怖分子的年龄要小于恐怖组织的成员,说明他们在认识、情绪等方面更容易发生偏差。

(二)文化程度

独狼型恐怖分子往往具有较高文化程度。同时,从发展趋势来看,这方面的变化不大。独狼型恐怖分子的激进化(radicalization)等过程往往是独自进行的,并不直接依赖恐怖组织的教育和训练,因此,对于其文化等方面的要求较高;没有较高的文化程度,很难完成意识形态等方面的转变而成为一名独狼型恐怖分子。例如,在"9·11"之前的美国独狼型恐怖分子中,不到 1/3 的人接受过大学教育,其中一个典型的例子是"大学爆炸犯"(unabomber)西奥多·卡岑斯基(Theodore Kaczynski),他 20 岁时毕业于哈佛大学,然后获得密歇根大学数学博士学位并变成了加州大学伯克利分校最年轻的教授,智商高达 167;在"9·11"之后的美国独狼型恐怖分子中,三分之一左右的人接受过大学教育。总体而言,将近一半的美国独狼型恐怖分子受过大学教育。[③]

利姆等人(2018)对 66 名独狼型恐怖分子的研究发现,这些恐怖分子的文化程度至少是中等教育(secondary education)水平(26 人,占

---

① Mohammadmoein Khazaeli Jah & Ardavan Khoshnood, *Profiling Lone-Actor Terrorists: A Cross-Sectional Study of Lone-actor Terrorists in Western Europe* (2015－2016), Journal of Strategic Security, Vol. 12, No. 4 (2019):32.

② Mark S. Hamm and Ramón Spaaij, *The Age of Lone Wolf Terrorism* (New York: Columbia University Press, 2017), p. 49.

③ Mark S. Hamm and Ramón Spaaij, *The Age of Lone Wolf Terrorism* (New York: Columbia University Press, 2017), p. 49－50.

63%),受过高等教育(higher education)的人占37%(15人),还有25人信息缺失;[①]他们认为,"尽管信息缺失的比例较大,但是,许多独狼型恐怖分子完成了中等教育甚至高等教育。如此高水平的受教育程度可以部分地解释为什么这些人在设计、计划和最终实施袭击方面取得了成功"。[②]

(三)性　别

独狼型恐怖分子绝大部分是男性,其中女性的数量极少。美国的资料表明,在"9·11"之前的独狼型恐怖分子中,只有5人是妇女,而且,她们都是暗杀者;在"9·11"之后的独狼型恐怖分子中,没有一名是女性;实际上,自1993年开始至2017年,美国的独狼型恐怖分子中就没有女性。[③] 对98名欧洲独狼型恐怖分子性别的研究发现,其中96%的人是男性。[④] 在贾等人(2019)研究的36名欧洲的独狼型恐怖分子中,35名是男性,[⑤]只有1名是女性。由于女性独狼型恐怖分子很少,以至于有的作者认为,"独狼型恐怖主义是一种男性现象"。[⑥]

独狼型恐怖分子中女性所占比例很小,导致这种现象出现的原因主要有以下几方面:

---

① Marieke Liem et al., *European Lone Actor Terrorists Versus "Common" Homicide Offenders: An Empirical Analysis*, Homicide Studies, Vol. 22 (1,2018):59.

② Marieke Liem et al., *European Lone Actor Terrorists Versus "Common" Homicide Offenders: An Empirical Analysis*, Homicide Studies, Vol. 22 (1,2018):63.

③ Mark S. Hamm and Ramón Spaaij, *The Age of Lone Wolf Terrorism* (New York: Columbia University Press, 2017), p. 52 – 53.

④ Marieke Liem et al., *European Lone Actor Terrorists Versus "Common" Homicide Offenders: An Empirical Analysis*, Homicide Studies, Vol. 22 (1,2018):58.

⑤ Mohammadmoein Khazaeli Jah & Ardavan Khoshnood, *Profiling Lone-Actor Terrorists: A Cross-Sectional Study of Lone-actor Terrorists in Western Europe* (2015 – 2016), Journal of Strategic Security, Vol. 12, No. 4 (2019):32.

⑥ Florian Hartleb, *Lone Wolves: The New Terrorism of Right-Wing Single Actors* (Cham, Switzerland: Springer, 2020), p. 56.

(1)承担风险能力。独狼型恐怖袭击往往由独狼型恐怖分子独自策划、实施和承担后果,对于个人在承担风险方面的能力要求更高,女性在这些方面一般较弱,因此,她们成为独狼型恐怖分子的可能性较小。

(2)人际关系特点。女性比男性更重视社会交往,更加渴望人际互动,更加渴望建立密切的甚至是亲密的人际关系,也更愿意成为某个群体的成员。这些都是不利于让个人变成独狼型恐怖分子的重要因素,它们阻碍女性变成独狼型恐怖分子。

(3)精神健康状况。独狼型恐怖分子往往有一定程度的精神健康问题,他们中的不少人具有反社会型人格障碍、偏执型精神分裂症等精神不健康的症状,这些症状是个人变成独狼型恐怖分子和实施独狼型袭击的重要心理基础。相对于男性而言,女性更不可能具有这些方面的问题,女性中有反社会人格障碍和偏执型精神分裂症的要少于男性。①

(4)侵害陌生对象。独狼型恐怖袭击往往是对随机遇到的或者事先选择的陌生人进行的攻击行为,而女性杀死陌生人的可能性更低,这也阻止了女性成为独狼型恐怖分子。

(5)策划袭击能力。独狼型恐怖袭击往往是事先经过周密策划的暴力犯罪活动,而妇女在这方面的能力似乎较弱。妇女更有可能在冲动之下和由于情绪问题而杀人,但是,不大可能进行预谋杀人。② 莎拉・本 – 戴维(Sarah Ben-David,1993)曾经指出,"妇女实施的大部分暴力犯罪,都具有强烈冲动性的特点。妇女实施的大多数谋杀都具有强烈的情感动机,没有预谋,并且是在妇女处于沮丧、绝望或者焦虑状态时进行的"。③ 这种情况也适用于其他类型的暴力犯罪,包

---

① Jeffrey D. Simon, *Lone Wolf Terrorism: Understanding the Growing Threat* (Amherst, NY: Prometheus Books, 2016), p. 113.

② Jeffrey D. Simon, *Lone Wolf Terrorism: Understanding the Growing Threat* (Amherst, NY: Prometheus Books, 2016), p. 110.

③ Sarah Ben-David, *The Two Facts of Female Violence: The Public and the Domestic Domains*, Journal of Family Violence, Vol. 8, No. 4 (December, 1993): 347.

括独狼型恐怖袭击。

(四)婚姻状态

独狼型恐怖分子大多数是未婚的单身汉。由于独狼型恐怖分子要进行与恐怖袭击相关的多种活动,而且,在进行恐怖袭击的过程中或者结束后,往往会丧失性命或者自杀身亡,婚姻会增强他们与别人的感情纽带,不容易促使他们下决心实施这类犯罪活动。马克·哈姆等人(2017)对美国情况的研究发现,80%的独狼型恐怖分子是单身汉,而且,这种情况在"9·11"前后是一致的。① 利姆等人(2018)对66名欧洲独狼型恐怖分子的研究发现,其中的33人(77%)无婚姻关系,10人(23%)有婚姻关系,还有23人情况不明。②

(五)种族和宗教

在独狼型恐怖分子中,种族和宗教因素往往密切结合在一起。从种族方面来看,他们往往是白人至上主义者(white supremacist),认为白人是最优秀的种族;从宗教方面来看,他们往往是基督教中的保守主义者,反对其他宗教,特别是反对伊斯兰教。

美国的情况表明,64%的独狼型恐怖分子是白人,这种情况在"9·11"前后是相同的。③ 美国早期的白人独狼型恐怖分子对黑人和犹太人进行恐怖袭击。例如,美国克利夫兰的新纳粹独狼型恐怖分子弗兰克·斯皮萨克(Frank Spisak)在1982年发动"克利夫兰种族战争"(Cleveland Race War),用手枪杀人,宣称自己代表美国新纳粹运动执

---

① Mark S. Hamm and Ramón Spaaij, *The Age of Lone Wolf Terrorism* (New York: Columbia University Press, 2017), p. 50.

② Marieke Liem et al., *European Lone Actor Terrorists Versus "Common" Homicide Offenders: An Empirical Analysis*, Homicide Studies, Vol. 22 (1, 2018): 59.

③ Mark S. Hamm and Ramón Spaaij, *The Age of Lone Wolf Terrorism* (New York: Columbia University Press, 2017), p. 50.

行“搜索和摧毁”任务,目的是“尽可能多地消灭黑鬼和犹太人”;该犯罪人直到2011年2月17日才被执行死刑,创造了在俄亥俄州死刑犯监区被关押时间最长的纪录。①

欧洲的情况也是如此。晚近兴起的一批右翼独狼型恐怖分子是“白人至上主义者”,他们继续在白人至上理念的作用下,进行恐怖袭击活动。他们认为,外来文化的入侵者正在掠夺欧洲,欧洲乃至整个西方正在遭受堕落和伊斯兰化的威胁,因此,要通过自己的袭击行为保卫白人。正如哈特勒布(2020)指出的,“我们注意到,我们面对的是那些希望为白人杀人的人,他们把自己的世界观与阿道夫·希特勒的世界观联系起来,看到了一条通过恐怖主义解决个人不满的道路,并用武力表达他们的仇恨”。②

挪威的独狼型恐怖分子安德斯·贝林·布雷维克(Anders Behring Breivik)是种族与宗教因素相结合导致独狼型恐怖袭击的典型例子。2011年7月22日,这名32岁的挪威男子引爆了一颗位于挪威首都奥斯陆市中心首相办公室附近的汽车炸弹,造成8人死亡,30人受伤。之后,他在附近的于特岛(挪威语 Utøya)纵欲屠杀,目标是挪威工党青年营的参与者,打死68人,打伤66人,最后共造成77人死亡。2012年8月24日上午,奥斯陆地方法院对这名爆炸枪击案件的当事人进行宣判。挪威法官宣布,判处杀害77人的布雷维克21年监禁(挪威的最高刑罚)。布雷维克对袭击行为供认不讳,当听到判决结果时,他露出了微笑。布雷维克是一个白人至上主义者和基督教保守派,他仇视多元文化,反对伊斯兰教。布雷维克案件审判时的一位专家证人马蒂亚斯·加德尔(Mattias Gardell)认为,布雷维克的宣言*“揭示了我们需要理解的四种不同影响:当代仇视伊斯兰教的意识形态、文化保守主

① Mark S. Hamm and Ramón Spaaij, *The Age of Lone Wolf Terrorism* (New York: Columbia University Press, 2017), p. 68 – 69.

② Florian Hartleb, *Lone Wolves: The New Terrorism of Right-Wing Single Actors* (Cham, Switzerland: Springer, 2020), p. 5.

* 指布雷维克的《2083年:欧洲独立宣言》。——引者注

义—新联邦传统、白人权力思想的要素和反女权主义思想”。[①]

独狼型恐怖分子的不断产生与袭击活动,极大地冲击了欧美国家在认识和应对犯罪中采用的种族与宗教方面的双重标准。过去,在种族方面,他们认为白人犯罪人不会进行恐怖袭击;在宗教方面,他们推定穆斯林与恐怖主义有联系。因此,“种族和宗教往往是决定执法部门是否对恐怖主义进行调查和起诉的最重要因素”。[②] 这种认识对执法部门处理问题的态度和做法有重要影响,以至于面对同样的重大枪击袭击时,种族和宗教引导着执法部门将这类枪击看作是恐怖行为,还是一般犯罪行为。现在,随着独狼型恐怖袭击的不断发生,他们逐渐认识到,这种双重标准是不符合实际情况的,独狼型恐怖分子中的很多人是白人,“在白人至上主义者实施的独狼型恐怖袭击中,宗教起着较小的作用”;[③]独狼型恐怖袭击并非伊斯兰极端分子独有的行为。

(六)犯 罪 历 史

不少独狼型恐怖分子有犯罪的历史。哈姆等人(2017)对美国情况的研究发现,60% 的独狼型恐怖分子有犯罪历史,这种情况在“9 · 11”前后都是一致的。[④] 他们的犯罪历史可能是其极端思想早期暴露的结果,也可能是为了进行更大的恐怖袭击而进行尝试性准备活动的结果。正如艾米莉 · 科纳等人(2015)在研究中发现的,“那些有精神疾病史的独狼型恐怖分子也更有可能参与一些前因事件和前因行

---

① Emily Turner-Graham, “*Breivik is my Hero*”: *the Dystopian World of Extreme Right Youth on the Internet*, Australian Journal of Politics and History, Volume 60, Number 3 (2014): 416 – 417.

② Khaled A. Beydoun, *Lone wolf terrorism*: *Types*, *Stripes*, *and Double Standards*, Northwestern University Law Review, Vol. 112, No. 5 (2018): 1217.

③ Mark S. Hamm and Ramón Spaaij, *The Age of Lone Wolf Terrorism* (New York: Columbia University Press, 2017), p. 51.

④ Mark S. Hamm and Ramón Spaaij, *The Age of Lone Wolf Terrorism* (New York: Columbia University Press, 2017), p. 50.

为(antecedent events and behaviors),安全与警务机构可以利用这些事件和行为来监测和防止袭击阴谋的进一步发展”。[①]

不过,也有人发现了不同的情况。例如,利姆等人(2018)的研究发现,在66名独狼型恐怖分子中,有暴力行为历史的人较少,为20人(30%),这与普通杀人犯的暴力行为历史形成鲜明对比,在249名普通杀人犯中,有暴力行为历史的人是75人(59%)。[②] 又如,贾等人(2019)分析了2015~2016年在西欧进行独狼型恐怖袭击的恐怖分子的犯罪历史,发现56%(20人)的人无犯罪历史,41.5%(15人)的人有犯罪历史,并且以前的犯罪中最多见的类型是暴力犯罪(占22.5%,有8人实施这类犯罪)。[③]

(七)阶级、就业状况与移民身份

独狼型恐怖分子所属的社会阶级、就业状况和移民身份,也是重要的人口统计学变量,他们在这些方面呈现不同的特点。由于独狼型恐怖分子的产生与他们遭受的个人挫折和政治不满有关,因此,他们中的大部分人并不属于社会地位很高的社会阶层的成员,一般也没有理想的就业状况,往往职业不稳定甚至存在失业的情况,其中的一些人具有移民身份或者属于第二代移民等。

哈姆等人(2017)的研究发现,在美国的独狼型恐怖分子中,大多数人生活在城市地区(70%),往往是失业者(73%);这些情况与埃德温·巴克(Edwin Bakker,2007)对欧洲圣战恐怖分子(Jihadi terrorist)的研究结果是一致的,这些欧洲圣战恐怖分子主要是来自北非的第二

① Emily Corner & Paul Gill, *A False Dichotomy? Mental Illness and Lone-Actor Terrorism*, Law and Human Behavior, Vol. 39, No. 1 (2015):32.

② Marieke Liem et al., *European Lone Actor Terrorists Versus "Common" Homicide Offenders: An Empirical Analysis*, Homicide Studies, Vol. 22 (1, 2018):61.

③ Mohammadmoein Khazaeli Jah & Ardavan Khoshnood, *Profiling Lone-Actor Terrorists: A Cross-Sectional Study of Lone-actor Terrorists in Western Europe* (2015-2016), Journal of Strategic Security, Vol. 12, No. 4 (2019):32.

代穆斯林男性移民,大多数来自下层社会。① "由于美国的一些独狼与白人至上团体有着密切的关系,而且大多数白人至上主义者来自较低的阶级背景,这可能解释独狼与有组织的'圣战'者之间的阶级差异。"②

利姆等人(2018)对66名独狼型恐怖分子的研究发现,在66名独狼型恐怖分子中,失业的30人(占55%),就业的24人(占44%),还有12人情况不明。③

贾等人(2019)对2015~2016年在西欧进行独狼型恐怖袭击的恐怖分子的分析发现,其中移民占据了很大部分。在这些独狼型恐怖分子中,第二代移民有11人(占31%),第一代移民9人(占25%),第1.5代移民*7人(占19%),④三种类型的人加起来占75%;另外,当地的土著人(native)有6人(占16%),难民2人(占5.5%),还有1人情况不明。⑤

(八)军 事 经 历

参加战争、接受军事训练等军事经历也是独狼型恐怖分子的重要特征。对美国的独狼型恐怖分子的研究发现,在"9·11"之前,独狼型恐怖分子中有一半以上的人曾在军队中服役,其中的一些人曾经在第

---

① Mark S. Hamm and Ramón Spaaij, *The Age of Lone Wolf Terrorism* (New York: Columbia University Press, 2017), p. 50.

② Ibid., p. 51.

③ Marieke Liem et al., *European Lone Actor Terrorists Versus "Common" Homicide Offenders: An Empirical Analysis*, Homicide Studies, Vol. 22 (1, 2018): 59.

* 第1.5代移民(1.5-generation immigrant)是指在年幼时就移民到另一个国家的人。之所以被称为"第1.5代"是因为他们身上带有来自祖国的一些特点,同时又要在一个新的国家被同化和社会化。因此,他们是新旧两种文化和传统的组合体。——引者注

④ Mohammadmoein Khazaeli Jah & Ardavan Khoshnood, *Profiling Lone-Actor Terrorists: A Cross-Sectional Study of Lone-actor Terrorists in Western Europe* (2015-2016), Journal of Strategic Security, Vol. 12, No. 4 (2019): 33.

⑤ Ibid.

二次世界大战、朝鲜战争和越南期间担任过战斗角色。然而,在"9·11"之后的独狼型恐怖分子中,不到 1/4 的人曾在军队中服役,只有两个人具有战斗经验;"9·11"之后的独狼们均未在伊拉克战争和阿富汗战争中服过役。[①] 晚近的独狼型恐怖分子虽然缺乏直接的军事经历,但是,网络中充斥的军事方面的内容,给他们提供了间接学习军事知识、获取军事经验的大量机会;射击学校一类机构的存在,也可以使他们在军队之外学习如何使用武器。

三、独狼型恐怖分子的心理特征

独狼型恐怖分子的恐怖袭击不仅给社会造成危害,也使人们对这类犯罪人本身产生疑问,不知道他们究竟是什么样的怪异的人。但是,可以肯定的是,"恐怖分子是人,不是怪物或者机器人"。[②] 独狼型恐怖分子较之于一般犯罪分子在心理特点上具备其特殊性。

(一)心理健康状况

大多数研究认为,独狼型恐怖分子可能有心理健康(mental health)[③]方面的问题,但是真正患有精神病的人并不多。不过,具体的研究结论有一些差异。

一些研究者认为,独狼型恐怖分子具有心理健康问题或者精神疾病的可能性不大。在布雷维克进行的独狼型恐怖袭击发生后不久,拉法罗·潘图奇(Raffaello Pantucci,2011)就对其进行了深入研究,得出了三点结论:第一,这名独狼型恐怖分子没有明显的精神错乱

① Mark S. Hamm and Ramón Spaaij, *The Age of Lone Wolf Terrorism* (New York: Columbia University Press, 2017), p. 51.

② Florian Hartleb, *Lone Wolves: The New Terrorism of Right-Wing Single Actors* (Cham, Switzerland: Springer, 2020), p. 25.

③ "mental health"又译为"精神卫生"。如果从心理学的视角探讨时,往往把"mental"和由它构成的术语翻译为"心理的";如果作为疾病论述时,往往翻译为"精神的"。

(insanity)症状。第二,布雷维克显然是一个自恋者,对自己的形象着迷。他花了很多时间准备袭击活动结束后会发生的事情,似乎已经做了整容手术来改善自己的形象。这一切都显示出一种高度的自我卷入(self-involvement)和强迫观念(obsession)。第三,他对所选定的恐怖袭击目标(挪威政府和执政的工党、奥斯陆的办公室、他们的夏令营)都表现出了特别的愤怒。这也减少了他精神失常(lunacy)的说法,但是,在他的观点中确实强调了阴谋的重要性。① 西蒙(2016)也指出,"独狼并不像很多人想象得那么疯狂"。②

针对一些文献中认为独狼型恐怖分子的情感和认知都受到损害的观点,斯蒂芬·巴勒(2017)利用一种自动化的语言分析软件——语言调查和单词计数(linguistic inquiry and word count,LIWC),对11名独狼型恐怖分子的语言进行了分析,同时与3名对照组成员(很有名的3名非暴力激进分子③)的语言进行比较,结果发现:第一,独狼型恐怖分子普遍具有高度的消极情绪,特别是愤怒情绪;第二,独狼型恐怖分子能够从事复杂的分类思维,他们的特点是,认知的复杂程度很高,而认知的僵化程度极低,这说明他们的认知并没有受到损害。因此,巴勒认为,"独狼型恐怖分子的暴力行为是由极端愤怒引发的,而这种愤怒则是由那些不合理的、广泛的、因果结合的世界观所导致的评价触发的"。④

贾等人(2019)对33名独狼型恐怖分子的研究发现,他们中的大多数人(24人,占67%)在以前和现在都没有心理健康问题,只有1/4的人(9人,占25%)在进行恐怖袭击之前或者当时有精神健康障碍的

---

① Raffaello Pantucci, *What Have We Learned about Lone Wolves from Anders Behring Breivik?*, Perspectives on Terrorism, Vol. 5, No. 5/6 (December 2011):38.

② Jeffrey D. Simon, *Lone Wolf Terrorism: Understanding the Growing Threat* (Amherst, NY: Prometheus Books, 2016), p. 196.

③ 即甘地(Mahatma Gandhi)、马丁·路德·金(Martin Luther King, Jr)和纳尔逊·曼德拉(Nelson Mandela)。

④ Stephane J. Baele, *Lone-Actor Terrorists' Emotions and Cognition: An Evaluation Beyond Stereotypes*, Political Psychology, Vol. 38, No. 3 (2017):464.

确诊史。[①] 同时,贾等人的研究也与以前的研究结果相一致,因为以前的研究发现,在独狼型恐怖分子中,精神障碍的发生频率因意识形态而异,右翼独狼型恐怖分子的精神障碍发生频率较高,而伊斯兰独狼型恐怖分子的精神障碍发生率较低,而他们所研究的独狼型恐怖分子中,大多数人是伊斯兰独狼型恐怖分子。[②]

不过,另一些研究者认为,独狼型恐怖分子具有心理健康问题或者精神疾病的可能性较大。科纳等人(2015)对 119 名独狼型恐怖分子的独特数据集和相匹配的群体型恐怖分子样本,进行了一系列双变量、多变量和多项式统计检验,结果发现,独狼型恐怖分子患精神疾病的概率是群体型恐怖分子的 13.49 倍,[③]这说明独狼型恐怖分子中患精神疾病的人很多,"精神疾病与独狼型恐怖分子之间的联系比精神疾病与群体型恐怖分子之间的联系更紧密"。[④] 在范祖德温等人(2016)研究的 120 名独狼型恐怖分子中,发现 35% 的人有精神健康障碍;不过,他们也指出,这不是合格的医疗机构作出的正式诊断。[⑤] 利姆等人(2018)对 66 名独狼型恐怖分子的研究发现,有精神疾病的 32 人(占 48%),无精神疾病的 34 人(占 52%)。[⑥] 帕特里夏·科蒂(2019)对 2013 年 4 月在波士顿马拉松期间继续爆炸活动的恐怖分子塔梅兰·察尔纳耶夫(Tamerlan Tsarnaev)的研究发现,这名独狼型恐怖分子的精神病理现象与意识形态之间有密切联系,此人患有偏执狂

① Mohammadmoein Khazaeli Jah & Ardavan Khoshnood, *Profiling Lone-Actor Terrorists: A Cross-Sectional Study of Lone-actor Terrorists in Western Europe* (2015 - 2016), Journal of Strategic Security, Vol. 12, No. 4 (2019): 32.

② Ibid., p. 37 - 38.

③ Emily Corner & Paul Gill, *A False Dichotomy? Mental Illness and Lone-Actor Terrorism*, Law and Human Behavior, Vol. 39, No. 1 (2015): 23.

④ Ibid., p. 30.

⑤ Jeanine de Roy van Zuijdewijn & Edwin Bakker, *Analysing Personal Characteristics of Lone-Actor Terrorists: Research Findings and Recommendations*, Perspectives on Terrorism, Vol. 10, No. 2 (April 2016): 45.

⑥ Marieke Liem et al., *European Lone Actor Terrorists Versus "Common" Homicide Offenders: An Empirical Analysis*, Homicide Studies, Vol. 22 (1, 2018): 61.

和精神病性疾病。[①]

哈姆等人(2017)的研究发现,独狼型恐怖分子中不少人患有精神疾病,而且,独狼型恐怖分子的精神健康状况在“9·11”前后有所不同。在“9·11”之前的独狼型恐怖分子中,有一半人患有精神疾病;在39人中,有9人(23%)被诊断为精神分裂症或者双相情感障碍,7人(18%)被诊断为躁狂抑郁症,另外4人(10%)被诊断为妄想症。在“9·11”之后的独狼型恐怖分子中,42%的人被诊断患有精神疾病(69人中有29人),其中有13人(占19%)被诊断为精神分裂症或者双相情感障碍,12人(17%)被诊断患有妄想、自闭症、智障或者未分类的精神疾病。[②]

对独狼型恐怖分子的精神疾病状况有不一致的看法应当是正常的。首先,自身情况复杂。精神疾病是一种带有很强主观性的现象,具体表现千差万别,给准确诊断和统计造成巨大困难。其次,诊断标准不同。美国有单独的精神疾病诊断标准——美国精神病学协会(American Psychiatric Association)发布的《精神疾病诊断与统计手册》(Diagnostic and Statistical Manual of Mental Disorders, DSM),[③]其他国家采用世界卫生组织(World Health Organization, WHO)编写的《国际疾病分类》(International Classification of Diseases, ICD),[④]两种标准都有很长的历史。再次,诊断情况不同。不少研究中统计的精神疾病数据,往往是根据媒体报道中的描述确定的,而不是根据专业诊断作出的。最后,诊断结论差异。即使使用相同的诊断标准,不同的专家也会对同一人作出不同的诊断。例如,对于2011年在挪威杀死77人的独狼型恐怖分子布雷维克,一位专家诊断他患有“偏执型精神分裂症”,

---

① Patricia Cotti & J. Reid Meloy, *The Tamerlan Tsarnaev Case: The Nexus of Psychopathology and Ideology in a Lone Actor Terrorist*, Journal of Threat Assessment and Management (May 2, 2019), http://dx.doi.org/10.1037/tam0000120.

② Mark S. Hamm and Ramón Spaaij, *The Age of Lone Wolf Terrorism* (New York: Columbia University Press, 2017), p. 53–54.

③ 该手册的最新版是2013年发布的,又简称DSM-5。

④ 该分类的最新版是2018年发布的,又简称ICD-11。

而另一位专家诊断他患有“具有自恋特质的社交紊乱型人格障碍”(dissocial personality disorder with narcissistic traits)。[①]

(二)人格特点方面

独狼型恐怖分子具有某些人格方面的特征。这些特征容易使其思想激进化,进而实施恐怖袭击。例如,一些与人格相关的特征,包括遭受欺凌、在学校或者工作中遭受失败后产生的人格变化,因养育、社交恐惧症、自闭症和抑郁症等导致的情绪崩溃(emotional disintegration),就具有这样的作用。几乎所有的独狼型恐怖分子都有类分裂型人格障碍(schizoid personality disorder),其特点是在情感、社会和其他方面的接触的减少,过度喜欢幻想、孤独的职业和自我约束;表达感情和体验友谊的能力有限;缺乏同理心,难以把自己放在别人的位置去理解对方的态度和观点。他们是自恋者,对任何事情都表现出自恋症状,认为自己是周围一切事情的首创者。他们把批评看成是一种人身攻击。他们有牵连观念,认为什么事情都与自己有关。这种倾向往往使他们更倾向于隐藏自己的自恋症状。在隐藏自己的自恋症状时,他们会体验到内心空虚和无用的感觉;在公开自己的自恋症状时,他们又会表现出叛逆的态度,伴随着不耐烦。这两种情况都与孤独密切相关。他们还会表现出反社会型人格障碍,强烈的精神分裂样特征(strong schizoid characteristics),过度敏感、容易发怒和非常脆弱,被动攻击型人格,不自信,冲动性强,控制欲强,狂妄自大,狂热,爱发牢骚,感到自己无所不知以及虚张声势等特征。[②]

---

① Florian Hartleb, *Lone Wolves: The New Terrorism of Right-Wing Single Actors* (Cham, Switzerland: Springer, 2020), p. 84.

② Florian Hartleb, *Lone Wolves: The New Terrorism of Right-Wing Single Actors* (Cham, Switzerland: Springer, 2020), p. 112 – 113.

(三)心理素质方面

由于独狼型恐怖分子的恐怖袭击具有强烈的意识形态或者宗教等方面的原因,在逐渐变得激进化的过程中,已经反复考虑过自己的信念是否恰当,行动会引起什么样的后果等,因此,他们在实施恐怖袭击之后,通常不会产生悔恨感。“没有一个独狼型恐怖分子表现出任何的悔恨,他们有极其强烈的实施其行为和表达其挑衅的愿望。”①

独狼型恐怖分子往往具有比恐怖组织更大的创造力和创新性特征。“独狼型恐怖分子是一类令人着迷而又可怕的人物,令人着迷是因为他们在思维和行动上具有难以置信的创造性和创新性,令人恐惧是因为他们经常表现得无所畏惧,使用几乎没有任何限制的暴力行为攻击他们想攻击的目标”。② 可以说,独狼型恐怖分子具有“比恐怖组织更大的创造力和创新性”。③

这类恐怖分子之所以具有“创造性”和“创新性”,主要是由于三方面的原因。第一,决策过程不受他人影响。由于独狼型恐怖分子是独自进行恐怖袭击的,他们的决策过程不受任何群体决策过程或群体间互动的影响,而这些过程或者互动有时会扼杀制定计划和采取行动时的创造力。他们可以自由地想象出他们想要的任何方案,然后据此采取行动。第二,不会考虑恐怖袭击后果。这类恐怖分子不是恐怖组织的成员,他们不会像恐怖组织那样担心如果遭到政府和执法部门的镇压后可能导致的恐怖组织覆灭的后果,他们只关心自己的行动,不考虑恐怖袭击可能带来其他的后果。如果这类恐怖分子患有精神疾病,他

---

① Florian Hartleb, *Lone Wolves: The New Terrorism of Right-Wing Single Actors* (Cham, Switzerland: Springer, 2020), p. 119.

② Jeffrey D. Simon, *Lone Wolf Terrorism: Understanding the Growing Threat* (Amherst, NY: Prometheus Books, 2016), p. 217.

③ J. Reid Meloy & Jessica Yakeley, *The Violent True Believer as a "Lone Wolf" - Psychoanalytic Perspectives on Terrorism*, Behavioral Sciences and the Law, Vol. 32 (2014): 347.

们更不会理性分析自己的恐怖袭击方案和行动包含的风险和招致的后果。第三,不会考虑社会公众反应。这类恐怖分子是自我运作的犯罪人,他们的一切都是自己负责,不依赖任何人提供财务、后勤或者政治方面的支持,因此,也不担心社会公众对恐怖袭击的消极反应。

四、独狼型恐怖分子的社会特征

(一)社会交往方面

独狼型恐怖分子是独自对社会进行恐怖袭击的人,通常都是独自行动的孤独者,往往缺乏社会交往。在有关独狼型恐怖分子的文献中最常见并且反复出现的主题是社会隔离(social isolation[①])。这是指个人由于被忽视、被拒绝或者主动退缩而与其他人失去联系的状态。

不过,在这方面,研究者有不同的看法。科纳等人(2015)的研究证实了这种现象,发现52.9%的独狼型恐怖分子在社交方面与世隔绝。哈特勒布(2020)认为,这类恐怖分子往往是孤独失望的人。"独狼最广为流传的形象无疑是'隐形行动者',或者是对生活感到失望的恐怖分子。"[②]作者认为,确实存在这种类型的独狼型恐怖分子,他们离群索居,独自生活,把自己与社会隔离起来,邻居往往不知道他们的情况。他们的孤独可能是暂时性的、情境性的,也有可能是长期性的,这样的孤独往往与他们无法信任任何人,患社交恐惧症、抑郁症、精神分裂症或者妄想症,在工作或者个人生活中遭受失败,童年时期的创伤经历等有关。

不过,也有研究者认为,独狼型恐怖分子并不是"孤独"的。例如,巴特·舒尔曼等人(2018)认为,独狼型恐怖分子中一般不存在孤独思想;大多数独狼型恐怖分子保持着社会关系,这对他们采用和保持从事

---

① 又译为"社会孤立"。

② Florian Hartleb, *Lone Wolves: The New Terrorism of Right-Wing Single Actors* (Cham, Switzerland: Springer, 2020), p. 66.

恐怖型暴力活动的动机与能力至关重要；①在他们研究的独狼型恐怖分子中，62%的人与明显激进的人员、极端主义分子或者恐怖分子有联系，33%的人与那些被看作激进的、极端主义的或者恐怖的组织的领导人或者权威人物有交往，31%的人在生活的某个时期被看成是激进的、极端主义的或者恐怖的组织的成员或者参与者。② 阿格尼丝·汉克斯(2018)的研究发现，近年来在欧洲进行严重恐怖袭击的所有独狼型恐怖分子，都与叙利亚"伊斯兰国"的中心及领导人中的一个或者最多两个有联系，他们从那里得到意识形态、后勤和资金方面的支持，这与流行的独狼型恐怖分子的观点不吻合。③ 在贾等人(2019)所研究的独狼型恐怖分子中，没有搜集到7名恐怖分子的相关信息；在其余的29名独狼型恐怖分子中，13人(36%)在进行恐怖袭击时处于社会隔离状态，而且，其中的7人还有精神健康障碍。④

(二)网络利用方面

充分利用网络是当代欧美独狼型恐怖分子的重要特点。互联网的兴起和普及，在给人们的建设性活动提供极大便利的同时，也给独狼型恐怖分子提供了犯罪方面的有利条件，使他们更有可能利用网络达到目的。正如史蒂芬·爱默生(2006)指出的，"互联网是一种全球性交流媒介，它为恐怖分子及其组织提供了一种通常是匿名的、即时的方式，使其通过发送信息、图像、情报、金融交易、操作指令、培训材料以及

---

① Bart Schuurman, Edwin Bakker, Paul Gill & Noemie Bouhana, *Lone Actor Terrorist Attack Planning and Preparation: A Data-Driven Analysis*, Journal of Forensic Science, Vol. 63, No. 4 (July 2018): 1191.

② Ibid., p. 1195.

③ Agnes Hankiss, *The Legend of the Lone Wolf*, Journal of Strategic Security, Vol. 11, No. 2 (Summer 2018): 54.

④ Mohammadmoein Khazaeli Jah & Ardavan Khoshnood, *Profiling Lone-Actor Terrorists: A Cross-Sectional Study of Lone-actor Terrorists in Western Europe (2015 - 2016)*, Journal of Strategic Security, Vol. 12, No. 4 (2019): 32.

任何种类的信息,促进其目标的实现”。[①]

从独狼型恐怖分子与互联网的关系来看,他们主要从 4 个方面利用互联网:

1. 接受影响

独狼型恐怖分子的极端思想和激进化过程深受互联网的影响。独狼型恐怖分子并不是在一个与世隔绝的条件下独自形成极端思想和完成激进化过程的,他们逐渐变为独狼型恐怖分子的过程深受互联网中相关内容的影响。而且,互联网中传播极端化的思想和意识形态,并不一定是由个别恐怖分子自发进行的,而有可能是恐怖组织密谋策划和精心实施的。“恐怖主义内部的新一轮独狼浪潮,与网络平台、网站、博客和聊天室有很大关系,这些平台精心培养极端主义。‘基地’组织几年前就开始了招募行动,目的是改变战略,以便在动摇西方国家年轻人的过程中,让他们接受自杀型炸弹袭击的想法。”[②]“互联网和社交媒体已成为独狼型恐怖分子讨论和培养激进观点而不会被情报机构察觉的避风港。实际上,‘伊斯兰国’使用‘电子圣战’的概念来鼓励他们的同情者和追随者积极参与社交媒体的活动,特别是积极利用即时通讯软件‘电报’(telegram)和‘推特’(Twitter)。”[③]

2. 发表观点

互联网也是已经形成极端化思想和意识形态的独狼型恐怖分子发表其观点的重要平台。这类恐怖分子不仅针对所选择的目标发动恐怖袭击,而且在实施恐怖袭击的前后和期间,通过互联网发表他们自己的观点,表达他们的诉求。例如,挪威的独狼型恐怖分子布雷维克就是如此。在发动袭击前五天,他在微博服务网站“脸书”(Facebook)和“推

---

① Steven Emerson, *Jihad Incorporated: A Guide to Militant Islam in the US* (Amherst, NY: Prometheus Books, 2006), p. 479.

② Florian Hartleb, *Lone Wolves: The New Terrorism of Right-Wing Single Actors* (Cham, Switzerland: Springer, 2020), p. 52.

③ Mohammadmoein Khazaeli Jah & Ardavan Khoshnood, *Profiling Lone-Actor Terrorists: A Cross-Sectional Study of Lone-actor Terrorists in Western Europe* (2015 - 2016), Journal of Strategic Security, Vol. 12, No. 4 (2019): 38 - 39.

特"上开设了账户,向全世界介绍自己是一个基督教保守派,对共济会制(freemasonry)*和健身有兴趣;他在提供这些信息的同时,还附上了一组自己穿着共济会盛装、生物危害防护服和潜水服的照片,后者诡异地预示着他在于特岛进行恐怖袭击时穿的衣服。在发动袭击前6小时,布雷维克在视频网站YouTube上发布了一段视频,支持仇视伊斯兰教,鼓励对穆斯林的暴力行为。在奥斯陆引爆炸弹前90分钟,他向一千多个电子邮件地址发送了1518页的剪贴汇编《2083年:欧洲独立宣言》(2083: *A European Declaration of Independence*)。这份宣言是他花了3年时间才完成的,他认为这份材料很好地表达了他的世界观。他想利用网络及电子媒体,使他的极端思想产生最大的影响,既要有"实际行动",也要有"言语活动"。值得注意的是,他在一场"无领导抵抗"(leaderless resistance)的网络浪潮中,推动了年轻一代的支持者和潜在的模仿者,而互联网是他们的主要沟通工具;互联网的结构使它成为进行无领导抵抗运动的完美媒介。[①]

不仅布雷维克这样,很多其他独狼型恐怖分子也是这样。独狼型恐怖分子在进行恐怖袭击的过程中发表观点的这类活动,被称为"散布意图"(broadcasting intent),又称为"渗漏"(seepage)、"发信号"(signaling),[②]这是在独狼型恐怖袭击过程中经历的一个重要环节。虽然独狼型恐怖分子可能在身体上与社会隔绝,但在同时,他们通过网络发布威胁言论、信件、宣言,或者进行录像宣示,以此与他人沟通。这类活动可能发生在发动恐怖袭击前的几周、几天、几小时甚至几分钟。

---

* 共济会制(freemasonry)是世界上最大的以互助为宗旨的秘密团体共济会(free and accepted mansons)所奉行的信条和实践活动。它随着英帝国的向外扩张而传播到世界上很多地方,它虽然包含许多宗教成分,但并不是宗教。——引者注

① Emily Turner-Graham, "*Breivik is my Hero*": *The Dystopian World of Extreme Right Youth on the Internet*, Australian Journal of Politics and History, Vol. 60, No. 3 (2014): 417-418.

② Mark S. Hamm and Ramón Spaaij, *The Age of Lone Wolf Terrorism* (New York: Columbia University Press, 2017), p. 91.

3. 策划袭击

网络也给独狼型恐怖分子策划恐怖袭击提供了极大的方便。独狼型恐怖分子可以容易地利用网络搜寻最有价值的恐怖袭击目标,了解袭击目标各方面的详细情况,甚至利用高技术监控袭击目标的活动情况和实时状态;了解可以利用的各种便利条件,包括使用什么样的武器或者工具最有可能实现预定目标等。由于网络中披露的大量信息,使独狼型恐怖分子能够预先精心策划,进行各种准备,这会大大增强其恐怖袭击获得成功的概率,因而也会增大恐怖袭击的危害程度。从当代独狼型恐怖分子策划恐怖袭击活动的情况来看,互联网已经变成了他们策划活动中最重要、最有价值的工具。

4. 相互鼓励

网络也变成了独狼型恐怖分子在策划及实施恐怖袭击之际互相鼓励的重要工具。独狼型恐怖分子虽然在策划袭击、采取行动等过程中独自行动,不一定得到恐怖组织和其他恐怖分子的实际支持和具体帮助,但是,这并不妨碍他们通过网络进行精神方面、意识形态方面的相互鼓励和影响,甚至在某个独狼型恐怖分子实施了恐怖袭击之后,也会从网络中得到其他恐怖分子的有力支持和各种鼓励。例如,挪威的独狼型恐怖分子布雷维克在发动恐怖袭击后,一个名为"瑞典国家社会主义者"(A Swedish National Socialist)的博客中写道,"布雷维克是我的英雄……我为一个白人的和非多元文化的国家而战！我是白人我骄傲！"①

五、独狼型恐怖分子的意识形态特征

意识形态(ideology)通常是指有关社会经济形态和政治制度的思想观念体系。这种体系并不是一种纯粹的学说,而有很强的实践性。

① Emily Turner-Graham, "*Breivik is my Hero*": *The Dystopian World of Extreme Right Youth on the Internet*, Australian Journal of Politics and History, Vol. 60, No. 3 (2014): 416.

具有某种意识形态的人，总想把自己的意识形态变为现实，按照自己的意识形态改造社会。同时，意识形态往往与宗教有密切联系，不过，它不是宗教理论，宗教是非现世的，它通过信仰和崇拜拯救和净化人的灵魂；而意识形态是现世的，它诉诸团体、国家和阶级；宗教讲启示，而意识形态则讲理性。[①] 独狼型恐怖分子的活动与意识形态的关系十分密切，他们的恐怖袭击往往是实现其意识形态的方式。

独狼型恐怖分子接受和形成意识形态的过程有不同的情况。他们接受和形成意识形态的过程，实际上也就是变得激进化的过程，有多种因素会促进这种过程。贾等人（2019）的研究发现，14 名独狼型恐怖分子（40%）通过社交媒体和互联网变得激进化，4 名独狼型恐怖分子（12%）在监狱中变得激进化，3 名独狼型恐怖分子（9%）通过个人网络变得激进化，2 名独狼型恐怖分子（5.5%）通过社区网络变得激进化，另外 2 名通过联系恐怖组织变得激进化；还有 10 名独狼型恐怖分子的激进化过程（28%）不清楚。[②] 哈特勒布（2020）的研究也发现，独狼型恐怖分子通过在社会态度和趋势中表达出来的意识形态方面的同情，通过互联网进行的多种形式的"媒体接触"，以及与适当组织和"具有相似观点的人"的个人联系，发展其意识形态。[③]

独狼型恐怖分子的意识形态复杂多样。在过去，欧美国家的独狼型恐怖分子往往是具有伊斯兰极端主义意识形态的人，后来，持有极右翼意识形态等的独狼型恐怖分子逐步增加。利姆等人（2018）对 66 名独狼型恐怖分子的研究发现，数量最多的是具有宗教意识形态的人（24 人，占 36%），第二多的是具有右翼意识形态的人（11 人，占

---

① 《意识形态》，载《不列颠百科全书（国际中文版）》（第 8 卷），中国大百科全书出版社 1999 年版，第 310 页。

② Mohammadmoein Khazaeli Jah & Ardavan Khoshnood, *Profiling Lone-Actor Terrorists: A Cross-Sectional Study of Lone-actor Terrorists in Western Europe* (2015 – 2016), Journal of Strategic Security, Vol. 12, No. 4 (2019): 33.

③ Florian Hartleb, *Lone Wolves: The New Terrorism of Right-Wing Single Actors* (Cham, Switzerland: Springer, 2020), p. 47.

24%),然后依次是单一问题意识形态者*(5 人,占 8%)、左翼和无政府主义意识形态者(3 人,占 5%)、民族分裂主义(ehnonationalist and separatist)意识形态者(2 人,占 3%)以及其他意识形态者(18 人,占 27%)。① 贾等人(2019)的研究发现了类似的结果,即大多数独狼型恐怖分子(27 人,占 75%)持有激进的伊斯兰观点,第二常见的意识形态是右翼意识形态(4 人,占 11%),其他还有反穆斯林意识形态(2 人,占 5.5%)和反犹太意识形态(1 人,占 2%);同时,大多数伊斯兰极端主义意识形态导致的恐怖袭击发生在法国(12 起,占 33%),其次是德国(8 起,占 22%)和英国(3 起,占 8%)。在右翼独狼型恐怖分子实施的另外 4 次右翼袭击中,有 2 次是针对德国的,2 次发生在瑞典和英国。②

对于挪威的独狼型恐怖分子布雷维克的研究发现,他是一个在极端主义意识形态的驱使下进行恐怖行为的犯罪人。他是许多著名的右翼、反穆斯林或反移民博客作者与作家的特别拥护者;在其《2083 年:欧洲独立宣言》中,他描述了在欧洲大陆上前进的穆斯林部落与当地的基督教居民之间展开的战争,也列举了 10 年来穆斯林青年袭击他的 9 个具体案例,这表明他对伊斯兰教和穆斯林充满相当强烈的个人愤怒;他把自己看作为基督教而战的"十字军"战士,是正在被穆斯林群众压倒的欧洲认同(European identity)的捍卫者,而把欧洲的伊斯兰教和穆斯林看作对手。③

---

* 单一问题意识形态(single issue ideology)是指仅仅关注某一特殊问题的意识形态,例如,某一政治问题、宗教问题、社会问题、文化问题等。具有这类意识形态的独狼型恐怖分子,有可能为了解决其认识到的某一特殊问题而发动恐怖袭击。——引者注

① Marieke Liem et al., *European Lone Actor Terrorists Versus "Common" Homicide Offenders: An Empirical Analysis*, Homicide Studies, Vol. 22 (1, 2018): 59.

② Mohammadmoein Khazaeli Jah & Ardavan Khoshnood, *Profiling Lone-Actor Terrorists: A Cross-Sectional Study of Lone-actor Terrorists in Western Europe* (2015 - 2016), Journal of Strategic Security, Vol. 12, No. 4 (2019): 33 - 34.

③ Raffaello Pantucci, *What Have We Learned about Lone Wolves from Anders Behring Breivik?* Perspectives on Terrorism, Vol. 5, No. 5/6 (December 2011): 30 - 33.

六、结　语

综上所述，从世界范围内独狼型恐怖分子的特征研究可以看出，其个体情况复杂、与世隔绝、孤立无援的本性使他们作案随机、易于复制、隐蔽性极强，长期以来一直是政策制定者和情报机构面临的棘手问题，给预防、侦查、打击恐怖活动犯罪和矫正恐怖分子等工作带来极大的挑战。及时分析当代国际上独狼型恐怖分子的特征，对我国打击和预防独狼型恐怖主义的威胁具有重要意义。目前我国面临的独狼型恐怖主义威胁主要来自国际分裂主义势力与国际恐怖主义挑衅，结合当前世界独狼型恐怖分子的特征，我国有必要尽早采取综合的应对策略，包括法律、技术、政治和外交等方面的防控对策，积极加入国际反恐合作战略，切断恐怖主义犯罪的根源，动员各方力量，建立新的国际社会经济政治秩序，维护社会安全。

Study on the Characteristics of Lone Wolf Terrorists in Europe and America

Li Lanlin

[内容摘要]独狼型恐怖分子是指独自准备和进行恐怖主义行为的人，他们已经成为国际社会安全的最重大威胁之一。欧美独狼型恐怖分子主要有世俗型独狼、宗教型独狼、单因型独狼、犯罪型独狼和特质型独狼等不同的类型，他们在个体、心理、社会和意识形态等方面具备自身的特征。了解这些特征，是科学应对独狼型恐怖袭击的重要基础，我国有必要尽早采取综合的防控策略，积极加入国际反恐合作战略，切断恐怖主义犯罪的根源，动员各方力量，建立新的国际社会经济政治秩序，维护社会安全。

[关键词]欧美；独狼型恐怖分子；恐怖主义；意识形态

Abstract: Lone wolf terrorists refer to those who prepare and carry out terrorist acts on their own. They have become one of the most important threats to the security of the international community. There are mainly different types of lone-wolf terrorists in Europe and America, such as secular lone wolf, religious lone wolf, single-issue lone wolf, criminal lone wolf and idiosyncratic lone wolf. Understanding these characteristics is an important basis for scientific response to lone wolf terrorist attacks. It is necessary for China to adopt comprehensive prevention and control strategies at an early date, actively participate in international counter-terrorism cooperation strategies, cut off the root causes of terrorist crimes, mobilize all forces, establish a new international social, economic and political order, and safeguard social security.

Keywords: Europe and America; "Lone Wolf" Terrorist; Terrorist; Ideology

〔犯罪学〕

论污染环境犯罪黑数*

安汇玉** 汪明亮***

目 次

一、问题的提出

生态文明建设是关系人民福祉、民族未来的长远大计,已被纳入中国特色社会主义事业总体布局。当下,我国正在对环境犯罪进行持续性专项治理,正确把握污染环境犯罪刑罚适用至关重要。我国刑法中的环境犯罪包括污染型和破坏型两种,"污染环境罪"、"非法处置进口

* 本文系 2019 年国家社科基金重大项目"污染环境犯罪多元治理机制研究"(批准号:19ZDA160)的阶段性研究成果。

** 北京大学法学院博士研究生。

*** 复旦大学法学院教授,博士研究生导师。

的固体废物罪”和“擅自进口固体废物罪”属于污染型环境犯罪,其他则属于破坏型环境犯罪。[①] 根据《刑法》第338条的规定,“污染环境罪”是指违反国家规定,排放、倾倒或者处置有放射性的废物、含传染病病原体的废物、有毒物质或者其他有害物质,严重污染环境的行为。近年来,虽然司法解释明确了本罪认定标准并降低了入罪门槛,但实践中予以刑罚介入的污染环境犯罪案件却非常之少,这说明污染环境犯罪黑数高。

所谓犯罪黑数(Dark Figure of Crime),又称犯罪暗数、犯罪隐数,是指在一定时空中实际发生的而司法机关未知或未予登记的犯罪数量,即公开犯罪数与实际犯罪数的差数。[②] 一般来说,犯罪黑数具有3个特征:一是行为已经发生;二是行为系为法律所禁止的具有社会危害性的行为;三是行为应受刑罚惩罚,但因未被司法机关发现或证实,尚未受到刑事法律追究而未被计入犯罪统计。[③] 如果分别用DF、TS、OS表示犯罪黑数(Dark Figure)、实际发生的犯罪总数(Total Statistics)以及官方统计的犯罪数量(Official Statistics),那么犯罪黑数即DF = TS - OS;由于犯罪黑数由未被察觉的犯罪数UD(Un-detected Crime)、未报案的犯罪数URP(Un-reported Crime)和未被记录的犯罪数URC(Un-recorded Crime)组成,犯罪黑数的构成即DF = UD + URP + URC。[④] 据此,可以把污染环境犯罪黑数界定为:在司法实践中确实已经发生的、符合污染环境犯罪构成要件的,但是碍于种种因素而未被计算到官方犯罪统计中的污染环境犯罪行为的数量。

---

① 考虑到“非法处置进口的固体废物罪”和“擅自进口固体废物罪”适用极少,以“污染环境罪”为研究对象即可大体把握污染型环境犯罪情况。笔者登录“中国裁判文书网”检索,“案由:污染环境罪”13,051篇文书;“案由:非法处置进口的固体废物罪”9篇文书(实际有效文书8篇);“案由:擅自进口固体废物罪”0篇文书。“污染环境罪”文书占污染型环境犯罪文书总量99.94%。(检索日期:2020年6月2日)

② 参见张小虎:《犯罪学》,中国人民大学出版社2017年版,第65页。

③ 参见解晓东:《犯罪黑数及其控制》,载《法律科学》2001年第2期。

④ 参见杨学锋、商小平、姜兰昱:《犯罪黑数的构成与估计方法》,载《江西公安专科学校学报》2007年第4期。

犯罪黑数可以分为绝对犯罪黑数、相对犯罪黑数和可疑犯罪黑数三类。其中,绝对犯罪黑数是指未被察觉或无法予以回忆的犯罪行为总数;可疑犯罪黑数是指因证据不足未能在法律上定罪的犯罪行为总数;相对犯罪黑数则是指已被察觉但没有纳入官方统计的犯罪行为总数,包括两种情形,一是有关公民或组织对所知晓的犯罪未及时报案,二是警方对获悉的犯罪没有准确登记。① 就污染环境犯罪而言,考虑到绝对犯罪黑数所涉案件的核实可能性较低、可疑犯罪黑数只是未经完全证实的推断,并且绝对犯罪黑数和可疑犯罪黑数的数量很少,因而,真正对污染环境犯罪治理具有实际影响的主要是相对犯罪黑数,即已被公众知晓而未报案的污染环境犯罪数量和已被警方获悉而未登记的污染环境犯罪数量之和。

以污染环境犯罪黑数为对象的调查研究,在正确认识污染环境犯罪现象、优化现行立法与司法实践、提高政策制定妥当性方面具有重要价值,对于我国生态文明建设具有不可小觑的现实意义,理论层面应当对其予以足够重视。

首先,有利于弥补官方统计缺陷进而正视污染环境犯罪形势。"官方统计材料只有与犯罪黑数调查材料相互印证,才有可能对犯罪的实际状况作出正确评估。"②这是因为,官方统计只能反映已侦破、起诉和判决有罪的污染环境犯罪,难以反映实践中污染环境犯罪现象的完整面貌,此为局限之一。局限之二,官方统计所表明的污染环境犯罪率增减变化,在很大程度上受公众告发意识、统计制度以及人员素质影响,未必准确反映污染环境犯罪率的实际增减变化。相比之下,污染环境犯罪黑数调查不仅以官方统计数据为参考材料,而且直接指向生态环境污染现状以及环境保护行政执法数据,能够较全面地反映污染环境犯罪的数量规模、较准确地反映污染环境犯罪率的实际升降,从而在较大程度上弥补官方统计数据的固有缺陷,为正确认识污染环境犯罪的客观形势提供现实依据。

---

① 参见张远煌主编:《犯罪学》,中国人民大学出版社 2015 年版,第 95 页。

② 张远煌主编:《犯罪学》,中国人民大学出版社 2015 年版,第 99 页。

其次,有利于检讨并改进污染环境犯罪现行立法和司法实践。在我国,犯罪学和刑法学的界限似乎很清晰,但在刑事一体化视野下,这种划分只是想象的、相对的。“比如说犯罪学的对象,实际上也是刑法想去处理的那种犯罪现象。犯罪现象由此成为犯罪学、刑法学的重心。”[①]克服专业的片面性,实现各部分的有机统一,是德国学者李斯特所追求的伟大目标,他将之称为“整体刑法学”。“只有密切的、组织上有保障的合作,才能期望刑法和犯罪学与其相邻学科,适应纷繁复杂和瞬息万变的社会的要求。没有犯罪学的刑法是个瞎子,没有刑法的犯罪学是无边无际的犯罪学。”[②]在此意义上,污染环境犯罪黑数研究不仅能够作用于现行立法和司法实践,而且应当作用于现行立法和司法实践,以实现不同学科之间的资源整合,共同服务于污染环境犯罪治理与生态文明建设。

最后,有利于提高污染环境犯罪控制模式的科学性和合理性。根据现代国家对犯罪作出反应的系列理念和实践,犯罪控制模式可以划分为福利模式(the welfare modality)与刑罚模式(the penal modality)两种类型。[③] 前者建立在人道主义基础上,强调对犯罪人权利的保障,表现为相对轻缓的犯罪控制政策;后者建立在惩罚主义基础上,强调对被害人权利和公共安全的保护,表现为相对严厉的犯罪控制政策。对比而言,福利模式虽在表面上实现了人道理念,但过于强调对犯罪人权利的保障,迫使社会公众承受犯罪侵害的代价。反观刑罚模式,在降低公众犯罪恐惧感方面则具有积极效果。刑事政策的选择以现实条件为基础,污染环境犯罪黑数形势是污染环境犯罪控制模式选择的重要依据。

---

① 周光权:《犯罪学对于刑法学发展的意义——学习储槐植教授刑事一体化思想有感》,载《中国检察官》2018年第1期。

② [德]汉斯·海因里希·耶赛克、托马斯·魏根特:《德国刑法教科书》,徐久生译,中国法制出版社2017年版,第59页。

③ 此划分由美国顶尖犯罪与惩罚社会学者David Garland教授在其所著的《控制的文化:当代社会的犯罪与社会秩序》一书中提出。See David Garland, *The Culture of Control: Crime and Social Order in Contemporary Society*, University of Chicago Press, 2001.

倘若污染环境犯罪黑数高,则有必要在适度范围内采取刑罚控制模式,以有效控制污染环境犯罪,保护人类赖以生存的生态环境;反之,则可适当采取福利模式。

二、污染环境犯罪黑数的可视量化

犯罪黑数的数值大小与犯罪行为类型密切相关。"通常,凶杀、伤害、抢劫等暴力人身犯罪和盗窃、诈骗等财产犯罪的暗数比较低,而经济犯罪、职务犯罪、白领犯罪的暗数比较高"。[①] 依据犯罪暗数的高低,可以将犯罪分为高暗数犯罪和低暗数犯罪。所谓高暗数犯罪,是指确已发生但难以被司法机关甚至被害人自己及时发现的犯罪,如贿赂犯罪、风化犯罪等;所谓低暗数犯罪,则是指一经发生便不可避免地进入司法机关视野的犯罪,如故意杀人伤害犯罪等。相对而言,高暗数犯罪的犯罪人比低暗数犯罪的犯罪人的罪责感体验更弱。[②] 正是因为刑罚惩治对高暗数犯罪的威慑力较弱,驱使犯罪人实施此类犯罪的力量更强,导致高暗数犯罪的实际犯罪总量庞大,而污染环境犯罪正属于高暗数犯罪范畴。

为了弄清我国司法统计数据中的真实度,公安部曾组织专门的课题组对 1985 年、1987 年以及 1988 年的统计数据做全国范围内的分层定比随机抽样调查。结果发现,官方统计数据较为严重地失真,存在派出所与公安分局的多层的刑事案件漏立现象,重大刑事案件漏立率达到三到四成。[③] 可见,犯罪黑数及其可视量化研究极为必要,对于犯罪治理具有重要意义。为克服污染环境犯罪官方统计数据的固有局限,本文尝试从以下 3 个视角对污染环境犯罪黑数进行可视量化,

---

① 白建军:《从中国犯罪率数据看罪因、罪行与刑罚的关系》,载《中国社会科学》2010 年第 2 期。

② 参见白建军:《犯罪轻重的量化分析》,载《中国社会科学》2003 年第 6 期。

③ 参见俞雷主编:《中国现阶段犯罪问题研究》,中国人民公安大学出版社 1993 年版,第 106 ~ 112 页。

为进一步探析污染环境犯罪黑数的存在规律、成因以及抑制对策提供依据。

(一)基于生态环境污染状况的估量

在犯罪学研究领域,一般将罪案自报调查和被害人调查视为查明犯罪黑数的实证方法。但是,罪案自报调查难以处理时效问题,而且人们一般不愿吐露自身不轨行为,导致调查结果的真实性受到较大影响;对比而言,被害人调查方法涉及范围更广,操作可能性较强,成为目前世界范围内测量犯罪黑数的主要方法。[①] 然而,污染环境犯罪虽非贿赂、赌博、卖淫、偷税漏税等无直接被害人的犯罪,但碍于因果流程链条的复杂性和隐蔽性,往往难以准确识别被害人并特定对应某具体犯罪活动,导致难以直接适用通常意义上的被害人调查方法量化黑数。

尽管如此,以被害人为对象查明犯罪黑数的实证方法,在污染环境犯罪领域并非完全没有适用可能。考虑到污染环境行为的直接对象为生态环境,本文尝试变通应用被害人调查方法,将土壤、大气、淡水、海洋等作为污染环境犯罪行为的"被害人",以此探究污染环境犯罪黑数的可视量化路径。按照这一可视量化方法,计算素材即土壤污染、大气污染、淡水污染、海洋污染等生态环境污染数据。比如,根据《全国土壤污染状况调查公报》,全国土壤总的点位超标率为16.1%;[②]大气污染、淡水污染、海洋污染等生态环境污染情况,则可通过《中国生态环境状况公报》获得较为详细的数据信息,本文简要摘录如下(见表1)。

---

① 参见张远煌主编:《犯罪学》,中国人民大学出版社2015年版,第95~98页。

② 参见环境保护部、国土资源部:《全国土壤污染状况调查公报》,载 http://www.gov.cn/govweb/foot/2014-04/17/content_2661768.htm。

表1 2014～2019年生态环境状况公报信息(节选)

年份	大气污染情况	淡水污染情况	海洋污染情况
2019	180个城市空气质量超标,占53.4%	地表水劣Ⅴ类比例为3.4%	近岸海域劣四类水质比例为11.7%,入海河流劣Ⅴ类水质比例为4.2%
2018	217个城市空气质量超标,占64.2%	地表水劣Ⅴ类比例为6.7%	近岸海域劣四类水质比例为15.6%,入海河流劣Ⅴ类水质比例为14.9%
2017	239个城市空气质量超标,占70.7%	地表水劣Ⅴ类比例为8.3%	近岸海域劣四类水质比例为15.6%,入海河流劣Ⅴ类水质比例为21.0%
2016	254个城市空气质量超标,占75.1%	地表水劣Ⅴ类比例为8.6%	近岸海域劣四类水质比例为13.2%,入海河流劣Ⅴ类水质比例为17.2%
2015	265个城市空气质量超标,占78.4%	地表水劣Ⅴ类比例为8.8%	近岸海域劣四类水质比例为18.3%,入海河流劣Ⅴ类水质比例为21.5%
2014	145个城市空气质量超标,占90.1%	地表水劣Ⅴ类比例为9.2%	近岸海域劣四类水质比例为18.6%,入海河流劣Ⅴ类水质比例为18.2%

资料来源:参见生态环境部:《中国生态环境状况公报》,载 http://www.mee.gov.cn/hjzl/sthjzk/zghjzkgb/,最新一期为《2019 中国生态环境状况公报》,2020年6月22日发布,最后访问日期:2021年1月17日。

根据生态环境污染状况信息,可以在宏观层面对污染环境行为数量进行初步估量,将其与现有污染环境犯罪官方统计数据对比,在此基础上,排除一定数量的尚未达到刑事处罚条件的行为,所得差额即为污染环境犯罪黑数,即 DF = EP − OS − NC。其中,EP 代表污染环境行为数量(Environmental Pollution),OS 代表污染环境犯罪官方统计数据(Official Statistics),NC 代表尚未达到刑事处罚条件的污染环境行为

(non-criminal)。但是,这一量化路径在微观层面存在局限,即大气污染、淡水污染、海洋污染、土壤污染数据难以直接对应污染环境行为数量。所以,仅凭生态环境污染状况很难实现污染环境犯罪黑数的精准量化,至多为污染环境犯罪黑数的可视量化提供参考。不过,上述信息足以证明,我国生态环境污染形势十分严峻,而且不同地区的生态环境污染情况存在较大差异。

(二)基于行政处罚决定数据的推断

概览《环境保护法》第6章的规定,不难发现被实施行政处罚决定的环境违法行为多为污染类行为,比如第59条规定的"企业事业单位和其他生产经营者违法排放污染物"、第60条规定的"企业事业单位和其他生产经营者超过污染物排放标准或者超过重点污染物排放总量控制指标排放污染物的"以及第63条规定的"通过暗管、渗井、渗坑、灌注或者篡改、伪造监测数据,或者不正常运行防治污染设施等逃避监管的方式违法排放污染物的"等,并且行政处罚决定多为行政罚款。因此,分析环境保护行政部门行政处罚决定相关信息,能够对污染环境行为的总体数量样态进行粗略推断,将行政处罚决定数量与移送公安机关案件数量、一审刑事判决数量对比,即可对其行刑衔接情况形成较为直观的认识。

通过查询生态环境部公开告知的污染环境行政处罚信息,获知2014年环保部门下达行政处罚决定8.3万余份,罚款31.7亿元,向公安机关移送涉嫌环境污染犯罪案件2180件;2015年下达行政处罚决定9.7万余份,罚款42.5亿元,移送近3800件;2016年下达行政处罚决定12.4万余份,罚款66.3亿元,移送6064件;2017年实施行政处罚案件23.3万件,罚款115.8亿元,移送11,340件;2018年实施行政处罚案件18.6万件,罚款152.8亿元,移送10,590件。① 进一步地,通过"中国裁判文书网"检索相应年份判决信息,绘制对比图表(见表2)。

① 参见生态环境部:《政府信息依申请公开告知书》(环告知〔2020〕46号)。

统计可知,2014～2018 年全国环境保护行政机关共作行政处罚 723,195 件,而同期污染环境犯罪一审刑事判决 7868 件,意味着仅有约 1.09%的行政处罚案件转化为刑事犯罪案件。[①] 尽管环境保护行政违法与刑事犯罪的构成要件存在差异,但二者数量相差如此悬殊,无法排除大量污染环境犯罪案件被行政化处理的可能。并且,基于我国司法实践,公安机关的此类案件线索多来自处在执法一线的环境保护行政机关,因而,上述行政处罚决定数量与一审刑事判决数量的巨大落差,反映出环境保护行政执法领域有案不移、以罚代刑的现象较为严重。

表 2　2014～2018 年行政处罚数据与刑事司法数据

单位:件

分类	2014 年	2015 年	2016 年	2017 年	2018 年	总计
行政处罚决定数量	83,195	97,000	124,000	233,000	186,000	723,195
移送公安机关数量	2180	3800	6064	11,340	10,590	33,974
一审刑事判决数量	919	1352	1590	1924	2083	7868

需要说明的是,这已是检察机关针对环境犯罪开展专项立案监督后的样态。根据最高人民检察院 2018 年工作报告,全国各级检察机关连续 4 年开展破坏环境资源犯罪专项立案监督,起诉 13.7 万人,较前五年上升 59.3%。[②] 2019 年,长江经济带 11 省市检察机关深化破坏环境资源犯罪专项立案监督,重点针对工业废水偷排等违法犯罪活动,监督公安机关立案 51 件,占公安机关立案总数的 7.93%。[③] 毋庸讳言,

① 考虑到我国刑事判决无罪率较低,本文未对一审刑事判决数量与刑事犯罪案件数量作细致区分。

② 参见最高人民法院:《最高人民法院工作报告》,载 http://www.npc.gov.cn/npc/c30834/202006/81672e572afa4a7392bfcdb7da997f8f.shtml。

③ 检察机关共受理监督立案 819 件,要求公安机关说明不立案理由 722 件,公安机关主动立案 592 件。参见最高人民检察院:《绿色发展·协作保障——服务保障长江经济带发展检察白皮书(2019)》,载 http://www.spp.gov.cn/spp/xwfbh/wsfbt/202001/t20200114_452649.shtml。

倘若检察机关未开展环境犯罪专项立案监督,行政处罚案件数量与刑事犯罪案件数量的差距势必更加悬殊,因专项立案监督而被追究刑事责任的案件极可能以黑数形式继续存在。诚然,开展专项立案监督也无法清查所有污染环境犯罪,污染环境犯罪黑数势必远大于已知犯罪数量,但是,专项立案监督结果足以表明,环境保护行政执法与刑事司法衔接工作中的渎职行为并不罕见。

当下司法实践中,环境监管失职罪的刑罚适用必定性和严厉性均有不足。[①] 其较高的犯罪黑数与过失责任标准模糊、因果关系复杂隐蔽不无关联,而地方保护主义严重、社会力量参与不足等现实因素迫使其刑罚适用必定性和严厉性均难以保障,偏低的法定刑配置更是直接导致该罪刑罚适用过于轻缓,无法对潜在犯罪人形成必要的刑罚威慑,滋生甚至纵容了环境监管失职行为存在。具体来看,部分环境保护行政执法人员或为避免越权之嫌,或因专业能力欠缺,对本应移送公安机关的涉嫌污染环境犯罪的案件直接以行政处罚了事。当然,也存在环境保护行政执法人员虽有意移送案件至公安机关,但碍于案件移送机制有待完善而只能以行政处罚作结的情形。并且,污染环境犯罪案件多缺乏直接的特定被害人,公民个人很少密切关注此类案件的处理进程。由此,多方面因素共同导致了环境保护行政执法领域有案不移、以罚代刑现象比比皆是,大量本应被追究刑事责任的污染环境犯罪行为没有得到相应的刑事处罚,最终沦为污染环境犯罪黑数。

此前,白建军教授对证券违法犯罪黑数进行实证研究,认为未被发现的证券违法违规案件是被发现的违法违规案的1~4倍。[②] 对比以数据信息操作为特点的证券违法违规行为,污染环境犯罪行为基本不

---

① 笔者登录“中国裁判文书网”检索,以“案由:环境监管失职罪”“案件类型:刑事案件”“文书类型:判决书”为条件,仅检索到48篇生效裁判文书。其中,根据《刑法》第37条判处被告人“免予刑事处罚”的数量更是多达八成。检索日期:2020年3月10日。

② 参见白建军:《证券犯罪惩戒应坚持“严而不厉”》,载《中国经济时报》2005年9月14日。

涉及数据留痕问题，证据获取工作更多依赖于实地考察与专业鉴定，线索来源和证据收集难度相对较高，犯罪黑数占比势必也相对较高，远不止证券违法犯罪黑数的1~4倍。对于高暗数犯罪，我国学者根据腐败金额总量以及被查处金额比例推断我国腐败行为的实际查处率只有1%。[①] 反观污染环境犯罪，仅有约1.09%的行政处罚案件转化为刑事犯罪案件，意味着仅行政执法处理的污染环境犯罪数量便可能是生效判决数量的数十倍之多，加之另有大量污染环境犯罪行为不仅未被行政执法机关发觉而且未被刑事司法机关发觉，所以，污染环境犯罪黑数占比可能高达95%甚至更多。

（三）基于现有生效裁判文书的摸排

污染环境犯罪官方统计数据虽然在信度上存在局限，但对污染环境犯罪黑数的可视量化研究并非毫无参考价值。在犯罪学发展初期，德国犯罪学家阿道夫·凯特勒提出了关于犯罪黑数的“恒比定律”，认为犯罪明数与犯罪黑数之间存在一定比例关系：明数大的犯罪行为，其黑数也大；明数小的犯罪行为，其黑数也小。“在官方统计资料与犯罪总数（已知的和未知的）的关系问题上，凯特勒断定：不可能确切地知道犯罪总数，但是，可以大概地知道犯罪总数，因为所报告的犯罪与实际的犯罪几乎有着稳定的联系，根据这种联系可以推断犯罪的实际数量。如果缺乏这样的稳定联系，那么，整个犯罪统计都是虚假的、荒谬的。”[②]这种计算方法在我国学者关于犯罪黑数的综述文献中也有踪迹。“德语国家犯罪学家认为犯罪黑数的范围可以借助于已被警方知晓的犯罪行为和未被警方获悉的犯罪行为之间的比例关系来确定。假设犯罪黑数的比例为1∶3，则表明为刑侦机关知晓的犯罪行为是1，未

① 参见胡星斗：《中国贪官的查处率只有1%》，载http://net.blogchina.com/blog/article/2147704，2010年7月27日发布，最后访问日期：2020年7月25日。

② 吴宗宪：《西方犯罪学史》（第1卷），中国人民公安大学出版社2010年版，第248页。

被刑侦机关获悉的行为是 3。比如,1990 年德国记录在案的犯罪总数为 4,333,726 起,则该年度的犯罪黑数则是 13,001,178 起。犯罪黑数比例关系中前一组数字是官方的犯罪统计数据,而后一组数字则是估计性的。"①尽管上述"恒比定律"观点在 20 世纪 50 年代被西方犯罪学家批驳,并且不同类型的犯罪行为之间的确存在黑数高低之别,但本文认为,同类型犯罪中,官方统计数据与犯罪黑数即便并无恒比也非毫无关联。因而,根据生效裁判文书情况对污染环境犯罪黑数进行大体摸排,也是污染环境犯罪黑数可视量化的视角。本文登录"中国裁判文书网"对污染环境犯罪裁判文书进行了数据提取与统计,考虑到通过调整检索条件便可直接获取数据的便捷性,在承认污染环境犯罪黑数与生效裁判存在关联的前提下,可以考虑将污染环境犯罪生效裁判文书作为相对直接的参考资料,进而探查污染环境犯罪的行为主体特征以及时空分布规律。

在某一犯罪行为较为常见的场合,倘若官方统计数据极具反向特殊性,那么,此类行为的犯罪黑数即可被公众直接感知。如前所述,我国刑法中的污染型环境犯罪不仅包括"污染环境罪",还包括"非法处置进口的固体废物罪"和"擅自进口固体废物罪"。为此,本文在统计"污染环境罪"裁判文书之余,对"非法处置进口的固体废物罪"和"擅自进口固体废物罪"裁判文书也进行了检索。笔者以"案件类型:刑事案件""案由:非法处置进口的固体废物罪""文书类型:判决书"为条件,共检索到 9 篇裁判文书,实际有效裁判文书仅 8 篇,且犯罪主体均为自然人。② 然而,"实践中,本罪的主体大多为废物进口单位或废物利用单位……个人构成本罪的情况较为罕见"。③ 即便是自然人,山东公安机关于 2018 年 6 月 22 日查处 4 家非法处置进口固体废物黑作

① 王秋杰:《国内外犯罪黑数研究综述》,载《河北公安警察职业学院学报》2010 年第 1 期。

② 限定条件检索后得到的检索结果中,有 1 篇文书系归类错误,全文无"非法处置进口的固体废物罪"字样,案号为(2018)内 0526 刑初 240 号。(检索日期:2020 年 6 月 2 日)

③ 杨兴、谭涌涛:《环境犯罪专论》,知识产权出版社 2007 年版,第 122 ~ 123 页。

坊，控制5名主要涉事人员，[①]但山东省相关判决仅涉及2名被告人。笔者再以“案件类型：刑事案件”“案由：擅自进口固体废物罪”“文书类型：判决书”为条件，共检索到0篇裁判文书；以“案件类型：刑事案件”“全文：擅自进口固体废物罪”为条件，共检索到5篇裁判文书，实际有效裁判文书4篇，包括1篇系判决书、3篇系二审裁定书。[②] 在相关判决书中，被告人对检方指控犯罪事实以及“走私废物罪”罪名并无意见，但辩护人认为应当比照此罪量刑；[③]在相关裁定书中，三起案件的辩护人均以上诉人构成此罪辩护，但二审法院均维持原审判决，对被告人以“走私废物罪”处理。[④] 这意味着，司法实践中甚至完全不存在以“擅自进口固体废物罪”处理的犯罪行为。显然，“非法处置进口的固体废物罪”和“擅自进口固体废物罪”刑罚适用必定性严重不足，此类污染环境犯罪行为的黑数比例甚至高达百分之百。

不过，“犯罪黑数研究的核心旨意并不是揭露发生了多少犯罪行为”，[⑤]犯罪黑数调查研究的方法创新以及基于犯罪黑数现状的深度分析具有更强烈的现实意义。因而，在不断完善污染环境犯罪测量机制、尝试实现犯罪黑数可视量化的基础上，应进一步探寻污染环境犯罪黑数的存在规律，继而揭示其成因并制定应对策略。

---

① 参见樊思思：《山东公安查处4家非法处置进口固体废物黑作坊》，载 http://sd.dzwww.com/sdnews/201806/t20180623_17522664.htm。

② 限定条件检索后得到的检索结果中，有1篇文书系重复录入，仅以1篇计。（检索日期：2020年6月2日）

③ 一审法院以走私废物罪判处被告人有期徒刑3年，缓刑3年，并处罚金人民币30万元。参见（2018）浙02刑初21号。

④ 参见（2014）苏刑二终字第00040号、（2015）闽刑终字第120号、（2019）沪刑终16号。

⑤ Albert D. Biderman, Albert J. Reiss, On Exploring the “Dark Figure” of Crime, *The Annals of the American Academy of Political and Social Science*, Vol. 374 (1), 1967, p. 1 –15.

三、污染环境犯罪黑数的存在规律

最高人民法院、最高人民检察院于 2013 年、2016 年两次颁布《关于办理环境污染刑事案件适用法律若干问题的解释》(以下简称 2016 年版为《环境污染解释》),足以表明近年来党和国家对环境污染刑事案件的高度重视。作为污染环境犯罪治理的事实依据,污染环境犯罪黑数的存在特征及分布规律对于完善污染环境犯罪的治理对策具有重要参考价值。

(一)客观存在性

犯罪现象的存在是必然的,也是客观的。意大利犯罪学家菲利基于化学原理提出了著名的犯罪饱和法则,“就像我们发现一定数量的水在一定的温度之下就溶解为一定数量的化学物质但并非原子的增减一样,在一定的自然和社会环境下,我们会发现一定数量的犯罪”。[①] 同理,犯罪黑数也是客观存在的,犯罪统计工作不可避免地存在庞大黑数。“在有关犯罪统计的意义上便呈现出两种立场:一种是否定犯罪统计意义的立场,另一种是承认犯罪统计中不可避免地存在黑数,但是认为可以通过研究调查或测定黑数的方法,使犯罪统计接近犯罪的实际情况的立场。”[②]后一种立场是更为可取的,犯罪黑数的存在具有客观性,与官方犯罪统计相伴相生,是官方统计中难以避免的常见问题。“犯罪黑数问题自有官方犯罪统计之日起就业已存在。官方犯罪统计作为警方职能活动情况的一种记载,反映的只是警方所能获悉的犯罪行为。因此,任何官方犯罪统计都只能是对社会实际犯罪行为的部分

---

① ［意］恩里科·菲利:《犯罪社会学》,郭建安译,中国人民公安大学出版社 2018 年版,第 67 页。

② ［日］大谷实:《刑事政策学》,黎宏译,中国人民大学出版社 2009 年版,第 34 页。

反映。"[1]污染环境犯罪也是如此,其黑数的存在具有客观性和必然性,是司法实践中难以杜绝的现象。根据最高人民法院发布的数据,2019年,全国法院受理环境资源刑事一审案件39,957件,审结36,733件,判处罪犯114,633人。这一官方犯罪统计以法院判决为依据,可靠性较高,但其作为官方犯罪统计,仅是对记录在案的部分污染环境犯罪行为的反映,不能周全反映污染环境犯罪活动的完整面貌,我国污染环境犯罪实际数量远高于统计所体现出来的数量。

犯罪黑数的存在,"既有司法机关自身在犯罪统计中存在着的技术问题,也有统计者主观上的误认和失职"。[2] 就污染环境犯罪黑数而言,除了官方犯罪统计中普遍存在的技术问题与此存在直接关联,环境行政执法和司法人员的失职所造成的影响也极为突出。根据《刑法》的规定,"污染环境罪"系"行政犯"(或称"法定犯"[3]),即违反行政法规中相关的禁止性规范,破坏国家社会管理制度之资源环境保护制度,在其社会危害性达到一定程度时则纳入刑法规制范畴。一旦论及"行政犯"概念,行政不法与刑事不法的关系便是不可回避的议题。为进一步健全环境保护行政执法与刑事司法衔接工作机制,环境保护主管部门与公安部、最高人民检察院于2017年1月共同发布《环境保护行政执法与刑事司法衔接工作办法》,适用于涉嫌环境犯罪案件办理工作,强调三者之间应加强协作,不断完善线索通报、案件移送、资源共享和信息发布等工作机制。然而,实践中,环境保护行政执法与刑事司法衔接工作中的渎职行为恰是犯罪黑数的重要成因。基于犯罪饱和法则,犯罪行为的存在具有必然性,环境保护行政执法和刑事司法环节均无法杜绝渎职行为,直接决定了污染环境犯罪黑数的存在不可避免。

---

① 张远煌主编:《犯罪学》,中国人民大学出版社2015年版,第95页。

② 皮艺军:《犯罪学研究论要》,中国政法大学出版社2001年版,第190页。

③ 关于"行政犯"与"法定犯"概念,一般认为,自然犯和法定犯的区分在于是否违反传统伦理道德,刑事犯和行政犯的区分则在于是否违反前置性的行政法。参见孙国祥:《行政犯违法性判断的从属性和独立性研究》,载《法学家》2017年第1期。本文论及的《刑法》第338条所规定的"污染环境罪"具有行政犯与法定犯的共性,故以"行政犯"代称,不做上述概念的区分。

但是,污染环境犯罪黑数的存在并非毫无规律可循。结合前述污染环境犯罪黑数可视量化的若干视角,在宏观了解生态环境污染情况以及污染环境犯罪黑数高这一现实后,根据生态环境污染状况以及相关行政处罚决定和刑事司法判决数据,不难揭示污染环境犯罪黑数的主体分布规律以及时空分布规律。

(二)单位犯罪比例低

在前述多种犯罪黑数的可视量化视角中,基于现有生效裁判文书数据的摸排方法相对便利,作为参考资料的裁判数据不仅内容翔实细致,而且能够与行政处罚决定数据信息做交叉比对。一如前文所提到的"恒比定律",在凯特勒观点及其否定观点的基础上,本文认为,对于污染环境犯罪范畴内同一类型的犯罪行为而言,其不同犯罪行为之间的犯罪黑数与犯罪明数之比应当是相对稳定的。也就是说,在不考虑特殊地方保护主义因素的情形,单位主体和自然人主体的污染环境犯罪黑数与既有生效判决之间的比例关系稳定,通常不存在悬殊差异。

在北大法宝司法案例库收录的 13,469 例"污染环境罪"案件中,对涉案当事人主体类型进行统计,机构主体占比 29.27%,个人占比 70.73%。[①] 在近一年来的 393 例"污染环境罪"案件中,犯罪主体为自然人的有 333 例,占比 85%,犯罪主体为单位的有 60 例,占比 15%。[②] 可见,在被依法追诉的污染环境犯罪行为中,自然人主体与单位主体的涉案数量形成了明显反差,似乎实施污染环境犯罪行为的主要是自然人主体。但是,该结论不但背离了工业社会环境污染多系工厂

---

① 参见"案例可视化"之"污染环境罪"数据统计(动态信息),载北大法宝,https://www.pkulaw.com/casevisual/searchcause/001060619.html,最后访问日期:2020 年 7 月 20 日。

② 参见北大法宝:《污染环境罪案例实证研究分析报告》(2020 年第 4 期,案例报告总第 17 期),载 http://weekly.pkulaw.cn/Admin/Content/Static/b3493dfa-eddb-4836-b5b2-1fc1ee692736.html,2020 年 7 月 13 日发布,最后访问日期:2020 年 7 月 20 日。

生产造成的客观事实,而且背离了人们对污染环境犯罪活动生成机理的普遍理解。为了解司法实践状况,有学者对环保局和公安局负责相关案件的人员进行访谈。相关工作人员表示,污染环境犯罪主体确实以从事非法生产的自然人为主,他们未经环保部门批准擅自建造造纸厂、玻璃厂、橡胶厂、皮革厂、水泥厂等从事非法生产,而合法企业涉嫌污染环境犯罪的情况相对较少。[①] 由此,印证了前述根据污染环境犯罪既有生效判决摸排犯罪黑数的推论,亦即污染环境犯罪单位犯罪数量不仅在犯罪明数中占比较低,而且在犯罪黑数中也占比较低。

污染环境单位犯罪占比之所以较低,与单位犯罪的成立条件存在直接关联。根据《刑法》第30条的规定,单位犯罪是指公司、企业、事业单位、机关、团体为单位谋取非法利益,或者以单位名义,经单位集体研究决定或者由负责人员决定,故意或者过失实施的犯罪。根据有关司法解释,私营公司、企业只有在具有法人资格时,才能成为单位犯罪的主体;个人为进行违法犯罪活动而设立的公司、企业实施犯罪的,或者公司、企业依法设立后,以实施犯罪为主要活动的,不以单位犯罪论处。2019年2月20日最高人民法院、最高人民检察院、公安部、司法部、生态环境部联合印发《关于办理环境污染刑事案件有关问题座谈会纪要》,进一步细化了环境污染犯罪案件单位犯罪认定标准,规定只有为了单位利益实施环境污染行为,并具有下列情形之一的,才应当认定为单位犯罪:(1)经单位决策机构按照决策程序决定的;(2)经单位实际控制人、主要负责人或者授权的分管负责人决定、同意的;(3)单位实际控制人、主要负责人或者授权的分管负责人得知单位成员个人实施环境污染犯罪行为,并未加以制止或者及时采取措施,而是予以追认、纵容或者默许的;(4)使用单位营业执照、合同书、公章、印鉴等对外开展活动,并调用单位车辆、船舶、生产设备、原辅材料等实施环境污染犯罪行为的。因而,不具备法人资格的"黑作坊"并无单位犯罪

① 参见李梁:《环境污染犯罪的追诉现状及反思》,载《中国地质大学学报(社会科学版)》2018年第5期。

主体资格,其所实施的污染环境犯罪行为只能以自然人犯罪处理,导致大量的污染环境犯罪活动看似是由某些工厂所实施,实则属于自然人犯罪范畴。

既然官方统计数据已经反映出“黑作坊”占较大比重,那么,污染环境犯罪黑数中以“黑作坊”为行为主体的自然不在少数。与非法建造的“黑作坊”对比,污染环境单位犯罪比例之所以较低,原因有二:其一,经工商、环保部门批准设立的合法企业受各类行政执法部门严格监管,其违法行为信息易被行政执法部门排查掌握,在各级行政执法部门严格执法、依法行政的前提下,相关企业的行政违法行为多被及时予以行政罚款、责令限期整改等,不至于放纵其污染环境违法行为恶化至刑事犯罪;其二,经依法成立的单位主体提出申请,环保部门依法审查、核实后,通常对具有排放、倾倒或者处置污染物需求的单位赋予一定权限,依法持有相关许可资格或处理资质的单位只要在国家规定的允许范围内排放、倾倒或者处置污染物,其行为便不会涉嫌污染环境犯罪。因此,排除地方政府有意对部分企业予以特殊保护,污染环境单位犯罪数量自然少于自然人犯罪数量。

(三)时空分布不均衡

1. 时间分布:大体增长但增速放缓

从环境保护部门行政执法数据看,2014~2018年地方各级环保部门下达行政处罚决定数量和向公安机关移送涉嫌污染环境犯罪案件数量如下(见表3)。通过数据对比可以发现,近年来环保部门下达的行政处罚决定数量和移送至公安机关的涉嫌污染环境犯罪案件数量的增减趋势基本一致,虽然不同年份增减幅度差异较大,但总体呈现增长样态,而且移送公安机关的案件数量占比逐年增加,反映出污染环境行为越发猖獗,越来越多地被行政查处的案件涉嫌刑事犯罪。

表 3 2014～2018 年污染环境行政处罚数据与移交刑事司法数据

年份	行政处罚决定数量/件	增长率/%	移送刑事司法数量/件	增长率/%	比例/%
2014	83, 195	—	2180	—	2. 62
2015	97, 000	16. 59	3800	74. 31	3. 92
2016	124, 000	27. 84	6064	59. 58	4. 89
2017	233, 000	87. 90	11, 340	87. 01	4. 87
2018	186, 000	－20. 17	10, 590	－6. 61	5. 69

数据来源:《政府信息依申请公开告知书》(环告知〔2020〕46 号)。

从司法机关生效刑事判决数据看,2014～2019 年“案由:污染环境罪”一审刑事判决相关信息如下(见表 4)。可以明显发现,2014～2019 年污染环境犯罪一审判决数量虽然逐年增长,但是各年份的增长率总体上呈现下降趋势,意味着官方统计中的污染环境犯罪案件数量增速有所放缓。考虑到官方统计数据与犯罪黑数存在一定比例关系,可以推断,污染环境犯罪黑数亦呈逐年上升趋势,但其增长速度或许并非异常迅速,而是随着环境保护行政执法和司法工作加强而有所改善。由此,倘若环境监管力度与公民守法意识持续加强,那么,在未来一段时间内,不仅污染环境犯罪的案发数量可能在达到峰值后回落,形成相对稳定状态,而且污染环境犯罪黑数也会在达到一定程度后呈现相对缓和的形势。

表 4 “污染环境罪”判决数量年份分布数据

年份	一审判决数量/件	占比/%	增长率/%
2014	919	9. 10	—
2015	1352	13. 39	47. 12
2016	1590	15. 75	17. 60
2017	1924	19. 06	21. 01

续表

年份	一审判决数量/件	占比/%	增长率/%
2018	2083	20.63	8.26
2019	2229	22.08	7.01
	10,097	100.00	—

数据来源:中国裁判文书网。

2. 空间分布:与社会发展状况关联

从生态环境污染状况看,根据《全国土壤污染状况调查公报》数据,南方土壤污染普遍重于北方;长江三角洲、珠江三角洲、东北老工业基地等区域土壤污染问题较为突出,西南、中南地区土壤重金属超标范围较大;镉、汞、砷、铅4种无机污染物含量分布呈现从西北到东南、从东北到西南方向逐渐升高的态势。① 此外,根据2014~2019年《中国生态环境状况公报》数据,环境空气质量相对较差的城市集中分布于华北地区,海河和辽河流域污染情况相对严重,劣四类海水主要分布于黄河入海口、长三角、珠三角一带。②

从官方统计犯罪数据看,《中国环境司法发展报告(2019)》指出,环境刑事案件的犯罪类型、数量有明显的区域性差异,其影响因素有四:一是经济体量与经济社会发展水平;二是经济结构与产业结构;三是污染型企业的密集程度;四是环境执法与司法力度。③ 为此,本文将近年污染环境犯罪判决数据分别以省市和区域进行统计。以省市为基准(见表5),浙江、河北、广东、山东、江苏名列判决数量前五,五省判决

① 参见环境保护部、国土资源部:《全国土壤污染状况调查公报》,载http://www.gov.cn/govweb/foot/2014-04/17/content_2661768.htm。

② 参见生态环境部:《中国生态环境状况公报》,载http://www.mee.gov.cn/hjzl/sthjzk/zghjzkgb/,最新一期为《2019中国生态环境状况公报》,2020年6月22日发布,最后访问日期:2021年1月17日。

③ 参见最高人民法院:《〈中国环境资源审判(2019)〉暨年度典型案例〈中国环境司法发展报告(2019)〉新闻发布会》,载http://www.court.gov.cn/zixun-xiangqing-228351.html,2020年5月8日发布,最后访问日期:2020年5月16日。

总量多达全国总量的50.89%;北京、上海、天津、重庆四个直辖市的案件数量较为适中,除重庆地域面积相对较大、北京功能设定相对特殊之外,另两地的单位面积污染环境犯罪比例仍然较高,①海南、青海、新疆、甘肃和宁夏等地则污染环境犯罪判决数量稀少。观察区域数据统计则更为直观(见表6),华东地区污染环境犯罪判决数量占比过半,华北、华南次之,西北、西南、东北地区则判决数量稀少。考虑到官方统计数据与犯罪黑数并非毫不相关,这一数据对比能够侧面反映污染环境犯罪黑数的空间分布。

表5 "污染环境罪"判决数量省市分布数据

省市	数量/件	占比/%	省市	数量/件	占比/%	省市	数量/件	占比/%
浙江	2060	19.72	江西	214	1.79	贵州	42	0.39
河北	1760	9.35	湖南	197	1.68	北京	38	0.36
广东	1341	7.85	重庆	176	1.53	黑龙江	35	0.33
山东	1196	7.60	上海	159	1.40	云南	34	0.32
江苏	926	6.37	湖北	130	1.16	吉林	32	0.30
福建	465	3.42	山西	113	1.02	宁夏	26	0.25
河南	464	3.53	四川	94	0.86	甘肃	22	0.21
辽宁	271	2.14	广西	52	0.48	新疆	15	0.14
安徽	256	2.06	陕西	46	0.43	青海	7	0.07
天津	229	1.88	内蒙古	44	0.41	海南	2	0.02

① 经计算,单位面积污染环境犯罪比例:天津市1.91%,重庆市0.21%,上海市2.51%,北京市0.23%,全国为0.11%。

表6 “污染环境罪”判决数量区域分布数据

区域	数量/件	占比/%	区域	数量/件	占比/%
华东地区	5276	50. 51	东北地区	353	3. 13
华北地区	2155	13. 80	西南地区	346	3. 17
华南地区	1395	10. 36	西北地区	130	1. 23
华中地区	791	6. 56		10, 446	100

目前,我国正处于社会主义现代化建设转型时期,污染环境犯罪的空间分布差异与区域经济差距不无关联。国内生产总值(GDP)被公认为是衡量某一国家(或地区)经济体量最具有权威性的指标。结合各省市的GDP数据,可以发现污染环境犯罪的空间分布与经济体量呈正相关。以2019年全国GDP排名为例,广东、江苏、山东、浙江位居前四,其污染环境犯罪官方统计数据位列全国前五;新疆、吉林、甘肃、海南、宁夏、青海、西藏位于末列,其污染环境犯罪官方统计数据远低于平均值。① 区域上看,华东地区与西北、西南、东北地区的经济体量差异更是不言自明,鲜明的数据对照再次证明了污染环境犯罪空间分布与地区经济发展情况的密切关系。

除此之外,污染环境犯罪空间分布与环境保护执法和司法力度也有密切关联。污染环境犯罪惩治活动是由环境保护行政机关、公安机关、检察机关、审判机关、刑罚执行机关等多个主体衔接完成的。实践中,公安机关所侦办的环境污染犯罪案件绝大多数来自环境保护行政机关移送,环境保护执法人员的工作精细化程度直接影响污染环境犯罪的发案率。根据《中国法治政府评估报告(2018)》,法治政府建设水平排名前十的城市为:深圳市、青岛市、广州市、苏州市、杭州市、上海

① 参见中新网:《31省份2019年GDP出炉》,载http://www.chinanews.com/cj/2020/01-24/9068576.shtml。

市、北京市、南京市、宁波市和成都市。① 可见,法治政府建设水平高的地区集中于浙江、广东、山东、江苏等,与污染环境犯罪发案数量多的地区存在明显重叠。表面上看,法治政府建设水平与污染环境犯罪数量似乎呈正相关,但其内在意义并非如此简单。一方面,法治建设水平评估是对地方政府执法和司法力度的考量,法治政府建设水平优秀意味着地方环境保护执法和司法力度较强,使污染环境犯罪发案率相对较高;另一方面,刑法运行成本覆盖发现犯罪、确认犯罪、惩罚犯罪全过程,污染环境犯罪的刑罚适用不仅涉及司法机关的内部资源,还存在被动员的政府资源与社会资源等其他外部资源,特别是环境保护执法机关的成本投入,因而,地区经济发展水平对此具有决定性影响。

关于犯罪黑数空间分布与社会发展状况的关系,亦有国外学者作出论证,其通过对比 2004 ~ 2014 年拉丁美洲和加勒比地区的官方犯罪统计数据与被害人调查结论,量化了某特定类别的犯罪黑数占比为 92% ~95% ,而同类行为在发达国家的犯罪黑数占比为 63% ~80% 。② 必须承认,我国现阶段国情客观上决定了部分地区污染环境犯罪行为基数大,较大的污染环境犯罪基数与较高的污染环境犯罪发案率结合,必然导致相应地区污染环境犯罪官方统计数量较大。但是,污染环境犯罪黑数并不是一成不变、无法遏制的,正如子格·麦克唐纳德(Ziggy MacDonald)所强调的:犯罪黑数的变化是可控的。③ 只要正确认识污染环境犯罪黑数现状及成因并施以针对性对策,随着我国社会主义现代化建设的稳步进行直至顺利转型,经济较发达地区的污染环境犯罪数量将逐步稳定,且环境保护执法和司法力度必然更加强劲,污染环境犯罪黑数自然会随之趋于稳定甚至逐步降低。

---

① 参见人民法治网:《〈法治政府蓝皮书:中国法治政府评估报告(2018)〉在京发布》,载 http://www.rmfz.org.cn/contents/8/155989.html,2018 年 9 月 21 日发布,最后访问日期:2020 年 5 月 19 日。

② Laura Jaitman & Victoria Anauati, *The Dark Figure of Crime in Latin America and the Caribbean*, Journal of Economics, Race, and Policy, Vol. 3(1), 2020, p. 76 – 95.

③ See Ziggy MacDonald, *Revisiting the Dark Figure*, British Journal of Criminology, Vol. 41(1), 2001, p. 127 – 149.

四、污染环境犯罪黑数的生成原因

关于犯罪黑数的成因,国内外学者进行了许多研究。陈兴良教授援引美国犯罪学家理查德·昆尼、约翰·威尔德曼的观点,认为犯罪黑数的成因主要在于:(1)有的犯罪只有犯罪人知道;(2)被害人或目击者缺乏刑法知识而未报告;(3)目击者怕麻烦、窘迫、胆怯或缺乏对司法的兴趣而未报告;(4)被害人或目击者怕在调查中卷入犯罪而未报告;(5)被害人或目击者怕报告犯罪后遭到报复而未报告;(6)朋友和亲戚庇护犯罪人而未报告;(7)被害人害怕报告犯罪后的舆论对自己不利而未报告;(8)社会价值观念和公众意见阻碍刑罚完全执行;(9)部分犯罪具有特殊性质而未被发觉;(10)司法机关希望隐匿部分犯罪。① 近年的域外实证研究表明,犯罪黑数与政府机关腐败程度、公民对警方的不信任程度呈正相关,并且,在信任程度对犯罪黑数的影响机制中,刑事侦查机关对待犯罪行为的态度比刑事审判机关对待犯罪行为的态度更为重要。② 考虑到污染环境犯罪与直接针对人身或财产的传统犯罪存在区别,污染环境犯罪黑数的形成在共性因素之外具有特殊性,需要以案件处理进程为线索加以细致考察,可归纳为案件难以启动、行刑难以衔接、侦查难以进行和刑法难以适用4个方面。

(一)案件难以启动

尽管"有案必立"的规定施行已久,但实践中仍然存在诸多不足,部分案件司法程序启动较为困难,污染环境犯罪案件便是如此,相关案

① 参见陈兴良:《刑法哲学》,中国人民大学出版社 2017 年版,第 144 ~ 145 页。

② See Laura Jaitman & Victoria Anauati, *The Dark Figure of Crime in Latin America and the Caribbean*, Journal of Economics, Race, and Policy, Vol. 3 (1), 2020, p. 76 – 95; Yoon, Seokhee, *Why Do Victims Not Report? The Influence of Police and Criminal Justice Cynicism on the Dark Figure of Crime* (2015), CUNY Academic Works, https://academicworks.cuny.edu/gc_etds/1195.

件在启动环节面临多重现实阻碍,不但未能实现预期犯罪控制效果,反而滋生污染环境犯罪黑数。

1. 犯罪行为隐蔽复杂

一方面,污染环境犯罪主体多专门从事非法生产,对相关领域涉及的技术知识较为熟悉,往往精心设计并采取技术化、组织化手段实施犯罪行为,不易被环境保护行政执法和司法机关直接察觉。地理位置上,犯罪行为主要发生在城郊、农村等偏僻地区,环境保护行政执法力度和侦查力度较为有限,当地普通群众即便有所发觉也较少报案。手段方式上,为逃避监管,犯罪主体通常采取特殊方法,比如挖掘渗漏坑、渗透井,或者使用高压泵直接将大量污水等有害物质排入土壤等。不仅如此,犯罪主体可能跨地区倾倒污染物,或在夜间进行非法生产,甚至在工厂附近设置暗哨等,导致相关部门很难在日常监管排查中发现其犯罪踪迹。

另一方面,污染环境犯罪活动本身具有一定的复杂性,排放、倾倒、处置污染物的行为未必直接危害不特定多数人的财产安全和生命健康,而是通过土壤、水体、空气等中介物间接造成损害结果。生态环境是一个相对封闭的整体系统,污染环境行为在某地造成的污染结果极有可能引发衍生性的结果,这一过程具有潜伏性、持续性甚至不可预测性,导致污染环境犯罪行为并不会马上被人发觉,往往是在污染物质已经累积到一定数量,对土壤、水体、空气造成相对明显的污染结果之后才被环保监测系统或者当地群众发现。

2. 立案线索来源有限

基于前述犯罪行为的隐蔽复杂特征,环境保护行政机关和司法机关仅凭自身力量主动发现并掌握的案件线索较为有限,大量排放、倾倒或者处置有害物质的污染环境犯罪行为难以被国家机关发觉而成为犯罪黑数。与环境保护行政机关和司法机关对比,社会公众基于个人利益因素或地理位置因素考虑,往往对位于环境监管排查死角的污染环境犯罪情况更为了解,对非法生产经营活动的“黑作坊”更为熟知,对涉嫌污染环境犯罪的案件线索掌握更为充分。因此,对于污染环境犯罪治理而言,社会公众积极提供案件线索是社会资本的重要表现形式。

从社会资本与犯罪治理的关系看,公众参与不足则意味着社会资本缺失。[①] 法国刑事政策学家马蒂将国家关系与社会关系的主导现象作为刑事政策模式构造的基本法则,认为随着市场经济模式的纵深发展,国家单一型犯罪控制模式应当向国家与社会混合型控制犯罪控制模式转变,即"国家并不对所有的反犯罪反应进行指导与监督,而将其一部分推给市民社会"。[②] 然而,在社会转型进程中,许多前现代思想观念根深蒂固,法治思维尚未普及,传统的无讼、贱讼观念成为犯罪黑数的重要成因。[③] 由于污染环境犯罪并非直接损害某特定自然人的生命健康或财产安全,许多掌握案件线索的群众持有一种袖手旁观的心态,加之对相关法律法规了解不足或畏于犯罪主体事后打击报复,多与污染环境犯罪主体私了甚至主动隐匿线索,导致大量污染环境犯罪行为未能进入法律程序而沦为犯罪黑数。

(二)行刑难以衔接

污染环境犯罪属于行政犯,以行为违反行政法规中相关禁止性规范为前提。但是,一如前文所论及的,当下司法实践中,环境保护行政执法和刑事司法之间的衔接工作并不流畅,大量涉嫌刑事犯罪的案件未能依法进入刑事司法环节。

1. 地方保护主义遮蔽

环境资源开发与工业化进程相伴相生,部分地方政府片面追求经济增长不惜牺牲生态环境,甚至为部分企业充当"保护伞",导致一些污染环境犯罪行为未纳入官方统计数据。当下,我国经济仍处于从高速增长到高质增长的转型阶段,高能耗型企业短期内确实能够增加财政收入,导致部分地方政府不惜以这种粗放型生产模式损害生态环境。

① 参见汪明亮:《公众参与型刑事政策》,载《刑法论丛》2014年第1卷。

② [法]米海依尔·戴尔玛斯—马蒂:《刑事政策的主要体系》,卢建平译,法律出版社2000年版,第53~57页。

③ 参见王登辉:《犯罪黑数的原因与对策研究》,载《公安学刊》2017年第3期。

面对生态保护与经济建设的可能冲突,部分地方政府被一时利益所蒙蔽,放纵污染环境犯罪主体肆意实施犯罪行为,使一些污染环境犯罪行为沦为实践中的犯罪黑数。

部分地方政府出于种种政策和业绩的现实考虑,以复杂利益关系束缚污染环境犯罪司法工作。不仅环境保护行政执法行为在很大程度上具有了侦查性质,而且,即便案件被移送至公安机关,公安机关对于涉及复杂利益、难以迅速破获的案件也有可能拖延立案。同样,在现实因素牵制下,有的审判机关碍于职业风险而高度依赖司法解释,缺乏必要的司法能动性,仅对部分案件以污染环境犯罪处理,负有法律监督职责的检察机关也多保持缄默。在此,可以借用"犯罪生成模式理论"分析其未能依法履行职责的原因:首先,部分司法人员对社会规范和职责内容认识偏差,形成职务犯罪故意心理,成为"带菌个体";其次,在复杂利益关系等"致罪因素"作用下,部分司法人员背弃公正法治信念和为民服务使命,故意心理得以强化;最后,鉴于污染环境犯罪行为鲜有被害人个体的高强度信访投诉,部分司法人员在此"催化剂"作用下严重渎职,为污染环境犯罪刑罚适用必定性的实现蒙上阴影。①

2. 环境监管工作失职

考虑到污染环境犯罪的较强专业性特征,由环境保护行政部门移送案件至公安机关的侦查模式并非全无合理之处,借助环保执法人员获取相关案件线索,确实可以有效节约司法资源。《环境保护法》第63条明确规定了环境保护监督管理职责之一即移送严重破坏环境资源案件至公安机关。但是,这种侦查模式使污染环境犯罪案件的实际控制权落入行政部门,不免出现环保执法人员严重不负责任的情形,致使应当移送至公安机关的涉嫌污染环境犯罪案件未能进入刑事程序。

---

① 犯罪生成模式理论,是汪明亮教授创造性地提出并论证的犯罪原因理论,分为犯罪微观生成模式与犯罪宏观生成模式。此处适用犯罪微观生成模式,即以化学方程式的方式解释犯罪微观生成模式中各因素及其作用方式。具体来说,"带菌个体"与"致罪因素"相互作用使"带菌个体"产生犯罪动机,成为危险犯罪人;危险犯罪人通过对"催化剂"各要素的感知,在一定的条件下就会实施犯罪行为,从而成为现实犯罪人。参见汪明亮:《犯罪生成模式研究》,北京大学出版社2007年版,第11～140页。

实践中,部分环境保护行政部门内部管理和执法工作并不规范,特别是部分基层环保执法人员业务水平不足,因能力有限未能准确识别案件涉嫌刑事犯罪,因而未将案件依法移送至公安机关。还有部分环保执法人员已经识别出案件涉嫌污染环境犯罪,仍然以行政罚款代替刑事处罚,故意不将移送案件至公安机关。正如边沁所说,人类的一切行为都是追求快乐和避免痛苦的结果,“按照看来势必增大或减小利益有关者之幸福的倾向,亦即促进或妨碍此种幸福的倾向,来赞成或非难任何一项行动”。① 环保执法人员以罚代刑的行为逻辑也是一种理性选择:若案件移送公安机关后进入刑事程序,则极有可能溯源追究环境监管失职责任;若案件仅涉及环境监管部门权力范围内的行政程序,则其失职行为便难以被司法机关所发觉,同时能够以行政罚款创造部门收益,甚至收受贿赂谋取个人利益。加之环境监管失职罪的刑罚适用必定性和严厉性均有缺失,犯罪预期成本较低、对潜在犯罪人威慑不足。由此,多重因素使一些环保行政部门未依法及时移送案件至公安机关,行政执法与刑事司法衔接工作中滋生污染环境犯罪黑数。

(三)侦查难以进行

侦查是公诉案件的必经程序。根据《刑事诉讼法》第162条的规定,公安机关侦查终结的案件,应当做到犯罪事实清楚,证据确实、充分。当前司法实践中,污染环境犯罪案件的侦查工作面临诸多障碍,导致部分犯罪行为漏于法网之外。

1. 调查取证存在障碍

刑事证据是刑事诉讼的核心内容,调查取证是污染环境犯罪侦查的重中之重。污染环境犯罪主体的多样化手段与污染环境行为本身的专业性特征,导致侦查取证工作面临较大困难,传统调查取证方式在侦查此类犯罪时显得捉襟见肘。

---

① [英]边沁:《道德与立法原理导论》,时殷弘译,商务印书馆2000年版,第58页。

污染环境犯罪案件调查取证工作障碍之一，即原始证据获取困难。一方面，污染环境行为及其危害结果的发生机理本身较为复杂，污染物随着土壤、水体、空气等中介物迁移、扩散、转化，侦查人员很难及时确定污染源并判断污染程度。加之污染环境犯罪行为的因果流程存在时空延展性，相关证据可能因时间推移而变质甚至消失殆尽，或发生空间位置变动，比如大气污染物随自然风即可发生地理位置偏移。另一方面，侦查机关通常在危害结果已经发生后才介入，使侦查机关失去了调查取证的最佳时机，无疑为犯罪分子逃避抓捕、毁灭罪证提供了可乘之隙。“例如，一旦现场执法检查结束，大多数污染企业会面临关停和取缔，会将设备拆除或对现场进行破坏”，①大大增加了侦查机关获取证据的难度。

污染环境犯罪案件调查取证工作障碍之二，即证据转化适用困难。非法排放、倾倒或者处置污染物的犯罪行为发生后，往往只能通过环保监测站对相关物质作抽样技术分析来判断污染物及其与损害结果的因果关系。严重依赖环保行政机构监测数据报告，已经成为污染环境犯罪在侦查阶段因果关系证明和认定的常态。② 固然，《刑事诉讼法》第54条第2款规定，“行政机关在行政执法和查办案件过程中收集的物证、书证、视听资料、电子数据等证据材料，在刑事诉讼中可以作为证据使用”。但是，行政执法过程中所获证据转化为刑事证据，以其对于待证事实确有价值为前提，并且行政执法环节证明材料不限于监测数据报告。实践中，公安机关往往缺乏对行政证据证明力的确认，并且对证明材料的收集较为单一，未能充分转化适用行政执法环节相关证明材料，导致侦查工作难以顺利进行。

2. 专业能力有待提升

侦查手段上，侦查人员对污染环境犯罪采用的调查方式较为单一，

---

① 肖涛：《环境污染犯罪侦查的现实图景与困境突围》，山东大学2019年硕士学位论文。

② 参见杨继文：《污染环境犯罪因果关系证明实证分析》，载《法商研究》2020年第2期。

妨碍了侦查工作的证据取得。实践中,侦查人员常用的侦查手段包括讯问犯罪嫌疑人、询问证人、勘验、检查、搜查以及查封、扣押物证、书证等,这些侦查手段虽足够应对普通刑事案件,但难以满足环境污染犯罪侦查的现实需要。举例而言,对于污染现场的勘查,鉴于污染环境犯罪行为隐蔽复杂的特点,侦查人员很难在第一时间确定作案现场,在此情形,仅使用常规侦查手段难以有效完成污染环境犯罪侦查工作,侦查人员在与犯罪分子的博弈之中不免处于被动为地位,对污染环境犯罪侦查工作的开展造成消极影响,导致部分污染环境犯罪分子逍遥法外。

侦查思维上,侦查人员未能根据污染环境犯罪特性作出适时调整,影响了侦查工作的顺利开展。受传统刑事侦查思维影响,侦查人员对待污染环境犯罪往往采取传统的"由果溯因"模式,通过已经发生的危害结果发现污染环境犯罪行为,进而通过污染环境犯罪行为发现污染环境犯罪行为人。但是,污染环境犯罪与传统犯罪存在较大差异,传统模式无法满足追诉污染环境犯罪的需要。一方面,污染行为所涉物质成分较为复杂,污染结果可能由数个污染行为共同造成,受物证鉴定技术水平所限,难以快速鉴定并精准对应某污染行为关联的某污染物质;另一方面,污染环境犯罪行为的因果流程存在时空延展性,相当一部分案件无法根据污染结果追踪污染行为源头,导致案件追诉活动难以顺利开展。

(四)刑法难以适用

刑罚适用必定性的实现依赖于刑法适用。在现行立法建构下,"污染环境罪"明示了"严重污染环境"要件,却未明确表述罪过形式是否过失,增加了危害结果认定和主观罪过认定的难度,无益于污染环境犯罪控制效果的良好实现。

1. 危害结果认定困难

我国刑法只处罚过失的结果犯,即过失犯罪均以特定的法益侵害结果为客观构成要件,需要在实行行为和侵害结果之间存在因果关系,且结果能够归责于行为人。① 如前所述,我国刑法理论通说认为"污染环境罪"系过失犯罪,以"造成重大环境污染事故,致使公私财产遭受重大损失或者人身伤亡的严重后果"为必要,罪状表述也明示"严重污染环境"。在此基础上,《环境污染解释》第1条列举了应当认定为"严重污染环境"的具体情形。其中,前8项是针对排放、倾倒或者处置毒害物质行为本身的表述,倾向于行为犯或危险犯设定;后10项则是致使公私财产遭受重大损失或者人身伤亡的严重后果等蕴含因果关系的表述,基本以原"重大环境污染事故罪"为蓝本,倾向于结果犯或实害犯设定。然而,行为犯与结果犯作为相对的两种犯罪类型在逻辑上无法共存,可见立法者与司法者对于刑罚介入时点存在犹豫。既然本罪系以特定危害结果为构成要件的过失犯罪,又为何存在对于行为主体实施排放、倾倒或者处置毒害物质行为本身的规定?不过,即便仅以使用"致使"等蕴含因果关系表述的规定作为本罪认定标准,也不免导致本罪在司法实践中的刑罚适用缺乏必定性。

这是因为,污染环境行为因果关系证明本身即一大难点,环境保护行政机关的"证明难"导致行政执法移送刑事侦查的案件数量有限、公安机关的"证明难"导致刑事侦查终结移送公诉的案件数量有限、检察机关的"证明难"导致刑事检察终结提起公诉的案件数量有限。② 这一现象是多方面因素共同导致的,如前文所述,侦查取证环节障碍重重以及侦查人员专业能力不足是犯罪黑数的重要成因。除公安机关自身因素外,社会鉴定资源有限与此也存在较大关联。基于环境污染行为本身的复杂特性,环境损害类鉴定不仅专业技术性强而且准入门槛较高,具备环境损害鉴定资质的社会鉴定机构非常少,全国范围内具备环境损害鉴定资质的鉴定机构仅占鉴定机构总数3.6%,经济相对发达的东部沿海地区在这一数据对比中也未见明

① 参见周光权:《刑法总论》,中国人民大学出版社2016年版,第181页。

② 参见焦艳鹏:《实体法与程序法双重约束下的污染环境罪司法证明——以2013年第15号司法解释的司法实践为切入》,载《政治与法律》2015年第7期。

显优势。[①] 由此,极为有限的社会鉴定资源也是增加污染环境行为危害结果认定难度的重要因素,客观上为刑罚适用必定性的实现增加了难度。

2. 主观罪过认定困难

《刑法》第 338 条"污染环境罪"的规定系 2011 年《刑法修正案(八)》修改后的表述,此前为"重大环境污染事故罪",是指违反国家规定,向土地、水体、大气排放、倾倒或者处置有放射性的废物、含传染病病原体的废物、有毒物质或者其他危险废物,造成重大环境污染事故,致使公私财产遭受重大损失或者人身伤亡的严重后果的行为。根据罪名设定和罪状表述可知,第 338 条原为过失责任形式犯罪,在《刑法修正案(八)》对此作出修改后,刑法理论的通说依然认为"污染环境罪"在主观方面系过失,[②]甚至相关表述与原"重大环境污染事故罪"并无明显差别,"即行为人对于自己的行为可能造成重大环境污染事故,致使公私财产遭受重大损失或者人身伤亡的严重后果是过失。至于行为人对违反国家规定倾倒、排放或处性有害物质这一行为本身,则是有意为之"。[③]

关于过失犯的理论构造,存在将预见可能性作为过失的实体的见解和将违反结果回避义务作为过失的实体的见解,由此形成了旧过失论和新过失论。其中,旧过失论立足于结果无价值论,主张将结果预见义务作为过失犯罪的注意义务,"过失的实体是,如果注意的话,就能预见犯罪结果,而且能够回避该结果的发生,但是,由于不注意而没有

① 全国 3065 家鉴定机构中具备环境损害鉴定资质的鉴定机构共 111 家。另外,在污染环境犯罪一审判决数量位居全国前五的省市中,浙江省 62 家鉴定机构中仅 2 家具备资质,河北省 191 家鉴定机构中仅 3 家具备资质,广东省 214 家鉴定机构中仅 7 家具备资质,山东省 223 家鉴定机构中仅 8 家具备资质,江苏省 131 家鉴定机构中仅 11 家具备资质。参见国家司法鉴定名录网(动态信息),载 http://www.sfjdml.com/web/toorg,最后访问日期:2020 年 7 月 20 日。

② 参见高铭暄、马克昌主编:《刑法学》,北京大学出版社、高等教育出版社 2016 年版,第 582 页。

③ 周光权:《刑法各论》,中国人民大学出版社 2016 年版,第 423 页。

预见,所以导致了结果的发生”。[①] 据此,在行为与法益侵害结果存在因果关系的情形,只要行为人对该法益侵害结果具备预见可能性,即成立过失犯罪。与旧过失论不同,新过失论衍生于行为无价值论的基本立场,认为行为的违法性在于没有遵照规范的要求,强调过失的本体并不在于预见可能性而在于违反了结果回避义务。“所谓过失,是指对社会生活中一般要求的结果避免行为即基准行为的懈怠。”[②]就污染环境行为而言,考虑到行为主体多具有一定专业知识,能够轻易肯定其对危害结果的预见可能,旧过失论容易导致刑罚范围被不适当扩大。因此,倘若确将其设定为过失犯罪,则应采新过失论立场。

然而,司法实践情况与此存在较大出入。一方面,污染环境行为具有专业性,司法机关对其结果回避义务判断尚未形成具体一致意见,缺乏具有较强可操作性的明确标准。刑法理论虽意在通过缓和结果回避义务限定污染环境犯罪过失责任处罚范围,但最终导致大量犯罪行为未能依法得到刑罚惩治。另一方面,多个行为主体共同实施污染环境的行为并不少见,但我国刑法理论并不承认共同过失犯罪,如果侦查过程中无法明确认定严重后果究竟是哪一行为主体的行为所导致的,则难以“污染环境罪”悉数追究行为主体的刑事责任,无形中增加了污染环境犯罪的侦查难度,为其刑罚适用必定性的实现再设障碍。

五、减少污染环境犯罪黑数的对策

为有效遏制和降低污染环境犯罪黑数、改善污染环境犯罪刑罚适用乏力现状,犯罪控制模式选择不应片面强调给予犯罪人人道待遇,而应正视并顺应社会转型时期的现实要求,对污染环境犯罪施以相对严厉的刑事政策,根据前述种种障碍因素制定针对性应对策略。展开来

① [日]大谷实:《刑法讲义总论》,黎宏译,中国人民大学出版社 2008 年版,第 177 页。

② [日]西田典之:《日本刑法总论》,刘明祥、王昭武译,中国人民大学出版社 2013 年版,第 229 页。

说,应当鼓励社会力量参与犯罪治理、健全环境保护行刑衔接机制、适时调整相关案件侦查程序并以积极刑法观完善现行立法,从而提高污染环境犯罪的刑罚适用必定性,以期有效规制污染环境犯罪行为。

(一)鼓励社会力量参与

考虑到环境保护行政机关和司法机关主动发现的案件线索较为有限,而且污染环境犯罪在刑罚适用环节多缺乏有效社会监督,为提高污染环境犯罪的刑罚适用必定性,应当充分发挥社会公众参与污染环境犯罪治理的积极作用。

1. 拓宽案件线索来源

着眼于社会资本与犯罪治理的关系,社会资本存量与犯罪治理效果总体上成正比关系。根据社会资本的一般理论,社会资本的构成和性质对社会成员的行为、社会的制度性安排和治理模式均有影响。作为一种嵌入在社会网络中的资源,社会资本可以分为个体社会资本与国家社会资本,具体表现为反映个体社会资本的个体与社会网络间的纽带关系,以及反映国家社会资本的社会结构稳定性、公民参与、社会信任、政治权威等。[①] 结合当前实践,我国正处于社会转型时期,工业化、城镇化快速发展,一如前文所提到的,许多实施非法生产活动的“黑作坊”较为隐蔽,其污染环境犯罪行为虽被当地群众知悉却难以被相关部门直接察觉。为此,鼓励知悉线索的群众积极参与犯罪治理,是增加社会资本存量以提升社会控制能力的有效途径,对于遏制和降低污染环境犯罪黑数具有重要作用。

目前,官方和社会组织已经认识到社会力量参与污染环境犯罪治理的意义,如生态环境部专门设立了举报热线(12369)和举报平台(http://jubao.mee.gov.cn/netreport/netreport/index),中华环保联合会也设立了环境污染投诉热线(010-51230023)和在线投诉平台

---

① 参见汪明亮:《基于社会资本解释范式的刑事政策研究》,载《中国法学》2009年第1期。

(http://www.wurantousu.com)。但是,由于社会公众的环境保护意识、法律意识和权利意识有待加强,尚未形成积极参与污染环境犯罪治理的自觉性和主动性,群众举报对污染环境犯罪的实际规制效果并不明显。因而,在社会保护与人权保障相协调、社会效益与经济效益相协调的前提下,可以尝试"奖励举报"模式这种特殊的信息交易制度,合理运用市场化机制鼓励公众参与污染环境犯罪治理,以有效打破当下污染环境犯罪治理信息失调的困境。[1] 当然,为有效调动公众参与污染环境犯罪治理的热情,不仅需要官方和社会媒体积极宣传,而且需要相关部门提供顺畅快捷的投诉举报渠道,以便公众及时提供污染环境犯罪行为相关信息,以期有效遏制和降低污染环境犯罪黑数。

2. 加强社会监督力度

从犯罪原因之社会控制理论看,合理的公众参与能够有效加强对犯罪行为的社会控制,尤其能够加强对涉及集体法益的犯罪行为的社会控制,从而有效抑制侵害法益的犯罪行为生成。根据美国犯罪学家赫希提出的社会控制理论,"任何人都是潜在的犯罪人,个人与社会的联系可以阻止个人进行违反社会准则的越轨与犯罪行为,当这种联系薄弱时,个人就会无约束地随意进行犯罪行为,因此,犯罪就是个人与社会的联系薄弱或受到削弱的结果"。[2] 尽管污染环境犯罪行为与社会公众身体健康和生态环境资源安全息息相关,但其并非故意杀人罪、盗窃罪等针对个人生命健康或财产法益的犯罪,而是以"维持人类存续的生态环境"为保护法益,往往难以确定污染环境犯罪行为的直接被害人个体,在社会力量未充分参与犯罪治理的情形,污染环境犯罪的刑罚适用环节不免缺乏有效社会监督。

公众监督是社会公众参与犯罪治理的重要形式,具有广泛性、动态

① 参见汪明亮等:《公众参与犯罪治理之市场化途径》,复旦大学出版社2018年版,第215页。

② 吴宗宪:《西方犯罪学史》(第4卷),中国人民公安大学出版社2010年版,第1161页。

性、针对性及隐蔽性等特点。[①] 通过批评、建议、质询、信访举报、检举揭发等公众监督形式,能够有效发挥对污染环境犯罪以及相关职务犯罪的社会控制作用,强化对环境保护行政机关和司法机关工作人员的舆论控制以及情境控制。在社会舆论对案件的持续密切关注下,相关国家机关工作人员滥用职权、徇私枉法的空间受到极大限缩,迫使其对相关案件予以正面回应,难以使用以往的消极态度;同理,在社会公众特别是受污染地区群众竭力维权的情形下,处理污染环境案件的相关部门受到严格监督,使其难以对污染环境犯罪案件徇私枉法。

因此,一方面,有关部门应当主动接受监督,依法推进行政公开、司法公开,主动提供多种合法监督渠道,最大限度保障公众知情权、参与权和监督权,鼓励公众参与污染环境犯罪社会治理。另一方面,社会公众应当自觉树立环境保护意识和法律意识、权利意识,强化对环境保护职务行为的社会控制,防止部分国家机关工作人员滥用职权徇私枉法,从而提高污染环境犯罪的刑罚适用必定性。

(二)健全行刑衔接机制

我国污染环境犯罪的侦查模式倾向于依赖型侦查,案件实际控制权落入环境保护行政部门,倘若负有环境监督管理职责的国家机关工作人员严重不负责任,对于应当移送至公安机关的案件不予移送,那么,应当受到刑事追诉的污染环境犯罪便无法进入刑事程序。在此意义上,为有效遏制和降低污染环境犯罪黑数,健全环境保护行政执法与刑事司法衔接机制至关重要。

1. 打破地方保护掣肘

总体上看,打破地方保护主义掣肘最为关键。部分地方政府为追求经济增长不惜以牺牲环境为代价,纵容严重污染环境的生产经营活动,即便案件在媒体曝光后进入法律程序,也难免在层层上报过程中被有意遮掩。解决这一问题的根本在于扭转地方政府的错误观念,“杀

① 参见汪明亮:《公众参与型刑事政策》,载《刑法论丛》2014 年第 1 卷。

鸡取卵、竭泽而渔的发展方式走到了尽头，顺应自然、保护生态的绿色发展昭示着未来”，①地方政府必须树立可持续发展的科学观念，正确认识经济发展与环境保护的辩证关系，统筹经济高质量发展与生态环境高水平保护，鼓励传统产业升级转型和环保节能新兴产业发展，推动形成绿色生产方式和生活方式，以实现经济发展与环境保护的有机融合、良性互动。

针对当地行政机关和司法机关对污染环境犯罪可能的偏袒，必要情况下可以实施异地执法以及异地侦查、起诉、审判，借调异地办案人员参与本地案件调查工作，构建并完善以生态系统或者生态功能区为单位的跨行政区划集中管辖机制，以确保各职能机关严格依法行政、依法审判，防止相关部门碍于地方利益关系而推诿污染环境犯罪案件处理工作。就国家机关工作人员自身而言，应当树立坚定的理想信念，铭记公正法治信念和为民服务使命，自觉回避非法利益捆绑关系，重视污染环境犯罪刑罚适用，努力为污染防治攻坚战提供有力服务和坚实保障。

2. 落实环境监管工作

具体来看，打击环境监管失职行为最为直接。在污染环境犯罪呈依赖型侦查模式的背景下，倘若环境监管主体对于应当移送至公安机关的涉嫌污染环境犯罪的案件均予移送，便可较直接地避免应受刑事追诉的污染环境行为沦为犯罪黑数。为此，应当着力提高环境监管失职犯罪的刑罚适用必定性和严厉性，通过明确责任认定标准、推行专业分流办案、打破地方保护掣肘、鼓励社会力量参与和调整法定刑的配置等多方面协同发力，以提高犯罪预期成本、加强对潜在犯罪人的威慑，有效发挥其对环境监管失职行为的规制效果，由此强化对环境监督管理行为的社会控制，迫使环境监管主体严格履行环境保护监督管理职责。②

① 习近平：《生态治理，道阻且长，行则将至》，载 http://cpc.people.com.cn/n1/2019/0429/c164113-31055842.html。

② 参见安汇玉、汪明亮：《环境监管失职罪司法适用面临的问题及化解路径》，载《河南警察学院学报》2020 年第 4 期。

当然,倘若能够有效驱散地方保护主义的阴霾,促使地方政府高度重视生态环境保护与污染治理工作,负有环境保护监督管理职责的国家机关工作人员自然会有所改观。此外,高素质的刑事司法审判队伍也不可或缺,应当牢固树立现代环境司法理念,着力提升审判人员职业素养和业务技能,加快推进环境资源审判体系和审判能力现代化,从而有效遏制和降低污染环境犯罪黑数。

(三)设立特别侦查程序

为逃避国家对污染环境犯罪的严厉打击,污染环境犯罪行为手段越发多样化,加之污染环境犯罪行为本身的复杂特性,导致此类案件的侦查工作具有一定难度。在此背景下,为配合相对严厉的污染环境犯罪控制模式实施,侦查环节应当根据污染环境犯罪特性设立特别程序,以期有效遏制和降低污染环境犯罪黑数。

1. 改良调查取证模式

考虑到污染环境犯罪的行政犯属性,为有效化解侦查阶段调查取证的种种障碍因素,"需要合理使用环保法等一次法上的行政执法证据,促使法际关系在证据收集和使用上达到良好的衔接"。[①] 在侦查阶段进行调查取证工作时,环境保护行政执法机关与刑事司法机关应当相互协调和沟通,在以证据收集和证明事实为中心的基础上,不同的部门根据不同的证明机制承担不同的证据收集责任。一方面,环境保护行政执法机关务必认真履行职责,严格执法、依法行政,切实收集与污染环境行为有关的证据材料并按程序规定移送,不应有所隐瞒。另一方面,公安机关在侦查过程中应当对行政证据进行证明力确认,严格审查行政机关所获证据材料的真实性、合法性和可采性,实现对证据资源的有效利用。

针对目前司法实践中依赖型侦查模式的弊端,有学者建议根据污

① 杨继文:《污染环境犯罪因果关系证明实证分析》,载《法商研究》2020 年第 2 期。

染环境犯罪的现实特点确立“同时侦查”和“协同侦查”制度。所谓“同时侦查”，是指侦查活动应与环境污染行为同时存在，或者先于环境污染行为；所谓“协同侦查”，是指侦查机关应亲自行使案件侦查权，但是必须与环保行政执法部门合作，防止应移交司法机关处理的案件不移交的现象发生。① 本文认为，鉴于污染环境犯罪行为的技术性特点与侦查资源的有限性，若环境保护行政执法工作确能担负环境保护监督管理职责，过度限制其对污染环境案件的处理权限并非必要，在保证环境保护行政执法与刑事司法衔接工作依法得到有效落实的前提下，充分利用环境保护行政执法部门处理污染环境案件的专业优势更能实现资源高效配置。

2. 提升专业能力水平

从侦查手段上看，污染环境犯罪侦查工作未必限于传统调查手段，应当积极引进大数据分析等新型技术侦查手段，与传统侦查手段有机结合。在必要情形还可以考虑运用特殊侦查手段，采用电子监听、监控等非常规侦查手段以提前发现犯罪线索，提高侦查机关处理污染环境犯罪案件的能力。此外，还有观点提出，考虑到多数污染行为的发生地点较为偏僻，给警方调查摸排工作造成很大困难，应当把培育特情秘密力量作为污染环境犯罪侦查工作重点内容。② 对此，本文认为，虽然培育特情秘密力量能够为侦查工作提供一定线索，但基于侦查资源的人力、物力因素考量，不妨充分发挥公众力量参与犯罪治理以实现类似效果。

从侦查思维上看，污染环境犯罪侦查工作要突破传统侦查思维，应当努力构建现代化、系统化、信息化侦查思维。在充分利用前述新型技术侦查手段获取案件线索后，侦查人员应当结合污染环境犯罪行为特性确定侦查突破点，适当引进具有专业知识的技术人才参与案件调查

① 参见李梁：《环境污染犯罪的追诉现状及反思》，载《中国地质大学学报(社会科学版)》2018 年第 5 期。

② 参见肖涛：《环境污染犯罪侦查的现实图景与困境突围》，山东大学 2019 年硕士学位论文。

工作,此其一。其二,倘若立法层面提前污染环境犯罪刑罚介入时点,警方便可以在危害结果发生之前介入,回避传统"由果溯因"侦查模式对污染环境犯罪的不适应性。其三,对于跨地区污染环境犯罪案件,侦查人员应当及时共享信息以便各地警方协力打击污染环境犯罪行为,以防污染环境犯罪分子借由地区间的信息盲区和管辖疏漏而逃脱法网。

(四)完善刑事立法建构

在大量污染环境行为碍于因果关系证明困难而未受法律规制的现实背景下,以"严重污染环境"为客观构成要件的现行立法有待审视,其过失责任形式认定亦受多重诘难。在积极刑法观视野下,污染环境犯罪的立法建构应当进一步完善,以配合相对严厉的污染环境犯罪控制模式实施。

1. 提前刑罚介入时点

考虑到污染环境犯罪的因果流程渐进性与实害结果重大性,为有效遏制和降低实践中的犯罪黑数,有必要将刑罚介入时点提前至严重污染环境的实害结果之前,将造成实害结果的行为作为结果加重犯处理。根据学者的实证分析,污染环境犯罪的因果关系证明困难主要在于证据空缺、证明责任分配不合理、推定制度不完善、证明方法单一等,应当合理完善证据收集制度、综合使用多种证明方法(比如因果关系推定等)以解决上述问题。① 客观而言,这一研究结论存在合理之处,可以将其适用于结果加重犯情形的因果关系认定,但并不意味着污染环境犯罪应当固守结果犯处理方案。与现行立法以危害结果作为必要条件的方案相比,提前刑罚介入时点的方案具有更充分的现实依据和更直接的现实意义。

从现实依据来看,随着我国社会生产力蓬勃发展,经济快速增长、

---

① 参见杨继文:《污染环境犯罪因果关系证明实证分析》,载《法商研究》2020年第2期。

人口持续增多、工农业及生活污染物排放总量不断增加，生态环境保护形势十分严峻。根据《刑法修正案（八）》相关文件，污染环境犯罪修法最重要的内容便是将“造成重大环境污染事故，致使公私财产遭受重大损失或者人身伤亡的严重后果”修改为“严重污染环境”以降低入罪门槛。[①] 不仅如此，《环境污染解释》第1条前8项针对污染环境行为本身的表述也体现了法益保护早期化的立场。“虽然‘环境’这个概念太含糊，难以作为独立的法益适用，但是，‘保持土地、空气和水等的洁净，使之免受使环境承受负担的有害物质的侵害’，就绝对足够具体了。”[②]既然没有造成严重后果也能成立污染环境犯罪，那么，人类赖以生存和发展的生态环境安全本身即污染环境犯罪的保护法益，提前刑罚介入时点并无不妥。

从现实意义来看，污染环境犯罪的成立不以法益侵害结果为必要条件，意味着刑罚规制手段在污染环境行为造成严重后果之前即可介入。考虑到污染环境行为的因果流程具有时空延展性，证明危害行为与危害结果的因果关系存在技术难度，倘若是由多个行为主体违法排出的各种毒害物质共同造成的环境污染，则其因果关系证明与排污责任分配更加困难。在此意义上，提前污染环境犯罪刑罚介入时点至污染环境实害结果之前，不仅能够尽早规制犯罪分子的污染环境行为，避免污染环境行为在生态环境系统中引发衍生危害，而且能够有效减轻办案人员证明因果关系的技术负担，防止犯罪分子因因果关系难以证明而逃脱刑事责任追究，有效遏制和降低污染环境犯罪黑数，更加全面、及时地保护生态环境安全。

提前刑罚介入时点的做法可能会面临种种质疑，但这些担忧都是不必要的。第一，处罚早期化并不会导致行政违法与刑事犯罪界限模糊，刑事立法对行为犯或者抽象危险犯的设定，必然要对行为法益危险程度加以仔细评估，准确界定何种污染环境行为应纳入刑法规制范畴，

---

① 参见黄太云：《〈刑法修正案（八）〉解读（二）》，载《人民检察》2011年第7期。

② ［德］克劳斯·罗克辛：《德国刑法学总论》（第1卷），王世洲译，法律出版社2005年版，第18页。

以避免污染环境犯罪构成要件的形骸化,抑或行政违法与刑事犯罪边界重叠。第二,处罚早期化并不违背刑法谦抑性精神,“刑法谦抑性精神的核心依据是主张刑罚的有效性以及刑法的局限性,进而强调刑罚权发动的慎重性与正当性,并非一味反对必要的犯罪化与刑罚化,也并不本质上排斥刑法参与社会治理”;①并且,表征“严重污染环境”的行为地点、排放物重量、超标倍数等设定无不体现了谦抑精神。第三,处罚早期化意味着法益保护早期化,但并不意味着消解法益概念,“法益保护早期化虽然与社会生活的复杂化、科学化、高度技术化有一定关联,但并非建构于风险刑法理论之上”,②提前污染环境犯罪刑罚介入时点的目的是强化法益保护,所处罚的仍是显现在外部的污染环境行为,并未超出行为主义框架,不存在消解法益概念的风险。具体操作上,可以参考《德国刑法典》将实施严重污染环境行为但未造成严重后果的作为基本犯、将行为致使公私财产遭受重大损失或者人身伤亡的严重后果的作为结果加重犯,③并同步更新相关行政法规,以明确行政违法与刑事犯罪的界限。

2. 明确主观罪过认定

关于本罪的主观方面,我国刑法理论存在“过失说”、“故意说”、“故意和过失例外说”、“模糊说”和“综合说”等。其中,“过失说”系通说,即行为人应当预见自己的行为可能造成严重污染环境的后果,因为疏忽大意没有预见,或者已经预见但轻信能够避免。④ 其不足之处如前所述,若将本罪设定为过失犯罪,则应以结果回避义务作为实体,但

---

① 高铭暄、孙道萃:《预防性刑法观及其教义学思考》,载《中国法学》2018年第1期。

② 黄旭巍:《污染环境罪法益保护早期化之展开——兼与刘艳红教授商榷》,载《法学》2016年第7期。

③ 《德国刑法典》第324条至第329条规定了对环境造成不利改变的情形,即基本犯;第330条规定了故意实施前述危害环境犯罪的特别严重情形,即结果加重犯。参见《德国刑法典》,徐久生译,北京大学出版社2019年版,第228~234页。

④ 参见高铭暄、马克昌主编:《刑法学》,北京大学出版社、高等教育出版社2016年版,第582页;周光权:《刑法各论》,中国人民大学出版社2016年版,第423页。

以新过失论认定本罪反增其适用难度。“故意说”认为,行为人明知自己的行为可能发生污染环境的结果,并且希望或者放任这种结果发生。① “故意和过失例外说”则不再囿于规范论,提倡“罪刑规范—构成事实”的判断基准,“就罪过形式不明和仅罪过形式不同但共用一个法定刑幅度的犯罪而言,应当承认区分故意与过失的原则存在例外”。②该说不足在于过分强调实践,理论根据有所欠缺。此外,“模糊说”和“混合说”偏向复合,前者认为法定犯之故意与过失的可谴责性差异不大,严格区分故意与过失不适应法定犯时代的要求;③后者认为,立法修正本罪旨在纠正原“重大环境污染事故罪”偏差,只有主观方面既包括故意也包括过失才能满足惩治犯罪的现实需要。④ 但是,两种复合观点均有逃避问题之嫌,更有悖罪刑法定原则之明确性,即便我国刑法对部分故意犯罪和过失犯罪的表述相近,司法解释也将其确定为不同罪名。⑤

相较而言,“故意说”更为妥当。第一,从罪状表述看,将其设定为故意犯罪符合文理解释。《刑法》第338条并无明示过失的用词,俨然有别于原“重大环境污染事故罪”表述,基于“过失犯罪,法律有规定的才负刑事责任”的规定,应当认定本罪为故意犯罪。第二,从罪名逻辑看,将其设定为故意犯罪更凸显环境法益,有利于实现立法者设置不同

① 参见张明楷:《刑法学》,法律出版社2016年版,第1131页;陈兴良:《规范刑法学》(下册),中国人民大学出版社2013年版,第1007页。

② 苏永生:《污染环境罪的罪过形式研究——兼论罪过形式的判断基准及区分故意与过失的例外》,载《法商研究》2016年第2期。

③ 参见陈洪兵:《模糊罪过说之提倡——以污染环境罪为切入点》,载《法律科学》2017年第6期。

④ 参见汪维才:《污染环境罪主客观要件问题研究——以〈中华人民共和国刑法修正案(八)〉为视角》,载《法学杂志》2011年第8期;田国宝:《我国污染环境罪立法检讨》,载《法学评论》2019年第1期。

⑤ 比如,《刑法》第397条“滥用职权罪”和“玩忽职守罪”、第398条“故意泄露国家秘密罪”和“过失泄露国家秘密罪”。我国《刑法》明确区分了故意与过失,污染环境罪的责任形式必居其一。参见黄旭巍:《污染环境罪法益保护早期化之展开——兼与刘艳红教授商榷》,载《法学》2016年第7期。

章节罪名的初衷,不必将故意污染环境行为认定为危害公共安全犯罪,避免危害公共安全犯罪适用过于泛化。第三,从司法适用看,将其设定为故意犯罪便于处理共同犯罪,在我国刑法理论并不承认过失共同犯罪的背景下,将本罪设定为故意犯罪能够缓解理论与实践之间的紧张关系,并与《环境污染解释》第7条"明知他人无危险废物经营许可证,向其提供或者委托其收集、贮存、利用、处置危险废物,严重污染环境的,以共同犯罪论处"的规定相协调。第四,从处罚效果看,将其设定为故意犯罪与法益保护早期化相关联,不仅不会导致对犯罪行为的处罚疏漏,而且有助于提高刑罚适用必定性。一方面,倘若过失行为未对人身、财产法益造成实害结果,则不必动用刑罚手段,只追究行政责任或者民事责任即可;倘若过失行为致使公私财产遭受重大损失或者人身伤亡,则可以重大责任事故罪、危险物品肇事罪等处理。另一方面,故意犯罪并不以法益侵害结果发生为必要条件,配合前述提前刑罚介入时点的方案可以极大减轻因果关系证明负担,缓解污染环境犯罪侦查与审理的技术压力。

六、余　　论

犯罪学是一门强调理论与应用并重的综合性学科,以污染环境犯罪黑数为对象的调查研究最终应落脚于犯罪治理。宽严相济刑事政策作为我国基本刑事政策,无疑具有重要理论价值和实践意义,但也有学者指出其在实践中的隐忧。① 我国自2006年实施宽严相济刑事政策以来,犯罪控制模式在一定程度上迈向福利模式,比如事实上废除腐败犯罪死刑、严格执行非法证据排除规则、坚守疑罪从无原则、推行认罪认罚从宽实践等。确实,福利模式对于缓和社会矛盾具有一定意义,但是,我国正处于社会主义现代化转型时期,有必要对福利模式过度化、刑罚模式衰退化趋势保持警惕,尤其是犯罪黑数高的污染环境犯罪治理领域。自20世纪80年代开始,美英等国的福利模式对我国犯罪控

① 参见陈晓明:《施行宽严相济刑事政策之隐忧》,载《法学研究》2007年第5期。

制理论研究影响深远，但美英等国的犯罪控制模式选择受制于特定的历史条件，并非政策性恣意选择的结果。① 基于我国转型时期的生态环境治理现状，污染环境犯罪控制模式不应盲目追捧福利模式，理性研判污染环境犯罪黑数现状后，不难发现当下仍有秉持刑罚模式治理的必要，因此，等待历史条件趋于成熟，污染环境犯罪控制再转向福利模式也为时不晚。

生态文明建设是关系中华民族永续发展的根本大计，严厉打击污染环境犯罪是新时代生态文明建设的应有之义。基于我国污染环境犯罪的严峻形势，以犯罪黑数切入研究污染环境犯罪治理意义重大，应当在尝试对污染环境犯罪黑数可视量化的基础上，探索污染环境犯罪黑数的存在规律，剖析其黑数成因并施以针对性对策，正确把握宽严相济刑事政策适用与犯罪控制模式选择，使污染环境犯罪黑数研究真正作用于犯罪治理，助力社会主义新时代生态文明和美丽中国建设。

Study on the Dark Figure of Environmental Pollution Crime

An Huiyu & Wang Mingliang

[内容摘要] 打击污染环境犯罪是生态文明建设应有之义，我国现阶段污染环境犯罪黑数高，以犯罪黑数切入研究污染环境犯罪治理具有重要意义。在尝试实现污染环境犯罪黑数可视量化的基础上，必须承认污染环境犯罪黑数具有客观存在性，进而把握其犯罪主体特征和

① 犯罪控制模式的选择受制于特定历史条件之结论，不仅适合解释美国的犯罪控制模式转向。实际上，除了美国之外，研究表明，其他一些历经晚期现代发展模式的国家也同样出现了犯罪控制模式转向。例如，根据 Thomas Mathiesenn、Nils Christie 与 Loic Wacquant 等学者的研究，欧洲国家越来越倾向模仿美国的犯罪控制模式。（David Garland, *The Culture of Control: Crime and Social Order in Contemporary Society*, University of Chicago Press, 2001, Preface.）又如，日本从 20 世纪 90 年代中期以来，一反战后刑事立法中所坚持的"非犯罪化和轻刑化"的倾向，在刑事立法上开始走向犯罪化、重刑化与早期化。参见黎宏：《日本近年来的刑事实体立法动向及其评价》，载《中国刑事法杂志》2006 年第 6 期；张明楷：《日本刑法的发展及其启示》，载《当代法学》2006 年第 1 期。

时空分布规律。污染环境犯罪黑数的成因是多方面的,需要以案件进程为线索加以细致考察,包括案件启动、行刑衔接、侦查工作以及刑法适用等。为有效遏制和降低污染环境犯罪黑数,应当鼓励社会力量参与、健全行刑衔接机制、设立特别侦查程序、完善刑事立法建构,秉持刑罚控制模式从严治理污染环境犯罪活动。

[**关键词**]污染环境罪;犯罪黑数;刑罚适用必定性;犯罪控制模式

Abstract: The construction of ecological civilization must combat environmental pollution crime. At present, the dark figure of environmental pollution crime in China is high. The study of dark figure is of great significance to the treatment of environmental pollution crime. Based on the visual quantification of the dark figure, it must be admitted that the dark figure exists objectively, and then explore the characteristics of criminal subjects and the temporal and spatial distribution of crimes. There are many reasons for the dark figure, which need to be carefully investigated based on the process of case handling, including case initiation, administrative and criminal connection, investigation, and criminal law application. In order to effectively reduce the dark figure, it is necessary to encourage public participation, improve the connection between administration and criminal, establish special investigation procedures, improve criminal legislation, and adopt the penal modality to strictly control environmental pollution crime.

Keywords: Environmental Pollution Crime; Dark Figure; Certainty of Penal Application; Crime Control Modality

论社会信用体系建设中犯罪治理的新进路*

严　磊**

目　次

诚实守信作为中华民族自古以来弘扬的传统美德，在以法治社会为重要特征的现代社会被赋予了新的内涵。《法治社会建设实施纲要(2020-2025)》指出："加快推进社会信用体系建设，提高全社会诚信意识和信用水平……完善诚信长效机制，健全覆盖全社会的征信体系，建立完善失信惩戒制度。"社会信用体系的建设加快了社会主义核心价值观之一的"诚信"进入法律层面实现规范化的进程，通过法律的成文性、强制性保障诚信这一价值准则在社会各个领域的遵守。从具体的部门法角度来看，诚实信用原则作为民法中的"帝

* 本文系2021年重庆市研究生科研创新项目"少数民族地区刑事和解制度的适用检视及完善路径——以黔渝地区少数民族为例"(批准号:CYS21171)及西南政法大学法学院2022年度学生科研创新项目"积极刑法观下刑事责任多元承担机制研究"(批准号:FXY2022016)的阶段性研究成果。

** 西南政法大学法学院刑法学博士研究生。

王原则”,随着《民法典》的颁布也必将涉及社会生活的方方面面,包括刑民交叉领域。同时,信用判定与信用惩戒的实施体现了强烈的行政法色彩,研究犯罪治理领域中社会信用理论的运用也必然涉及刑行衔接问题。可以说,社会信用体系的建设过程中必然涉及法律与道德、刑法与其他部门法、传统与现实这三组概念之间关系的厘清与功能的互补。这些都是法律领域最基本、最重要、亟须解决的重大问题,对其从顶层设计层面进行深入研究实有必要。故而,“迫切需要对社会信用体系进行升级换代式的改造,而理论支撑显得尤为重要”。[①] 一方面,诚实守信是对私主体之间交往所提出的道德要求,对营造和谐互信的社会氛围有着积极的作用;另一方面,在“全面推进依法治国”的背景下,诚实守信也涉及私主体与国家之间的关联互动,具体表现为法律的制定应当体现人民共同意志,私主体须遵守法律的规定,切实履行法律义务。在此前提下,诚实守信经历了从单纯的道德要求到蕴含伦理意义的法律要求,或者说规范要求的转变。这种法律要求,或者说法律的信用属性本应有之,却常常为人们所忽视,直到国家提出加快建设社会信用体系的要求之后,才逐渐为民众,尤其是理论界所重视。社会信用体系对法律的信用属性的重申、论证与加强为传统的不法行为的治理提供了新的道路。具体到犯罪治理方面,由人民共同意志制定的刑法同时兼具行为规范与裁判规范的属性,将具有严重社会危害性的行为规定为犯罪并设置了刑事处罚措施加以规制,为民众提供了最为底线的行为准则。犯罪人通过实施犯罪行为违反了刑法的规定,具备不法属性,同时其也违反了人民事先签订的契约,构成了最为严重的背信行为。申言之,犯罪行为具备失信行为的属性,将社会信用理论运用于犯罪治理领域,可以为其提供新的解释思路与具体路径,从而发掘科学、有效的刑事处罚替代措施,为提升犯罪治理体系和治理能力的现代化水平提供助力。

---

① 林钧跃:《辨识社会信用体系的性质及其现实意义》,载《征信》2020年第9期。

一、社会信用理论介入犯罪治理领域的现实基础

之所以提出理论运用与制度借鉴的命题，一方面是源于新理论、新制度所具备的扎根时代、与时俱进的优势，另一方面也是为了解决传统模式自身存在、难以自我修复的问题。在犯罪治理领域亦是如此，虽然法律的信用属性、犯罪人的背信者身份等自法律制定以来便是其应有之义，但是这些应有之义却长期被人们忽略，也鲜有学者从专门的信用治理的角度来思考犯罪治理模式的完善，故而，社会信用体系建设属于近年的一个新命题，其蕴含了丰富的新理论与新制度，其中不少值得借鉴。另外，传统的刑事处罚措施在兼顾打击、预防犯罪以及促进犯罪人的再社会化时力有未逮，"重刑观念"尚有残余，与刑法的谦抑原则之间存在张力。故而，法律，尤其是刑法的信用属性、犯罪人作为失信者的身份属性以及传统犯罪治理模式的完善需要共同构成了社会信用理论介入犯罪治理的现实基础。

（一）治理依据的信用属性

在西方，社会契约论被视为启蒙运动的重要遗产，其所提出的为了防止自然状态的出现，公民让渡一部分权利形成社会契约，国家与法律由此产生的观点被视为是现代西方国家、政府、法律出现、发展的合理阐释。以洛克、卢梭为代表的启蒙运动思想家、法学家也广受后人尊敬。然而，"这种理论是建立在法是一种先验的、支配人类社会，甚至整个自然界的绝对理念的基础之上的……其中的概念无一不是根本无法接受事实检验的假设"。[①] 而在我国，法律是人民意志的体现，人民对于社会重大问题的共同意志通过立法程序上升为法律，为社会主体提供了充分的权利与对应的义务。相较于西方的社会契约论，我国国

① 陈忠林：《如何让法学成为科学——走向科学的法学变革与理论重构》，载《学术论坛》2019 年第 5 期。

家机关以及法律的出现是人民积极主动参与、充分发表意见、反复认真磋商的成果,更为完整地体现与尊重了人民的意志。简言之,法律是人民的合意,违背法律便是对这种合意的违反,同时,违法者因其违反合意的行为被其他遵守合意者所孤立、排斥,逐渐失去了其他主体的信任。亦即,在我国,法律并不是被迫让渡权利的社会契约,而是人民主动实行其权利积极参与社会治理所形成的合意。在此前提下,法律所具有的信用属性,或者说契约属性更强,对违背法律的"背信"行为的谴责也更为强烈,作为规定犯罪与刑罚这一对关涉最基本的社会公共事项的概念的刑法更是如此。

传统的刑法学说往往通过道义、心理、规范、行为等概念为规定与惩处犯罪寻找依据,却忽略了"人民合意才是法律最初也是最根本的来源"这一事实。从这一角度,也就是法律的信用属性出发,可以为处罚犯罪提供新的思路,也更容易贴合群众的基本情感。群众一般并不能理解这些专业的概念,只能依据其朴素的伦理观念自觉地疏远、排斥犯罪人员,究其原因,主要在于对违反合意的"道不同者"的天然抵触。亦即,犯罪人因其犯罪行为除了需要承担报应层面的处罚之外,还需要因其"背信"行为承受被社会所孤立的后果,故而许多犯罪所带来的衍生后果,诸如工作就业限制、人际关系疏离等并非规范之外的苛责,其一定程度上也是法律惩罚的应有之义,只是常常为人们所忽视。在社会信用体系建设的过程中,法律具备信用属性这一长久被忽略的事实又重新回归到公众视野,不仅重申了本应坚持的真理,同时也为当前社会中重要的伦理、道德的规范化运行提供了借鉴路径。

(二)治理对象的背信谴责

社会治理的对象应当是各参与主体,而并非主体行为,正如"掌握刑罚权的主体是国家,刑罚处罚的对象是'孤立的个人'"①,而并非仅仅是犯罪行为。从这个层面来看,犯罪治理主要涉及了犯罪人的处遇

① 陈忠林、王昌奎:《刑法概念的重新界定及展开》,载《现代法学》2014年第4期。

问题,这也为失信惩戒措施介入犯罪治理领域提供了理论基础。犯罪人违背人民合意制定的法律,构成了对社会整体信用的违反,一方面,同样由人民合意产生的公权力机关采取合意中所规定的处遇措施,亦即当前法律规定的刑罚等措施,对违反合意的行为进行制裁;另一方面,遵守合意的主体对"背信者"产生的自觉的不信任与疏离感导致了现实生活中部分刑罚附随效果的出现,尽管有些附随效果不合理,但确实是信用社会中守信主体对失信主体的自然反应。近年来,恐怖主义等新型非传统安全威胁不断增加,预示着贝克笔下风险社会的逐渐形成。这种现象强烈"刺激了公众的安全神经,导致不安全感在全社会迅速蔓延"[①],"以风险阐释和风险预防为核心要素的风险社会治理模式正在加速形成"。[②] 风险社会所带来的不安全感也加强了守法者之间的团结,同时加剧了守法者与违法者之间的树立。遵守合意者对违背合意者有着自觉的不信任,风险社会的到来为这种不信任提供了更多的缘由,同时也加大了重构互信关系的难度。

质言之,在风险社会的背景下,预防性立法观不仅受到立法机关的青睐,同时也得到了民众的认可,其对犯罪治理领域产生了巨大的影响。正如有学者所说:"预防性立法创设了越来越多的预防型犯罪,对刑法的'罪'体系、刑罚制度和犯罪预防策略等均产生了很大影响。"[③] 而社会信用的重申为应对风险社会提供了新的思路,法律的信用属性与犯罪的失信属性得以认可,给予人们更多的视角去评价犯罪,同时也为风险社会下的民众的不安感、预防性立法、犯罪附随效果明显提供了另一种解释路径,使对犯罪人看似"过度"的谴责得到充分的论证,满足民众应对、降低社会风险的需要。故而,在社会信用体系建设过程中,社会信用理论介入犯罪治理领域尤其合理性与可行性。

---

① 劳东燕:《风险社会与功能主义的刑法立法观》,载《法学评论》2017 年第 6 期。

② 张永强:《预防性犯罪化及其限度研究》,中国社会科学出版社 2020 年版,第 2 页。

③ 姜敏:《刑法预防性立法对犯罪学之影响:困境与出路》,载《政治与法律》2020 年第 1 期。

(三)治理模式的完善需要

从规范层面看,当前的犯罪治理主要以刑法规定的刑事处罚措施为主,并结合其他法律法规所规定的处遇措施进行综合治理。这种治理模式确实在一定的历史时间内发挥了惩罚犯罪、保护人民的效果,但每一种模式都不可能尽善尽美,都需要不断反思、与时俱进以求逐步完善。在笔者看来,这种治理模式至少存在三方面的问题:

其一,在轻罪制度尚未建立的情况下,我国刑法中所规定的许多犯罪都实质上属于"重罪"的范畴且所有的犯罪都具备大致相同的附随效果,而并未考虑罪名、法定刑的轻重以及具体犯罪情节的不同。这些附随效果,无论是法律中已有规定的抑或在社会上已经形成"惯例"的,都对犯罪人产生了长时间的,甚至终身的"标签效应",官方对犯罪行为的标定对犯罪人而言具有持续的负面影响。"在这种负面影响下,他们极易由初级偏差行为者演变为更为严重的次级偏差行为者,从而成为一名真正的越轨者。"[①]简言之,在当前的犯罪治理模式下,犯罪人所背负的"犯罪标签"过于沉重、长期,不仅不利于犯罪人的再社会化,甚至有可能衍生出更为严重的后果。

其二,在我国采取"行政处罚——刑事处罚"的二元处罚机制的大前提下,结合我国刑事处罚措施本身的规定及其附随效果所带有的重刑特征,对已经接受过刑事处罚措施的犯罪人再处以其他处罚[②],一定程度上不当地加重了犯罪人所承担的责任,违背了比例原则妥当性、必要性、相称性[③]的基本要求。诚然,比例原则只是行政法所遵循的基本原则,但"广泛适用于行政法领域的比例原则与刑法的法益保护原则

---

① 强音:《犯罪标签理论在我国刑事法视野的价值体现》,载《河南社会科学》2013年第7期。

② 如当前各地方、部门规定的失信惩戒措施。

③ 参见[德]哈特穆特·毛雷尔:《行政法学总论》,高家伟译,法律出版社2000年版,第238~239页。

具有相通与重合之处”[①],故而在刑事领域适当吸收比例原则的合理内容,有助于刑事立法、司法、执法的完善,也有助于犯罪治理模式的现代化水平的提高。

其三,具体地从单纯的犯罪附随效果来看,由于部分犯罪附随效果并没有被规范文本所规定,即使这是基于私主体之间对违反合意者的不信任而产生的,但基于单纯的不信任而过多限制已复归社会的犯罪人的生存空间,这种行为存在也往往侵犯了公民的基本权利。虽然我国刑法中所规定的“资格刑”的种类并不多,但判处刑罚,甚至定罪行为本身便具有较强的“资格罚”的性质。在此前提下,犯罪人被犯罪附随效果所剥夺的权利往往是长期的,甚至终身的。诚然,这种现状有其出现的深刻缘由,改变这种现状也并非一朝一夕之事,根本之策在于在降低社会风险的同时强化公民的法治观念,从而减弱私主体之间的不信任感,树立保障犯罪人应有权益的理念。然而,无论是基于人权保障的考量,还是基于预防犯罪的需要,都亟须建立完善的复权制度。“所谓复权,是指受到刑事处罚而丧失特定资格或权利的犯罪人,满足法定条件,通过法定程序恢复其资格或权利的制度。”[②]

社会信用理论中带有的惩戒措施为打击、预防犯罪提供了一种新型的非监禁处遇模式,犯罪者在生活中的多处受限可以保证惩罚的有效性,而不剥夺人身自由的处遇模式则可以降低现行犯罪治理模式的重刑特征。同时,通过挖掘法律的信用属性将社会信用理论与传统刑法理论有机结合,将犯罪治理控制在规范,最好是在刑法的框架之内,同时完善复权制度等配套措施,有助于提升犯罪治理体系和治理能力的现代化水平。

---

① 张明楷:《法益保护与比例原则》,载《中国社会科学》2017 年第 7 期。

② 康均心、秦继红:《关于“禁止从事特定职业”若干问题的思考——以〈刑法修正案(九)〉为视角》,载《社会科学家》2016 年第 4 期。

二、社会信用理论介入犯罪治理领域的进路选择

从理论层面看,社会信用理论并不属于传统的刑法学或者犯罪学理论的组成部分,想要将其运用于犯罪治理领域需要仔细考虑、绸缪具体的进路选择。就理论跨领域运用的一般进路而言,主要分为三种模式:外向型吸收、适用型衔接、内发型挖掘。这三种模式各有利弊,并无优劣之分,只是在不同阶段适用时需要具体考量。就社会信用理论介入犯罪治理领域的进路而言,应当在不同阶段将这三种基本模式分别适用,具体而言,应当首先充分厘清社会信用理论的基本内涵,将其合理内容吸收,然后注重被吸收的社会信用理论与传统犯罪治理理论的衔接,最后挖掘传统犯罪治理领域中适用规范和措施本身的信用属性,实现从外向型吸收到内发型挖掘的合理转变,从而使两种理论充分融合,共同为犯罪治理理论的完善提供助力。

(一)第一阶段:外向型吸收

社会信用理论作为近年兴起的新兴理论,是随着社会信用体系的建设而产生的,“自《社会信用体系建设规划纲要(2014－2020)》(以下简称《纲要》)颁布以来,21世纪初开始萌芽并在各地探索的社会信用体系建设,以前所未有的速度,在全国更大范围内、更加普遍地展开”。[①] 与此相对应的,学界对此也展开了深入研究与热烈讨论,产生了一批优秀的理论成果。[②] 而社会信用理论中最关键的,也是值得犯罪治理领域借鉴的便是社会信用的内涵以及配套的失信惩戒措施。

---

① 沈岿:《社会信用体系建设的法治之道》,载《中国法学》2019年第5期。

② 相关文献如:沈岿:《社会信用体系建设的法治之道》,载《中国法学》2019年第5期;罗培新:《善治须用良法:社会信用立法论略》,载《法学》2016年第12期;戴昕:《理解社会信用体系建设的整体视角法治分散、德治集中与规制强化》,载《中外法学》2019年第6期等。

具体而言,在社会信用体系建设的过程中,社会信用的内涵不断丰富,已经超出了传统意义上单纯人际交往中的诚实信用问题以及经济金融领域的"征信"问题,也已经超出了普通民众对"信用"一词的理解,其覆盖了政务诚信、商务诚信、社会诚信和司法公信四个重点领域。[①] 质言之,社会信用理论中的信用内涵的发展,体现了传统的道德领域的伦理逐步规范化的过程,同时也体现了从单一领域到全社会多领域覆盖的趋势,可谓是涉及了人们生活的方方面面。而失信惩戒措施则往往是针对违背社会信用规范的社会主体实施的一系列处罚措施[②],这些处罚措施是由各地方、部门单独作出,却往往具有跨领域的联合惩戒性质,内容主要是剥夺或者限制失信人在部分社会生活领域或者参与部分社会工作的权利,对失信人有强烈的威慑效果。在这一阶段对社会信用理论的吸收主要要解决两方面的问题,一方面,社会信用法律法规以及失信惩戒的性质究竟为何?另一方面,将社会信用理论引入犯罪治理领域依据何在?对于第一个问题,笔者认为从社会信用法律法规制定的主体以及失信惩戒措施的决定主体来看,社会信用法律法规暂时应当属于行政法律法规的范畴,与之对应的,失信惩戒措施便有着行政处罚的性质,即使《行政处罚法》尚未作出相关规定。而对于第二个问题,上文已经有所提及,此处便不再赘述。故而,在犯罪治理领域,可以对社会信用理论进行初步的吸收,在观念上,可以强调信用的重要性,将"遵守信用"作为遵守刑法的目的之一,从而为谴责、打击犯罪这一严重背信行为提供新的依据,为挖掘刑法的信用属性,实现社会信用理论与犯罪治理理论的有机统一打下基础。在适用上,可以适当将失信惩戒措施引入犯罪治理领域,亦即对失信犯罪人在适用刑事处罚措施之后,再施以一定程度的失信惩戒措施,其中可以把失信

① 参见沈岿:《社会信用体系建设的法治之道》,载《中国法学》2019 年第 5 期。

② 信用联合惩戒细分之下主要有 6 大类:(1)依法对违法失信者警告、罚款、没收违法所得;(2)一定期限内剥夺失信人的原岗位工作;(3)限制失信人参与评优评先、获得补贴、行政奖励或行政给付等授益性权益;(4)限制失信人某些身份的取得,如不得担任金融机构的董监高或公职人员等;(5)限制高消费;(6)其他。参见孙日华:《信用联合惩戒的检视与制度优化》,载《河北法学》2020 年第 3 期。

惩戒措施作为刑事处罚措施的替代,或者部分替代方案,以确保不会不当加重犯罪人承担的刑事责任。

(二)第二阶段:适用型衔接

从实然的角度看,部分地区、部门制定的信用规范已经涉及了将犯罪行为认定为失信行为并对犯罪人施以失信惩戒措施的内容。在实践中,由于信用法律法规与失信惩戒措施作为刑法外部的规范内容,其适用是在犯罪人已经接受过刑事处罚措施的前提之下的重合叠加。故而当前部分地区、部门的失信认定过于宽泛、惩戒手段过于严厉,不当加重了犯罪人的责任,具体表现为地方立法的冒进导致"失信"内涵膨胀以及刑行衔接的不足引发"惩戒"范围扩张。① 申言之,无论是理论界还是实务界,都把社会信用理论看作传统犯罪治理领域外的新型理论加以吸收、适用,而且在适用的过程中往往不考虑犯罪人已经接受过刑事处罚措施的事实,也不考虑刑法的基本精神、理念,盲目地对犯罪人适用失信惩戒措施,最终导致犯罪人被过多苛责,人权保障的理念难以深入贯彻,预防犯罪的效果也大打折扣。具体而言,社会信用理论与犯罪治理领域的不兼容主要表现在以下三个层面:在宏观层面,这种不兼容表现为社会信用法规与刑法规定不相协调;在中观层面,这种不兼容表现为失信行为认定与犯罪行为认定不相协调;在微观层面,这种不兼容表现为失信惩戒措施与刑事处罚措施不相协调。② 从不同的立场与视角解决这三个层面的不兼容已成为如今犯罪治理领域中需要解决的一个重要课题。

在当前将社会信用理论适用于犯罪治理领域的过程中,应当采取

---

① 参见张学文:《罪错记录附随失信惩戒的泛化及校正》,载《征信》2020年第3期。

② 参见梅传强、严磊:《论犯罪人失信惩戒措施的适用界限》,载《学术交流》2020年第2期。

的路径是在不违背犯罪治理公正、谦抑和人道①的基本理念的前提下，以实现打击、预防犯罪为目标，做到社会信用理论与犯罪治理理论的有机结合。从犯罪学理论来看，失信惩戒措施有着保安处分措施的性质，旨在“通过限制、剥夺适用对象的某些权利或者现实利益来实现特殊预防的功能”。② 然而，我国法律中并没有规定保安处分的概念，在此前提下，失信惩戒措施更符合行政处罚措施的特征，只是未在具有全国统一效力的法律中加以规定，这只能亟待立法机关完善，并不影响将失信惩戒措施理解为行政处罚措施的思路。至此，社会信用理论介入犯罪治理领域的进路问题就可以理解成传统的“刑行衔接”问题，具体来说是刑事处罚措施与行政处罚措施的衔接，从而找到了对话的语境和平台。在此，并不涉及违法性的判断问题，毕竟犯罪的成立已是既成事实，笔者所要探讨的，是能否在犯罪人已经接受了刑事处罚的前提之下，再对其适用失信惩戒措施，如若可以，惩戒的内容与限度为何？

对于第一个问题，我们不能以当前部分地区、部门已经制定相关规定要求对犯罪人适用失信惩戒措施为由，从而直接肯定这种做法的合理性。一方面，地区、部门的相关规定法律效力偏低，且规定并不统一，会导致相关规定有违背上位法的风险，也会引发法律适用后果不统一的问题；另一方面，这种证成方式违背了法律评价的基本逻辑，是缺乏理论基础与实证调查的“妄断”。从法律固有的信用属性出发，可以推断违法行为都属于广义上的失信行为，犯罪行为更是如此。据此，对犯罪人适用失信惩戒措施并不存在理论上的矛盾。而在实践中，由于当前部分地区、部门采用了“直接将犯罪行为认定为失信行为”并采取“失信惩戒措施＋刑事处罚措施”的单纯相加模式，导致犯罪人无论其罪行轻重都会被施加一定程度、涉及权利广泛的失信惩戒，甚至有的地区、部门无视犯罪人罪行的不同都对其施以相同且严厉的失信惩戒措施，亦即当前的失信惩戒措施兼具惩罚犯罪与检验刑事处罚效果的功能，且前者更为突出。过度强调失信惩戒措施的惩罚功能无异于对犯

① 参见陈兴良：《刑法哲学》，中国政法大学出版社1992年版，第3～10页。

② 时延安：《刑法中保安处分的教义学阐释》，载《法学研究》2013年第3期。

罪人的二次"定罪处罚",其效果有时可能适得其反。所以,"为更好地发挥惩戒制度的功效,需要妥善地对失信惩戒与权利保护进行平衡,明确二者之间的边界"。[①] 在当前失信惩戒措施无法直接在刑事审判中适用,难以成为传统刑事处罚措施的一种替代性措施的前提下,将其视为检验刑事处罚效果的"保安性举措",通过加强惩戒内容与犯罪行为的关联性,确保惩戒限度、时长与罪行轻重的相适应,建立信用恢复制度等措施,达到减弱失信惩戒措施的"惩罚属性"的目的,使刑事处罚措施与失信惩戒措施在"惩罚+检验"的合理轨道内运行。

(三)第三阶段:内发型挖掘

无论是把社会信用法律法规看作行政法抑或是新兴的"第四类法",我们在犯罪领域适用社会信用理论时往往还是将其作为一个"外来者"来看待,从而讨论具体的衔接问题。换言之,至少从规范与实践中看,社会信用理论还属于犯罪治理领域中的新兴事物,学界的研究与实践中的适用还停留在"外部对接"的层面,只是对接的方式略有不同。但这种基本进路至少存在两个方面的问题,一方面,这种基本进路没有深刻阐释社会信用理论得以介入犯罪治理领域的缘由,故而导致社会信用理论与传统犯罪治理理论,失信惩戒措施与刑事处罚措施适用的脱节,最终形成了在社会信用体系建设中,社会信用理论介入犯罪治理领域的理论性、规范性、合理性缺失,政策导向过于明显而规范说理稍显不足。造成此困境并不是因为社会信用理论与犯罪治理领域的不兼容,而是在社会信用体系建设过程中,新兴的社会信用立法与传统部门法之间的关系没有厘清,或者说传统部门法如何在社会信用体系中发挥作用的问题尚未解决。另一方面,造成当前两者之间不协调的根本原因在于传统部门法的既有的信用属性往往被忽略,通过社会信用专门立法为其附加的路径并不恰当。虽然说各部门法的出现也是社

① 上官俊峰:《失信被执行人信用惩戒制度的完善——以惩戒与保护的衡平为视角》,载《人民司法(应用)》2018年第28期。

会分工的结果,分工的精细化、专门化有助于更有针对性地解决各类问题,通过社会信用专门立法以及惩戒措施来应对失信问题确实在推进社会信用体系建设中有一定的作用。然而,“功能的分化是有用的和必需的,但统一性也同样是必不可少的”。①

失信行为作为一种古老的违背伦理的行为,其产生要早于现有的法律,当前各部门法中或多或少有关于应对失信行为的规定,再者,法律作为人民合意的产物,其本身便带有信用属性,同时违法行为也天然具备“失信”的属性。在这一点上,各传统部门法与新兴的社会信用法律法规间具有一致性。故而,从法律,或说是刑法本身的信用属性出发,吸收社会信用理论的基本内涵,从而试图在刑法范围内解决对犯罪人适用失信惩戒措施的问题也不失为一种可行的路径。具体而言,应当从刑法规范文本与刑法的性质、任务、目的两个层面充分挖掘其本身的信用内涵,从而证成犯罪行为属于失信行为这一命题以及对犯罪人适用失信惩戒这一措施的合理性。这不仅在观念上应当厘清犯罪与失信的关系,同时应当重申犯罪的失信属性并借助释法说理让社会大众知悉,同时,在举措上,应当通过适当修改刑法立法,将对犯罪人适用的失信惩戒措施纳入刑法规定的范畴,并在一定程度上成为传统刑事处罚措施的替代措施,在创新犯罪处遇模式的同时降低刑法的“重刑特征”,实现社会信用体系建设中政策的刑法规范化适用。需要承认的是,即使刑法本身便具备天然的信用属性,要想做到对其进行充分挖掘并与当前看似并不属于传统犯罪治理领域的社会信用理论相结合也并非易事。一方面,需要从法律的来源出发重新唤起社会各界对法律的信用属性的记忆与认可,这需要改变已经基本形成共识的各部门法的基本理论以及民众的一般认知,难度不可谓不大;另一方面,将现有的无论是适用主体还是适用根据都游离于传统部门法之外的社会信用理论与传统部门法具有的信用属性相互呼应,实现对法律信用属性的内在挖掘,需要已经进行过社会分工的各部门法借助本次社会信用体系

① [法]埃米尔·涂尔干:《社会分工论》,渠敬东译,生活·读书·新知三联书店出版社2017年版,第318页。

建设的契机实现统一性的挖掘,不仅需要打破壁垒、通力合作,更需要统一目标、适度放权,无论是具体路径的设计,还是对设定路径的实施,都存在着困难之处。

三、社会信用理论的刑法规范化适用路径

刑法本就具有信用属性,通过对其充分挖掘可以实现社会信用理论的刑法规范化适用,从而解决社会信用理论与犯罪治理领域"貌合神离"的窘境,实现社会信用理论介入犯罪治理领域的统一性、有效性、可预测性。从具体的适用路径来看,由于当前尚未制定全国统一的、高效力层级的社会信用法律,在社会信用体系建设的过程中,社会信用理论主要还是通过政策指导的方式来介入传统的犯罪治理领域。不过当前的社会信用理论在犯罪治理领域内适用的路径体现出非刑法化的特征,导致政策与刑法之间相分离,失信惩戒措施与刑事处罚措施不协调,无论是学界还是社会公众对这种适用路径的基本理念还是感到陌生与迷茫。其背后体现的是政策因素如何适用于具体的法律领域的问题,具体而言,是公共政策(不限于刑事政策)如何适用于刑法领域的问题。

(一)国家信用政策介入刑法领域的应然路径

在刑法领域,尤其是德日刑法学界,对刑事政策如何介入犯罪治理领域,即"刑事政策与刑法体系之间关系的处理,存在两种模式:一是将刑事政策放在刑法体系之外处理的分离模式,二是将刑事政策融入刑法体系之中的贯通模式"。[①] 这两种处理模式各有利弊,然而考虑到当前社会迅猛发展的现实情况以及刑事政策时而"游离于"刑法之外的困境,采取贯通模式更能提高刑法体系的应对能力,实现刑事政策的规范化运行。其实,不仅是刑事政策,其他公共政策介入刑法所管制的

① 劳东燕:《刑事政策与功能主义的刑法体系》,载《中国法学》2020年第1期。

领域时也应当遵循上述路径。国家信用政策作为传统刑法领域外的公共政策,因其设定了对犯罪人的行为定性与处遇措施,不免与刑法领域产生交集。虽然学界对社会信用立法及其规定的失信惩戒措施的性质还存在争议,但是毋庸置疑的是,相关立法与惩戒措施是国家利用公权力对违背相关法律的私主体的惩处与权利剥夺,具有与刑法及刑事处罚措施同源的"公法性"。在此情形下,无论社会信用理论是在刑法领域内抑或刑法领域外适用,都不宜简单地对犯罪人叠加定性、二次处罚。通过国家信用政策的刑法规范化运行就能很好地解决上述问题,一方面,从客观存在的标签效应的角度看,犯罪人是在法律上对个人贴上的最具谴责效力的标签,其效力高于失信人的标签且可以容纳失信人标签的作用。换言之,失信犯罪人的标签完全可以被犯罪人标签所包含。另一方面,从惩戒措施的力度来看,对犯罪人适用的失信惩戒措施力度大多介于刑法所规定的非刑罚处罚措施与刑罚之间。甚至从惩戒措施对犯罪人再社会化的阻碍层面讲,部分失信惩戒措施的力度已经大于部分较轻的刑罚,这样一种惩罚力度远高于行政处罚的惩戒措施,置于刑法中并不为过,且应当置于刑法之中。

申言之,国家信用政策的基本理念与惩戒措施都可以且应当通过刑法规范化的模式,从刑法内部对犯罪治理领域产生效果,这既解决了混乱适用、重复评价的问题,同时也实现了国家治理体系中各部门法的合理、有效分工,从而维护了整体法秩序的有效运行,提升了国家治理体系和治理能力的现代化水平。"公共政策介入刑事法治实践具有历史必然性,其介入路径有立法介入和司法介入。"①具体而言,在国家信用政策刑法规范化适用的过程中,国家信用政策对刑事立法领域与刑事司法领域都会产生较大的影响,在刑事立法中可能导致部分条文的新增与修改,使国家信用政策及相关惩戒措施在刑事审判中适用于法有据;在刑事司法中可能涉及一些新罪名的适用以及在实现刑法惩罚、预防犯罪的目的前提下,被纳入刑法领域的失信惩戒措施如何与传统

① 李冠煜:《公共政策介入刑事法治实践研究:路径、判例与方法》,载《人大法律评论》2018 年第 2 期。

刑事处罚措施相结合的问题,以期更好地发挥刑法效果。

(二)国家信用政策刑法规范化的立法回应

在国家信用政策实现刑法规范化的过程中,刑法立法必然会对此作出一定的回应,这是基于实现刑法裁判规范和行为规范的基本机能的需要。具体而言,“行为规范以一般公众为约束对象,用以指引公民行动;裁判规范以司法人员为约束对象,目的是指导司法人员的裁判活动”。[①] 从实现刑法裁判规范机能的需要来看,国家信用政策如今主要是通过社会信用法规在刑法外对犯罪治理领域造成影响,故而刑事司法人员对国家信用政策的理解未必透彻,在实践中也缺乏在刑法领域适用国家信用政策的经验。因此,通过修改、完善刑事立法,将国家信用政策中的精神、理念、措施规定在刑法文本中,可以促进刑事法律界、实务界人员充分学习国家信用政策中的理论基础并体悟实现其刑法规范化的必要性与合理性,同时为司法实务人员在刑事审判中适用国家信用政策提供法律依据与规范指引,亦即通过国家信用政策的刑法立法化促进其刑法司法化的进程。从实现刑法行为规范机能的需要来看,诚然,将犯罪行为解释为失信行为并对犯罪人适用失信惩戒措施并没有违背大众的可预测性,从当前部分地区、部门的社会信用立法并没有引起较大争议也可以看出。然而,这种措施虽然符合刑法的信用属性,也没有违背民众的一般认知,然而相关理念在规定“犯罪及其法律后果”的刑法[②]中则没有明确规定与充分说理(实际上在现有的社会信用立法中也鲜见充分的说理),这实际上是立法者的疏忽。换言之,通过刑法立法反映国家信用政策有助于民众了解刑法的信用属性以及犯罪行为的失信属性,既使其了解对犯罪人适用国家信用政策的缘由,更重要的是让民众清楚知悉实施犯罪行为会产生可能面临承担失信惩戒

---

① 王永茜:《论刑法上裁判规范与行为规范的分离》,载《清华法学》2015年第5期。

② 参见张明楷:《刑法学》,法律出版社2016年版,第15页。

措施的后果,同时也让民众具体知晓实施何种犯罪行为将会承担何种程度的失信惩戒措施,从而使得民众更好地规范自己的行为。

社会发展日新月异,对法律制度提出了更高的同步更新要求。"刑法不能过分偏于'安定性',而应主动求变,增强适应性。"①社会信用体系建设如火如荼,国家信用政策的出台也对刑法文本的应对提出了新的要求。具体而言,刑法立法应当通过以下几个方面来充分吸纳国家信用政策的合理内涵:

其一,在宏观层面,应当对《刑法》第 2 条所规定的内容加以完善。国家信用政策的刑法规范化的一个难点,同时也是基础点便在于刑法学界、实务界以及社会公众在观念上的改变与认可。刑法具有惩戒失信、维护社会信用的机能已经毋庸置疑,然而这种机能主要还是通过逻辑推导或者理论阐释来实现,这种模式没有紧紧依靠刑法规范,"在司法实践的指导意义上,表现出一种实用主义的倾向"②,故而在刑法立法没有对本机能进行明文规定的情形下,这一机能的发挥以及如何发挥都成了悬而未决的问题。诚然,我们可以从刑法"惩罚犯罪,保护人民"的立法宗旨等总则规定中推导出刑法的信用保护机能,同时也应当坚持"能不改尽量不改"的原则以保持刑法文本的稳定性。然而,这一机能常年被理论界与实务界所忽视,加之当前这一机能的实现主要依靠刑法外的因素来实现,故而通过刑法的明文规定予以提示实有必要。具体而言应当在《刑法》的第 2 条添加"维护社会信用"的文字,来宣示刑法所具有的信用保护机能,从而为国家信用政策的刑法规范化提供宏观的立法支撑。

其二,在中观层面,应当将失信惩戒措施列入非刑罚处罚措施。将国家信用政策纳入刑法规范中,不仅需要在刑法的理念等宏观层面加以强调,更重要的是将具体的失信惩戒措施融入刑法规范。根据罪刑法定原则的要求,对犯罪人判处的刑事处罚应当按照法律的规定进行,

① 高铭暄、孙道萃:《〈刑法修正案(十一)(草案)〉的解读》,载《法治研究》2020 年第 5 期。

② 黎宏:《刑法的机能和我国刑法的任务》,载《现代法学》2003 年第 4 期。

虽然对此处的法律学界有着不同的认识,但一方面,犯罪处遇模式的规定应当尽量在刑事法规范内运行,尽量减少其他部门法的随意、不当介入,减少非法定的"犯罪附随后果",以期能有助于犯罪人的再社会化;另一方面,对犯罪人处以失信惩戒措施是建立在已经正确定罪的前提下且失信惩戒措施与当前的非刑罚处罚措施在效果、力度、理念等多方面均有相似性,将其规定在非刑罚处罚措施中并不会不当加重犯罪人所受的惩罚,反而可以为当前的刑事处罚体系加入新的、非监禁的内容,使刑事处罚体系更加完善。质言之,将失信惩戒措施纳入非刑罚处罚措施并不会造成对行为人定罪量刑的困难,反而能将犯罪处遇模式都集中于刑法规范,不仅凸显了刑法在犯罪治理领域的核心地位,在刑事审判中加入失信惩戒措施的宣告也简化了处遇程序,节约了有限的公共资源。之所以将失信惩戒措施纳入非刑罚处罚措施而非刑罚措施,不仅基于失信惩戒措施在惩罚力度、惩罚理念等诸多方面与刑罚之间的不同,而且基于修正刑法成本的考量。具体而言,刑罚以限制、剥夺犯罪人的人身自由为主,其中最严重的死刑则会剥夺犯罪人的生命。简言之,刑罚以严厉性、人身限制为主要特征,其通过对犯罪人施加痛苦达到报应与预防的双重目的。而反观失信惩戒措施,其并不限制、剥夺犯罪人的人身自由,只是在日常生活领域对犯罪人施加部分限制,其严厉性低于刑罚,虽有报应的效果与追求,但主要着眼于预防。再者,倘若将失信惩戒措施规定为刑罚措施,无论是将其规定为主刑或者附加刑,鉴于其可以适用的范围的广泛性,势必需要对刑法分则中个罪的法定刑进行大幅度修改,修改幅度不可谓不大,在立法层面可行性大大降低且对"通过符合目的理性的解释来揭示并且塑造刑法规范,努力在刑法规范之中实现正义"①的刑法教义学产生了过大的冲击。

其三,在微观层面,应当考虑狭义的失信罪的设置。"改革开放以来,我国的市场经济得到了长足发展,但毋庸讳言,严重的市场背信行

① 冯军:《刑法教义学的立场和方法》,载《中外法学》2014 年第 1 期。

为也泛滥成灾,成为社会主义市场经济健康发展的重大隐患。”①随着社会信用体系建设工作的持续推进,社会信用覆盖的领域已经超出了传统的市场经济领域,涉及社会生活的方方面面,弘扬守信、惩戒失信成为社会的基本共识,各部门法都对惩戒失信的要求作出了回应,刑法也是如此。《刑法修正案(八)》《刑法修正案(九)》陆续规定了拒不支付劳动报酬罪、组织考试作弊罪、代替考试罪等带有失信性质的犯罪。当前我国关于失信犯罪的规定体现出明显的零散性、应激性的特征,基于社会中不断出现的影响恶劣的失信行为,刑法及时作出回应,将部分具备严重社会危害性的失信行为纳入犯罪圈。换言之,当前刑法中失信犯罪的设置主要是对社会热点的回应,对失信犯罪的理论基础尚未深入研究,相关立法规定及时性有余,而体系性不足。在此情况下,随着社会中具备严重社会危害性的失信行为不断涌现,刑法只有频繁修正才能对其回应。且不论刑法修正需要充分的论证与时间间隔,及时回应极具困难,甚至难以做到,就针对相似行为频繁修改刑法的做法已经违背了刑法稳定性的要求。因此,无论是基于刑法分则罪名设置体系性要求的需要,还是回应社会新型案件的需求,深刻挖掘失信犯罪的内涵,设置概括式的广义的失信罪并合理规定其犯罪构成、法定刑都是必要的。除了上述理由之外,设置失信罪可以直接体现刑法对社会信用体系建设的回应,也回应了刑法保护社会信用的现实诉求。现有的拒不支付劳动报酬罪、代替考试罪等罪名虽然具有失信犯罪的性质,但毕竟只涉及失信行为的部分表现,打击失信犯罪并不全面,对社会信用体系建设的回应也并不充分。再者,现有的带有失信性质的背信犯罪并没有点明犯罪的“失信”性质,对其入罪理由,亦即其社会危害性的挖掘并不深入。

此处失信罪规制的应当是狭义的失信犯罪。由于刑法本身具备的信用属性,所有的犯罪都可谓是最广义的失信犯罪。而部分犯罪行为还违背了其他具体的法律义务或者由契约行为等引起的其他具体义务

① 马长生、罗开卷:《市场信用刑法立法思考》,载《中国刑事法杂志》2010 年第 6 期。

时,刑法对其失信属性仅从刑事违法性的角度进行了评价,对其他义务的违反则评价不足,可谓是广义的失信犯罪,包括现行刑法已经规定的大部分违背了前置的行政法所规定义务的行政犯以及违背了合同等契约之约定的犯罪行为。[①] 广义的失信犯罪的"信用特征"已经凸显,然而刑法对其进行规制的缘由并不是其"失信"的侧面,而是基于对其他法益的保护。简言之,广义的失信罪侵害的主要法益并不是社会信用,而是人身法益、财产法益等其他法益。而狭义的失信罪则是广义的失信犯罪中指以社会信用为主要侵害法益的轻微犯罪,诸如近年不断添加的组织考试作弊罪、代替考试罪等。将狭义的失信犯罪规定为统一的失信罪有助于整合当前刑法中的零散规定,并为弘扬社会诚信,惩戒具备严重社会危害性的失信行为提供依据。在定罪方面,失信罪应当以存在违背刑法以外的其他契约的行为为前提条件,且未对其他法益造成严重的侵害。在量刑方面,则法定最高刑应为3年有期徒刑以下,以符合其轻罪特征。在此,需要注意两点:

第一,应当将此处的失信罪与德日刑法中的背信罪相区分。自20世纪末以来,对于如何适用刑法保护信用的问题,学界进行了深入的探讨,尤其是对是否需要借鉴德国、日本刑法的相关规定在我国刑法中增设背信罪进行了激烈的争论,[②]然而,此处的失信罪与德日刑法中的背信罪之间有较大的不同。首先,失信罪采用了当前已经成为用语习惯的"失信"称呼,有助于有关部门与民众对此新罪的适应。其次,失信罪侵犯的信用法益是社会信用,这里的社会信用既包括了个人信用,也包括了公共信用,失信罪的成立并不以他人的委托为前提。而背信罪侵犯的信用法益则主要在于个人信用,其成立以违背他人的委托为前提。最后,失信罪侵犯的主要法益是社会信用,其侵犯的次要法益可能

---

① 参见梅传强、严磊:《论犯罪人失信惩戒措施的适用界限》,载《学术交流》2020年第2期。

② 相关文献参见张明楷:《关于增设背信罪的探讨》,载《中国法学》1997年第1期;顾肖荣:《论我国刑法中的背信类犯罪及其立法完善》,载《社会科学》2008年第10期;郑泽善:《背信罪新探》,载《政法论丛》2015年第1期;彭文华:《背信及其刑法规制》,载《当代法学》2020年第6期等。

是财产法益、秩序法益等,同时其对次要法益的侵害应是轻微的。而背信罪侵犯的主要法益则是财产法益,其对财产法益的侵害较为严重,故而德国刑法等通过增设普通背信罪“对于授权人的财产利益避免受到损害提供了不可或缺的保护”①。

第二,应当赋予失信罪以轻罪属性。在劳教制度废除后,部分原本由劳教制度规制的行为被纳入了犯罪圈,加之近年的预防性立法、回应性立法的增多,许多法定刑并不高的轻罪罪名不断增加,“犯罪门槛下降和轻罪数量增加成为刑法立法的重要特色”②。鉴于定罪后犯罪人都会受到附随效果带来的严重影响并被贴上显著的犯罪标签,对不同轻重的犯罪进行分流并设置不同的处遇方式,即建立轻罪制度实有必要。之所以将失信罪纳入轻罪的范畴,是因为虽然失信罪往往侵犯的是多元法益,但其侵犯的主要法益是社会信用,对其他传统的法益造成的损害极为轻微或者不确定,其社会危害性较小。简言之,设置失信罪的目的是通过对严重失信行为的刑事惩戒从而弘扬社会信用、助推社会信用体系建设,而并非基于其对法益,尤其是传统法益的严重侵害,后者应当通过其他罪名予以规制,故对失信罪判处最高 3 年有期徒刑已经足够。③ 此外,从近期的立法来看,诸如代替考试罪等典型的狭义失信犯罪均为刑法体系中的轻微犯罪,也可以佐证这一点。

(三)国家信用政策刑法规范化的司法适用

刑事立法程序的严格性与文本的局限性导致了其往往滞后于社会生活的发展,故而要想实现国家信用政策的刑法规范化,仅依靠刑事立法的修改是不够的。再者,刑法的稳定性、可预测性要求不要过于频繁

① 王骏:《论增设普通背信罪》,载《河北法学》2018 年第 12 期。

② 何荣功:《我国轻罪立法的体系思考》,载《中外法学》2018 年第 5 期。

③ 一般认为,以法定最高刑为 3 年有期徒刑作为轻罪的认定标准。参见高铭暄、王作富:《中国刑法词典》,学林出版社 1989 年版,第 410 ~ 411 页;梅传强:《论“后劳教时代”我国轻罪制度的建构》,载《现代法学》2014 年第 2 期。

地修正刑事立法,应当尽量"根据正义理念与文字表述,并联系社会现实解释法律"①,以实现社会正义并提高刑法实施的社会效果。具体而言,需要依据修改的刑事立法,在司法适用中深刻贯彻国家信用政策,并将其与传统的犯罪治理理论、做法相衔接,实现犯罪治理体系和治理能力的现代化。

首先,在宏观层面,应当树立信用刑法的理念,强调国家信用政策在刑法规范内的规范化运行。一方面,应当厘清刑法在社会信用体系建设过程中的功用。社会信用体系建设并不是仅仅依靠专门的社会信用法律法规就能完成的,而是要在国家统一领导下,依靠各部门法、各地区、各部门等的通力合作才能实现其"多主体、多层次、多维度的建构"②,才能使社会信用理论与传统部门法理论相兼容,失信联合惩戒模式的适用也印证了此理。故而,刑法在社会信用体系建设中并非没有自己的一席之地。正相反,通过挖掘刑法的信用属性,运用已经融入失信惩戒措施的刑法对犯罪进行治理,能够对犯罪这一最严重的失信行为进行有效惩戒,从而为社会信用体系建设提供助力。总而言之,社会信用体系建设是一项庞大的工程,其需要法律、道德的共同协力,在规范内部也需要在统一的社会信用立法的指导下实现各部门法的精确分工与通力合作,厘清刑法在社会信用体系建设中的功用是其中重要一环。另一方面,国家信用政策在犯罪治理领域的施行不应当在刑法之外进行,而是应当在刑法规范内部实现规范化运行。失信惩戒措施带有明显的惩罚性质,其涉及了犯罪人再社会化进程且力度与非刑罚处罚措施甚至部分刑罚相当,将其规定在刑法之中有助于统一对犯罪人的处遇标准、保障犯罪人的合法权益,同时也节约了社会资源。当前,社会信用理论、措施已经介入了犯罪治理领域,但其介入的方式则是在刑法、刑事处罚之外对犯罪人进行再次评价、惩戒,是一种简单的

---

① 张明楷:《也论刑法教义学的立场——与冯军教授商榷》,载《中外法学》2014年第2期。

② 周荣华、张明:《社会信用体系建设制度安排的合法化进路研究》,载《苏州大学学报(法学版)》2020年第3期。

“叠加式”衔接。加之当前全国统一的社会信用立法尚未出台，各部门、地区立法各不相同，相互之间也没有进行通气、协调，但却都拥有进行失信评价、实行失信惩戒措施的权限，直接导致了对犯罪人适用的失信惩戒程序不一、轻重不一、范围不一、缺乏救济途径等问题。申言之，“我国法律、行政法规中关于犯罪附随后果的规定数量庞大，随着犯罪化进程的推进，此类规定产生的严重负面效应更加突显，甚至阻碍犯罪化功能的实现”。[①] 不当的失信惩戒措施亦是如此，将其纳入刑法规范内部实现规范化运行实有必要。为此，亟须制定一套统一的对犯罪人进行失信评价并适用失信惩戒措施标准和程序，而作为对犯罪人“定罪量刑”根据且具有信用属性的刑法以及最严格的刑事诉讼程序，可以且应当肩负这一重任，以避免犯罪附随效果的不当扩散。

其次，在中观层面，应当充分发挥非刑罚处罚措施的功能，在实现惩罚、预防犯罪功能的前提下，使犯罪处遇模式多元化，降低刑事处罚的重刑程度。如今刑事处罚的措施主要是以刑罚的适用为主，非刑罚处罚措施的适用率较低，导致整体的犯罪处遇措施过于单一，且重刑特征明显。非刑罚处罚措施的适用率低的原因主要在于以下两个方面：一方面，我国刑事处罚措施的适用主要以惩罚犯罪为目标，强调对犯罪的严厉打击，加之重刑主义的传统影响，导致刑罚单一适用的现象屡见不鲜；另一方面，对非刑罚处罚措施的适用条件与内在功能并未理解透彻，导致实践中不敢适用或是适用不当。应当强调的是，非刑罚处罚措施的适用并不以定罪免刑为前提，从刑法规范来看，非刑罚处罚措施被规定在《刑法》第 37 条[②]，该条文指出，当犯罪情节轻微不需要判处刑罚时，可以在免除刑罚的同时，使用非刑罚处罚措施，以达到惩罚犯罪、恢复受害人名誉等效果。但从《刑法》第 37 条的文本规定无论如何也

---

① 徐久生、师晓东：《犯罪化背景下犯罪附随后果的重构》，载《中南大学学报（社会科学版）》2019 年第 6 期。

② 《刑法》第 37 条规定：“对于犯罪情节轻微不需要判处刑罚的，可以免予刑事处罚，但是可以根据案件的不同情况，予以训诫或者责令具结悔过、赔礼道歉、赔偿损失，或者由主管部门予以行政处罚或者行政处分。”

不能得出“非刑罚处罚措施的适用以定罪免刑为前提”的结论。再者，从非刑罚处罚措施的功能来看，其主要功能并不侧重于以强力措施实现对犯罪的惩戒，也不具有限制或者剥夺犯罪人人身自由的特征，相对的，其主要通过较为缓和的非监禁方式实现被害人权利恢复、促进犯罪人真诚忏悔、实现对犯罪人的社会化处遇等功能。质言之，非刑罚处罚措施与刑罚在功能上是大不相同的，刑罚的适用与否不影响非刑罚处罚措施的适用。故而，在追求“惩罚适度、结构合理、内容科学”①的刑罚结构的同时，也应当重视吸纳了失信惩戒措施的非刑罚处罚措施的适用，这样做不仅有助于维护社会诚信与法律权威，同时，也可以从不同的角度对犯罪进行治理，降低当前犯罪人处遇模式的重刑特征，实现犯罪治理体系和治理能力的现代化。

最后，在微观层面，在具体适用失信罪这一罪名时，在定罪时应当恪守刑法的谦抑性，不必一味追求通过刑法实现对失信行为的惩戒，在量刑时则应该以失信惩戒措施为主要的惩罚方法，而以传统的刑事处罚措施为辅，实现有针对性的轻缓化处遇。诚然，失信罪的设立本就是为了惩戒不断出现的具有严重社会危害性的失信行为，从而对失信人进行充分的惩罚与威慑。然而，失信行为纷繁复杂，涉及的领域极为广泛，且失信的原因也较为多元，有时候不能单纯归咎于失信人本身，故而在处理失信问题的时候，不能一味地强调限制失信人的权利从而达到惩戒的目的，动用刑法更是要慎之又慎。失信罪不可能采用单纯列举的方式对相关行为进行规定，一定带有兜底条款以适应不断变化的社会形势，在此前提下，对失信犯罪进行合理、合法的解释成为了当务之急。对兜底条款的解释应当采取同类解释的规则，其他行为被纳入犯罪圈必须满足性质相似、程度相当的要求。从当前规定的狭义失信罪来看，失信罪所侵犯的主要客体应为社会信用，这不仅要求行为人因其失信行为导致个人信用的缺失，同时还要求对较为重大的公共利益有所侵害。例如，代替考试罪不仅涉及替考双方的考试作弊行为，同时还涉及了更为重大的教育公平等公共利益。简言之，需要纳入失信罪的行为需要对社会信用有

① 赵秉志：《当代中国刑罚制度改革论纲》，载《中国法学》2008 年第 3 期。

所侵害,而非是单纯的因主体之间的纠纷而导致的不涉及公共利益的失信行为。另外,在对失信罪的条文进行解释时,还需要考虑解释结果的公众认同程度,一方面,当前规则主义的解释范式往往导致解释结果得不到公众认同,应当在"坚持规则的基础之上,用人本主义的范式确立刑法解释的新态度和立场"。① 另一方面,失信罪原本就是道德规范化的重要体现,而道德评价往往基于社会公众在特定时间段的共同认识,所以要想准确认定失信及其程度,了解民众对该行为的评价是必要的。根据民众的伦理评价,才能准确认定相关失信行为是否具有入罪的必要性。简言之,应当采用伦理解释的方法,亦即"在文本用语的最大含义范围内,选择、适用最符合公众善恶观念的含义"。②

此外,在量刑层面,基于失信罪侵犯的主要法益为单纯的社会信用以及其浓厚的轻罪色彩,对其进行量刑时应当更加注重失信惩戒措施这一非刑罚处罚措施的适用。整体而言,犯失信罪的人是由其道德问题损害了社会的公共利益,但这种损害相较于其他犯罪更加轻微、间接,故而严厉的监禁刑显得过当且难以最大化地产生预防犯罪的效果,而对于存在信用问题的犯罪人而言,财产刑有时也难以执行,故而,失信惩戒措施这一非监禁型的资格处罚对惩罚、矫正失信犯罪人是有作用的,当前失信联合惩戒措施的执行效果也反映了这一点,因此,在处理失信罪相关案件时,可以考虑失信惩戒措施的单独适用。同时,可以将失信惩戒措施的执行情况列入缓刑期间的考验范围,根据失信行为存在的领域、失信的严重程度等对犯罪人的相关权利进行限制并设置一定的观察期限,如若在缓刑期间违背失信惩戒措施所提出的要求,情节严重的,则应当撤销缓刑,收监执行。

四、余 论

"在当下中国,社会信用体系建设业已成为国家治理体系建设的

① 袁林:《公众认同与刑法解释范式的择向》,载《法学》2011 年第 5 期。

② 张武举:《刑法伦理解释论》,载《现代法学》2006 年第 1 期。

重要组成部分,是推进国家治理体系现代化的一项重要内容。"①社会信用体系建设事关国家治理全局,不仅需要依靠法律与道德相互结合、公主体与私主体相互协作、各地区部门之间相互协调,同时也要依靠现有的传统部门法相互衔接与各自发力。在此背景下,社会信用理论与国家信用政策已经逐渐影响到犯罪治理领域,在犯罪人同时遭遇失信标签与犯罪标签的双重评价以及失信惩戒与刑事处罚的双重制裁的现状下,通过充分挖掘刑法的信用属性,逐步达成社会信用理论与国家信用政策的刑法规范化,实现从"适用型衔接"到"内发型挖掘"的范式转变已成当务之急。这种转变不仅需要在刑法内部从宏观理念、中观设计与微观操作上共同体现于刑法文本的修改以及刑事司法的适用层面,还需要其他相关部门法,尤其是刑事诉讼法的制度配合。对犯罪人适用失信惩戒措施的范围与力度如何确定,如何评估失信惩戒措施的实施效果,失信惩戒措施的执行时限如何划定,权利救济与恢复程序为何?这一切问题都值得深入研究,尤其是在当前诸多地方、部门都具有执行失信惩戒措施的情况下。社会信用体系建设超出了单一部门法的规制范畴,是一个事关提升全社会诚信意识的重大举措,唯有打破专业壁垒以及部门隔阂,才能使其更加完善,才能在弘扬社会信用的同时保障失信人的基本权益。与此同时,社会信用理论也给传统的犯罪治理领域提供了新思路,尤其是在"97 刑法实施 20 年来,社会结构的变化、依法治国理念的深化等均使得刑法谦抑性理念在我国不断得到倡导"②的背景之下,将社会信用理论,尤其是兼具非监禁性与有效性的失信惩戒措施纳入传统的犯罪治理领域,不仅为犯罪治理提供了新的方案,同时也符合刑法谦抑性的基本要求。综上所述,随着社会的发展,国家治理体系和治理能力现代化的水平也不断提高,原本看似无涉的犯罪治理领域与社会信用领域相互影响甚至部分融合,从社会信用

① 孟融:《国家治理体系下社会信用体系建设的内在逻辑基调》,载《法制与社会发展》2020 年第 4 期。

② 刘宪权:《中国刑法发展的时代脉动——97 刑法颁布实施 20 年刑事法治纵览与展望》,载《法学》2017 年第 5 期。

视角检视当前犯罪治理模式的不足有助于更好地实现刑法的目的，同时，完善犯罪治理模式也是弘扬社会诚信、促进社会信用体系完善的基础所在。

On the New Approach of Crime Control in the Construction of Social Credit System

Yan Lei

[**内容摘要**]社会信用理论与国家信用政策为犯罪治理提供了新的路径，应当在充分挖掘刑法的信用属性以及犯罪行为的失信属性的前提下，通过在立法上确立刑法维护社会信用的理念、将失信惩戒措施纳入非刑罚处罚措施、设置狭义失信罪的措施实现社会信用理论与国家信用政策在刑法规范内运行。同时，通过树立信用刑法理念、充分发挥含有失信惩戒措施的非刑罚处罚措施的功能、恪守刑法谦抑理念谨慎认定失信罪及其量刑等措施实现社会信用理论与国家信用政策的规范化运行。通过社会信用理论与国家信用政策在刑法规范内规范化运行，实现社会信用领域与犯罪治理领域从“外向型吸收”到“适用型衔接”再到“内发型挖掘”的范式转变。

[**关键词**]社会信用体系；犯罪治理；信用刑法；失信惩戒；非刑罚处罚措施；失信罪

Abstract: Social credit theory and national credit policy provide a new path for crime governance. Under the premise of fully exploiting the credit attributes of criminal law and the untrustworthy nature of criminal acts, we should establish the concept of criminal law to maintain social credit and punish untrustworthiness through legislation. Incorporate non-penalty punishment measures and set up measures for the crime of breach of trust in a narrow sense to realize the operation of social credit theory and national credit policy within the criminal law. At the same time, through establishing the concept of credit criminal law, giving full play to the functions of non-penalty measures including punishment measures for dishonesty, abiding by the concept of modest and restraining criminal law, carefully identifying crimes of dishonesty and sentencing, etc., realize the standardized operation of social credit theory and national credit policy. Through the standardized operation of social credit theory and national credit policy within the criminal law, the paradigm transformation of social credit and crime governance from "external absorption" to "applicable connection" to "internal mining" is realized.

Keywords: Social Credit System; Crime Management; Credit Criminal Law; Credit Disciplinary; Non-penalty Punishment Measures; Crime of Breach of Trust

刑事合规的意蕴及本土构建

——兼论情境犯罪学对企业犯罪预防的启示

龚红卫*

目　　次

合规,从词源上看,原是运用于医疗领域特指患者服从医生治疗的指令行为模式。"合规计划"于我国而言,是个舶来术语,起源于美国,且主要是跟企业或是组织联系在一起的,最早适用于银行业的风险内控机制,而后扩展至金融业和其他行业。再后来,企业合规计划、企业刑事风险防控、企业治理之间关系越发紧密,并且逐渐呈现出打破学科壁垒之界限的趋势,融入了经济学、管理学、政治学、法学等不同学科的思维成果。无论是英美法系国家还是大陆法系国家,对于企业合规计划结合相应法律制度的实践与理论探索都是在不断深入的。尤其是近

* 天津社会科学院法学研究所助理研究员,法学博士。

年来,企业刑事合规在全球逐渐兴起,一些国际及地区公约中关于企业违法防控及企业刑事合规的指引日益精细,很多国家纷纷确立起预防性企业刑事责任制度。国内学界对企业刑事合规制度的理论研究也日益深入,实务界对企业刑事合规业务也越来越重视。企业合规在我国日渐受到政策层面的高度重视,国家层面以行政主导的态势不断推动企业合规制度,中央各部委密集发布了系列合规文件即为明证。随着国际贸易往来的日益密切,国家与国家之间越发强调经济共同体与命运共同体的重要性,所以刑事合规(criminal compliance)无论是在概念称谓上,还是在具体制度落地实现上因各个国家自身的制度背景和理论根基不同而会有所区别,①但其所呈现的理念和意蕴是趋同的,即都是为了更好地预防企业犯罪的发生,以实现企业的善治,从而为企业的经营提供公平、良好的市场竞争环境。但是,刑事合规的理念和意蕴是如何与企业犯罪预防之间联系上的,以及这种理念和制度是如何具体进行本土构建而落地的,还有待下文从情境犯罪学的相关理论进行逐一论证。

一、刑事合规兴起的背景及目的与意义

企业合规计划通常是指企业为预防、发现、处理违法犯罪行为而主动实施的合乎法律规范、行业准则、伦理规范的措施体系与运行机制。刑事合规从其构词来看,虽侧重于合规,但它既不同于企业合规,也不同于刑事法律,可以视为传统企业合规的升级形态,是与刑事责任风险

① 虽然美国在《联邦组织量刑指南》等文件中有将企业合规相关问题与其刑事责任联系起来,有企业合规刑事化的实质,但是在美国法律、司法和权威数据库中学者的文章中,几乎是看不到 criminal compliance 这个术语的。刑事合规的理论和提法从现有文献和资料来看,更多的是德国学者发明出来的。参见[德]弗兰克·萨力格尔:《刑事合规的基本问题》,马寅翔译,载李本灿等编译:《合规与刑法》,中国政法大学出版社2018年版,第50页。在我国学界和实务界,基本上已经沿用了"刑事合规"这一称谓,虽然早期万方博士曾撰文将前述美国的企业合规与刑事责任的联系历程表述为"企业合规刑事化"。参见万方:《企业合规刑事化的发展及启示》,载《中国刑事法杂志》2019年第2期。

相关联的合规,也即是将企业经营活动是否合规及其合规的努力程度,与企业刑事责任的有无及轻重相联系的刑事风险内控机制。[①] 但是这里的刑事风险是企业法律风险的最高层级,往往都是由若干个行政法律风险或是民事法律风险累积而成的,从犯罪学角度而言,其预防是需要"防微杜渐"的。这也正是为什么刑事合规与刑事法律、刑事风险防控、公司治理之间联系紧密却又互有界限的根源所在。

(一)刑事合规兴起的背景

在英美法系和大陆法系,刑事合规兴起的背景各有缘起,本文以美国和德国为例加以说明。

作为合规计划发源地的美国,其实一直并无"刑事合规"这一专门概念的提法,只是将企业合规赋予刑事法上的意义,蕴含在相应的法律制度之中。合规计划强调企业的自制和国家的共制,可以追溯至美国20世纪30年代对证券业的规制,当时还是主要运用于强监管行业领域。企业犯罪直接促进了合规计划的产生,以相关强制法的出台将合规计划与刑事责任联系起来,强制企业进行合规管理,如1977年《反海外腐败法》的出台。1988年美国对《反海外腐败法》修订时,在反贿赂条款中加入了两项抗辩规定,其中第2项内容是:"合理善意有据的"(reasonable and bona fide expenditure)经费开支不属于贿赂款项,例如,为了宣传展示产品或者为了履行与该国政府或代理商之间的合同事宜而产生花费的情形,以及差旅开支和住宿费用等[②]。这奠定了美国法律惩治企业腐败犯罪中赋予企业自身抗辩理由的立法基调,此时才真正将企业自律与刑事法治衔接起来。而一系列公司的丑闻以及量刑的

---

① 张远煌:《刑事合规国际趋势与中国实践》,载《检察日报》2019年11月2日,第3版。

② 15 U.S.C. 78dd-1(c)(2),-2(c)(2),-3(c)(2)按照美国司法部发布的公告,在实践中大部分人采用合理善意支出的抗辩事由。如果招待、餐费、样品、差旅等费用合理,并披露给外国政府,并在文件中或账簿中记载了费用开支,就可达到该项标准。

不一致促使了联邦量刑委员会于1991年颁布了适用于企业被告人的《联邦组织量刑指南》。该指南明确规定,在组织/企业正确实施合规管理制度的情况下,对罚金数额可以进行必要的减免;并将是否制定和实施合规计划与是否承担以及承担多少刑事制裁紧密相连。当组织/企业制定并有效地实施了合规计划时,即使之后不免发生违法犯罪行为,仍可以据此减轻对组织/企业判处的罚金额。这种将企业是否实施"有效的合规计划"与如何对企业刑事责任进行评价相互关联或是挂钩的法律制度,开了刑事合规制度之先河。最后促进了合规计划蓬勃发展的还是直接因安然事件、世界通信等公司丑闻而于2002年颁布的《萨班斯法案》,其中第404条要求企业保证对交易进行财务记录的每一个环节都有相应的内控制度,①通过增加企业以及企业高管的刑事责任方式推动企业如实公布财务信息,拒绝财务欺诈,以实现促进企业建立内控措施的目的。由此可以看出,在美国刑事合规的兴起背景主要是企业犯罪和系列公司丑闻,企业合规计划与企业刑事责任挂钩评价的制度初衷就是为了预防企业犯罪。而且美国法律体系规制企业犯罪主要是倚靠繁重的罚金促使其对企业产生威慑功能,从而达到一般预防和特殊预防的效果。

作为刑法中不承认法人犯罪的德国,同日本一样深受美国影响,并结合自身本土实际情况将企业合规计划与刑事规制进行了有效的结合,于是德国才有了刑事合规这一明确提法,而这与德国刑法中本身不承认法人犯罪有着很大的关联。尤其是在全球约190个国家开展经营活动的西门子公司,为了扩展业务,直至2007年,其一直贿赂官方机构以及合约对象的事件被曝光之后,近年来德国学界对于企业犯罪的规制理论中,才开始出现积极地将企业合规导入刑法理论中的见解。②

---

① 施君:《解读美国〈萨班斯法案〉404条款及其立法启示》,载《扬州大学学报(人文社会科学版)》2009年第3期。

② 参见[日]甲斐克则:《企业的合规文化·计划与刑事制裁》,谢佳君译,载李本灿等编译:《合规与刑法:全球视野的考察》,中国政法大学出版社2018年版,第270页。

所以，刑事合规的概念在德国最初也并不存在，它是基于旨在规避道德或一般法律责任的合规概念发展而来的。德国研究刑事合规的代表性学者托马斯·罗什将其定义为："包括全部必要以及被法律允许的旨在避免因企业行为而给企业员工带来刑法责任的措施。"①刑事合规与刑事法律最大的区别就在于：刑事法律最初仅是为了抑制犯罪，而刑事合规最初则是为了预防犯罪。②

由此可以看出，美国和德国有关刑事合规的实践和理论的兴起大都是源自预防企业犯罪的需要。只是英美法系重实践探索，大陆法系重理论研究。英美法系与大陆法系国家在刑事合规实践与理论上的研究各有侧重主要还是缘于"大陆法是学者型理论，英美法是法官型理论"③。在我国相关领域的实践探索中，中央各部委积极出台系列合规文件，司法机关也对刑事合规作出积极回应。例如，最高人民检察院强调检察机关在做好指控证明犯罪的同时，要积极参与社会治理，助力各类企业依法开展刑事合规管理。各级人民法院依法惩治涉企刑事犯罪时，也加强对企业犯罪风险防控进行指引，如 2020 年 9 月 4 日江西省高级人民法院发布《江西省企业高发犯罪风险防控指引》，旨在增强企业防范法律风险、抵御市场风险的能力，促使企业建立健全企业刑事合规制度，避免陷入刑事风险之中。

（二）刑事合规兴起的目的与意义

随着经济全球化和法律全球化，企业作为市场经济的主体，在创造经济效益和追求利润的同时，还需要承担相应的社会责任，即如何预防

① 参见［德］托马斯·罗什：《合规与刑法：问题、内涵与展望——对所谓的"刑事合规"理论的介绍》，李本灿译，载《刑法论丛》2016 年第 4 卷。

② Rotsch(Hrsg), Criminal Compliance vor den Aufgaben der Zukunft, 2013, S. 8f.; Rotsch(Hrsg.), Criminal Compliance, Handbuch, 2014, & 1. 转引自［德］托马斯·罗什：《合规与刑法：问题、内涵与展望——对所谓的"刑事合规"理论的介绍》，李本灿译，载《刑法论丛》2016 年第 4 卷。

③ 储槐植、江溯：《美国刑法》（第 3 版），北京大学出版社 2012 年版，第 35 页。

企业犯罪,减少社会资源的内耗,规避损失,维护社会的和谐与稳定。而在其中,事后的发现、惩处和应对都不是目的,事前的预防才是关键。法律应该鼓励企业合规,企业更应该注重自治。刑事合规的创新之处就是将惩罚的观念更新到规范,惩罚不再是主要目的,合规才是终极目的。既然刑事合规是为了预防企业犯罪、防范企业法律风险而兴起的,其中不同国家的具体实施和落地有所不同,有起诉、量刑上的激励模式,有独立构罪模式,还有混合模式。①

刑事合规强调发挥企业的自治性,将企业合规计划作为法定的辩护理由或者判断企业刑事责任的决定性因素之一。企业合规计划作为主动预防企业违法行为的机制或是制度在预防企业犯罪方面有着积极的作用,能够降低司法成本,减少社会损失,于国家和企业都是双赢的。② 刑事合规作为一种企业犯罪预防理念,体现了刑事合规活动依赖刑事立法的明确性和刑事司法的结果可预见性。刑法决定着刑事合规,刑事合规依赖于刑法却又不局限于刑法,因此刑事合规也在塑造着刑法。刑事合规发展到一定程度则意味着一种新的刑法观和刑法文化产生了,它表现为以企业组织责任为基础,由国家制定相应的政策和对

① 起诉、量刑激励模式主要是指通过刑事立法确立赋予企业实施合规计划在量刑和起诉方面的激励制度。这种模式以美国最为典型,主要是在《联邦组织量刑指南》和《检察官手册》中规定对实施有效合规计划的企业给予减免罚金和不起诉或缓起诉的优待,对未实施有效合规计划的企业给予加重罚金的处罚。独立构罪模式的典型形式是独立增设一个企业犯罪罪名,非典型形式则是在实践中将企业未履行合规监管或报告等预防义务的行为利用教义学的方法在原先仅针对自然人犯罪的刑法适用中入罪,但是与涉事的自然人犯罪行为的归责是分离的,二者的关系是必要非充分关系,也就是说实施腐败行为的自然人构成犯罪与否并不影响企业是否构成犯罪,反过来说只要是企业独立构罪了,则涉事的自然人一定要承担刑事责任。前者以英国、瑞典为代表,后者以德国、意大利、奥地利、南非为代表。前者中英国《2010年反贿赂法》就设置了商业组织预防贿赂失职罪。混合模式主要是因为实践中各国对合规计划的不同探索和推进,各国立法上也因为全球化趋势而并不因法系的不同有着严格的界限,相反出现了逐渐融合和相互借鉴的趋势。如美国《联邦量刑指南》最初旨意是通过量刑的激励推动企业内控,但是随着《联邦检察官规则》的出台,合规越来越多地成为罪与非罪的判断依据。

② 参见周振杰:《企业适法计划与企业犯罪预防》,载《法治研究》2012年第4期。

策。其具体体现在对单位犯罪、过失犯罪、违法性阻却事由和量刑情节、刑事管辖权和刑事司法协助、犯罪证明的刑事立法和司法问题。①所以,刑事合规兴起的目的可以分为两个:一是降低企业风险;二是对刑事处罚产生积极影响,并最终借此以提高企业的价值。其中,前者是企业内控机制的直接作用,后者是针对刑事法手段的间接影响。

刑事合规需要从国家层面借助于刑事法律进行顶层规制,是为了防止企业预防犯罪中实际情况与国家顶层层面事先期待的目的脱钩,以免企业为了获得国家层面的奖励和优待而进行形式上的预防,从企业自身的利益角度出发,进行掩盖违法行为。从这一角度而言,刑事合规的意义也可以从国家和企业层面进行分析。从国家层面来看,刑事合规意味着司法效率的提高,同时还可以契合法人责任的本质,构建法人责任的出罪路径。② 从企业层面来看,刑事合规则可以预防企业犯罪,防控企业法律风险,实现生产力的提高和经济效益的提升。

二、情境犯罪学的兴起与刑事合规的契合之处

(一)情境犯罪学兴起的意义及主要内涵

以哲学的视角来透视犯罪学的发展历史,发现犯罪学思想之间的联系其实是跨越“查处、治疗与解释犯罪和罪犯相关的问题的”,其中三者之间往往是相互交叉且有重叠的。③ 犯罪学思想的历程整体而言处于一种螺旋式上升的进步趋势,它与社会经济发展和科学技术进步之间存在关联,甚至犯罪学思想在每个世纪之间的衔接也要比美术之

---

① 石磊:《刑事合规:最优企业犯罪预防方法》,载《检察日报》2019 年 1 月 26 日,第 3 版。

② 周振杰:《企业刑事责任二元模式研究》,载《环球法律评论》2015 年第 6 期。

③ C. Jeffery, *The Historical Development of Criminology*, 50 J. Crim. L, Crim. & Pol. Sci, 1 (1959), reprinted in H. Mannheim, ed., Pioneers in Criminology 459 (ed. 1972).

外的其他学科更为显见。[①] 犯罪学思想的发展历程可以总结归类为：从启蒙运动前的现实主义，到18世纪以来的理想主义，再到机械革命后的功利主义，以及科学兴起之后的实证主义，乃至在经历自然主义与个体生理或是心理功能的障碍探索之后，逐渐注重人在群体互动中的环境体验这样一种呈现实用主义观念的思想，再到拒绝用法律语言的分析犯罪学，以及回答"犯罪学到底是一种怎样的知识，以及这种知识是否导致虚无主义"的存在主义犯罪学。每一种犯罪学思想和理论的产生总是基于对犯罪的性质、原因以及预防的方法和策略从旧有思想流派中产生。

如古典犯罪学从现实主义走向理想主义，都是在继受当时其他社会科学的智识之后，将"人"视为理性主体，从这一假说开始，认为人具有意志自由。那么据此坚持认为犯罪是理性人自由意志的选择，否定将罪因归为宗教和邪恶力量的控制，因而以道义责任为基础，强调对犯罪进行报应处罚。古典犯罪学认为需要从利用惩罚的威慑功能对人进行心理上的强制，从而达到预防犯罪的目的。那么，在预防策略上提出最有效的预防措施就是以最为严厉、确定和迅速的惩罚方式来控制犯罪行为，以这种心理上的威慑和强制来抵消犯罪可能带来的快乐。而实证犯罪学思想则是打破了人具有意志自由这一预设，对犯罪原因和对策的研究不再建立在假说之上，而是建立在对犯罪人的生理特征、自然因素和社会因素进行的大量实证研究的客观事实基础之上，对犯罪原因进行了重构。因而这一时期出现了犯罪多因性理论，与之相应的预防策略上出现了社会防卫理论。这些犯罪学思想呈现出来的犯罪预防理论都是从终极原因来探索犯罪原因，追求的是预防犯罪的根本效应，需要经历一个长期的过程。而要呈现一种短期乃至即时的预防效应，实用主义思想适时出现了，它强调行为人在群体互动中的环境体验。从人类行为的驱动力来看，需要是一切行为最深层的动力，而"对需要转变为犯罪动机的过程有影响的因素，除了人，作为努力想满足这

① 参见[美]戴维·亚瑟·琼斯：《犯罪学的历史》，郭建安、宋金莹译，法律出版社2019年版，第5页。

一需要的违法主体，他所处的具体生活情境也有重要影响”。[①] 所以，情境犯罪学注重考察犯罪行为在实施犯罪行为之前，影响其实施犯罪的决定、实施犯罪的过程和达成犯罪目的的一系列外在形势，它以一种亲历者的身份将犯罪视为在具体情境中才能得以展开的行为过程，而不是以一种社会旁观者的身份和视角去观察犯罪发生的原因。因而情境犯罪学认为任何人都可能犯罪，只要是在拥有犯罪的适当环境和机会，就会实施犯罪。因此，不给犯罪提供机会，就是最好的犯罪预防。[②]

情境犯罪学关注着由社会生活中单个行为主体所生活和活动的背景条件构成的诸多情境因素，这些情境因素与其他因素共同促进行为主体的行为内驱力动机的形成，影响着行为发生过程中诸如行为目标与行为方式的选择以及行为目的实现程度等要素的具体实现。而这些情境因素是庞大而系统的，与犯罪行为之间的关系并不是因果性的而只是致因性的关联，甚至有些只是“原因的原因”。但是正是这些多样性的情境因素从实用主义角度为犯罪预防提供了很好的思路，并且可以在不对社会制度、司法制度以及生活环境做大幅度的变革就可以取得较快和显现的实效，从“防微杜渐”做起，系统性地从外围或是情境条件加以改善行为人所处环境的每一个细致要素，更加注重事前预防。正基于此，情境犯罪学自进入我国之后主要被广泛运用于社会治安防控之中，也取得了良好的效果。当然，任何一种犯罪学说和理论都不可能解释所有的犯罪现象，只能对某些类型的犯罪或是犯罪人提供相对合理的解释，因而不要幻想拥有一套放之四海而皆准的犯罪防控方法或是治理模式。[③] 情境犯罪学作为只能解释一些琐碎的、具体的、“不太起眼微小的”的但更为可控、更可能对减少或是控制犯罪发挥实效的关联因素或是相关因素，更是如此。情境犯罪学通常会在三个方面

---

① ［苏联］B. H. 库德里亚夫采夫主编：《犯罪的动机》，刘兆祈译，群众出版社1992年版，第105页。

② 参见［日］大谷实：《刑事政策学》（新版），黎宏译，中国人民大学出版社2009年版，第314～315页。

③ 参见赵军：《未成年人犯罪相关因素定量研究》，人民日报出版社2017年版，“序”及“自序”第1～4页。

遭到批判:一是在防微杜渐的事前预防犯罪过程中,因为行使国家公权力过程中有可能侵犯到公民个人人权;二是系统性的防控措施运用于事前犯罪预防,需要耗费大量的人力、财力和物力;三是在特定情境中采取相应的预防措施虽可以暂时将犯罪加以阻止,但并不能从根本上阻止行为人在其他欠缺情景预防的场合实施犯罪行为。① 前两个方面的批判在所有的犯罪预防理论中都会遇到,而第三个方面的批判正是情境犯罪学的实用主义思想的局限性所在。尽管如此,情境犯罪学的兴起仍然具有重要意义:一是它以亲历者的身份而不是旁观者的身份为分析犯罪原因提供了一种新的理论视角;二是它更重视犯罪发生过程的相互作用分析,为剖析犯罪发生过程提供了有力的分析手段;三是它以一种体系性的思维方式看待犯罪预防,注重防微杜渐性的实用性预防措施的应用;四是它能够准确评价和分析行为人的罪责,为国家对涉罪行为人施予正确的刑法处遇提供帮助。

(二)情境犯罪学与刑事合规的契合点分析

刑事合规作为应对企业犯罪的一种理念或是制度上的创新,要将企业合规与企业刑事责任联系起来,其实在预防犯罪的思维上与情境犯罪学是存在着契合点的。储槐植先生曾说过:在缺乏犯罪学研究基础的情况下,就事论事,狭隘地对刑法或者刑事政策问题进行封闭思考,只会作出缺乏犯罪学根基的相关决策。② 从这一层面而言,刑事合规与情境犯罪学在以下三个方面存在着契合之处:一是预防思路上的改进。二者都打破了传统犯罪学思想的研究范式和研究特点,由传统聚焦于核心终极犯罪原因作为研究的重心转移到关联性关系作为重

---

① 参见[日]大谷实:《刑事政策学》(新版),黎宏译,中国人民大学出版社2009年版,第57页;许福生:《刑事政策学》,台北,元照出版有限公司2010年版,第164~168页。

② 皮艺军、翟英范:《"严而不厉"和"刑事一体化"——储槐植先生访谈》,载《河南警察学院学报》2015年第2期。

点,从“事后惩罚”性的事后预防转移至“事前预防”。① 企业有无合规计划以及有没有实行有效的合规计划,即是否为预防、发现、处理违法犯罪行为而主动实施了合乎法律规范、行业准则、伦理规范的措施体系与运行机制,这在企业犯罪发生之前、发生之中和发生之后均有体现,将其与企业的刑事责任挂钩体现的就是一种情景预防思路。二是在犯罪原因的探索上,二者都不再纠结于终极原因,而是以实用性和有效性为出发点,从犯罪发生的中间链条即情境因素上探索预防犯罪的对策或措施。具体而言,刑事合规既注重企业自身的合规建设,也注重企业外部的经营环境的影响。刑事合规注重企业违法犯罪行为发生的客观规律,同时在刑事法律中对其进行关联,就是从内部和外部环境共同发力并致力于企业犯罪预防。三是作为一种思想或是理念,二者都愈加重视学科之间的融合,力图打破预防犯罪的学科壁垒,以实用性为导向积极预防犯罪,注重犯罪主体与周围环境之间的互动作用。

三、刑事合规的意蕴与观念倡导

(一)刑事合规的意蕴

要明晰刑事合规的意蕴,首先要厘清刑事合规与刑事法律、刑事风险防控、公司治理概念之间的关系。刑事合规与传统刑事法学尤其是刑法学研究在观念、视野和路径上有巨大的不同。就其研究原理和路径而言,刑法所针对的是已然的不法行为,所关注的是如何进行刑事上的回顾性评价;而刑事合规针对的是企业潜在的犯罪风险,所关注的是如何前瞻性地避免风险现实化,因为刑事风险都是来源于刑法的前置性法律风险的积累和升级。刑事合规理念与传统刑法理念不一样,它

① 有学者认为无论是古典学派之自由意志选择,还是实证学派的各种原因论,甚至当代的犯罪学派,均是探究该类不法行为或者实害行为发生的原因,且聚焦于其终极原因。参见姜敏:《刑法预防性立法对犯罪学之影响:困境与出路》,载《政治与法律》2020 年第 1 期。

强调刑法要有所作为和担当,但是又不能局限于刑法或是完全倚重刑法,需要注重刑事实体法、程序法与其他部门法之间的交流。同时,要避免刑事风险的现实化,就必须从识别和防止前置性法律风险做起,传统的法律部门界限因此被打破,这就注定刑事合规属于学科交叉的新一研究领域。刑事合规关注的是企业潜在的微小违法行为,这些违法行为累积到一定程度都可能会以企业犯罪的形式爆发,而刑事合规又是注重国家与企业、社会之间的合作与共赢,强调企业的自治与国家的共治,这与刑事风险防控重在事后惩处性的事后预防又有区别。将企业是否构建和实施有效合规计划作为其有无刑事责任或刑事责任大小的依据,这也不单单只是公司治理的问题,因为国家层面强制力量的介入,刑事合规就会上升成为一种新的社会治理工具。因此,刑事合规作为一种新的法律全球化现象和新的社会治理工具,属于亟待发展的不同于传统刑事责任追究的前置领域。

从以上分析中可以看出,刑事合规其实蕴含着两层含义,即预防与合作。一是预防优先。企业犯罪风险并非等到其爆发之后才可以进行惩处和威慑预防,企业拥有并施行有效的合规计划,在违法行为预防、发现、处理过程中,都可以与企业刑事责任发生关联,有效地发挥其事前、事中和事后预防作用。二是合作共赢。企业合规计划被赋予刑事法治意义,大都源于对企业犯罪的预防和对系列企业丑闻的应对,国家从刑事法上对拥有并实施有效合规计划进行自治的企业进行立法和司法上的优待,首先,有助于国家权力机关有效地查处企业违法犯罪行为,节约司法资源,威慑企业犯罪;其次,通过企业自治和国家共治,加强国家与企业之间的合作,不仅可以促使国家的外部监督向企业的内部监督转移,更有效地约束企业为了短期利益而忽视重大社会责任的履行,以此形成国家—企业合作治理的良性格局;再次,可以通过国家层面的预防性刑事立法倒逼企业对社会责任和义务的切实履行,提升企业自我管控的能力,促进企业治理结构的升级,实现企业的健康可持续性发展;最后,可避免企业内部发生犯罪行为之后,其可能给企业造成名誉上的损失。实现国家和企业的“双赢”。

(二)刑事合规的观念倡导

刑事合规一旦上升为社会治理创新理念时,其所蕴含的预防和合作理念最终需要落地的话,自然离不开刑事合规具体制度的实操。将企业合规计划赋予刑事法治的意义,如将企业合规与企业刑事责任挂钩只是其中的一个具体方向和抓手,刑事合规作为一种理念创新,更为重要的应该还是在观念创新层面,即对合规文化的倡导和普及。因为一种价值观念可能是普适的,但是对于这种普适的价值观念的标准却是有区别的,这就比如自由、公平、正义作为一种普适的价值观念,可能并无争议。但是何谓自由、公平、正义?自由、公平、正义的标准为何?这些却是难以普适的,会存在差异性。反过来也一样,如果刑事合规的制度设计和实践会因各国的实际情况差异而有所不同,但是刑事合规蕴含的价值观念却是普适的。刑事合规进行制度设计以及合规实践都必须围绕刑事合规的理念和观念价值,否则就会如美国刑事合规在实践历程中一样会因偏离自由价值而受到普遍质疑。①

刑事合规反映了在刑事法领域中由一种外部规制向内部自我管理转移的普遍趋势,体现了刑法在不断地向民法和公法靠近,也即企业犯罪预防的前置化和私有化特点。② 在刑事合规制度的构建和具体落实中,于企业而言,不可避免地要考虑合规成本的问题,即通常只有在合规的经济成本小于没有合规所带来负面效应这一成本时,企业才会考虑施行和构建合规计划。③ 从这一角度来看,刑事合规与情境犯罪学

① 这种偏离主要表现为两个方面:一是合规的缺失成为是否对公司进行刑事指控的重要考量因素;二是因为不合规,公司遭受加重的刑罚。参见李本灿:《刑事合规理念的国内法表达——以“中兴通讯事件”为切入点》,载《法律科学(西北政法大学学报)》2018年第6期。

② 参见[德]托马斯·罗什:《合规与刑法:问题、内涵与展望——对所谓的“刑事合规”理论的介绍》,李本灿译,载《刑法论丛》2016年第4卷;孙国祥:《刑事合规的理念、机能和中国的构建》,载《中国刑事法杂志》2019年第2期。

③ Lehmann, in: Rotsch (Hrsg.), Criminal Compliance, Handbuch, 2014, & 3.

的实用主义之间是无比契合的。正是由于有着对成本和机会的多重考虑,要让刑事合规所蕴含的预防和合作理念得以推行,进而从小合规走向大合规,从某一行业领域的合规走向全面合规,从粗放型的合规走向精细化的合规,自然离不开对企业合规文化的观念倡导。因为一旦形成一种合规文化,并成为一种遵从的观念的话,不仅会对企业犯罪刑事责任的有无或大小发生影响,而且会反向影响国家层面的刑事合规法律制度的制定和具体构建,乃至其具体施行和落实。

四、情境犯罪学对企业犯罪预防的启示

(一)以增加犯罪成本,减少犯罪机会来预防企业犯罪

情境犯罪学所设计的犯罪预防对策以见效快、实操性强而见长,其离不开对犯罪情境因素的有效把握。情境犯罪学主张以减少犯罪机会、增加犯罪成本来预防犯罪,使行为主体在这一情境中不敢、不能犯罪。对应着企业犯罪预防而言,企业犯罪发生有着企业自身环境和外部环境(如营商环境)的多重原因,如何从减少犯罪机会上来预防犯罪,其中事前预防胜于事后惩处,改进企业所处情境对于预防企业犯罪意义重大。这也正如有学者所述:"现代社会之下,政府规制难以应对各种复杂的经济社会问题。强化个人、企业、市场的自我意识极为重要;然而,在引进构建与资源基础上的社会自我规制时,需要更多的社会自我规制诱因,设计更为精巧的框架立法。"①刑事合规在企业犯罪预防方面,自然离不开国家层面的强制性立法,比如赋予相应的刑事法意义,这就是通过外部监管在增加企业犯罪的成本;而从企业层面建构相应的合规管理体系或是制度,则是从企业内部加强监管以减少企业犯罪的机会。

---

① 高秦伟:《社会自我规制与行政法的任务》,载《中国法学》2015年第5期。

（二）注重企业所处情境与企业犯罪之间的关联而不是因果关系

传统犯罪原因论意图从人的内在素质和外部环境探寻犯罪的终极原因，只能停留在形而上，难以为犯罪预防提供切实可行的操作方法，情境犯罪学因注重探寻导致犯罪的可能性问题而以不给犯罪提供机会作为预防策略，取得了预防犯罪的广泛成功。① 因此，一方面，注重企业所处的情境与企业犯罪之间的关联而不是因果关系，这种实用主义导向的预防思路比事后的打击和惩处更有意义；另一方面，从国家强制法层面而言，预防性司法比立法更具有长期效应。因此有时难以确定是否需要从立法上强制推进的时候，可以试着换种思路从司法上进行改革尝试，这也是对企业犯罪预防中考虑与企业犯罪具有关联因素的一种回应。而刑事合规要上升为一种社会治理工具或是理念时，如何防微杜渐，如何关注企业所处的情境因素十分重要。

（三）情境预防中亦注重各方主体的合作与共同发力

情境犯罪学中的情境预防讲究防微杜渐，注重从提高犯罪难度、提高犯罪风险、降低犯罪回报、减少犯罪刺激、排除犯罪借口五个方面进行犯罪预防。② 情境预防从犯罪关联性或是相关因素中的原因关键环节下手，进行综合性的预防施策，对于每一个可能致罪因素即情境因素都进行体系性的防控、囊括和纳入。其中，自然离不开各方主体包括社会、国家、个人、组织之间的合作与共同发力，即遏制企业犯罪需要制定并实施综合性的预防政策。企业犯罪预防中，以构建和施行企业合规计划来实现企业犯罪的自治与共治，这属于一项综合性的预防政策，其

---

① 参见黎宏：《情境犯罪学与预防刑法观》，载《法学评论》2018 年第 6 期。

② 庄劲、廖万里：《犯罪预防体系的第三支柱——西方国家犯罪情境预防的策略》，载《犯罪研究》2005 年第 2 期。

中作为主体要素的国家、社会与企业相互联系、相互影响,而作为构成要素的刑事处罚、行政制裁、市场机制以及企业合规文化、企业合规计划等之间也必然会产生联系,交互作用。①

五、刑事合规的本土构建及难点突破

在我国理论界和实务界,刑事合规的理念基本得到一致认同,只有少量不同呼声,主张正视刑事合规在西方国家适用的理论和制度背景,提示在我国立法层面不宜过早引入刑事合规制度,在解释论层面不宜过分夸大刑事合规的制度价值,倡导在现行法律体系和制度框架下实行企业行政合规。② 但这也只是强调刑事合规的具体制度构建上的保留,并未对其蕴含的理念表示怀疑。要从理念走向现实,从而得以落地施行,刑事合规不能仅停留在理念层面,进行制度性建构才能真正实现其所蕴含的犯罪防控功能。③ 当前我国刑事合规研究主要集中于刑事法领域之中,侧重于对企业刑事合规责任这一块,④且多从教义学视角展开研究,对于企业犯罪之外刑事合规机制的建构少有涉及⑤,从犯罪

---

① 周振杰:《企业适法计划与企业犯罪预防》,载《法治研究》2012年第4期。

② 田宏杰:《刑事合规的反思》,载《北京大学学报(哲学社会科学版)》2020年第2期。

③ 韩轶:《企业刑事合规的风险防控与建构路径》,载《法学杂志》2019年第9期。

④ 相关研究可参见孙国祥:《刑事合规的理念、机能和中国的构建》,载《中国刑事法杂志》2019年第2期;万方:《企业合规刑事化的发展及启示》,载《中国刑事法杂志》2019年第2期;黎宏:《合规计划与企业刑事责任》,载《法学杂志》2019年第9期;时延安:《合规计划实施与单位的刑事责任》,载《法学杂志》2019年第9期;陈瑞华:《合规视野下的企业刑事责任问题》,载《环球法律评论》2020年第1期。

⑤ 在刑事合规制度的具体建构问题上,当前我国刑事法学界主要从教义学视角展开研究,关注点主要集中在如何从刑法教义学视角确立合规官保证人的义务来源和责任依据,从而构建自下而上的责任链体系,以防在追究企业犯罪责任时,出现责任流失的情形。对此李本灿博士认为不真正不作为犯情形下的合规责任研究,可以与单位犯罪范围内的讨论形成互补,搭建起企业领导人与合规官责任的完整图谱。参见李本灿:《合规官的保证人义务来源及其履行》,载《法学》2020年第6期。

学学科视角对刑事合规的研究和本土构建更是寥寥可数。下文将主要从犯罪学学科视角对刑事合规的合作与预防两大理念的本土构建，以及制度构建中的难点突破作探讨。

（一）刑事合规的本土构建

观念倡导属于价值层面，对刑事合规的理念是趋同的，但刑事合规的标准是不一的。合规是必要且必然、必须的，关键是合谁的规、合什么规、怎么合规才是关键。刑事合规本身可以视作企业犯罪预防合作模式的一个抓手，可以是这一模式所呈现出来的一种理念，更确实的落地实施则还需要借助于一系列的若干相应制度。具体而言，企业犯罪合作预防模式的理论与实践有刑事合规为抓手，通过国家以硬法形式将组织原则标准作为认定企业责任的依据，以推定责任转移证明责任，以近乎客观责任的形式从外部强压并倒逼企业进行自我控制，从而实现企业犯罪预防的内部化；同时，有效预防企业犯罪的企业也因此而获得国家刑事法律上的优待。正是这种体现预防理念的刑事合规最终促进了国家与企业之间的合作预防落地，并达到双方的共赢。

在我国，刑事合规在学界存在不同的概念或界定，目前有代表性的观点仍旧是以企业合规计划与企业刑事责任作为连接点而定义。例如，孙国祥老师认为，所谓刑事合规，是指为避免因企业或企业员工相关行为给企业带来的刑事责任，国家通过刑事政策上的正向激励和责任归咎，推动企业以刑事法律的标准来识别、评估和预防公司的刑事风险，制定并实施遵守刑事法律的计划和措施。[①] 这其实主要还是从宏观层面而定，代表性观点之间并无大异。关键是在司法实践中如何将刑事合规制度实施以及如何在刑事法体系之下进行系统性解释和融合，以及在综合预防措施中进行层层递进式的体系性防控，还值得进一步深入探讨。所以，对于刑事合规的具体构建中，既然是本土构建，那

---

① 孙国祥：《刑事合规的理念、机能和中国的构造》，载《中国刑事法杂志》2019 年第 2 期。

么主要是针对在本国管辖范围内的制度或是企业,自然需要考虑本土企业犯罪预防的需求和方法。

1. 合规观念的形成需要多方合作共同发力

刑事合规蕴含的理念是预防与合作,其所最终倡导的合规观念是形成合规文化。而以合规文化为载体的合规观念的形成是需要多方主体共同发力的,强调国家与企业之间的良性互动的事前犯罪预防的企业合规计划,还需要是切实存在并且有效的,其中需要整合国家与社会力量,这里的社会力量自然还包含企业的力量。企业合规计划作为预防企业犯罪的自治手段,从犯罪学角度而言其强调的主要还是事前预防,控制好罪前情境。于企业而言,需要构建有效的合规计划,离不开一系列有效机制和制度的内部构建,包括以企业高层的重视、明确的合规政策与守则指引、企业内部风险的识别、健全的执行机制、完善的监督机制以及合规准则的普及为体系的机制性标准建立。于国家而言,则需要建立起刑事法激励机制,如程序法领域的量刑协商机制、企业缓起诉制度等,还有实体法领域的单位犯罪责任及归责的完善,以及如何在定罪量刑环节激活合规奖励机制等。于社会第三方主体而言,主要是发挥企业合规的社会监督作用,尤其是相关行业协会等的监督力量和作用,其所制定的软法性行业规范可以与国家强制法相结合,促使企业进一步自律与自治,达到共同预防企业犯罪的作用。

2. 合规文化的塑造离不开刑事法的强制作用

从刑事合规兴起的目的和意义分析来看,企业合规文化是企业犯罪预防的终极目标,也是企业合规计划施行的最终愿景。它是指企业基于社会责任的承担,同时也是基于自主防止企业财产重大损失和维护企业声誉的目的,以相关法律、政策和规章为引导,在企业内部形成鼓励伦理及合法行为、主动发现和妥当处置反伦理及违规行为的经营理念与文化氛围。

强调企业自身合规经营的同时,也应该通过法律手段进行市场经济环境的净化和良好市场秩序的塑造,只有综合运用管理的、经济的、法制的手段才能达到企业伦理和守法文化培育的目标。这离不开刑事法、行政法等强制手段在守法文化中的塑造作用,因为守法首先应当是出于对外在强制力的遵循,进而逐步形成一种守法习惯和文化,也就是说,守法文化的培育是由外向内的。① 回溯美国刑事合规的经验,美国企业要求的合规文化具体内容可依据行业、规模、组织结构的不同而有所区别,体现为灵活性,但有三项是需要具备完善且具体化的:一是合规手册的制作及其运用;二是合规组织或合规官的责任设置;三是违法行为的发现机制和处理程序完备。企业治理不只在法律,尤其不只是在刑事规制中才可以实现,但是却又离不开刑事法的强制作用,这也正体现了在合作与预防理念中国家力量的主导性。

关于企业合规文化的塑造,离不开刑事法的强制作用,而其对于刑事法而言,又具有反向的重构作用。在我国具体如何将合规计划与企业刑事责任搭建起来的法律制度建设中,有学者认为可以将包括企业合规建设在内的企业文化建设作为判断企业刑事责任的依据,并据此决定犯罪企业的定罪和量刑,从而稳妥地推进企业合规建设。② 还有学者认为,将单位的刑事归责建立在其单位内部治理和经营方式上,将

---

① 在刑事合规相关制度的具体建构中,对于企业是否拥有并施行有效的合规计划,是否应该在刑事法上给予相应的激励机制,已经达成共识。但对于没有合规计划是否应该设立相应的惩罚性法律机制,域外尚存有争议。我国有学者认为将其定位为激励机制而非惩罚机制更符合我国当前经济发展的现实情况,也即不合规不能成为加重刑罚的理由。一是我国企业治理水平整体相对较低且不均衡,小型企业合规理念的形成及发展需要一个过程;二是从公平角度而言对大中小型企业不"一刀切"更为合理;三是拟制人与自然人类比,良善可以从轻处罚但是非善却不能加重处罚;四是现实中合规并没有在我国被定义为一项普遍的公司义务。参见李本灿:《刑事合规理念的国内法表达——以"中兴通讯事件"为切入点》,载《法律科学(西北政法大学学报)》2018 年第 6 期。笔者认为合作预防企业犯罪模式中借助刑事合规的理念作为抓手推动和引导企业积极地实行规制下的自制,就是要发挥刑法的最后保障法作用,已经通过刑罚赋予了企业预防犯罪的刑事义务,并对相应罪名加以重罚,这就是一种负向的惩罚激励制度,而对于在构罪前提下是否将没有建构合规计划的企业加重量刑,这是需要契合当下我国的经济和法治整体环境的,而不是要将域外的做法不加分由地全盘引用借鉴。在考察自然人犯罪领域中除了身份主体、不同停止形态之外也很少有法定刑加重事由的,故而笔者赞成前一学者观点,认为当前我国企业量刑机制中更多的应该是通过立法确定奖励机制,以给予实施合规计划的企业量刑优惠待遇。

② 黎宏:《合规计划与企业刑事责任》,载《法学杂志》2019 年第 9 期。

合规计划制定、实施与单位相联系,主要是将合规计划制定、实施作为判断单位内部治理结构、运营方式的事实根据,放弃单位犯罪主观归责那一部分,如此才可以为单位犯罪确立合理的归责基础。[①] 这其实是在从企业合规计划、企业合规文化角度、从企业的作为层面,对刑事司法的具体适用产生重构性影响,最终也可以扩展刑事法的学科理论视域。

3. 确立以建立起多元立体的企业犯罪防控体系为目标

遏制企业犯罪需要制定并实施综合性的预防政策。在这个综合性的预防政策之中,作为三方主体,国家、社会与企业相互联系、相互影响;作为构成要素,刑事处罚、行政制裁、市场机制以及企业文化、企业合规计划等之间也必然会产生联系,交互作用。刑事合规理念的落地需要建立起多元立体的体系化、制度化的企业犯罪防控体系,强调具体技术和防控方法的多元性。刑事合规离不开刑法,但是又不完全依附于刑法。在一种案件中,如果民事赔偿责任相较于刑事责任而言,可以为当事人提供从社会角度讲更为有效的激励,该案件就应该属于民事;否则,应该属于刑事。[②] 尤其是企业犯罪预防中,其合规风险很多时候都不是即时爆发的,都有着一定的潜伏期,是由行政风险和违法越轨行为累积而成的。所以,刑事合规是对企业所有法律风险的全部关照,是最后的兜底性预防,而恰恰是这种兜底性特征决定了对其预防体系需要多元和立体,需要多方、多元、多角度的合力。

严格地讲,合规计划及其实施并不直接表现为刑事法律问题。从实践角度来看,合规计划也不直接表现为对刑事法的遵从,因而有学者认为"刑事合规"很难成为一个可能为刑法制定法所认可的概念。[③] 还

---

① 时延安:《合规计划实施与单位的刑事归责》,载《法学杂志》2019 年第 9 期。

② 张维迎:《经济学如何划分刑、民边界》,载《中国社会科学报》2009 年 9 月 15 日,第 7 版。

③ 时延安教授认为如果规定涉嫌犯罪企业完善其合规计划可换取暂缓起诉或者附条件不起诉的话,那么,也应当在《刑事诉讼法》中加以规定,而不是在《刑法》中规定。参见时延安:《合规计划实施与单位的刑事归责》,载《法学杂志》2019 年第 9 期。

有学者认为应该创设"合规犯罪"的概念,以区别于法人或是单位犯罪。[①] 这些学界的思考正好可以印证犯罪学视角下的刑事合规,其基点就是强调企业犯罪预防的情境因素,应以建立多元立体的企业犯罪防控体系为目标,这样其预防效果显现且及时,完全符合实用主义犯罪学思想的精髓。

(二)刑事合规的难点突破

刑事合规作为一种理念需要具体的制度和机制的推进,才能落地施行。要将企业的主动性调动起来,国家层面需要进行顶层设计,树立起观念意识来,并且需要在制度和机制层面进行引导性倡导。这样刑事合规的预防与合作理念才能发挥出来。其中除了要有刑事合规法律从制度上的构建,还需要从相应的机制以及观念上进行宏观把控,这也正是刑事合规在本土构建中的一些难点,需要在国家层面上予以突破。

1. 国家刑事奖励机制要让合规企业获得优越感

单纯的事后惩罚很难对企业守法产生足够的积极影响,但是,刑事合规对企业主动实施的合乎法律规范、行业准则、伦理规范的措施体系与运行机制以预防、发现、处理违法犯罪行为时,企业因其具有合规计划和实施有效的合规计划,国家在其因员工或企业行为有可能遭受刑事追诉时,从法律上给予立法和司法上的优待,可以作为其减免刑事责任的依据。这种法律上的尤其是刑事法律上的奖励机制,就会给企业更多的机会和更充分的动力去考虑运行中的守法问题。这其实也是基于利益衡平原则在对企业进行自我监管和犯罪预防的奖励,使守法者获得法律上的优待,从而拥有守法之后的获得感和优越感。在刑事合规理念下如何具体构建国家刑事奖励机制,刑事程序法上构建奖励机制基本已经达成共识,具体包括缓起诉协议、认罪认罚从宽制度等协商性的奖励机制。但是是否需要在刑事实体法中确立这种奖励机制,合

---

① 参见黄晓亮:《合规犯罪的概念证成与防治推演》,载《山东社会科学》2020 年第 5 期。

规能否进入实体法的立法议程,尚有争议。这其实是刑事合规奖励机制构建的一大难点,如何衡平相关利益关系,让有合规计划且有效实施合规计划的企业在因企业员工发生违法犯罪行为时,有效地做好企业行为与员工个人行为上的切割,从而使企业不受牵连;同时在企业万一发生违法犯罪行为之后,因其事先、事中乃至事后拥有并施行企业合规计划又能受到刑事实体法上的奖励优待。有观点认为可以将我国《刑法》第 31 条修改为:"单位犯罪的,可以对单位判处罚金,并对其负责的主管人员和其他责任人员判处刑罚。单位制定并实施有效的旨在发现、预防和制止单位犯罪的合规计划的,可以从轻、减轻或者免除处罚。"①这不单是一个立法上的修改建议,还有着深层次的理论根基,需要保持刑法单位犯罪理论的一致性,对此是否需要直接进入总则性立法修改,还是直接通过刑法解释学进行解释以解决司法适用上的归责难题,还需要深入论证。

对此,笔者主张应该改进我国现行刑法中单位犯罪融合于自然人犯罪之中的立法模式,将单位直接责任人员的犯罪认定及刑事责任承担与单位犯罪完全脱钩,直接依据已有刑法分则的规定对单位直接责任人员追究刑责,从而使单位成员无法借助单位犯罪制度逃避刑责、获得不当的刑罚宽免,即采纳对单位犯罪施以行政处罚与刑罚处罚相结合的模式,完全实现单位犯罪与自然人犯罪的立法分离模式。具体构想是分三步走:首先在我国《公司法》的修订中添加关于公司及公司高管预防违法犯罪的工作职责;其次是就单位犯罪的合规计划、犯罪构成、刑事责任追究、单位犯罪执法策略等框架性问题予以整体性安排和系统性规定,将其充实为刑法总则中的专门章节;最后是据此另行制定更为系统的专门针对单位犯罪的法律、规则。

2. 建立容错机制有助于企业合规计划的顺利推进

企业犯罪发生有其自身的内部原因,如自身经营管理体制不合理、企业管理人员个人方面法治观念淡薄、业务能力不强等;还有外部原因,如整体市场经济环境因素、执法环境的不完善(其中之一就是国家

① 万方:《企业合规刑事化的发展及启示》,载《中国刑事法杂志》2019 年第 2 期。

与企业争利)、刑事立法的滞后以及刑法规定和司法解释的模糊。那么,在预防企业犯罪过程中,要重视企业尤其是民营企业外部生存环境对企业犯罪的诱发性。这就需要既从企业自身做起,重视企业及企业员工自身方面的原因,又需要重视并正视民营企业的外部生存环境之不足。新制度经济学认为,许多外部性都与产权制度有关,产权界定不清是外部性存在的根源。① 如果行为者的行动存在外部性问题,那么行为者则不需完全承担由此所引起的成本或收益。

对此,国家层面大力倡导企业家精神,有助于发挥企业家在民营企业发展中的积极推动作用,在企业外部生存环境不足的情况下发挥出正向的引导作用,从而发挥企业家在企业犯罪预防中的积极作用。国家层面建立起大赦民营企业原罪制度和企业家容错机制,有助于企业尤其是民营企业具备实施合规计划的动力,也有利于企业犯罪预防中对企业违法犯罪行为的发现和揭露。对此,既有为企业经济效益的考虑,也有为促进企业社会责任履行的考虑。

曾有不少民营企业家在相关座谈会中提出过有原罪的存在,即民营企业发家之初,其经营过程中总有些不规范的地方,现在做大最强之后很后怕,希望能够赦免原罪。早在 2003 年 12 月 31 日,河北省委政法委出台了《关于政法机关为完善社会主义市场经济体制创造良好环境的决定》(以下简称《决定》),2004 年 1 月 2 日,中共河北省委河北省人民政府以文号为“冀字(2004)1 号”文件批转了这个决定。该决定的第 7 条这样规定:“对民营企业经营者创业初期的犯罪行为,已超过追诉时效的,不得启动刑事追诉程序;在追诉期内,要综合考虑犯罪性质、情节、后果、悔罪表现和所在企业当前的经营状况及发展趋势,依法减轻、免除处罚或判处缓刑。”此规定一出立即引起了各界的广泛关注和争议,关注和争议的焦点集中在对民营企业家的“原罪”是否追究以及是否需要赦免的问题上。对此,笔者认为需要综合考虑,大赦方案的规定可以在我国试点推行,但是这里的大赦方案可以留有余地。即虽然既赦刑也赦罪,但主要还是在国家调查相关案件中主动披露而予以大

① 卢现祥、朱巧玲:《新制度经济学》,北京大学出版社 2007 年版,第 502 页。

赦,而不是没有针对对象和具体事件的大赦;同时要确认大赦之后还有一个后续监察完善企业合规计划的进程,且在这一进程结束之后,企业的合规计划仍然继续实施并有效,也即保证企业的合规管理和经营不因企业违规行为的发现、揭露、处理而中断,确保在事前、事中、事后各个阶段都保持着合规经营和管理体系的存在并有效。

3. 注重刑事法制与企业治理制度的结合,秉持法治一体化

刑事合规连接了刑法与公司治理两种不同理念的方法和制度上的优越性,既加强企业的外部监管,即对企业的行政监管以及对于违法犯罪的严厉惩处;又加强企业的内部监管,即企业自身的合规计划,重视企业的自治。刑事合规具体构建相应的法律制度时,应该秉持"法治一体化"的设计理念,将刑事法制与公司企业制度进行有机结合,①进而更好地发挥国家公权力机关保护市场经济健康发展的作用。当前,我国法学领域主要是将重心集中于刑事合规法律制度在刑事法领域的引介、创设和完善上②,有学者认为如何确保企业在不遭受严厉制裁的情况下实施有效的合规机制,并在行政监管和刑事法领域为企业合规确立重大的奖励机制,将是我国推进企业合规制度需要解决的重要战略课题。③在刑事合规制度的构建中,如何将刑事法制与企业治理制度结合,秉持

---

① 时延安:《单位刑事案件的附条件不起诉与企业治理理论探讨》,载《中国刑事法杂志》2020 年第 3 期。

② 如对于企业缓起诉制度研究,李本灿博士就强调美国的这一制度在其刑事合规实践中是被广泛适用的,但引介入我国,还需考虑相应的制度背景和文化基础,对其引入应有限度。缓起诉制度的引入应有限度,企业缓起诉制度应由检察院主导,但检察权应受到法院审查的制约,公安机关以及被害人也应当被赋予参与缓起诉协议协商的权利以及对协议内容或缓起诉决定不服时的救济权;检察官决定是否暂缓起诉时,不能过分重视合作以及公共利益要素,而应当以犯罪行为为基准,综合考量是否必须起诉。同时,缓起诉的适用范围可以从刑罚量与犯罪类别两个维度加以限缩;缓起诉的协议条款应当围绕财产处罚或补偿以及与公司未来行为有关的系列防控措施展开;现有制度体系中的酌定、法定、存疑、特殊不起诉以及认罪认罚从宽处理机制附加检察建议的方式可以被合理运用,以实现企业缓起诉制度的部分功能。参见李本灿:《域外企业缓起诉制度比较研究》,载《中国刑事法杂志》2020 年第 3 期。

③ 陈瑞华:《论企业合规的中国化问题》,载《法律科学》2020 年第 3 期。

法治一体化，尤其是如何将企业犯罪的行政法规制与刑事法规制衔接起来，是刑事合规中法治一体化的难点。

4.区分不同语境分层应对不同类型企业的合规风险

刑事合规的本土构建主要是针对本国辖区内的企业犯罪预防而言，我国企业按照不同的规模大小标准可以分为中小型企业、大型企业；按照其产权制度、所有权性质为标准可以划分为国有独资、国有控股企业和民营企业。刑事合规在本土构建中需要区分不同的语境，对管辖范围内的企业分为国内层面和国际层面两个语境，分层应对不同类型企业的合规风险，其中各有难点。在国内层面，刑事合规需要上升到国家治理的高度，对大型企业、中小型企业推行合规计划。虽然从2015年年底开始国家强调的是对中央企业的合规管理体系建设和试点，但结合在这前后我国中央部委发布的一系列文件①可以看出，我国旨在通过对中央企业的试点，以更好地全面铺开对所有企业（包括民

① 这一系列政策性文件具体包括：2012年5月商务部等七部委联合发布了《中国境外企业文化建设若干意见》，明确提出中国企业在境外应坚持合法合规运营，包括坚决抵制商业贿赂，严格禁止向当地公职人员、国际组织官员和关联企业的相关人员行贿，不得借助围标、串标等违法手段谋取商业利益等内容。为了与全面推进依法治国的新形势相适应，在2015年年底，国资委专门印发了《关于全面推进法治央企建设的意见》，提出企业法治建设要实现"三个转变"：一是从主要依靠法律顾问推动，向企业主要负责人切实履行第一责任人职责转变；二是法治工作从法律部门单兵作战，向企业各部门共同参与转变；三是法律管理从以风险防范为主，向风险防范、合规管理和法律监督一体化推进转变，以此实现法律管理的服务保障、规范管理与价值创造作用，增强企业的软实力。2016年，国资委开始在中国石油等五家中央企业开展合规管理体系的建设试点工作。2017年5月23日，习近平总书记主持召开中央全面深化改革领导小组第三十五次会议审议通过《关于规范企业海外经营行为的若干意见》明确要求企业强化合规管理，建立合规制度。2018年8月30日国务院国有资产监督管理委员会主任办公会议审议通过《中央企业违规经营投资责任追究实施办法（试行）》，该办法认真贯彻落实"三个区分开来"重要要求、党的十九大关于建立容错纠错机制的要求和《中共中央国务院关于营造企业家健康成长环境弘扬优秀企业家精神更好发挥企业家作用的意见》精神，把违规经营投资和正常生产经营区分开来。除了前述政策要求，企业合规管理的国家标准也已于2018年7月1日起施行，即《GB/T 35770－2017 合规管理体系指南》经原国家质检总局、国家标准化管理委员会正式批准发布。

营企业)的合规管理建设。因考虑到企业合规计划的前期投入成本问题,对于中央企业等大型企业、中小型企业要逐步以刑事合规司法奖励制度的推行和试行倡导企业合规经营。

在国际层面,要以中兴、华为事件为例,争取在国际社会和国际市场中的话语权问题,与此同时做好自身的合规计划,在经济全球化过程中做到法制健全、合规经营。尤其是要认识到美国监管部门“营利性公共执法”中对于相应刑事合规制度的滥用,表面上意在维护社会公共秩序、节省司法资源、提高司法效率的刑事和解制度如暂缓起诉和不起诉协议,其实是在实现以自利为目的的执法滥用,有违公平、公开、公正的执法形式对市场主体形成了过度的威慑。对此,拥有海外经营业务的中国企业需要深入研究美国的监管制度和执法体系,在执法应对、运营管理上做好预案,以应对有可能出现的各种变数和不确定性。[①]同时,企业自身还需要进一步做好自身的合规管理。而作为这些“走出去”企业的母国,更应该站在国家保护的立场上,深入研究美国的长臂管理原则及应对策略,适应、改变以及争取制定国际贸易规则的权利。当然,这是刑事合规的另一语境下的重点,亦是难点。

六、结　　语

刑事合规所蕴含的理念是预防与合作,国家和企业在企业犯罪预防中的合作可以上升为国家治理创新的高度。刑事合规理念的落地需要借助于刑事合规制度、机制的具体构建。刑事合规不同于刑法,但与刑法又相关联。刑事合规制度是一种将“企业是否有效预防犯罪”与企业刑事责任联系起来,促使企业主动实施合规计划并能起到预防、发现犯罪行为作用的措施体系与运行机制。在这种措施体系与运行机制实施的过程中,企业可以通过健全组织结构与完善内控机制,主动预防和及时发现违规事件,从而消除刑事风险隐患。这种将“企业是否有

① 王丹:《“营利性公共执法”在美国监管中的影响及其应对——从中兴华为事件谈起》,载《中国浦东干部学院学报》2020年第4期。

效预防犯罪"与企业刑事责任联系起来,促使企业主动实施合规计划,并能起到预防、发现犯罪行为作用的措施体系与运行机制,可以说就是一种注重合规的过程,就是一种有效防控刑事风险的动态过程。防控刑事风险,绝不是在风险发生后再去想办法、找出路,而是在企业日常经营治理中就要想办法通过观念提升、制度完善、机制健全三个维度,提高有效控制和及时发现企业内部可能引发刑事风险的违规行为,把刑事风险消灭在萌芽状态。从情境犯罪学的分析视角,这就是在以减少企业犯罪机会、增加企业犯罪成本的关照企业犯罪情境因素的方式,来实现对企业犯罪的事前预防。

The Implication of Criminal Compliance and Its Construction in China

—On the Enlightenment of Situational Criminology to the Prevention of Corporate Crime

Gong Hongwei

[**内容摘要**]从刑事合规兴起的背景和目的来看,预防与合作是其真正意蕴。刑事合规作为一种理念创新,最终是要实现对合规文化的倡导和普及。从情境犯罪学的分析视角,刑事合规在企业犯罪预防中主要是通过企业健全组织结构与完善内控机制,主动预防和及时发现违规事件,从而消除刑事风险的隐患。将企业是否实施有效的合规计划与企业刑事责任联系起来,倒逼企业主动实施预防企业犯罪的合规计划以实现企业的内部监管,这与情境预防中依靠增加犯罪成本、减少犯罪机会作为预防犯罪的策略具有契合之处。刑事合规理念需要进行制度和机制上的具体建构才能真正实现其犯罪预防功能。在我国进行刑事合规的本土建构中,离不开刑事法的强制作用,要确立起以建立多元立体的企业犯罪防控体系为目标。在具体刑事合规制度和机制的建构中,存在着如何秉持法治一体化、区分不同语境分层应对不同类型企业的合规风险等诸多难题。

[**关键词**]刑事合规;情境犯罪学;企业犯罪预防;合作;合规文化

Abstract: From the perspective of the background and purpose of the rise of criminal compliance, prevention and cooperation are its true meaning. As a kind of conceptual innovation, criminal compliance is ultimately to realize the advocacy and popularization of compliance culture. From the perspective of situational criminology, criminal compliance in corporate crime prevention is mainly through the improvement of corporate organizational structure and internal control mechanism, proactively preventing and timely detection of violations, so as to eliminate the hidden dangers of criminal risks. Linking whether the company implements an effective compliance plan with corporate criminal responsibility forces the company to actively implement a compliance plan to prevent corporate crimes to achieve corporate internal supervision. This is accordance with the situation of crime prevention depends on increasing crime costs, reducing crime opportunities as a crime prevention strategy. The concept of criminal compliance requires specific construction of systems and mechanisms to truly realize its crime prevention function. In the local construction of criminal compliance in China, the compulsory role of criminal law is inseparable, and the goal of establishing a multi-dimensional corporate crime prevention and control system must be established. In the construction of specific criminal compliance systems and mechanisms, there are many difficulties such as how to uphold the integration of the rule of law, distinguish different contexts and stratify to deal with the compliance risks of different types of enterprises.

Keywords: Criminal Compliance; Situational Criminology; Corporate Crime Prevention; Cooperation; Compliance Culture